合作与共享

基于马克思合作思想的视角

COOPERATION & SHARING:
BASED ON MARX'S COOPERATION THOUGHTS

廖萍萍 著

中国社会科学出版社

图书在版编目（CIP）数据

合作与共享：基于马克思合作思想的视角／廖萍萍著．—北京：中国社会科学出版社，2023.12
ISBN 978-7-5227-2886-5

Ⅰ.①合… Ⅱ.①廖… Ⅲ.①马克思主义—合作—思想评论 Ⅳ.①A811.64

中国国家版本馆 CIP 数据核字（2023）第 240413 号

出 版 人	赵剑英
责任编辑	刘　艳
责任校对	陈　晨
责任印制	戴　宽

出　　版	中国社会科学出版社
社　　址	北京鼓楼西大街甲 158 号
邮　　编	100720
网　　址	http://www.csspw.cn
发 行 部	010-84083685
门 市 部	010-84029450
经　　销	新华书店及其他书店
印刷装订	北京君升印刷有限公司
版　　次	2023 年 12 月第 1 版
印　　次	2023 年 12 月第 1 次印刷
开　　本	710×1000　1/16
印　　张	23.25
字　　数	359 千字
定　　价	129.00 元

凡购买中国社会科学出版社图书，如有质量问题请与本社营销中心联系调换
电话：010-84083683
版权所有　侵权必究

序

共享经济在我国经历了从萌芽、起步、快速发展到增速下滑、平稳发展几个阶段，其主要涉及交通出行、共享住宿、知识技能、生活服务、共享医疗、共享办公和生产能力七大领域[①]，其发展模式也已经从追求规模和速度的粗放式转向注重发展质量和效率的集约式，共享经济的发展给社会生产和人民生活带来了许多变化和影响。目前，共享经济的发展也出现了许多亟待解决的困难和障碍。共享经济的本质是什么、共享经济究竟如何发展、共享经济的发展会给现代社会带来哪些影响等问题引发了人们的关注和思考。

共享经济是伴随着现代信息技术的发展和应用所产生的经济新形态，也是互联网时代生产力和生产关系矛盾运动的产物。近年来，共享经济的发展已经成为理论研究的热点，但多数研究成果是从技术经济、市场结构、劳资关系、产业规制等维度对共享经济运行机制进行研究，往往忽略了对共享经济的本质特征的探究，尤其是运用马克思主义基本原理分析共享经济的文献并不多见。廖萍萍博士在其博士学位论文《马克思的合作思想研究》（该论文获得2009年福建省优秀博士学位论文三等奖）的基础上，以马克思的合作思想为指导，遵循理论逻辑、历史逻辑和实践逻辑相统一的原则，从生产力和生产关系、经济基础与上层建筑的矛盾运动中，分析了共享经济的本质特征、运行机制及其发展中的难题，探寻破解之道。其研究课题"马克思合作思想视角下的共享经济研究"获得2017年度国家社科基金（项目编号：17BJL018）

---

① 国家信息中心：《中国共享经济发展报告（2022）》，2022年2月23日。

资助，该项目研究成果结项等级为"优秀"。目前呈现在读者面前的《合作与共享——基于马克思合作思想的视角》一书，是廖萍萍博士在其博士论文与承担的国家社科基金项目研究成果基础上的拓展，亦是更加深入系统的研究成果。作为她的导师，我见证了她从研究马克思的合作思想到运用马克思合作思想研究共享经济近20年的研究历程，深知其中的辛苦和不易，应作者的邀请，我欣然答应为本书作序。本书从我国共享经济发展的现实出发，在马克思主义政治经济学的框架下，对共享经济的内涵、本质、运行机制和发展瓶颈、治理方略进行了较为深入的分析。其研究特色和价值在于：

1. 本书较为系统地梳理了马克思合作思想的发展脉络和主要内容。作者在考察合作思想发展史的基础上，比较分析了西方经济学中的合作思想和马克思合作思想的差异，重点阐述了马克思合作思想。特别是在理论界对马克思合作思想进行传统诠释的基础上，通过理论挖掘并与时俱进地对马克思合作思想进行新的阐释，从生产力、生产关系、生产方式三个层面对马克思合作思想进行全面解读，认为合作不仅是生产关系，也是生产力，是生产力与生产关系的辩证统一，不能单从生产关系或生产力方面入手，应从生产力和生产关系的辩证关系中研究合作；合作不是由人的主观意识而是由物质生产方式决定的，研究合作不能从人的主观意愿入手，而应研究人们所处时代的生产方式，并将合作与人的发展联系起来；研究合作不能从个体出发，应从社会和个人两方面入手，从共同利益和个人利益的辩证关系中研究合作，用整体分析和个体分析相结合的方法研究合作问题；合作是与人类历史的发展相始终的，必须将合作放入人类历史发展的长河来考察。作者对马克思合作思想的系统梳理和诠释不仅体现了扎实的理论功底，也为后面对共享经济的研究奠定了坚实的理论基础。

2. 本书厘清了信息技术、数字化、互联网、平台与共享经济之间的关系，阐明信息经济、数字经济、互联网经济、平台经济与共享经济的联系与区别。随着现代信息技术的发展，信息经济、数字经济、互联网经济等新的经济形态大量涌现，令人目不暇接，各种经济形态之间究竟存在哪些联系和区别？作者在梳理国内外有关共享经济研究文献的基础上，立足于我国共享经济发展现实，针对人们在共享经济发展过程中存在的一些模糊认识，从理论和实践层面上厘清信息经济、数字经济、互联网经济、平台经济与共享经济的关系，这是难能可贵的。作者提出：信息技术是共享经济的物质基础，数字化引发了共享经济，互联网为共享经济提供了活动空间，平台成为共享经济的资源配置机制。并从生产力与生产关系、信息应用技术与信息基础设施两个维度，将共享经济与信息经济、数字经济、互联网经济、平台经济进行对比分析，这些比较分析有助于澄清人们对共享经济的模糊认识，更好地认识共享经济的本质特征及其运动规律。

3. 本书的一个重要亮点是，在马克思的合作思想与共享经济之间建立起逻辑联系，将马克思合作思想的经典理论与信息化背景下出现的共享经济实践紧密结合，在马克思主义政治经济学研究的框架之下分析我国共享经济的发展，很好地体现了马克思主义理论与中国实际的紧密结合。习近平总书记在党的二十大报告中指出："中国共产党人深刻认识到，只有把马克思主义基本原理同中国具体实际相结合、同中华优秀传统文化相结合，坚持运用辩证唯物主义和历史唯物主义，才能正确回答时代和实践提出的重大问题，才能始终保持马克思主义的蓬勃生机和旺盛活力。"[①]"共享经济"是信息时代提出的实践课题，也是合作在信息化背景下的一种表现形态，归根结底是生产力与生产关系的矛盾运动在新的时代条件下的反映。如何认识和把握共享经济的本质和发展规律，破解我国共享经济发展中出现的难题，促进共享经济的健康发展，离不开马克思主义基本原理的指导。将马克思合作思想与我国共享经济发展实践相结合，赋予共享经济以马克思合作思想的深刻理论内涵，提出："共享经济既是一种新型合作的生产力，也一种新型合作的生产关系"，应当从新时代生产力与生产关系的矛盾运动中来考察共享经济，这既有利于解决我国共享经济发展中的难题，又体现了马克思合作思想的蓬勃生机和旺盛活力。比如，作者运用马克思合作思想成功分析了我

---

① 习近平：《高举中国特色社会主义伟大旗帜 为全面建设社会主义现代化国家而团结奋斗——在中国共产党第二十次全国代表大会上的报告》，《求是》2022 年第 21 期。

国共享经济发展中的数据集中和垄断与共享经济中的合作问题就是一个很好的范例。

4. 本书从理论和实践两个层面深度剖析了我国共享经济发展中出现的各种复杂利益关系和矛盾,提出切实可行的治理对策。作者指出:共享经济是合作经济的特殊形式,是资源共享与利益共享的合作方式;共享经济既是生产力发展的历史产物,又通过协作与分工的发展促进新的生产力的出现;共享经济通过数据、算法和平台的作用催生新的生产关系。共享经济的发展是否处于合作的状态,最终取决于生产关系是否适应生产力的发展状况。在共享经济中,大平台与小平台、线上平台与线下劳动、线上平台与线下消费者、线上平台与线下生产者之间存在着既合作又冲突的复杂利益关系,面对共享经济发展中出现的困境,作者主张以数据产权分置化解共享经济发展中的矛盾,并提出促进共享经济可持续发展的一系列切实可行的对策建议。这些分析不仅思路开阔、观点新颖,而且针对性强,符合我国共享经济发展的实践,体现了理论逻辑与实践逻辑的统一。作者所提出的治理方略对规范共享经济的交换行为、合理分配共享经济的合作收益、做大做强共享经济平台、规制平台的垄断行为、化解线上线下的矛盾、促进线上线下协同发展均有积极的意义。

"实践没有止境,理论创新也没有止境。"① 本书是将马克思合作思想与信息化背景下的共享经济实践相结合的一个有益尝试,作者运用马克思主义方法论,提出了一个分析共享经济的马克思主义理论框架,对共享经济进行了比较深入系统的研究,具有一定的理论创新性。作者对共享经济的研究既能够从传统的所有权决定下解放出来,突出了"使用权更重要"的实践特征,又突破了传统研究马克思主义合作经济仅限于生产关系层面的局限性。这一尝试对于推动马克思主义理论与中国实际的紧密结合,对于推进共享经济的理论研究和实践的健康发展都是很有裨益的。可喜的是,在本书完成之际,廖萍萍博士申报的"数字

---

① 习近平:《高举中国特色社会主义伟大旗帜 为全面建设社会主义现代化国家而团结奋斗——在中国共产党第二十次全国代表大会上的报告》,《求是》2022年第21期。

经济与实体经济深度融合与可持续研究"又获得了 2023 年国家社科理论经济项目立项，这是她在研究共享经济基础上进一步延伸的研究项目，祝愿她继续努力，取得更加丰硕的高质量的研究成果！

是为序。

2023 年 9 月 9 日

前　言

共享经济出现以来，学者们从不同角度对其展开研究，取得了不少有价值的研究成果，从不同维度揭示了共享经济的本质和特征，加深了人们对共享经济的了解。本书从一个新的视角——马克思合作思想的视角重新认识共享经济，认为共享经济是由信息技术发展而产生的生产、消费、分配、交换全过程从主要围绕所有权转向主要围绕使用权而展开的一种新的资源共享方式，是一种基于新的协作与分工的社会生产力；共享经济是生产资料占有方式从追求物质资料集中转向追求数据生产资料集中所产生的由平台与算法决定的利益共享方式，也是一种建立在新的分配与交换关系之上的生产关系；共享经济又是一种生产关系与生产力相适应、共享资源与共享利益相适应的不断演进的合作的生产方式。

本书分为上篇和下篇。上篇回顾并比较不同的合作理论和合作经济实践，重点研究并发展马克思的合作思想，为下篇基于马克思合作思想研究共享经济提供理论指导。下篇基于马克思合作思想对共享经济展开多维度的研究。

上篇首先回顾和比较历史上不同的合作思想，主要考察西方经济学中的合作思想和马克思合作思想的差异。西方经济学中的合作研究以"经济人假说"为基础，用个体的、抽象的方法研究合作。他们将合作看作以个人理性为基础的、没有历史的博弈的结果；以抽象的博弈模型来研究合作的发展，没有考虑到社会生产方式的历史发展对合作所起的决定作用；以"经济人假说"为基础，割断了人的发展与合作的联系。接着，笔者在回顾马克思合作思想传统诠释的基础上，提出了研究马克思合作思想的新视角。马克思指出："社会关系的含义是指许多个人的合作，……，一定的生产方式或一定的工业阶段始终是与一定的共同活动的方式或一定的社会阶段联系着的，而这种共同活动方式本身就是'生产力'。"从马克思对合作范畴的这一表述出发，运用马克思的辩证唯物主义和历史唯物主义方法，拓展了合作的概念：（1）合作不是由人的主观意识而是由物质生产方式决定的，研究合作不能从人的主观意愿入手，而应研究人们所处时代的生产方式，并将合作与人的发展联系起来。（2）生产关系是合作关系的基础，但合作不仅表现为生产关系，也表现为生产力。研究合作不能单从生产关系或生产力方面入手，应从生产力和生产关系的辩证关系中研究合作。（3）研究合作不能从个体出发，应从社会和个人两方面入手，从共同利益和个人利益的辩证关系中研究合作，用整体分析和个体分析相结合的方法研究合作问题。（4）合作不是一个可以抽象成没有历史的博弈模型，合作也不是某个特定历史阶段的产物，应将合作放入整个人类历史的进程中来研究，做到逻辑与历史的统一。共享经济不仅涉及合作的理论问题，它首先是一种新的合作经济的实践模式。上篇最后比较历史上不同国家不同时期的合作经济实践，梳理合作经济的发展脉络，同时，也介绍了西方经济学中的合作理论和马克思合作思想相互借鉴的趋势，为将共享经济纳入马克思合作思想的分析框架提供实践依据。

梳理和阐述马克思合作思想，为共享经济研究提供以下研究方法：（1）运用马克思辩证唯物主义和历史唯物主义方法论，从生产力和生产关系的矛盾运动中解释共享经济合作水平的变化和提高，共享经济是生产力发展到一定历史阶段的产物，将共享经济发展看作生产力与生产关系辩证发展的过程。（2）运用理论逻辑、历史逻辑和实践逻辑相结合的分析方法，既从理论逻辑出发，运用马克思合作思想阐明共享经济的特征和发展规律，又从历史角度考察生产力和生产关系变迁与共享经济的关联，还从实践逻辑出发，分析共享经济中的合作与冲突，为破解共享经济带来的现实问题提供决策依据。（3）运用比较分析法，从马克思合作思想的角度对共享经济进行比较研究。比较合作与共享，比较合作经济与共享经济，将共享经济与信息经济、数字经济、互联网经济和平台经济进行比较研究，等等。

下篇从马克思合作思想出发，探寻共享经济研究的意义。研究共享经济的目的在于认清共享经济的本质、探索和把握共享经济发展和运行的规律、寻求促进共享经济持续健康发展的路径，为促进共享经济的健康发展提出对策建议。下篇从理论逻辑、历史逻辑和实践逻辑的不同维度展开对共享经济的研究。首先，提出基于马克思合作思想的共享经济研究框架。其次，从生产力角度研究共享经济，运用马克思关于决定合作动力的理论，阐释共享经济是生产力发展的历史产物，共享经济条件下的协作与分工呈现出以下新的特征：生产资料基于使用权而积聚、计划更加融于市场、劳动者更灵活地直接与生产资料使用权相结合、协作分工网络化、协作规模更大且分工更细。再次，从生产关系角度研究共享经济，运用马克思关于合作关系影响因素的理论，从生产资料占有和组合方式的变迁，并从数据、算法和平台三个方面，分析共享经济合作利益的分配交换机制。说明共享经济虽然是一种合作的生产力，也是一种新的合作的生产关系，但其最终结果是否处于合作的状态，还取决于生产关系与生产力是否相适应。下篇还从马克思的交往理论（决定合作演进）出发，将生产关系与生产力相适应问题转化成共享经济交往网络的稳定性问题来研究，寻求共享经济可持续发展的条件。运用马克思关于决定合作冲突与矛盾的垄断理论，揭示数据垄断产生的机制，分析大平台与小平台、线上平台与线下劳动、线上平台与线下消费者、线上平台与线下生产者在共享经济中既合作又冲突的复杂关系，揭示共享经济的合作之困。运用马克思合作思想对合作影响因素的分析可知，生产资料的集中程度和生产资料归属的明晰程度等方面也影响着生产关系和合作可持续性。因此，强调指出：数据作为共享经济中核心的生产资料，数据产权制度同样是共享经济可持续发展的基础性体制机制，应探索构建具有中国特色的数据产权制度。在此基础上，提出了以合作为目标的共享经济治理方略，从生产力与生产关系两个方面，以及如何发挥市场作用与政府作用两个维度，阐明反对数据垄断是共享经济健康发展的保障，并有针对性地提出促进共享经济可持续发展的对策建议，包括支持类、协同类和规制类建议。最后，运用决定合作发展方向的马克思关于人的发展理论，展望共享经济的未来。运用马克思合作思想分析共享经济，有助于揭示共享经济的本质和发展趋势，不仅可以加深对共享经济的认识，还可以进一步加深对马克思合作思想的理解，探索马克思合作思想在新的社会历史条件下的实现形式，促进马克思合作思想在当代的发展。运用马克思合作思想研究共享经济，把握共享经济的运行机制和发展规律，可以为解决共享经济发展中出现的现实问题提供新的对策思路。

目　　录

绪　论 …………………………………………………………（1）

上篇　马克思合作思想的理论探索与实践考察

第一章　合作思想的历史考察 ………………………………（47）
　　第一节　西方经济学中的合作思想 ……………………（50）
　　第二节　空想社会主义中的合作思想 …………………（77）
　　第三节　马克思的合作思想 ……………………………（84）
　　本章小结 …………………………………………………（96）

第二章　生产力与合作 ………………………………………（99）
　　第一节　物质生产力、社会生产力与合作 ……………（99）
　　第二节　协作和分工 ……………………………………（105）
　　第三节　自然条件、科学技术与协作和分工 …………（111）
　　第四节　人与自然的合作 ………………………………（120）
　　本章小结 …………………………………………………（123）

第三章　生产关系与合作 ……………………………………（125）
　　第一节　生产资料所有制与合作 ………………………（126）
　　第二节　生产资料的集中程度与合作 …………………（130）
　　第三节　生产资料的归属与合作 ………………………（134）

第四节　分配、交换与合作 …………………………………… (140)
　本章小结 ………………………………………………………… (148)

第四章　生产方式与合作 ……………………………………… (149)
　第一节　交往与合作 …………………………………………… (149)
　第二节　协作和分工对生产关系的决定作用 ………………… (156)
　第三节　生产关系对协作和分工的反作用 …………………… (159)
　第四节　生产方式与合作的共同演进 ………………………… (166)
　本章小结 ………………………………………………………… (173)

第五章　合作思想的实践考察——合作经济的发展 ……… (174)
　第一节　西方合作经济及其发展 ……………………………… (175)
　第二节　社会主义合作经济的发展 …………………………… (189)
　本章小结 ………………………………………………………… (200)

下篇　马克思合作思想与共享经济的发展

第六章　共享经济的发展基础 ………………………………… (205)
　第一节　信息技术、数字化、互联网、平台与共享经济 …… (206)
　第二节　共享经济的成本与选择 ……………………………… (212)
　本章小结 ………………………………………………………… (224)

第七章　马克思合作思想与共享经济 ………………………… (226)
　第一节　共享发展理念与共享经济 …………………………… (226)
　第二节　共享与合作的关系 …………………………………… (229)
　第三节　马克思合作思想视域下的共享经济研究框架 ……… (233)
　本章小结 ………………………………………………………… (237)

第八章　共享经济促进新的生产力发展 ……………………… (239)
　第一节　共享经济是生产力发展的历史产物 ………………… (240)

第二节　信息技术是共享经济的物质生产力 …………… (243)
　　第三节　共享经济孕育新的社会生产力 ………………… (248)
　　本章小结 …………………………………………………… (255)

第九章　共享经济催生新的生产关系 ……………………… (256)
　　第一节　共享经济是生产关系变迁的历史产物 ………… (257)
　　第二节　共享经济产生新的生产关系 …………………… (265)
　　本章小结 …………………………………………………… (271)

第十章　共享经济的合作之困 ……………………………… (272)
　　第一节　共享经济的合作主体和结构 …………………… (272)
　　第二节　线上平台间的合作与竞争 ……………………… (275)
　　第三节　平台与线下劳动的合作与冲突 ………………… (279)
　　第四节　平台对线下消费者的分享与攫取 ……………… (282)
　　第五节　共享经济与线下实体经济的融合与冲突 ……… (285)
　　本章小结 …………………………………………………… (288)

第十一章　共享经济的可持续发展 ………………………… (290)
　　第一节　共享经济的交往 ………………………………… (290)
　　第二节　共享经济垄断的形成 …………………………… (294)
　　第三节　共享经济可持续发展的条件 …………………… (301)
　　本章小结 …………………………………………………… (305)

第十二章　以数据产权分置化解共享经济发展中的矛盾 … (307)
　　第一节　数据及其产权的研究动态 ……………………… (308)
　　第二节　厘清数据的不同权属 …………………………… (311)
　　第三节　揭示数据生产要素配置的矛盾 ………………… (315)
　　第四节　探索数据的产权分置 …………………………… (318)
　　本章小结 …………………………………………………… (322)

第十三章　共享经济可持续发展的对策建议 ……………………（323）
　第一节　持续推进技术创新，拓展共享经济的发展空间 ……（323）
　第二节　用好管好数据资源，合理分配共享经济的
　　　　　合作收益 ………………………………………………（325）
　第三节　用好管好算法，规范共享经济的交换行为 …………（327）
　第四节　做大做强共享经济平台，规制平台的垄断行为 ……（328）
　第五节　化解线上与线下的矛盾，促进线上与线下
　　　　　协同发展 ………………………………………………（330）
　本章小结 …………………………………………………………（333）

结论与展望 ……………………………………………………（335）

参考文献 ………………………………………………………（340）

后　记 …………………………………………………………（351）

绪　论

共享经济经历了从萌芽、起步、快速发展到增速下滑、平稳发展几个阶段。应当如何认识和评价共享经济、共享经济的出现对社会发展究竟产生了哪些影响、共享经济的发展趋势如何等问题引发了人们的关注和热议。伴随着共享经济的发展,针对共享经济的研究也在不断深入,研究共享经济的目的在于认清共享经济的本质、把握共享经济发展和运行的规律、寻求促进共享经济持续健康发展的路径。本书以马克思合作思想为指导,在梳理国内外有关共享经济研究文献的基础上,立足于我国共享经济发展现实,针对人们在共享经济发展过程中的一些模糊认识,从理论和实践层面上厘清信息经济、数字经济、互联网经济、平台经济与共享经济的关系,分别从生产力和生产关系的层面上分析共享经济的发展动因及其影响,剖析共享经济发展中出现的矛盾与困境,探索以合作为目标的共享经济治理方略,提出促进共享经济可持续发展的对策建议。

一　研究背景

党的十九大报告中提出"在中高端消费、创新引领、绿色低碳、共享经济、现代供应链、人力资本服务等领域培育新增长点,形成新动能"[①]。共享经济的发展对全球社会经济体系各个方面都产生了巨大影响,许多政策制定者、管理者和学者从多角度、多层次对其进行分析、

---

① 习近平:《决胜全面建成小康社会 夺取新时代中国特色社会主义伟大胜利——在中国共产党第十九次全国代表大会上的报告》,人民出版社2017年版,第11页。

研究①，共享经济一度成为社会热点话题，涉及众多领域。共享经济发展方兴未艾，不断推陈出新，同时也充满了矛盾与冲突，共享经济在不断争议中前行。

（一）共享经济的缘起

马科斯·费尔逊（Marcus Felson）和琼·斯潘思（Joe L. Spaeth）1978 年首次提出共享经济概念时，就将共享经济视为一种合作消费的生活方式。②由于技术条件的约束，共享经济并没有马上发展起来。2011 年，萨拉·霍洛维茨（Sara Horowitz）发表了《共享经济是一场静悄悄的革命》（*The Sharing Economy's Quiet Revolution*）一文，共享经济成为一些发达国家媒体讨论的焦点，同年，美国《时代周刊》将共享经济列入未来十年改变世界的十大想法之一。③凯文·凯利（Kevin Kelly）也在其著作《必然》中指出"共享"是未来商业发展的一大趋势。共享经济是信息革命发展到一定阶段后出现的新型经济形态，是整合各类分散资源、准确发现多样化需求、实现供需双方快速匹配的最优化资源配置方式，是信息社会发展趋势下强调以人为本和可持续发展、崇尚最佳体验与物尽其用的新的消费观和发展观。④与传统经济不同，共享经济通过互联网技术打破时间和空间的约束，对社会闲置资源进行重新利用和组合，以创造出新的市场价值，其理念和发展模式已经渗透到各行业领域。⑤尤其在中国，短短十几年间，共享经济已深刻影响着人们日常生活的方方面面。

（二）共享经济的发展历程

共享经济是在过剩经济的背景和绿色发展的理念下产生的，伴随着

---

① Martin, C. J., "The Sharing Economy: A Pathway to Sustainability or a Nightmarish Form of Neoliberal Capitalism?", *Ecological Economics*, Vol. 121, January 2016, pp. 145 – 159.

② Marcus Felson, Joe L. Spaeth, "Community Structure and Collaborative Consumption", *American Behavioral Scientist*, Vol. 21, No. 4, March 1978, pp. 614 – 624.

③ 汤天波、吴晓隽：《共享经济："互联网+"下的颠覆性经济模式》，《科学发展》2015 年第 12 期。

④ 前瞻产业研究院：《2020—2025 年全球及中国共享经济发展模式与典型案例分析报告》，https://bg.qianzhan.com/report/detail/1701091716577682.html? v = title。

⑤ 刘海英：《"大数据+区块链"共享经济发展研究——基于产业融合理论》，《技术经济与管理研究》2018 年第 1 期。

互联网技术的快速发展,共享经济逐步发展起来。到目前为止,国内外共享经济的发展大致经历了从萌芽、起步、快速发展到增速下滑、平稳发展几个阶段。

共享经济兴起于2008年国际金融危机前后,此次危机是当代新一轮生产过剩的危机。在金融危机前,美国出现了Ebay、Netflix等共享经济的雏形,随后分别于2000年出现汽车分时租赁鼻祖Zipcar、于2004年成立P2P网贷公司Zopa、于2005年成立手工艺品共享网站Etsy等企业,标志着全球共享经济进入了萌芽期。此后,国际金融危机对经济社会的影响日益加深,闲置资源更为丰富,移动互联网崛起,加速了共享经济的发展,共享经济从欧美向亚太、非洲等上百个国家和地区不断拓展,2009—2014年,共享经济进入了快速扩张期,渗透的行业和应用的场景越来越多,规模越来越大。2014年后,在中国以外的地区,共享经济率先进入平稳发展期,发展势头有所减缓,但初创企业数量仍接近2009年的水平,相比于金融危机前,共享经济仍保持着较快增长的态势。

在我国,随着互联网产业的快速发展,共享经济也同步萌芽。虽然国内共享经济起步稍晚,但凭借着我国互联网人口规模的优势,共享经济在我国一落地就迅猛发展起来。2009—2012年,在国内外共享经济发展浪潮下,国内众多领域的共享型企业开始大量涌现,如滴滴出行、共享单车等。2013—2018年,随着技术和商业模式的不断成熟,我国互联网用户广泛参与,大量资金注入,共享经济的影响越来越广,多个国内企业走向全球,例如,我国的共享单车出现在意大利等一些国家的城市街头。2017年随着全球共享经济发展放缓,我国共享经济市场交易规模增速也大幅下滑,2019年是我国共享经济深度调整的一年,受到国际国内宏观经济下行压力加大等多种因素影响,共享经济市场交易规模增速显著放缓,直接融资规模也大幅下降。在疯狂地野蛮生长之后,进入了对共享经济的反思阶段。在一段冷静期后,共享经济直接融资规模于2020年重新显示出增长的势头(见图0-1),但受整体宏观经济的影响,2022年又急剧萎缩到132亿元,共享经济呈现曲折发展的态势。

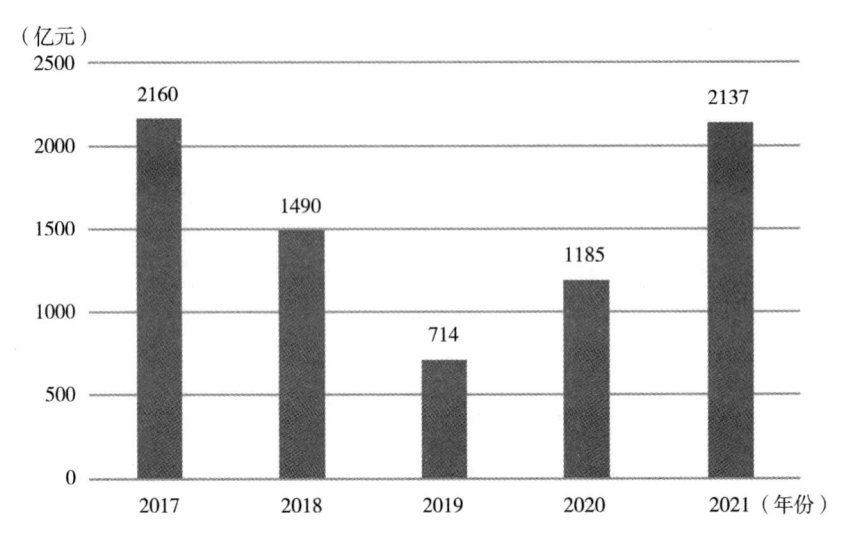

```
(亿元)
2500
        2160                                        2137
2000
1500         1490
                        1185
1000
                714
 500
   0
      2017   2018   2019   2020   2021 (年份)
```

图 0−1　2017—2021 年我国共享经济直接融资规模

资料来源：国家信息中心分享经济研究中心。

(三) 国内外共享经济的发展概况

国内外共享经济发展的总体情况大致可以从各国出台的鼓励政策、投资金额和共享经济的产值等方面得以反映。

2012 年 4 月，美国出台《促进创业企业融资法》(Jumpstart Our Business Startups Act，简称"JOBS 法案")，成为第一个实现股权众筹合法化的国家。2013 年，欧盟成立推动共享经济发展的行业组织——欧洲共享经济联盟。2014 年，英国政府正式提出推行数字市场发展战略，打造全球共享经济中心以及欧洲共享经济之都，进而支持共享经济发展。2015 年，澳大利亚悉尼政府将汽车共享作为"悉尼 2030"发展规划的一个重要组成部分。2017 年，日本政府出台相应法律法规以适应共享经济的发展。据 Crowd Companies 统计，从 2010 年至 2015 年 4 月，美国投资共享型企业的投资机构从不到 20 家极速增长到 198 家，投资金额也急剧增加。① 根据胡润研究院发布的《2020 年胡润全球独角兽榜》，全球共有 486 家独角兽企业，有 33 家存在于共享经济领域，其

---

① 分享经济发展报告课题组（张新红、高太山等）：《中国分享经济发展报告：现状、问题与挑战、发展趋势》，《电子政务》2016 年第 4 期。

中估值在100亿元及以上的企业有21家。从地区来看，中国拥有14家，估值总计5580亿元；美国有12家，估值总计3905亿元；中国和美国是共享经济市场主要的参与者。Pricewaterhouse Coopers预计，到2025年全球共享经济市场总值将达到3350亿美元。①

2016年，共享经济首次写入我国政府工作报告，明确要"支持分享经济发展，提高资源利用效率，让更多人参与进来、富裕起来"，同时提出"以体制机制创新促进分享经济发展"②。《国民经济和社会发展第十三个五年规划纲要》③提出"促进'互联网+'新业态创新，鼓励搭建资源开放共享平台，探索建立国家信息经济试点示范区，积极发展分享经济"。同年，《国家信息化发展战略纲要》④发布，强调要"发展分享经济，建立网络化协同创新体系"，分享经济成为国家信息化发展战略的重要组成部分。2017年，我国政府工作报告中强调要大力支持和引导共享经济发展，提高社会资源利用效率，便利人民群众生活。2021年，《国民经济和社会发展第十四个五年规划纲要》⑤提出，"培育新技术、新产品、新业态、新模式，促进平台经济、共享经济健康发展"。共享经济在稳就业方面发挥了积极作用（见图0-2）。在整体就业形势压力较大的情况下，共享经济领域就业仍然保持了较快增长。2020年共享经济参与者人数约为8.3亿人，其中服务提供者约为8400万人，同比增长约7.7%；平台企业员工数约631万人，同比增长约1.3%。共享经济在推动服务业结构优化、促进消费方式转型等方面的作用进一步显现。2022年，经受住了复杂严峻的国际环境和国内疫情散发等多重考验，我国共享经济市场交易规模约为38320亿元，同比增长约3.9%（见表0-1）。2021年共享经济新业态新模式在助力实现"六稳""六保"和推动经济社会数字化转型方面发挥了较大作用。与此同时，引导共享经济规范发展成为社会共识，制度化和法治化的治理

---

① 前瞻产业研究院：《2020—2025年全球及中国共享经济发展模式与典型案例分析报告》，https://bg.qianzhan.com/report/detail/1701091716577682.html? v = title。
② 李克强：《2016年国务院政府工作报告》，2016年3月5日。
③ 《国民经济和社会发展第十三个五年规划纲要》，《人民日报》2016年3月18日。
④ 《国家信息化发展战略纲要》，人民出版社2016年版，第19页。
⑤ 《国民经济和社会发展第十四个五年规划纲要》，《人民日报》2021年3月13日。

框架进一步完善，为共享经济规范健康持续发展奠定了重要基础。① 我国在共享经济的发展已形成交通出行、共享住宿、知识技能、生活服务、共享医疗、共享办公和生产能力七大主要领域，其中生活服务、生产能力、知识技能三个领域交易规模居前三位，分别为17118亿元、12368亿元和4540亿元，占比分别为46.41%、33.53%和12.31%②（见图0-3）。

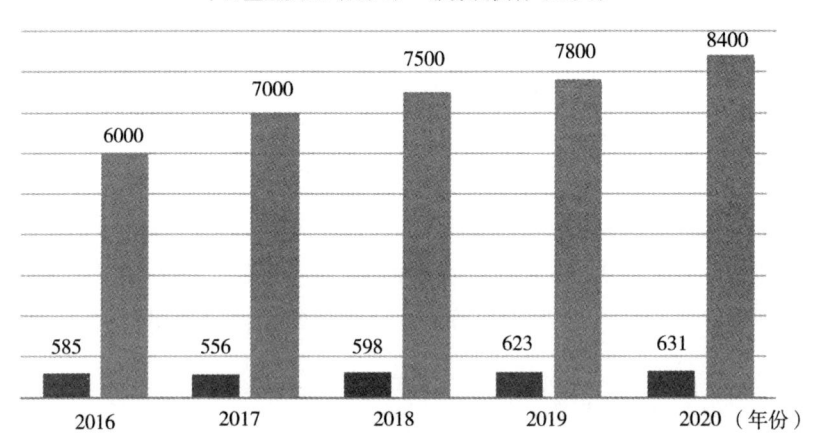

图0-2 2016—2020年我国共享经济平台企业员工数与服务提供者人数
资料来源：国家信息中心分享经济研究中心。

表0-1 2017—2022年我国共享经济发展情况 单位：亿元

领域	2017年	2018年	2019年	2020年	2021年	2022年
交通出行	2010	2478	2700	2276	2344	2012
共享住宿	120	165	225	158	152	115
知识技能	1382	2353	3063	4010	4540	4806
生活服务	12924	15894	17300	16175	17118	18548

---

① 国家信息中心：《中国共享经济发展报告（2022）》，2022年2月23日。
② 国家信息中心：《中国共享经济发展报告（2022）》，2022年2月23日。

续表

领域	2017年	2018年	2019年	2020年	2021年	2022年
共享医疗	56	88	108	138	147	159
共享办公	110	206	227	168	212	132
生产能力	4170	8236	9205	10848	12368	12548
总计	20772	29420	32828	33773	36881	38320

资料来源：国家信息中心分享经济研究中心。

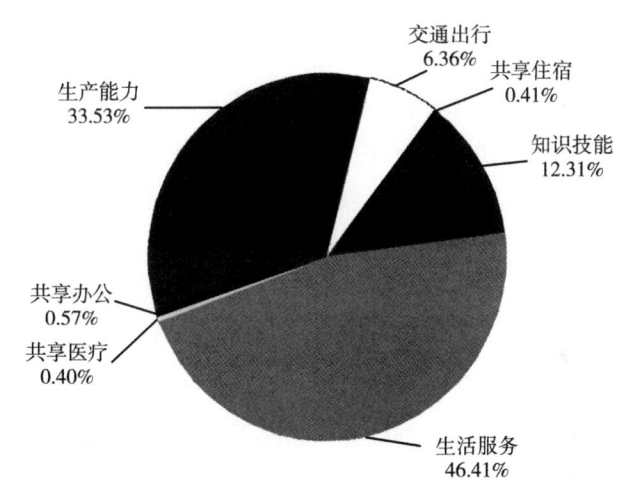

图0-3 2021年我国共享经济市场结构情况

资料来源：国家信息中心分享经济研究中心。

二 研究目的和意义

马克思合作思想视域下的共享经济研究，其目的和意义在于认清共享经济的本质，探寻共享经济的运行机制和发展规律，为促进共享经济的健康发展提出对策建议。

（一）认清共享经济的本质

研究共享经济就是要认清共享经济的本质，回应"什么是共享经济"，认识共享经济与信息经济、数字经济、互联网经济和平台经济的联系和区别，并从合作思想与合作经济的发展脉络中理解合作与合作经济的区别和联系，从而理解共享与共享经济的区别和联系。与回应

"什么样的合作经济才能做到真正的合作"一样,研究共享经济是为了回应"什么样的共享经济才能做到真正的共享"。共享经济是否共享、是否合作取决于生产关系与生产力是否相适应,所以应从生产力与生产关系两方面入手,研究并调整生产力与生产关系之间的矛盾,促进共享经济成为一种新的、合作的生产方式。

(二)探寻共享经济的运行机制和发展规律

探寻共享经济的运行机制和发展规律,就是要从生产力与生产关系的相互作用中发现共享经济发展的规律、解决共享经济发展中的矛盾。要回应共享经济作为一种新的社会生产力,如何才能积聚起更大规模的社会生产力;回应共享经济作为一种新的生产关系,其数据和算法主导的分配关系,如何被背后的资本所左右而背离共享的初衷。具体而言,探寻共享经济的运行机制和发展规律,一是为了回应以共享为名的共享经济为什么仍然会陷入合作之困并引发各种矛盾。二是为了回应为什么共享经济比传统经济更容易引发大规模的垄断,从而更好地理解激励创新与反对垄断的辩证关系,厘清共享经济反垄断与做大做强共享经济的关系,更好地把握共享经济反垄断的力度。三是为了深刻理解新旧生产方式之间既冲突又相互依存的关系,更好地把握共享经济与实体经济发展的辩证关系,促进共享经济与实体经济共同健康发展。

(三)促进共享经济的健康发展

研究共享经济的最终目的是促进共享经济的健康发展。从马克思合作思想的视角研究共享经济,旨在探讨马克思合作思想对共享经济发展的现实意义,促进共享经济的可持续发展。从生产力和生产关系两个方面入手,研究如何化解生产社会化与数据垄断之间的矛盾;从市场作用和政府作用相结合的角度,提出激励共享经济技术创新和制度安排的政策建议,为制定和完善共享经济条件下消费者和劳动者权益保护、促进数据互联互通、规制算法、反对平台垄断、促进共享经济与实体经济协调发展的制度体系建设提供参考。

运用马克思合作思想分析共享经济,有助于揭示共享经济的本质和发展趋势,不仅可以加深对共享经济的认识,还可以进一步加深对马克思合作思想的理解,探索马克思合作思想在新的社会历史条件下的实现形式，促进马克思合作思想在当代的发展。运用马克思合作思想研究共享经济，把握共享经济的运行机制和发展规律，可以为解决共享经济发展中出现的现实问题提供新的对策思路。笔者并非针对某一具体的共享经济模式提出政策主张，也不想仅停留在理论层面的论述，而是希望在充分肯定共享经济带来的积极效应的基础上，运用马克思合作思想分析共享经济发展中的矛盾，为解决共享经济发展带来的经济和社会的负面影响建言献策。

三　相关研究动态

以下从共享经济的研究概况、定义和分类研究、影响研究、比较优势与动因研究、规制研究以及关于共享经济的政治经济学研究等方面综述共享经济研究动态。

（一）共享经济研究概况

随着共享经济的发展，对共享经济的认识和研究也一起展开，国内外不少学者采用内容分析和文献计量相结合的方法来描绘共享经济的概貌。陈章旺、杨宇萍以中国知网 2000—2018 年相关文献为数据样本，运用 Ucinet 软件对共享经济研究的结构、主题和趋势进行分析，指出共享经济研究从微观和宏观两个层面展开，注重跨学科的研究，研究内容主要包括应用性技术难题、政府监管及法律规制、道德风险等交叉问题。由于共享经济的快速发展，组织间的边界日益模糊，如何更准确地界定共享经济并对共享经济的研究进行细化成为当前学者的研究重点。① 刘福珍、陈远、吴江梳理分析 2014—2018 年国内外共享经济实证研究文献，利用 CSSCI 数据库搜索关键词，选出具有代表性的 47 篇中文、46 篇英文文献，从研究理论、研究对象、研究方法、研究主题四个层面归纳总结共享经济。② Meisam Ranjbari、Gustavo Morales-Alonso 和 Ruth Carrasco-Gallego 从 193 篇论文中收集了 67 个共享经济的定义并

---

① 陈章旺、杨宇萍：《基于社会网络的共享经济研究结构及趋势分析》，《南京航空航天大学学报》2020 年第 1 期。
② 刘福珍、陈远、吴江：《共享经济实证研究的系统综述：内容框架、研究热点及前沿创新》，《信息资源管理学报》2020 年第 3 期。

梳理共享经济的基本特征。① Carlai de Oliveira Netto 和 Jorge Estuardo Tello-Gamarra 利用 Scopus 数据库、采用文献计量统计分析法（Bibliometric Analysis），总结概述了共享经济的研究动态，在"Sharing Economy：A Bibliometric Analysis, Research Trends and Research Agenda"一文中列出引用数最高的 10 篇文章（见表 0－2），从中可见，国外学者主要围绕"如何界定共享经济？""共享经济发生发展的机理是什么？""共享经济对现有市场和社会产生哪些影响？""共享经济是不是一个可持续发展的新的路径？"等问题展开研究。例如，文章提到 Belk 的研究将共享经济与信息系统和互联网联系起来，Hamari、Möhlmann 和 Ert 等学者关注共享经济与信任以及点对点关系之间的联系，Martin 和 Heinrichs 则关注共享经济的可续持发展。此外，Carlai de Oliveira Netto 和 Jorge Estuardo Tello-Gamarra 综合分析了更多近年来共享经济的相关研究，指出共享经济研究大致分为以下四个方向：共享行为导致的市场和社会后果研究；共享经济理论研究；共享平台与新技术应用研究；共享经济未来研究。对共享经济未来的研究虽然还不多，但已开始出现，作者还列出了这些研究议题发生的时间序列（见图 0－4）。②

表 0－2　　　　　国外共享经济引用数最高的 10 篇文章

文章	作者	年份	来源	引用数
You are What You can Access：Sharing and Collaborative Consumption Online	Belk, R.	2014	*Journal of Business Research*	483
The Sharing Economy：Why People Participate in Collaborative Cnsumption	Hamari, J.; Sjöklint, M.; Ukkonen, A.	2016	*Journal of the Association for Information Science and Technology*	342

---

① Meisam Ranjbari, Gustavo Morales-Alonso, Ruth Carrasco-Gallego, "Conceptualizing the Sharing Economy through Presenting a Comprehensive Framework", *Sustainability*, Vol. 10, No. 7, 2018, pp. 1－24.

② Carlai de Oliveira Netto, Jorge Estuardo Tello-Gamarra, "Sharing Economy：A Bibliometric Analysis, Research Trends and Research Agenda", *Journal of Technology Management & Innovation*, Vol. 15, No. 2, August 2020, pp. 41－55.

续表

文章	作者	年份	来源	引用数
Collaborative Consumption: Determinants of Satisfaction and the Likelihood of Using a Sharing Economy Option Again	Möhlmann, M.	2015	*Journal of Consumer Behaviour*	186
Trust and Reputation in the Sharing Economy: The Role of Personal Photos in Airbnb	Ert, E.; Fleischer, A.; Magen, N.	2016	*Tourism Management*	168
The Sharing Economy: a Pathway to Sustainability or a Nightmarish Form of Neoliberal Capitalism?	Martin, C. J.	2016	*Ecological Economics*	154
Ride On! Mobility Business Models for the Sharing Economy	Cohen, B.; Kietzmann, J.	2014	*Organization and Environment*	154
Alternative Marketplaces in the 21st Century: Building Community through Sharing Events	Albinsson, P.; Perera, B.	2012	*Journal of Consumer Behaviour*	126
The Rise of the Sharing Economy: Estimating the Impact of Airbnb on the Hotel Industry	Zervas, G.; Proserpio, D.; Byers, J.	2017	*Journal of Marketing Research*	120
Sharing versus Pseudo-Sharing in Web 2.0	Belk, R.	2014	*Anthropologist*	110
Sharing Economy: a Potential New Pathway to Sustainability	Heinrichs, H.	2013	*GAIA*	107

资料来源：Carlai de Oliveira Netto, Jorge Estuardo Tello-Gamarra, "Sharing Economy: A Bibliometric Analysis, Research Trends and Research Agenda", *Journal of Technology Management & Innovation*, Vol. 15, No. 2, August 2020, pp. 41 – 55.

笔者统计了我国近十年来共享经济相关论文的篇引用率（引用数/文章总数），以此反映共享经济研究的活跃度（见图 0 – 5、图 0 – 6）。纵观我国共享经济研究，大致经历了对共享经济从赞美到争议再到反思

研究议题

共享平台与新技术的应用

共享经济的未来

共享经济理论

共享行为导致的市场和社会后果

2015年　　　　　　　　2018年

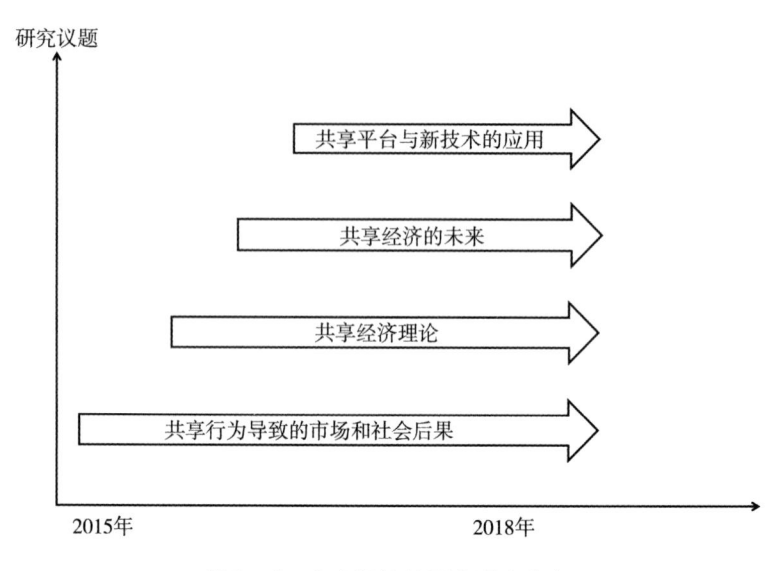

图 0-4　共享经济的四个研究方向

资料来源：Carlai de Oliveira Netto, Jorge Estuardo Tello-Gamarra, "Sharing Economy: A Bibliometric Analysis, Research Trends and Research Agenda", *Journal of Technology Management & Innovation*, Vol. 15, No. 2, August 2020, pp. 41-55.

等几个阶段，共享经济研究的活跃度在 2016—2017 年达到峰值，研究热度与共享经济投资和发展的热度呈现正相关关系。通过知网主题搜索并进行引用数排序，笔者列出了国内引用数排前 10 位的文章（见表 0-3），国内学者不仅从经济学角度研究共享经济，还从法学角度进行研究，如唐清利、彭岳、蒋大兴、王首杰等都特别关注共享经济相关规制和立法等问题的研究。笔者以"互联网经济"、"数字经济"、"平台经济"和"共享经济"为关键词，查询 2013—2022 年期刊的文献数量，可以看出，互联网经济、共享经济和数字经济相继成为研究的热点，对平台经济研究的热度也在缓慢提升（见图 0-7）。相应地，从 2015—2022 年我国政府工作报告中涉及的"互联网"等关键词（见表 0-4），也可以看出政策关注焦点的转移。这些相关研究热点的切换并没有使"共享经济是什么"的问题更清晰，反而经常混淆互用这些词汇。近年来，共享经济作为关键词和篇引用数均呈现下降趋势，但并不意味着对共享经济的研究在减少，共享经济研究有被纳入数字经济研究范畴的趋势。笔者关注这一趋势，从数字经济、互联网经济、平台经济与共享经济的区别和联系中认识共享经济。

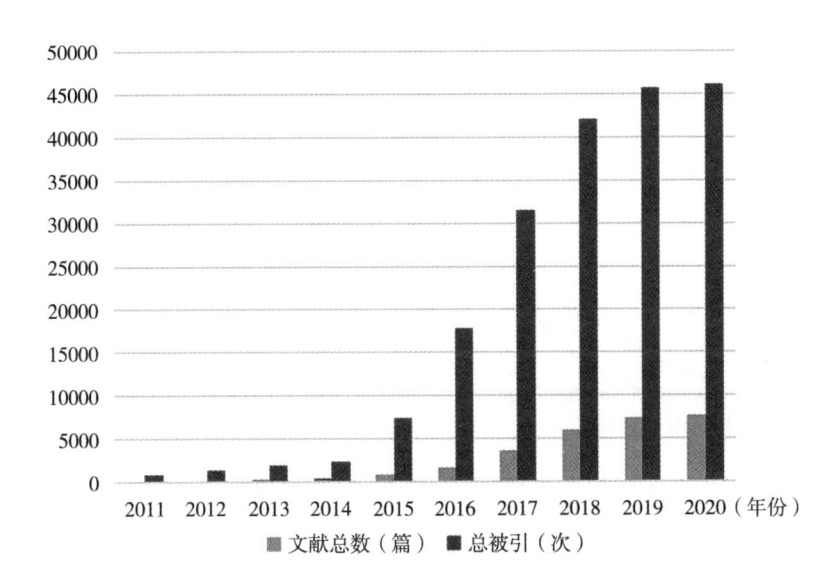

图 0-5 中国知网检索 2011—2020 年共享经济相关文章的篇数和引用数

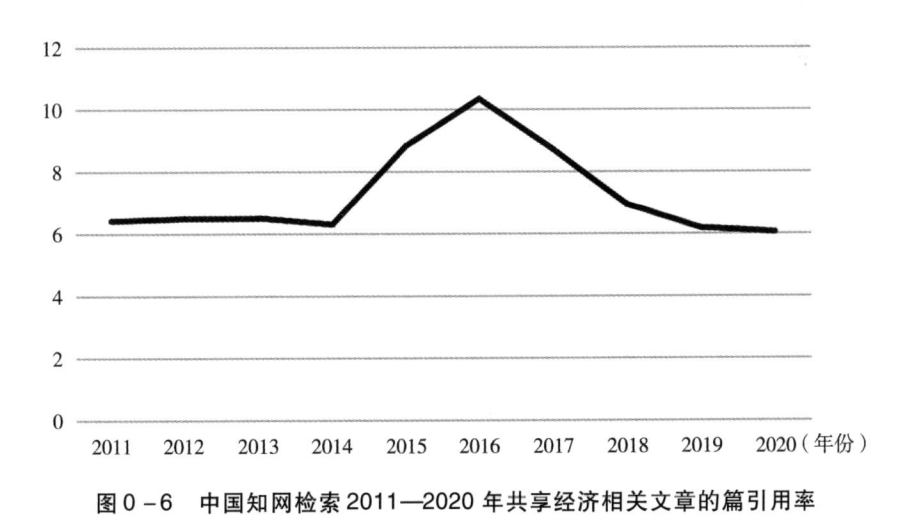

图 0-6 中国知网检索 2011—2020 年共享经济相关文章的篇引用率

(篇)
3500
3000
2500
2000
1500
1000
500
0

文献总数

— 互联网经济
--- 数字经济
⋯⋯ 平台经济
━ 共享经济

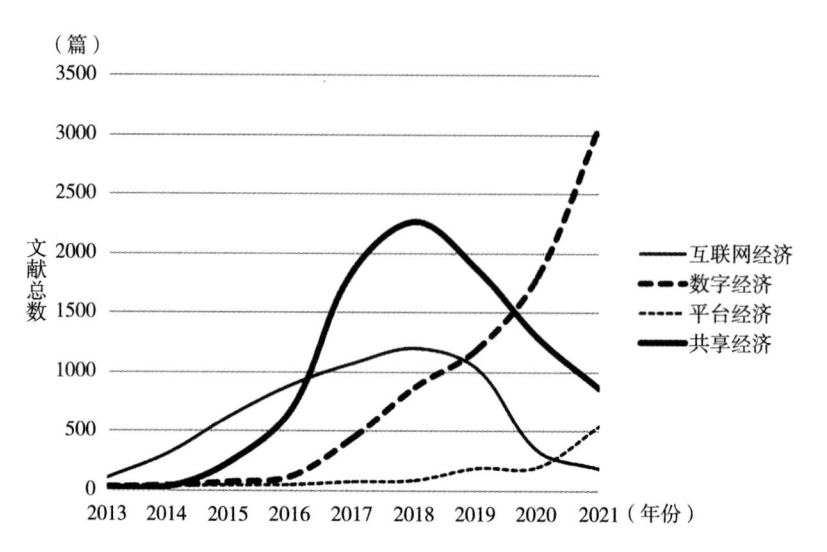

2013 2014 2015 2016 2017 2018 2019 2020 2021（年份）

图0-7　共享经济相关研究热点变化趋势

表0-3　　　　　国内共享经济引用数最高的10篇文章　　　　单位：次

文章	作者	年份	来源	引用数
"专车"类共享经济的规制路径	唐清利	2015（04）	中国法学	856
共享经济的成因、内涵与商业模式研究	郑志来	2016（03）	现代经济探讨	686
共享经济的法律规制问题——以互联网专车为例	彭岳	2016（01）	行政法学研究	464
共享经济：理论与现实	董成惠	2016（05）	广东财经大学学报	549
共享经济："互联网＋"下的颠覆性经济模式	汤天波；吴晓隽	2015（12）	科学发展	521
共享经济在我国的发展现状、瓶颈及对策	马强	2016（10）	现代经济探讨	482
共享经济理论与政策研究动态	刘奕；夏杰长	2016（04）	经济学动态	399

续表

文章	作者	年份	来源	引用数
共享经济下网络平台的法律地位——以网约车为研究对象	侯登华	2017（01）	政法论坛	366
共享经济：传统经济模式的颠覆者	刘根荣	2017（05）	经济学家	308
共享经济的法律规制	蒋大兴；王首杰	2017（09）	中国社会科学	259

资料来源：中国知网，检索统计截至 2022 年 3 月 17 日。

表 0-4　2015—2022 年我国政府工作报告中涉及"互联网"等关键词的对比

关键词	2022 年	2021 年	2020 年	2019 年	2018 年	2017 年	2016 年	2015 年
互联网+	√	√	√	√	√	√	√	√
数字经济	√	√	√	√				
平台经济			√	√	√			
共享经济							√	√

（二）关于共享经济的定义和分类

界定共享经济的概念并对共享经济进行分类是共享经济研究的基础，但目前对共享经济存在模糊认识，其中一个原因就是共享经济的定义和分类不清晰。以下梳理已有研究中有代表性的共享经济的定义和分类。

1. 已有研究对共享经济的定义

共享经济的定义比较有代表性的，包括以下三种：第一种，定义较宽泛，以中国国家信息中心信息化研究部对共享经济的定义为例：共享经济是指利用互联网等现代信息技术整合分享海量的分散化闲置资源以满足多样化需求的经济活动的总和。这是一个比较宽泛而简洁的定义，它抓住了共享经济最主要的两个特征：共享经济是互联网与信息技术的产物；共享经济主要是围绕闲置资源而展开的经济活动。第二种，定义较狭窄。有的学者对共享经济给出比较明晰的边界，例如 Chan Liu、Raymond K. H. Chan、Maofu Wang 和 Zhe Yang 认为，可以从以下七个方面来界定共享经济：（1）交换的对象是使用权还是所有权；（2）交换的对象是闲置资源还是新资源；（3）资源是短期的还是长期的；（4）平台是 P2P 的还是 B2C 的；（5）是线上交换还是线下交换；（6）是以营利为目的还是以非营利为目的；（7）是共享价值导向还是纯市场导向。①也就是说，共享经济采用 P2P 的、线上的、以营利为目的的模式，交换的是使用权、短期持有的闲置资源。这一定义虽然边界比较明晰，但在具体情形中也引发了争议，例如，专职的滴滴司机是短期的人力资源吗？是闲置的人力资源吗？再如，平台往往是 B2C 与 P2P 共存的，那么还算共享经济吗？又如，如何确定"是共享价值导向还是纯市场导向"呢？这七个方面是需要同时满足还是部分满足才算共享经济呢？因此这种界定仍存在不足。第三种，罗列特征。Meisam Ranjbari、Gustavo Morales-Alonso 和 Ruth Carrasco-Gallego 从共享经济的 11 项特征及研究热度分析来勾画共享经济的定义，研究热度排名前六的特征分别是：在线平台、闲置资源、协作消费、点对点联系、临时使用权交易、以营利为目的②（见图 0-8），但他们并没有给出定义的边界。这三种定义法都抓住了共享经济的某些现象和特征，但没有深入挖掘共享经济的本质，而发掘共享经济的本质正是笔者努力的方向之一。

2. 已有研究对共享经济的分类

从以上可见，到目前为止共享经济还没有确定的定义，为探究共享经济的本质，有效的分类是其中重要的一环。已有不少学者从不同角度对共享经济的分类进行了研究，具有代表性的有以下两种。

第一种，从共享内容或对象出发进行分类。Botsman 和 Rogers 将共享经济分为产品—服务系统（Product-service Systems）、二手交易市场（Redistribution Markets）和协同式生活方式（Collaborative Lifestyles）三种类型。③ 共享经济不仅分享无形资产，也分享实体资产，还分享劳动

---

① Chan Liu, Raymond K. H. Chan, Maofu Wang, Zhe Yang, "Mapping the Sharing Economy in China", *Sustainability*, Vol. 12, Issue 16, 2000, pp. 1–19.

② Meisam Ranjbari, Gustavo Morales-Alonso, Ruth Carrasco-Gallego, "Conceptualizing the Sharing Economy through Presenting a Comprehensive Framework", *Sustainability*, Vol. 10, No. 7, 2018, pp. 1–24.

③ Rachel Botsman, Roo Rogers, "Beyond Zipcar: Collaborative Consumption", *Harvard Business Review*, Vol. 88, No. 10, October 2010, p. 30.

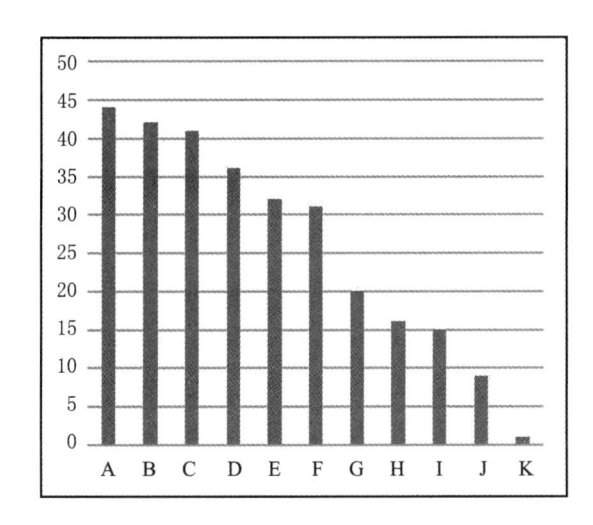

```
50
45
40
35
30
25
20
15
10
 5
 0
   A  B  C  D  E  F  G  H  I  J  K
```

1. 在线平台
2. 闲置资源
3. 协作消费
4. 点对点联系
5. 临时使用权交易
6. 以营利为目的
7. 方便参与者
8. 信任和基于网络的活动
9. 可持续性
10. 中介作用
11. 接近零的边际成本

图0-8 共享经济的特征

力。共享经济不仅分享无形数字资产，如文章、音乐、视频等，还分享实体资产，如房子、汽车、机器设备等，也分享闲置的劳动力和技能，如快递员、外卖骑手、设计外包等。其中，实体资产的分享又主要分为两类：（1）围绕同一所有权的使用权进行多次交易，如 Airbnb 等；（2）围绕同一物品的所有权进行多次移转，如转让二手产品的闲鱼网等。共享经济从第三产业开始，已发展到了第二产业和第一产业。按照中国国家信息中心的分类，共享经济可分为交通出行、房屋住宿、知识技能、生活服务、共享医疗、共享办公和生产能力等。[①]

第二种，从参与主体出发对共享经济进行分类。根据主体的不同类型对共享经济进行分类，大致分为以下四种：（1）B2C 式共享。企业将拥有的产品进行共享，消费者可以通过租赁的方式获得产品的使用权，如共享单车等。余航、田林、蒋国银、陈云又将 B2C 式共享细分为两种不同的运营模式：一是由企业直接运营共享平台，企业既可以直接销售产品，也可以通过平台将产品间接出租给消费者；二是企业与共享平台互相独立，企业将产品出售或租赁给平台，再由平台统一定价，

---

① 国家信息中心分享经济研究中心：《中国共享经济发展报告（2020）》，2020 年 3 月 4 日。

平台直接服务于消费者，所有消费者都是租赁者。① （2）C2B 式共享。企业通过社会力量以众包或众筹等方式获取临时劳动力、社会资金等，如滴滴快车等。（3）P2P 式共享。个体参与者之间通过共享平台进行产品或服务的交易，如闲鱼网等。（4）G2C 式共享。政府或政府的分支机构拥有产品的所有权，消费者可以通过某种方式获得产品使用权，如互联网+政务业务等。

对共享经济进行分类而并不刻意界定共享经济的边界，这有利于丰富对共享经济的认识，但仍然没有回答"共享经济是什么"这一基本问题。

（三）关于共享经济的影响

共享经济刚出现时人们欢呼雀跃，不少人将其视为克服资本主义固有矛盾的新路径，但很快就争议声不断，发展到现在已产生了极大的社会矛盾和冲突。学者们从共享经济对消费者、劳动者、生产者以及对经济增长与生态可持续性等正反两方面的影响进行了研究。

1. 对消费者的影响

共享经济最初也称为"协同消费"，共享经济中消费者不仅仅是消费者，他们既可以是产品的需求方，也可以是产品的提供方。共享经济导致消费意识和消费习惯的改变：越来越多的人从购买产品的所有权转向消费商品或服务的使用权。阿鲁·萨丹拉彻（Arun Sundararajan）认为共享经济平台提供的搜索能力和比价功能，使得生产者更加充分竞争，消费者成为共享经济的最大受益者，获得了更大的消费者剩余。② 共享经济又被称为信用经济，通过公开信誉排名、服务评价、产品使用感受等数据，信息的不对称下降，实现了交易的透明性和信用。而且，与以往的商业模式相比，共享经济平台提供了更多免费产品和服务，提升了消费者的满足感。克里斯蒂安·福克斯（Christian Fuchs）则认为，躲在平台后面的资本才是剩余价值的受益者，消费者的自由选择实际是

---

① 余航、田林、蒋国银、陈云：《共享经济：理论建构与研究进展》，《南开管理评论》2018 年第 6 期。

② [印] 阿鲁·萨丹拉彻：《分享经济的爆炸》，周恂译，文汇出版社 2017 年版，第 149 页。

算法引导的结果。共享经济平台无偿占有了消费者的数据，消费者个人隐私保护问题日益凸显，不仅如此，消费者点阅和关注网页事实上是为平台收集数据进行的一种无偿的、非雇佣的劳动。① 不同于工业化时代的标准化产品和服务，共享经济中人人参与，其过低的门槛导致产品或服务质量参差不齐，产生了大量产品质量问题和消费者投诉，侵害消费者权益的现象时有发生。

2. 对劳动者的影响

共享经济对劳动者就业或创业而言，犹如一把双刃剑。黛安娜·马尔卡希（Diane Mulcahy）在《零工经济》中写道："如果把当前的工作世界看作一把尺子，设想它一头是传统意义上由企业提供的职业阶梯，另一头是失业，那么两头之间范围广、种类多的工作选择便是零工经济。"② 一方面，不同于传统企业，共享经济从"企业—员工"到"平台—个人"，为劳动者提供了创业的平台，提供了自主、零时、弹性的工作并获取收益的可能，克莱·舍基（Clay Shirky）把共享经济看成新的集体合作，"一个梯子上的递进行为"，"按照难度级别递进，分别是'共享、合作和集体行动'"③。另一方面，相较于传统企业中的员工，共享经济中的劳动者更容易滑入失业的境遇，劳动和社会保障体系更加缺失，被史蒂文·希尔（Steven Hill）称为"经济奇点"④。零工经济到底是为人们带来福利还是增加了剥削？到底是创业还是就业？这些都引起了许多争议。即便共享经济吸纳了大量劳动者，但它对传统行业产生了巨大冲击，导致一部分人面临失业的风险。B. Fang、Q. Ye 和 R. Law 认为，随着共享经济的发展，共享经济带来的就业边际效应逐渐减小。⑤

---

① [英] 克里斯蒂安·福克斯：《大数据资本主义时代的马克思》，罗铮译，《国外理论动态》2020年第4期。
② [美] 黛安娜·马尔卡希：《零工经济》，陈桂芳、邱墨楠译，中信出版社2017年版，引言。
③ [美] 克莱·舍基：《人人时代：无组织的组织力量》，胡泳、沈满琳译，浙江人民出版社2015年版，第40页。
④ [美] 史蒂文·希尔：《经济奇点：共享经济、创造性破坏与未来社会》，苏京春译，中信出版社2017年版，第23页。
⑤ B. Fang, Q. Ye, R. Law, "Effect of Sharing Economy on Tourism Industry Employment", *Annals of Tourism Research*, Vol. 57, Issue C, 2010, pp. 264–267.

此外，Juliet B. Schor 调研发现，现实中共享平台上供给方多为高学历者或全职工作者，所谓"创业者"的零工从业者则往往是低技能型劳动者，与其说共享经济是平台与零工从业者自愿的、平等的合作，不如说是低技能型劳动者不得已而选择共享平台，共享经济可能会进一步加剧社会贫富分化。① 任洲鸿、王月霞认为，共享经济不仅没有改变资本追求剩余价值的本性，反而使资本对劳动进行剥削的手段更加隐蔽。②

3. 对资本的影响

共享经济使得资本发生作用的机制发生了改变。第一，共享经济是创造社会资本的新工具。克莱·舍基提出"一件事最好是由国家按计划的方式指挥进行还是通过企业在市场中竞争实现？"这个争论实际上是默认了一个普遍假定，那就是人们不可能自我集合，只能在市场和管理措施之间做选择。③ 克莱·舍基指出共享经济提供了社会资本合作在市场与计划之外的第三种可能。第二，共享经济降低了资本回报的门槛。共享经济帮助小资本更容易获得回报，例如 Airbnb 的房东可能更容易通过闲置房屋出租获得回报，阿鲁·萨丹拉彻认为，从劳动者变成分散物质生产资料的持有者或投资者的传统门槛已经降低了，使得拥有生钱资产的人口比例明显扩大。④ 第三，资本从追求规模效应转而追求网络效应。罗家德认为，共享经济将生产者、消费者和交易者以网络化方式链接，以此形成社会生态系统。⑤ 过去资本只能追求规模效应而获得超额利润，共享经济平台里吸纳了大量拥有分散小资本的供应商，越来越多小供应商和消费者与平台链接，链接数越大其价值越高，网络的价值呈几何级数增长，形成了网络效应。艾伯特-拉斯洛·巴拉巴西（Albert-László Barabási）认为，企业管理正面临一场变革，我们需要采

---

① Juliet B. Schor, "Does the Sharing Economy Increase Inequality within the Eighty Percent? Findings from a Qualitative Study of Platform Providers", *Cambridge Journal of Regions*, *Economy and Society*, Vol. 10, No. 2, 2017, pp. 263–279.

② 任洲鸿、王月霞：《共享经济下劳动关系的政治经济学分析——以滴滴司机与共享平台的劳动关系为例》，《当代经济研究》2019 年第 3 期。

③ [美]克莱·舍基：《人人时代：无组织的组织力量》，胡泳、沈满琳译，浙江人民出版社 2015 年版，第 38 页。

④ [印]阿鲁·萨丹拉彻：《分享经济的爆炸》，周恂译，文汇出版社 2017 年版，第 166 页。

⑤ 罗家德：《信息时代的连接、机会与布局》，中信出版社 2017 年版，第 40 页。

取一种全新的、面向网络的经济视角,理解相互依存带来的影响。① 投资者在共享经济这一商业模式中追求网络效应,因为他们相信"赢者通吃",这才是共享经济资本的核心。第四,数据和算法后面是资本。平台利用数据和算法可以掌控消费者的信息,压榨消费者的"消费者剩余";也可以掌控供给方的信息,压榨供给方的"交易剩余"。平台两头都可获得超额的垄断利润,导致财富向少数的平台资本集中。资本开始争夺对数据和算法的垄断,通过垄断数据和算法获取剩余价值。第五,资本形成数据垄断。林丹、李建建认为,共享经济企业尽管自身并不集中物质生产资料,却以累积起来的数据生产资料赋能并驱动大规模的社会化协作与分工,一旦走出亏损区,便形成一股巨大的垄断力量,使得随后的竞争者很难以相同的模式获得成功。数据垄断问题主要表现为以下几个方面:(1)数据越来越集中到少数头部垄断企业中;(2)出现算法合谋、数据封锁和杀熟、平台"二选一"等各种新的垄断现象;(3)数据垄断挤压了传统经济的发展空间,造成共享经济与实体经济发展失衡。② 因此,维克托·迈尔-舍恩伯格(Viktor Mayer-Schönberger)、托马斯·拉姆什(Thomas Ramge)警示:要严防海量数据市场的"老大哥"③,在共享经济中,资本既发挥了其积极意义,也暴露了其逐利的本性,资本到底走向何方?这一问题备受争议,值得进一步研究。

4. 对经济增长的影响

共享经济往往促进了存量资产的利用,但共享经济对经济增长的贡献也引发了争论。阿鲁·萨丹拉彻认为,GDP 对传统经济是有用的信息,但共享经济对经济的贡献很难在 GDP 统计中显示出来,例如,财富分布的变化、消费形态、质量和水平的升级、单位 GDP 能耗下降等环保的贡献都往往被忽略。④ 尽管如此,杰里米·里夫金(Jeremy Rifkin)认为,共享经济将会降低创新创业成本,从而催生新的发

---

① [美]艾伯特-拉斯洛·巴拉巴西:《链接:商业、科学与生活的新思维》,沈华伟译,浙江人民出版社 2013 年版,第 284 页。
② 林丹、李建建:《数据垄断与反垄断的政治经济学分析》,《福建论坛》2022 年第 9 期。
③ [奥]维克托·迈尔-舍恩伯格、[德]托马斯·拉姆什:《数据资本时代》,李晓霞、周涛译,中信出版集团 2018 年版,第 175 页。
④ [印]阿鲁·萨丹拉彻:《分享经济的爆炸》,周恂译,文汇出版社 2017 年版,第 148 页。

展路径。① Botsman 和 Rogers 指出共享经济有利于产业结构优化升级，他们还预测未来服务业将大幅发展。② 史蒂文·希尔却认为共享经济是一种创造性的破坏。A. Sundararajan 认为共享经济能够促进行业整体效率提高③，G. Zervas、D. Proserpio、J. W. Byers 则认为共享经济模式会导致部分传统企业被挤出市场，迫使其被淘汰④。杨帅总结国外学者的观点，认为共享经济有其正面的积极影响，但会对传统产业产生一定程度的冲击，并向管理部门提出挑战。⑤

5. 对生态环境的影响

共享经济对生态环境的影响已引起关注。一种观点认为共享经济盘活了闲置资源，减轻了人对环境的索取；另一种观点则认为共享经济的发展对生态环境也存在负面影响。杨帅认为共享经济促使"使用—丢弃"的消费模式转向"使用—再使用—回收再利用"的新型消费模式，有利于绿色发展。⑥ Martin 和 Shaheen⑦、杰里米·里夫金⑧等研究者以共享汽车的数据为依据，认为共享经济使得消费者对所有权的需求下降，从而大大减少了产品销量，进一步减少了资源消耗和温室气体排放。但有些学者对此表示质疑，例如，Schor 指出汽车的共享会增加汽车的易用性，从而提高单位车辆的气体排放。⑨ 另外，在中国的大街小

---

① ［美］杰里米·里夫金：《零边际成本》，赛迪研究院专家组译，中信出版社 2015 年版，第 6 页。

② R. Botsman, R. Rogers, *What's Mine is Yours: How Collaborative Consumption is Changing the Way We Live*, London: Collins, 2011.

③ A. Sundararajan, *The Sharing Economy: the End of Employment and the Rise of Crowd-Based Capitalism*, Boston: Mit Press, 2016.

④ G. Zervas, D. Proserpio, J. W. Byers, "The Rise of the Sharing Economy: Estimating the Impact of Airbnb on the Hotel Industry", *Journal of Marketing Research*, Vol. 54, No. 5, January 2017, pp. 687 – 705.

⑤ 杨帅：《共享经济带来的变革与产业影响研究》，《当代经济管理》2016 年第 6 期。

⑥ 杨帅：《共享经济带来的变革与产业影响研究》，《当代经济管理》2016 年第 6 期。

⑦ Elliot Martin, Susan Shaheen, "The Impact of Carsharing on Household Vehicle Ownership", Working Paper, University of California Transportation Center, April1 2011.

⑧ ［美］杰里米·里夫金：《零边际成本》，赛迪研究院专家组译，中信出版社 2015 年版，第 127 页。

⑨ Juliet B. Schor, "Debating the Sharing Economy", *The Great Transition Initiative*, October 2014. http://www.greattransition.org/publication/debating-the-sharing-economy.

巷，共享单车减少了汽车出行的概率，降低了汽车尾气的排放，但共享单车占用了太多公共空间资源，过剩的共享单车供给造成单车随处丢弃，不仅是一种直接的浪费，也对环境造成负担，后期清理发生的潜在成本往往没有被考虑进去。此外，共享经济带来的物品高频次的周转，已产生了数以千亿计的包裹，产生了瓦楞箱、胶带、塑料袋等大量包装物垃圾。

可见，现有的共享经济影响研究已关注到共享经济对社会经济诸方面产生的影响，值得重视的是，已有学者提出共享经济是一种新的合作形态，但却没有解释为什么一种合作的经济形态会产生新的矛盾，即共享经济在何种条件下是合作的、共享的；在何种条件下是矛盾的、冲突的。

（四）关于共享经济发展的动因

共享经济发生发展的比较优势和动因是共享经济研究的重要方向，许多学者将共享经济与传统经济进行对比，从成本、效率、福利等角度来研究共享经济。

1. 从成本角度分析

许多学者从信息成本、管理成本，尤其从交易成本来讨论共享经济发生与发展的动因。史玉琳、陈富认为，共享经济交易过程中会产生事先、事后两类交易成本，事先成本包括信息搜集、协商决策和契约达成等类型，事后成本包括监督、执行转换等类型。[①] 与传统经济下的交易相比，共享经济由于共享平台上的供求双方直接交易，大大降低了供给方和需求方的交易成本。武玉认为共享经济的一个重要影响是互联网技术的进步减少了信息不对称，降低了交易成本。[②] 克莱·舍基从管理成本角度分析，认为"新的社会化工具正在通过降低协调群体行动的成本而改变这一困境，但依靠传统管理去做会太难，如果采用新型的协调方式则会变得可行"[③]。共享经济摆脱了传统组织规模递减的困境，因

---

① 史玉琳、陈富：《服务型企业共享经济商业模式价值创造研究——基于交易成本理论》，《商业经济研究》2019年第6期。

② 武玉：《共享经济与制度变革问题——基于交易成本的角度》，《经济研究导刊》2019年第10期。

③ ［美］克莱·舍基：《人人时代：无组织的组织力量》，胡泳、沈满琳译，浙江人民出版社2015年版，第28页。

而突破了传统企业的组织边界。共享经济的实质是交易成本最小化。卢现祥指出,没有平台经济就没有共享经济,平台经济就类似于科斯当年所发现的企业。就像企业的存在是为了节省交易成本一样,共享经济的实质也是交易成本最小化,"共享经济既不是科斯所述的传统意义上的市场也不是传统意义上的企业,即出现了'科斯地板'下的新的商业模式"①。共享经济是一种让渡商品使用权的经济模式,通过集中调度、分摊保管费用、产生更少运输费用,同时节约流通时间,使得共享经济运行更有活力。共享经济可以降低因信用问题、信息不对称、机会主义、逆向选择等不确定性因素而产生的流通费用,通过有效监管降低制度或组织的运行成本,其中就包括流通成本与流通时间上的损失。

2. 从效率角度分析

大部分研究认为,人们参与共享经济的根本动力是获得共享合作的剩余并且拥有更高的协调、管理和交换效率。第一,从协调效率来看,凯文·凯利认为,共享经济是不同于市场和计划的"第三种组织工作的形式"②。共享经济并不是单纯由交易成本变动而导致的在市场与企业之间的选择,而是将计划更加融于市场,相较于传统组织,共享经济平台企业具有更高的协调效率。第二,从交换效率来看,共享经济从所有权交易转向使用权交易,交易频次更高,资源利用效率更大,全社会收益得以更快提高。凯文·凯利预言,人们将通过获得服务的方式取代"占有"实物,未来资源的使用权将比所有权更重要。③ 第三,从市场结构来看,共享经济以平台代替市场,传统经济中产销是通过市场发生交换,而共享经济是通过平台发生交换。共享经济属于典型的"双边市场",即供需双方通过平台进行交易。一方参与者越多,另一方得到的收益越大,两个群体相互吸引、相互促进,网络效应得到进一步放大。吴晓隽、方越等都将共享经济看作双边市场,并以双边市场理论分

---

① 卢现祥:《共享经济:交易成本最小化、制度变革与制度供给》,《社会科学战线》2016年第9期。
② [美]凯文·凯利:《必然》,周峰译,电子工业出版社2016年版,第367页。
③ [美]凯文·凯利:《必然》,周峰译,电子工业出版社2016年版,第367页。

析分享经济平台。"在分享经济市场中，当一边用户带给另一边用户的网络外部性较大时，平台应该对该边用户收取较小的费用，甚至可以用补贴的手段来吸引该边用户注册，从而通过网络外部性获得另一边用户。"①

3. 从福利角度分析

着眼于社会整体，共享经济的出现是增加还是降低了社会总福利？学者们从不同侧面考察了这一问题。第一，消费者剩余。C. T. Lam 和 M. Liu 基于实证检验工具、方法和数据研究，得到共享经济导致消费者剩余增加的结论。② 为了更好地说明共享经济中的消费者剩余，S. Benjaafar、G. Kong、X. Li 等引入消费者使用率的概念，认为"使用率很低的产品所有者能够将产品分享出去获得回报，而使用率很高的产品的非所有者能够通过产品的分享获得更多的使用价值"③。田林、余航认为，消费者剩余还可以体现为等待时间、价格及乘车舒适感等其他因素，例如，在出租车和公共交通不太便利的区域和时段，消费者剩余的增长更为明显。④ 第二，社会福利。S. Benjaafar、H. Bernhard 和 C. Courcoubetis 比较了平台以利润最大化为决策目标和以社会福利最大化为决策目标两种情形下的社会福利，发现产品的共享明显提高了社会福利。⑤ 可见，平台追求利润最大化可能驱动社会福利最大化，但共享经济是否增加社会总福利还受到多种因素的影响，例如，田林、余航认为，高成本产品的共享会提高企业利润和消费者剩余，进而使整体社会福利提升，而低成本产品的共享则会降低社会整体福利。⑥ 第三，认知

---

① 吴晓隽、方越：《基于双边市场理论的分享经济平台定价策略剖析》，《南京财经大学学报》2017 年第 5 期。

② C. T. Lam, M. Liu, "Demand and Consumer Surplus in the On-Demand Economy: the Case of Ride Sharing", Working Paper, Clemson University, January 2017.

③ S. Benjaafar, G. Kong, X. Li, et al., "Peer-to-peer Product Sharing: Implications for Ownership, Usage and Social Welfare in the Sharing Economy", *Management Science*, Vol. 65, No. 2, 2019, pp. 477–493.

④ 田林、余航：《共享经济外部影响定量研究综述》，《管理科学学报》2020 年第 9 期。

⑤ S. Benjaafar, H. Bernhard, C. Courcoubetis, "Drivers, Riders and Service Providers: the Impact of the Sharing Economy on Mobility", Working Paper, University of Minnesota, 2018.

⑥ 田林、余航：《共享经济外部影响定量研究综述》，《管理科学学报》2020 年第 9 期。

盈余。克莱·舍基在《认知盈余：自由时间的力量》一书中提出了"认知盈余"这一概念，认知盈余是信息时代的剩余价值，"将自由时间看成一种共享的全球性资源，并通过设计新的参与及分享方式来利用它们"①。共享经济增进了对自由时间这一原本被忽视的资源的开发，必然增进整体社会福利。

总之，目前共享经济动因研究多从西方经济学成本、效率、福利等角度对企业组织的演化发展进行分析。

（五）关于共享经济的规制

近年来，共享经济领域相继出现了各种问题，例如平台押金难退、共享单车无序过度发展、困在算法里的外卖员劳动权益保护缺失、算法"杀熟"损害消费者权益、"二选一"平台垄断以及平台企业跨界经营监管困难等。随着共享经济的迅速发展，平台垄断所带来的消费者和劳动者权益保护的缺失问题引发了对共享经济的深刻反思，政府在规制共享经济发展中的作用也引起了国内外学者的关注，许多学者围绕共享经济规制的必要性、规制对象和规制策略等方向展开研究。

1. 规制的必要性研究

共享经济健康运行不能没有监管机构参与，对共享经济进行规制已成为政策研究者们的共识。S. Cannon 和 L. H. Summers 提出共享经济平台应主动接受政府机构监管、公开商业模式和数据信息。②秦海涛③和刘根荣④等学者根据共享经济在我国的发展情况，较早地提出要建立健全共享经济的相关法律、加强政府及行业监督管理、防止平台垄断等建议。陈丽蓉认为，2018 年是我国共享经济发展的关键节点，也是我国共享经济由鼓励性政策向监管政策转变的重要

---

① [美] 克莱·舍基：《认知盈余：自由时间的力量》，胡泳、哈丽丝译，中国人民大学出版社 2011 年版，第 32 页。

② S. Cannon, L. H. Summers, "How Uber and the Sharing Economy can Win over Regulators", *Harvard Business Review*, Vol. 13, No. 10, October 2014, pp. 24–28.

③ 秦海涛：《共享经济商业模式探讨及在我国进一步发展的建议》，《商业经济研究》2016 年第 24 期。

④ 刘根荣：《共享经济：传统经济模式的颠覆者》，《经济学家》2017 年第 5 期。

节点。① 随着共享经济发展过程中一些问题的逐步暴露,针对共享经济规制必要性的研究越来越多,主要包括以下几个方面:第一,共享经济作为一种平台经济比传统经济更容易形成垄断。王春英、陈宏民、杨云鹏认为平台容易产生垄断现象,垄断情形主要包括滥用市场支配地位、过度合并或收购、数据垄断等。② 自2020年以来,我国政府逐渐加强了对一些领域资本无序扩张和不公平竞争的反垄断监管。第二,共享经济产生了消费者权益保护的新难题。米竞认为,因法律规制的空白,共享经济下对消费者的保护力度远不及传统经济中对消费者权益的维护,出现了一系列亟待解决的侵害消费者权益的问题。③ 共享经济消费者权益保护问题主要包括共享经济发展早期的押金乱象、近来越来越引起关注的大数据杀熟、涉及消费者权益的网络安全和数据安全等。第三,共享经济发展引发的劳动者权益保障问题越来越急迫。任洲鸿、王月霞认为,尽管劳动者在劳动过程中享有很大的自主权和灵活性,但在享有灵活工作模式与基本劳动权利保障之间面临两难选择。④《外卖骑手,困在系统里》一文牵动人心,郑广怀团队的调研报告《武汉市快递员外卖员群体调查:平台工人与"下载劳动"》及北大博士陈龙以其五个多月送外卖工作的调查和体验为基础完成的论文《"数字控制"下的劳动秩序——外卖骑手的劳动控制研究》⑤,都更进一步揭示了共享经济背景下劳动者的生存状况,加之网约车、共享单车、共享金融和网络内容共享等共享经济主要领域问题集中爆发,国务院反垄断委员会于2021年制定并颁布了《关于平台经济领域的反垄断指南》。

2. 规制的对象研究

共享经济规制的对象包括左右共享经济发展三个重要因素:数据、

---

① 陈丽蓉:《重磅!2021年中国共享经济行业相关政策汇总及解读》,前瞻经济学人APP,https://weibo.com/u/1949671172。
② 王春英、陈宏民、杨云鹏:《共享经济时代平台经济垄断问题研究及监管建议》,《电子政务》2021年第5期。
③ 米竞:《对共享经济中消费者权益保护之反思》,《电子科技大学学报》2020年第3期。
④ 任洲鸿、王月霞:《共享经济下劳动关系的政治经济学分析——以滴滴司机与共享平台的劳动关系为例》,《当代经济研究》2019年第3期。
⑤ 陈龙:《"数字控制"下的劳动秩序——外卖骑手的劳动控制研究》,《社会学研究》2020年第6期。

算法和平台，共享经济规制对象研究也集中在这三个方面。第一，对共享经济数据要素的规制。蒋国银、陈玉凤、蔡兴顺、张美娟认为，平台经济治理客体包括数据。① J. Yi、G. Yuan、C. Yoo 认为数据个人隐私泄露易影响平台形象且降低用户持续性使用意愿。② P. Mikalef、M. Boura、G. Lekakos 等认为，保护用户的数据隐私会提升平台的引流效果。③ 张存刚、杨晔认为，大数据背景下由于数据要素确权困难，会出现损害数据要素所有者利益的问题。④ 杨继、刘柯杰指出，要让数字商品的交换流通过程能够清晰透明地展现出来，从而使数据要素参与到收益分配的过程中。⑤ 成燕、梅姝娥、仲伟俊认为，数据所有者的合法权益得到更好的保护并对平台数据进行治理，将有利于平台企业的创新。⑥ 第二，对共享经济底层算法的规制。李安认为，算法在推动智能化革命的同时，也带来了包括算法黑箱、算法偏见等在内的一系列技术风险和社会问题，因此有必要从制度层面探讨算法规制的有效路径。⑦《互联网信息服务算法推荐管理规定》⑧既是针对目前公众反映强烈、问题突出的算法治理问题作出的先导性回应，也是对包括网络安全法、数据安全法、个人信息保护法等法律的细化落实。⑨ 丁晓东认为必须探索"构建算法公开、数据赋权与反算法歧视等算法规制的具体制度"⑩。第三，

---

① 蒋国银、陈玉凤、蔡兴顺、张美娟：《平台经济治理：模式、要素与策略》，《电子科技大学学报》2021 年第 5 期。

② J. Yi, G. Yuan, C. Yoo, "The Effect of the Perceived Risk on the Adoption of the Sharing Economy in the Tourism Industry: the Case of Airbnb", *Information Processing & Management*, Vol. 57, No. 1, 2020, pp. 102 – 108.

③ P. Mikalef, M. Boura, G. Lekakos, et al., "The Role of Information Governance in Big Data Analytics Driven Innovation", *Information & Management*, Vol. 57, No. 7, August 2020, 103361.

④ 张存刚、杨晔：《数据要素所有者参与价值收益分配的理论依据》，《兰州财经大学学报》2021 年第 8 期。

⑤ 杨继、刘柯杰：《区块链下互联网经济价值分配优化研究——基于马克思主义政治经济学视角的分析》，《当代经济研究》2020 年第 7 期。

⑥ 成燕、梅姝娥、仲伟俊：《用户隐私风险感知对平台社交账号登录方式选择的影响研究》，《中国管理科学》2020 年第 12 期。

⑦ 李安：《算法影响评价：算法规制的制度创新》，《情报杂志》2021 年第 3 期。

⑧ 国家网信办等四部门：《互联网信息服务算法推荐管理规定》，2022 年 12 月 26 日。

⑨ 金台锐评：《给算法推荐立规矩树导向》，《人民日报》2021 年 9 月 9 日。

⑩ 丁晓东：《论算法的法律规制》，《中国社会科学》2020 年第 12 期。

对共享经济平台主体的规制。平台垄断比传统垄断更具有隐匿性，时建中指出，在大数据算法和算力的加持下，垄断协议不仅容易达成而且难以被发现。① 杨东、臧俊恒认为，数字平台作为数据流量入口，既需要依赖科技手段将数据要素最大限度地聚合、转化和利用，也要防止大型数字平台限制市场竞争。② 秋林指出加强反垄断监管与做强做大平台经济并不矛盾。加强反垄断监管并不意味着国家改变了对平台经济的支持态度；相反，加强反垄断监管恰恰是为了更好地规范和发展平台经济，引导、促进其健康发展，提高我国共享经济的整体国际竞争力。③ 杨东、臧俊恒认为，平台、数据、算法这三个维度改变了工业革命时代形成的基础经济结构和社会结构。④ 围绕数据、算法和平台的规制研究，正随着共享经济发展问题的不断呈现而不断深入。

3. 规制的工具与策略研究

在与传统治理的比较中，学者们进一步研究适合于共享经济特征的规制手段和路径。与传统治理相比，张红彬、李孟刚、黄海艳认为，共享经济带来的社会治理问题从线下的区块管理扩展到线上线下双层空间管理。⑤ 蒋国银、陈玉凤、蔡兴顺、张美娟⑥，李志刚、李瑞⑦认为，共享经济的规制工具包括行政手段、市场手段和新兴技术。与传统规制手段相比，共享经济的规制更强调技术手段的应用。陈兵、马贤茹认为，要创新反垄断规制工具，引入科技监管手段，以科学监管促进对共享经济平台企业反竞争风险的合规治理与精准规制。⑧ 与传统规制相比，共

---

① 金灿：《专家解读平台经济领域反垄断〈指南〉》，《经济参考报》2021 年 3 月 2 日。
② 杨东、臧俊恒：《数字平台的反垄断规制》，《武汉大学学报》2021 年第 2 期。
③ 秋林：《实现平台经济更加规范更有活力更高质量发展》，《人民日报》2020 年 12 月 26 日。
④ 杨东、臧俊恒：《数字平台的反垄断规制》，《武汉大学学报》2021 年第 2 期。
⑤ 张红彬、李孟刚、黄海艳：《共享经济视角下社会治理新格局及其创新路径》，《中共中央党校学报》2018 年第 6 期。
⑥ 蒋国银、陈玉凤、蔡兴顺、张美娟：《平台经济治理：模式、要素与策略》，《电子科技大学学报》2021 年第 5 期。
⑦ 李志刚、李瑞：《共享型互联网平台的治理框架与完善路径——基于协同创新理论视角》，《学习与实践》2021 年第 4 期。
⑧ 陈兵、马贤茹：《共享经济平台企业垄断认定完善理路》，《上海大学学报》2021 年第 5 期。

享经济治理更强调个案原则，黄勇指出，在具体案件中要平衡行业的特点、技术的创新、商业的模式、经济学的分析，在具体的执法和司法案例中进一步完善平台经济的反垄断规则。① 与传统规制相比，共享经济更强调合作协同治理研究。刘绍宇认为，要实现互联网分享经济的合理规制，必须有效整合自我规制和政府规制的优劣，引入合作规制模式。合作规制不是自我规制与政府规制的结合，而是政府与私人主体为实现规制目标在规制的全过程保持合作。② 王丽影、张广玲、宋锋森提出，政府应着力加强监督管理、规范共享市场，完善制度法律、优化发展环境；企业应积极推动各类创新，为消费者创造更多供给需求；产销者应发挥生产经营者和消费者角色作用，积极参与共享经济市场，主动监督市场和政府。③

4. 反垄断研究

国内外共享经济中的数据反垄断研究一般涉及数据垄断成因和特点研究以及反垄断对策研究。第一，数据反垄断研究往往从数据垄断的成因入手。除了传统经济形成垄断的因素之外，数据垄断还有其自身成因。例如，W. Brian Arthur 将垄断归因于技术演化中存在的规模递增效应④，M. L. Katz 和 C. Shapiro 则将垄断归因于网络效应，又称为网络外部性⑤，再如，艾伯特－拉斯洛·巴拉巴西发现互联网的幂律分布，认为公路网更接近于随机网络，互联网则是具有幂律分布的网络，这导致运行在互联网上的共享经济比运行在公路网上的传统经济更容易形成"富者越富"的垄断局面。⑥ 第二，从数据垄断的特点出发研究反垄断。姜奇平认为，大数据平台具有自然垄断属性，而围绕其生存的各种中小

---

① 金灿:《专家解读平台经济领域反垄断〈指南〉》,《经济参考报》2021 年 3 月 2 日。
② 刘绍宇:《论互联网分享经济的合作规制模式》,《华东政法大学学报》2018 年第 3 期。
③ 王丽影、张广玲、宋锋森:《共享经济发展演化与协同治理研究——基于产销者视角》,《技术经济与管理研究》2020 年第 11 期。
④ W. Brian Arthur, *Complexity and the Economy*, Cambridge, U. K.: Oxford University Press, 2014.
⑤ M. L. Katz, C. Shapiro, "Network Externalities, Competition, and Compatibility", *The American Economic Review*, Vol. 75, No. 3, 1985, pp. 424 – 440.
⑥ [美]艾伯特－拉斯洛·巴拉巴西:《巴拉巴西网络科学》,沈华伟、黄俊铭译,河南科学技术出版社 2020 年版,第 258 页。

型应用平台则具有完全竞争属性,这两重属性同时存在又互为条件,形成了分层垄断与竞争,是一种"新垄断竞争"的市场结构。① 荆文君认为,传统经济垄断往往伴随着市场壁垒高企、竞争活跃度受到抑制,而在共享经济中即使存在垄断,同层之间也并没有明显的高市场壁垒,激烈的竞争一直存在着。② 共享经济平台双边或多边市场、零定价策略、跨行业的特征也使数据垄断行为复杂而难辨、反垄断执法取证难度增加。③ "完善平台企业垄断认定"成为数据反垄断研究的热点之一。第三,数据反垄断研究最终落实到反垄断对策研究上。目前的对策研究大致可分为三个方向:(1)通过技术创新打破垄断。J. Gabszewicz 和 X. Wauthy 指出平台差异化是打破垄断的积极力量。④ 吴晓隽、方越提出通过增大差异化程度来提高利润,社会规制者和政策制定者应激励平台及后进入者不断创新,促进竞争。⑤ (2)通过数据共享抑制垄断。M. Rysman 认为用户的多归属性能够降低数据垄断。维克托·迈尔-舍恩伯格和托马斯·拉姆什提出了累进数据共享授权。⑥ 为了防止数据过于集中,应强制大平台向同一市场上的其他所有参与者共享其数据,数据越集中,其向参与者共享的数据就要越多。(3)通过征税抵抗数据垄断。德国前总理默克尔在参加 2018 年全球经济论坛(GES)时表示,数据是未来的原材料;数据是人们共同提供的,却被少数人用以赚钱,存在着巨大的不公平,共享经济产生的收益应纳入税收体系。西方经济学对垄断的研究,更多地倾向于制度条件不变情况下的分析,至今的研究还较少从数字技术带来生产资料占有方式的变化以及新的生产资料占

---

① 姜奇平:《论互联网领域反垄断的特殊性——从"新垄断竞争"市场结构与二元产权结构看相关市场二重性》,《中国工商管理研究》2013 年第 4 期。

② 荆文君:《互联网平台企业的垄断现象与福利效应》,中国财政经济出版社 2020 年版,第 36 页。

③ 陈兵、马贤茹:《共享经济平台企业垄断认定完善理路》,《上海大学学报》(社会科学版)2021 年第 3 期。

④ J. Gabszewicz, X. Wauthy, "Two-sided Markets and Price Competition with Multi-homing", DOI: 10.2139/ssrn.975897, May 2004.

⑤ 吴晓隽、方越:《基于双边市场理论的分享经济平台定价策略剖析》,《南京财经大学学报》2017 年第 5 期。

⑥ [奥]维克托·迈尔-舍恩伯格、[德]托马斯·拉姆什:《数据资本时代》,李晓霞、周涛译,中信出版集团 2018 年版,第 166 页。

有方式带来的矛盾来理解数据垄断和反垄断。

综上，由于共享经济本质不够清晰、发展目标不够明确，目前的共享经济规制研究及解决方案都是针对一些具体问题提出的，并没有在把握共享经济发展目标的基础上提出相应的系统性、整体性对策。

(六) 关于共享经济的政治经济学研究

国内外学者从不同角度研究共享经济，已有学者开始从马克思主义经济学的视角进行研究，例如，从生产关系角度和交往角度研究共享经济，尤其关注到资本主义和社会主义不同制度下共享经济的差异。

1. 从生产关系角度研究共享经济

张曙光认为共享经济"既然是一种新的生产力，按照马克思的生产力和生产关系的原因，必然会出现与之相应的新的生产关系"[①]。张旭、常庆欣认为"共享经济不过是金融资本结合技术进步形成的一种商业模式的突破"，"基于资本主义生产的共享经济，不会'主动消灭'资本主义存在的基础——雇佣劳动关系，而只会以共享经济的形态使雇佣劳动关系普遍化。基于社会主义生产的共享经济，则是将闲置资源进行更加合理的利用，尽可能地消除社会化大生产带来的外部效应，优化和巩固社会主义存在的基础"[②]。李刚、周加来更全面地理解共享经济，认为"共享经济是在现代信息技术（生产力）支持下实现的，涉及多个参与主体之间利益的相互关系（生产关系），所以应该把马克思的历史唯物主义和辩证唯物主义，作为解释共享经济发生、发展和完善的学缘基础"[③]。韩晶、裴文关注到"马克思没有把财产权看作是单一的权利，而是看作一组权利的结合体"[④]，这对于分析分离出来的使用权如何影响生产关系有着重要的启示。

---

① 张曙光:《共享经济催生新型生产关系》,http://finance.sina.com.cn/meeting/2017-06-24/doc-ifyhmtek7715821.shtml.
② 张旭、常庆欣:《零边际成本社会还是大众资本主义——共享经济的兴起及其对资本主义社会形态的影响》,《马克思主义与实践》2018年第4期.
③ 李刚、周加来:《共享经济的学缘基础、生成路径与福利效应》,《中山大学学报》（社会科学版）2020年第2期.
④ 韩晶、裴文:《共享理念、共享经济与经济体制改革创新》,《上海经济研究》2017年第8期.

2. 从交往角度研究共享经济

经济发展往往伴随着人与人交往的变化，但共享经济的发展却使得人与人的交往产生更为直接的变化，越来越多的学者关注到这些变化并从正反两方面揭示数字化交往对人与人交往的变革。数字化交往在使人们更合作的同时，也使人与人之间相距更远，数字化交往带来了异化，数字化交往也会具有资本主义特征。第一，数字化交往带来了合作。数字化交往对人类合作产生了重大影响，维克托·迈尔－舍恩伯格、托马斯·拉姆什认为数字时代开启了人类交流和合作的新时代，"电报、电话和其他通信技术（包括互联网）的发明，使人类的沟通更加高效，从而大大提高了人类合作的能力"[1]。第二，数字化交往带来了隔阂。数字化交往一方面让交流更便捷，另一方面却使人们相互更远离。周文俊对数字化交往做出犀利的批判，他认为虚拟的数字化交往虽然不断满足人们"缺席的在场"和"在场的缺席"的交往需求，但毕竟缺乏面对面的互动，人们长时间流连在"云端"，可能导致现实关系中人与人之间更加疏远与冷漠[2]。韩炳哲指出，数字媒体剥夺了触感和身体感知的交流，数字交流是目光缺失的交流，数字媒体让我们越来越远离他者[3]。第三，数字化交往带来了异化。交往总是需要中介，需要通过某种物（如货币）来实现，这就会产生卢卡奇所称的资本主义的物化和异化。在共享经济时代，随着交往中介的变化，人与人交往也会发生数字化的异化。韩炳哲认为在数字化交往中，新的人类动指而不动手，人不是劳动人，而是游戏人；彼此交流、彼此斗争的是算法和机器[4]。蓝江进一步指出，数字化交往让"身体—身体"的交往关系变成"身体—虚体—虚体—身体"的交往关系。物质性的外衣已

---

[1] ［奥］维克托·迈尔－舍恩伯格、［德］托马斯·拉姆什：《数据资本时代》，李晓霞、周涛译，中信出版集团2018年版，第24页。

[2] 周文俊：《数字化交往：数字媒介时代社会交往的路径重构与思考》，《城市观察》2022年第3期。

[3] 韩炳哲：《在群中——数字媒体时代的大众心理学》，中信出版集团2019年版，第34、49页。

[4] 韩炳哲：《在群中——数字媒体时代的大众心理学》，中信出版集团2019年版，第83页。

被剥除，数字化的形式第一次以最为赤裸裸的方式成为架构人与人之间关系的利器，我们不仅被还原为物，在这个物的外壳破裂之后，我们还进一步被还原为一种数值关系。本来应该属于我们的数字化的虚体，在数字资本主义的环境下，越来越脱离我们，与我们相分离，成为资本剥削我们的异己。① 第四，数字化交往具有资本主义特征。Jodi Dean 认为数字化交往本身已成为资本主义的特征，"工业资本主义依赖于对劳动的剥削，交往资本主义则依赖于对交往的剥削"②。Jodi Dean 进一步指出，"交往资本主义甚至抛弃了商品的物质性外壳，直接将剥削和获利指向了位于其核心的抽象社会关系的表达。通过互联网、通过个人之间的交往和信息技术，资本主义已经找到了更为直接的榨取价值的方式"③。以上研究启示我们有必要回到马克思交往理论，来研究共享经济。

（七）简要评述

国内外学者对共享经济进行了广泛的研究，取得了丰硕的成果。他们从定义和分类入手，研究共享经济；从消费者、劳动者、资本、经济增长和生态环境等方面，研究共享经济对经济社会的影响；从成本、效率、福利等角度，研究共享经济发展的动因；围绕共享经济规制的必要性、规制对象和规制策略等方向，展开共享经济的规制研究；关于共享经济的政治经济学研究。

目前，共享经济研究还存在以下几个方面的问题：（1）共享经济定义不清。共享经济研究首先要确定其定义，揭示其本质，但到目前为止，共享经济定义仍存在争议，共享经济分类呈现多角度，有的还相互交叉重叠，对共享经济本质的认识也不尽相同。（2）未能从历史进程中考察共享经济的动因。对共享经济发生和发展的动因研究存在多种角度和多种路径，有的从交易成本出发，有的从组织效率入手，有的从福利角度分析。共享经济是生产力发展的历史产物，但目前共享经济的动因研究中，未从技术变迁与协作分工相互作用的角度阐释共享经济发生

---

① 蓝江：《一般数据、虚体与数字资本》，江苏人民出版社2022年版，第12页。
② Jodi Dean, *Blog Theory*, Cambridge: Polity Press, 2010, p. 4.
③ Jodi Dean, *The Communist Horizon*, London: Verso, 2012, p. 129.

和发展的历史逻辑。(3)未能从生产力与生产关系两个方面考察作为生产方式的共享经济。研究者已经意识到共享经济触及生产关系的相关问题,有的学者把共享经济看成是一种新的生产关系,有的认为不是,有的从历史的角度来分析,有的则试图从共享经济中拓展对生产关系中所有权的理解。但这些研究都只从生产关系的某些角度研究共享经济,还未见有学者从生产力与生产关系两个方面考察作为生产方式的共享经济。(4)未能从发展的角度分析共享经济对经济社会产生的影响。共享经济对经济和社会方方面面都造成了影响,积极影响和消极效果均十分显著,目前的研究大多仅考察共享经济的短期影响,未能从长期动态发展的角度考察共享经济,未分析在何种条件下共享经济是合作的、共享的,在何种条件下又是矛盾的、冲突的,未能揭示共享经济既合作又冲突的辩证关系。(5)共享经济的规制研究中缺乏导向性。对共享经济进行必要规制已成共识,规制对象主要集中在数据、算法和平台上,规制策略研究突出了与传统经济规制的不同,强调共享经济规制对象的复杂性、隐匿性,规制策略也呈现多样性、包容性和协同性,但由于共享经济发展方向不明确,因而共享经济规制的目标也不甚明确,没有很好地回答什么样的共享经济是我们所追求的。

笔者认为共享经济可以被视为一种合作方式,一种以分享为基础的经济模式,其中资源和产品在不同的人之间共享,以实现更高的效率和更低的成本。共享经济模式发生于资本主义市场经济条件下,并不完全符合马克思合作思想,但可以看作信息时代资本自我扬弃的新的形式,是迈向合作进阶的新的过渡点。将共享经济模式引入社会主义市场经济中,应该坚持马克思合作思想中强调公平分配和社会公正的原则,应该以马克思合作思想为指导来研究共享经济。共享经济是在信息生产力催生下的新的合作的社会生产力,社会生产力新的协作分工引发生产关系的剧烈变动,剧烈变动中共享与垄断并存,共享经济发展的过程是生产力与生产关系激烈矛盾运动的过程,动态演进的分析框架更适合共享经济分析,同时关注合作形成问题和合作配置问题的分析框架才更适合共享经济分析。共享经济的研究不能只考虑局部个人利益,还要考虑整体共同利益,不能只考虑共享资源,还要考虑共享利益,不能只考虑个人的合作意愿，还要考虑整体社会的生产力发展水平。因此，不仅要将共享经济看作一种生产力，还要将共享经济看作生产关系，更应将共享经济看作生产力与生产关系相互作用的生产方式。因此，从马克思合作思想出发来研究共享经济，有助于我们对共享经济有一个更加全面的理解，更好地破解共享经济发展中的矛盾和问题，促进共享经济的健康和持续发展。

四 研究的主要内容与创新之处

基于马克思合作思想的视角来研究共享经济，将共享与合作联系起来研究，可以更好地揭示共享经济的本质。以马克思合作思想为指导阐明共享经济发展的历史逻辑，从历史发展的视角来考察共享经济这一新的社会生产力的发展动力，从生产资料生产占有方式的变迁来分析共享经济这一新的生产关系的分配交换机制。以马克思合作思想为指导从生产力和生产关系的辩证发展中研究共享经济。将共享经济看作一种线下协作分工与线上分配交换相互作用的交往网络，将其生产关系与生产力相适应的要求转化成线上与线下相互作用稳定性的问题来研究。以马克思合作思想为指导，明确提出以合作为目标，从生产力和生产关系两方面化解生产社会化与数据垄断之间的矛盾，探索数据作为新的生产资料的产权安排，促进共享经济持续健康发展。

（一）主要内容

本书的主要内容包括以下几个方面：

1. 拓展马克思合作思想的新境界。在梳理、比较合作思想与实践的基础上，提出了马克思合作思想的新视角。从三个方面拓展马克思合作思想的新境界：第一，马克思合作思想的传统诠释只是从生产关系层面上理解合作，笔者认为合作不仅是生产关系，也是生产力。第二，马克思合作思想的传统诠释将合作仅限于某一特定的历史阶段，笔者认为合作是与人类历史的发展相始终的，应从人类历史发展的整个长河中来考察合作。第三，笔者认为合作实质上是生产力和生产关系的辩证统一。寻求最优的生产方式实质上就是寻求合作的生产方式。合作的生产方式就是指在人与自然和谐相处、人与人和谐相处、可持续发展的前提下,最大限度地发展生产力。

2. 从比较中认识共享经济。传统经济以工业技术为特征,共享经济以信息技术为特征,共享经济是信息经济;传统经济生产要素以物质生产资料为主,共享经济生产要素中物质生产资料和数据生产资料并存、以数据生产资料为主导,共享经济是数字经济;传统经济的活动空间以物理空间为主,共享经济的活动空间延伸到了互联网空间,共享经济是互联网经济;传统经济的资源配置机制以企业和市场为主,共享经济的资源配置机制既不以企业也不以市场为主,而是依赖于将计划与市场相融合的平台,共享经济是平台经济。

3. 以马克思合作思想为基础分析共享经济。马克思合作思想的核心内涵是从生产力和生产关系两个方面来分析合作的,认为是不是合作状态,取决于合作中的生产关系与生产力是否相适应。同样地,共享经济是一种新的生产方式,它是不是合作状态、共享状态,取决于共享经济中的生产关系与生产力是否相适应。

4. 从生产力角度研究共享经济。关注历史变迁中物质生产力与社会生产力的相互作用,关注社会生产力——协作和分工发生发展的两个条件:生产资料的积聚程度和协调能力,并从考察这两个条件入手,分析共享经济。信息技术是推动共享经济发展的物质生产力,信息收集、生产、传播能力的增强,降低了协调成本和交易成本。信息利用能力的增强,提高了协调能力和计划与市场决策的智能化。区块链的出现,为完善协作分工的信用基础提供了新的可能。因此,物质生产力驱动下的共享经济,是一种新的社会生产力,其协作和分工呈现出以下新的特征:生产资料基于使用权而积聚、计划更加融于市场、劳动者更自由地直接与生产资料使用权相结合、协作分工更趋网络化、协作规模更大分工更细。

5. 从生产关系角度研究共享经济。共享经济协作与分工的社会生产力的发展,随着生产关系的变革,形成了共享经济新的生产关系。共享经济拓展了生产资料占有方式的内涵,其所有权及其一系列权利的分离与重新组合形成了新的生产资料占有方式,这一系列权利新组合形态对分配和交换关系产生影响,生产资料集中和分散程度以及生产资料归属的明晰程度对生产资料所有制、分配关系、交换关系产生影响。共享经济这一生产关系呈现出以下新的特征：分配与交换的主导力量从集中的物质生产资料转变为集中的数据生产资料，数据成为生产资料，决定着共享经济分配关系，算法左右着共享经济交换关系，平台成为合作的信用机制。共享经济的出现，发展了分配方式，同时也发展了交换方式，不仅如此，它更好地将分配与交换融合在了一起，使得分配更合理，交换更有效率。共享经济生产关系中生产资料积聚的极限大大提高，生产资料与劳动者直接结合，平台较好地量化了劳动者在合作中的实际贡献。另外，共享经济作为一种新的生产关系，依然在不断演进发展中，与历史上其他新的生产关系刚刚出现时一样，身上仍有着传统的、旧的生产关系的烙印。本书既肯定共享经济在促进人与人之间合作上的积极意义，也揭示目前的共享经济依然被资本所左右的现实。

6. 揭示共享经济的内在矛盾。共享经济与任何一种生产方式一样，也会出现生产力与生产关系之间的矛盾，呈现出合作之困。首先，共享经济各主体间呈现出竞合结构和特征，如平台主导的买卖双方之间对等的双边市场关系，大小平台之间、线上平台与线下劳动者、消费者之间的不对等关系等。其次，平台企业之间既合作又共谋，中心平台对线下的协作既是协调又是垄断，线上资本与线下劳动之间既有合作又有新的剥削，共享平台既免费分享信息又攫取消费者的无偿劳动，共享平台既提供个性化定制服务也隐藏着价格歧视，共享经济呈现出合作之困，其最终表现为：共享平台既促进线上与线下相互合作，又使得线上与线下相互分离和对立。

7. 探讨共享经济可持续发展的条件。将共享经济看作一种线下协作分工与线上分配交换相互作用的交往网络，将其生产关系与生产力相适应的要求转化成线上与线下相互作用稳定性的问题，笔者认为平台实现资本增值的逻辑是：投入资本，提升线上平台的信息生产力，提升平台链接数，驱动更大规模的线下协作分工，左右更大规模的线上分配交换，实现资本增值。平台实现资本增值的条件是：只有在线上分配交换与线下协作分工相互作用网络稳定的情况下，平台实现资本增值的逻辑才能持续。线上与线下相互作用网络稳定的条件是：线上与线下相互作用网络的平均集聚系数差别越小，它们连接在一起所构成的整个网络的稳定性越强。平台实现资本增值需要集聚系数具有差异，而可持续地实现增值，网络则必须稳定，又需要集聚系数的差异不能过大。因此既要数据集中又要反对线上垄断，应鼓励各平台之间的竞争与合作，鼓励数据互联，降低线上网络的平均集聚系数，避免线上网络与线下网络的平均集聚系数差异不断扩大，只有这样，才能维持线上与线下相互作用的网络的稳定，共享经济才能可持续地健康发展。

8. 揭示共享经济垄断的必然性，探索反垄断的路径。数据垄断是共享经济发展的必然产物，是社会化的数据被私人垄断占有所带来的对共享经济持续发展的限制，反垄断是对这一资本限制的扬弃。反垄断就是要化解线下协作分工的进一步社会化与线上决定分配交换的数据垄断私人占有之间的矛盾；化解线下劳动者与线上资本的矛盾；化解实体经济与共享经济的矛盾；化解共享经济生产力与生产关系的矛盾。共享经济反垄断应从生产力与生产关系两个方面入手，充分发挥两种反垄断力量，发挥市场与政府两方面作用，坚持数据共建共享原则，探索数据产权、流通和收益分配制度，落实个人数据原始权益，尊重大数据开发者权益，建立并规范数据要素交换市场，合理分配数据收益，激励技术与制度创新，突破垄断限制，促进共享经济与实体经济协调发展。

9. 提出促进共享经济可持续发展的对策建议。从生产力与生产关系两方面入手，提出支持类、规制类、协同类三类政策建议，即推动社会化生产力发展的支持类政策；调节合作利益分配与交换的规制类政策；促进生产关系与生产力相适应的协同类政策。促进共享经济可持续发展，必须持续创新技术，充分发挥市场作用和更好发挥政府作用，多主体共同参与合作治理，共同维护共享经济的合作生态。

最后，展望共享经济未来发展的方向。

(二) 创新之处

基于对共享经济的重新认识，本书力求从以下几个方面实现突破与创新：第一，以马克思合作思想为指导来研究共享经济，将共享与合作联系起来研究，更加明确地揭示共享经济的本质。第二，将共享经济与信息经济、数字经济、互联网经济和平台经济联系起来，阐明共享经济与它们的联系和区别，进一步深入了解共享经济。第三，阐明共享经济发展的历史逻辑。从历史发展的视角来考察共享经济这一新的社会生产力的发展动力，从生产资料生产占有方式的变迁来分析共享经济这一新的生产关系的分配交换机制。第四，从生产力和生产关系的辩证发展中研究共享经济。将共享经济看作一种线下协作分工与线上分配交换相互作用的交往网络，将其生产关系与生产力相适应的要求转化成线上与线下相互作用稳定性的问题来研究。第五，明确提出以合作为目标，从生产力和生产关系两方面化解生产社会化与数据垄断之间的矛盾，探索数据产权、流通和收益分配制度，促进共享经济持续健康发展。

五　研究方法与技术路线

（一）研究方法

1. 马克思辩证唯物主义和历史唯物主义方法论。从生产力和生产关系的矛盾运动中解释共享经济合作水平的变化和提高，共享经济是生产力发展到一定历史阶段的产物，将共享经济发展看作生产力与生产关系辩证发展的过程，将共享经济带来的合作水平的提高与人的发展相联系。

2. 理论逻辑、历史逻辑和实践逻辑相结合的分析方法。既从理论逻辑出发，运用马克思合作思想阐明共享经济的特征和发展规律，又从历史角度考察生产力和生产关系变迁与共享经济的关联，还从实践维度出发，分析共享经济中的合作与冲突，为破解共享经济带来的现实问题提供决策依据。

3. 比较分析法。从马克思合作思想的角度对共享经济进行比较研究：比较合作与共享，比较合作经济与共享经济；将"联合劳动"与共享经济进行比较研究；将"合作化"与共享经济进行比较研究，将共享经济与信息经济、数字经济、互联网经济和平台经济进行比较研究；等等。

运用马克思合作思想研究共享经济的方法归为以下五点：（1）从生产力和生产关系的矛盾运动中解释合作与共享经济；（2）在合作形成的社会经济结构的整体制约中分析个体之间的合作行为与共享经济；

(3)以生产资料所有制为基础分析合作关系,以研究新的数据生产资料的产权安排来化解共享经济中的矛盾;(4)从合作角度来理解和分析合作经济与共享经济的具体实践;(5)把合作水平的提高和共享经济的未来与人的发展相联系。

(二)技术路线

马克思合作思想视域下的共享经济研究,就是对共享经济进行重新认识。本书分为上、下两篇。

上篇,围绕马克思合作思想与实践展开研究,共分为五章,为马克思合作思想视角下的共享经济研究打下理论基础。第一章简要地对合作思想进行历史考察。首先对合作的概念进行界定,指出合作的几个基本要素,分析这些基本要素之间的联系。然后从西方经济学、空想社会主义理论和马克思主义经济学三个方面对合作思想进行历史考察和比较。本书提出的研究马克思合作思想的新视角,强调合作是生产力和生产关系的辩证统一的生产方式。第二章论述马克思合作思想中生产力与合作的关系,着重分析科学技术的发展与协作和分工的关系,揭示合作是物质生产力和社会生产力的辩证统一,指出人与自然的和谐相处也体现为一种生产力方面的合作。第三章论述马克思合作思想中生产关系与合作的关系。分析生产资料所有制与合作的关系,指出生产资料所有制是合作的基础和关键。分别从生产的全过程和历史的角度来考察分配和交换,指出合作是分配和交换的辩证统一。分析影响生产关系与合作的其他因素,即生产资料的集中、垄断程度与合作的关系,以及生产资料归属的明晰程度、产权安排与合作的关系。第四章论述马克思合作思想中交往、生产方式与合作的关系。分析交往、生产方式、合作可持续的条件,将合作看作是协作和分工对生产关系的决定作用以及生产关系对协作和分工的反作用之间的动态平衡。合作是一种生产方式,合作的过程就是人类交往发展的过程,合作水平是与生产方式相联系的,随着合作水平的提高,人的发展水平也不断提高。第五章回顾并比较合作经济发展的历程。合作与合作经济是一般与特殊的关系、抽象与具体的关系、理论与实践的关系。合作虽然与合作经济不同,但又相互关联。不同的合作经济发展历程说明:合作经济的发展不能一味地从改进生产关系和生产资料所有制入手，生产关系和生产资料所有制以及产权结构的调整都必须与生产力的发展水平相适应。

下篇，基于马克思合作思想的视角研究共享经济，共分为八章。第六章指出共享经济认识中一些容易混淆的问题，辨析信息经济、互联网经济、平台经济、数字经济与共享经济的区别和联系。运用西方经济学研究合作经济的思路，将共享经济的出现视为人们对所有权与使用权取舍的均衡，试图构建一种共享经济的成本与选择分析框架，为马克思合作思想视角下的共享经济研究提供一种对比。第七章梳理共享与合作的内在联系，认为共享经济是合作发展到信息时代的新形态，是一种"合作的特殊"，梳理共享发展理念、共享经济与合作经济的区别和联系等，进而提出只有从马克思合作思想角度去审视共享经济，才能更全面清晰地认清其本质。提出基于马克思合作思想的共享经济分析框架，从生产力和生产关系入手研究共享经济，从生产力和生产关系相互作用的运动规律中来理解共享经济的发展。将共享经济看作一种新的生产力，看作一种新的生产关系，看作一种不断演进的合作生产方式。第八章从生产力角度研究共享经济，运用决定合作动力的马克思生产力理论，阐释共享经济是生产力发展的历史产物，共享经济促进了生产力的发展。第九章从生产关系角度研究共享经济，运用决定合作关系的马克思生产关系理论，研究生产资料占有和组合方式的变迁，从数据、算法和平台三个方面，分析共享经济合作利益的分配交换机制。第十章揭示共享经济的合作之困，认为共享经济作为一种合作方式新的实践，必然带来新的生产力与生产关系的矛盾。第十一章运用决定合作演进的马克思交往理论，指出共享经济要求生产关系与生产力相适应的条件。运用决定合作冲突与矛盾的马克思垄断理论，指出当线上的垄断越来越严重时，将影响线上与线下的交往网络的稳定性，影响共享经济的可持续发展。第十二章运用决定合作关系安排的马克思产权理论，提出必须以数据产权分置来调整共享经济中的合作关系。既给予足够的创新空间，鼓励创新，又要建立必要的监管制度，约束恣意增长的平台数据生产要素垄断。既要鼓励数据的流通、交换及更有效利用，又要保护数据加工使用者和数据产品经营者的权益，促进数据生产要素市场机制的形成。

第十三章提出促进共享经济可持续发展的对策建议,包括支持类建议、协同类建议和规制类建议。

最后,运用决定合作发展方向的马克思人的发展理论,展望共享经济的发展方向(见图0-9)。

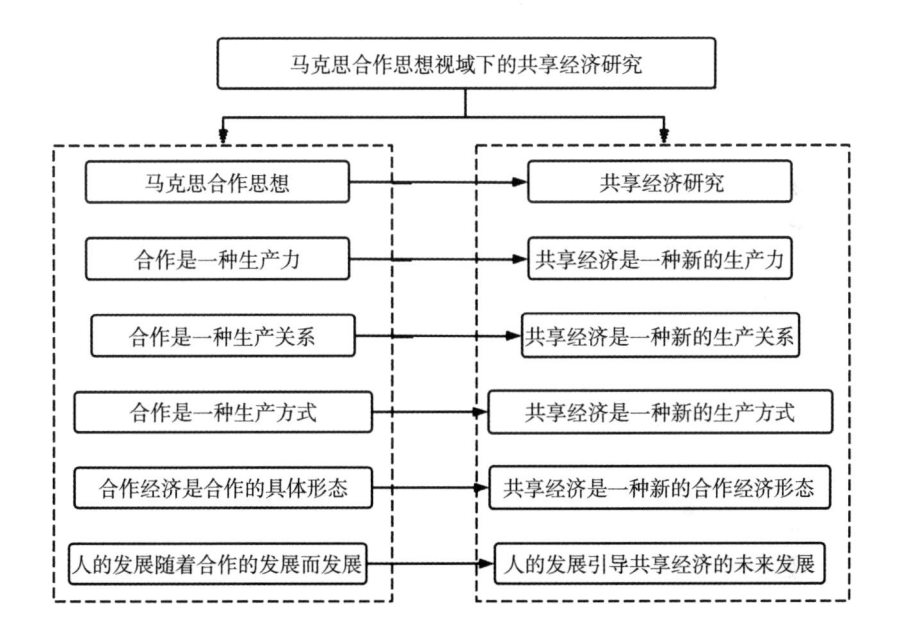

```
                   马克思合作思想视域下的共享经济研究
                    ┌──────────────┴──────────────┐
            ┌───────────────┐              ┌───────────────┐
            │ 马克思合作思想 │ ──────────→ │  共享经济研究  │
            └───────────────┘              └───────────────┘
            ┌───────────────┐              ┌───────────────────┐
            │ 合作是一种生产力│ ──────────→│共享经济是一种新的生产力│
            └───────────────┘              └───────────────────┘
            ┌─────────────────┐            ┌─────────────────────┐
            │ 合作是一种生产关系│ ────────→ │共享经济是一种新的生产关系│
            └─────────────────┘            └─────────────────────┘
            ┌─────────────────┐            ┌─────────────────────┐
            │ 合作是一种生产方式│ ────────→ │共享经济是一种新的生产方式│
            └─────────────────┘            └─────────────────────┘
            ┌─────────────────────┐        ┌───────────────────────┐
            │ 合作经济是合作的具体形态│ ──→ │共享经济是一种新的合作经济形态│
            └─────────────────────┘        └───────────────────────┘
            ┌───────────────────────┐      ┌───────────────────────┐
            │人的发展随着合作的发展而发展│→│人的发展引导共享经济的未来发展│
            └───────────────────────┘      └───────────────────────┘
```

图0-9　马克思思想合作视域下的共享经济研究思路

上 篇

马克思合作思想的理论探索与实践考察

第一章 合作思想的历史考察

合作在《现代汉语词典》中的解释是：为了共同目的一起工作或共同完成某项任务，例如分工合作、技术合作等。① 其中合作的目的指的是"共同目的"，"一起工作"则是合作的状态。可见，合作包含以下几个最基本的元素：（1）"共同目的"的含义；（2）如何"一起工作"；（3）"共同目的"和"一起工作"之间的联系。

其中，"共同目的"有以下几层含义：（1）"共同目的"的范畴，即"合作"的范畴，包括政治、经济、科学技术、文化、军事等方面的合作。本书研究和关注的主要是经济范畴的合作，所以仅研究和关注经济范畴的"共同目的"。（2）"共同目的"的经济学内涵，主要是指共同利益的最大化或共同利益的增加。（3）"共同目的"就是"共同利益"与参与者"个人利益"之间的关系，包括以下三种情况：①只有"共同利益"，没有参与者的"个人利益"；②只有参与者的"个人利益"，没有"共同利益"；③"共同利益"与参与者"个人利益"共存。第一、第二种情况都是特例，第三种情况是一般的状态。此外，如何"一起工作"主要是指合作的形式，包括协作、分工和交易等。"一起工作"外在地表现为参与者之间工作时间、工作地点和工作对象等方面的相互联系，但更重要的是指参与者之间利益方面的相互联系。

在以上所提到的第一种特例中，如果只有"共同利益"而没有参与者的"个人利益"，那么"一起工作"就无法维持。正如曼瑟尔·奥

---

① 中国社会科学院语言研究所词典编辑室：《现代汉语词典》，商务印书馆1983年版，第453页。

尔森（Mancur Olson）所说："如果一个集团中的个人从利他主义出发而不考虑他们自身的福利，他们在集体中也不大可能去追求某个自私的共同目标或集团目标。"① 至少在经济领域中这种情况下合作无法长期维持。在以上所提到的第二种特例中，如果只有参与者的"个人利益"而没有"共同利益"，那么"一起工作"同样也无法维持。曼瑟尔·奥尔森认为，"当与组织相比，个人的、没有组织的行为能够同样甚至更好地服务于个人利益时，建立组织的行为就毫无意义了"②。在这种情况下，合作也就不存在了。所以，无论如何，"一起工作"都是"个人利益"与"共同利益"的辩证统一。"一起工作"的形式决定"个人利益"和"共同利益"的结构；而"个人利益"和"共同利益"的结构又决定了"一起工作"形式的维持和发展（见图1-1）。"一起工作"、"共同利益"和"个人利益"是构成合作的最基本的元素。

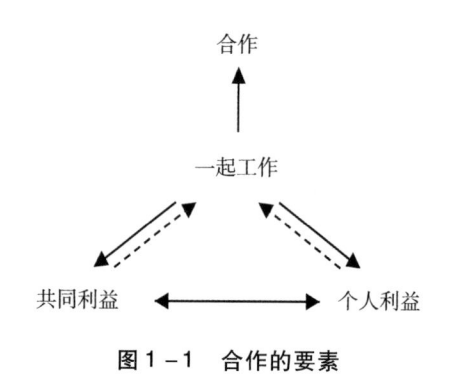

图1-1 合作的要素

经济学的理论研究常常涉及分工、交换和合作。其实，分工和交换只是合作的特殊形式。马克思认为："分工以协作为前提，或者只是协作的一种特殊形式。"③ 而交换是"由于我们所需要的相互帮忙"④ 而

---

① ［美］曼瑟尔·奥尔森：《集体行动的逻辑》，陈郁、郭宇峰、李崇新译，上海人民出版社1995年版，第2页。
② ［美］曼瑟尔·奥尔森：《集体行动的逻辑》，陈郁、郭宇峰、李崇新译，上海人民出版社1995年版，第6页。
③ 《马克思恩格斯全集》第32卷，人民出版社1998年版，第289页。
④ ［英］亚当·斯密：《国民财富的性质和原因的研究》上卷，郭大力、王亚南译，商务印书馆1972年版，第14页。

产生的，也是一种合作，亚当·斯密（Adam Smith，1723—1790）认为："依着互通有无、物物交换和互相交易的一般倾向，好象把各种才能所生产的各种不同产物，结成一个共同的资源。"① 所以，经济学研究实质上就是研究合作的问题，也就是研究人们如何在"一起工作"以实现"共同利益"和"个人利益"的问题。

针对合作中"共同利益"和"个人利益"的不同取向可以分为两类经济学的合作思想：一类是以亚当·斯密为代表的经济学，认为共同利益以个人利益为基础，强调人们从事经济活动是从个人利益出发的，而在那只"看不见的手"的引导下，对个人利益的追求必将促进共同利益；另一类是以马克思为代表的经济学，强调一味地追求个体利益只是一个历史过程，人类最终将有意识地主动追求共同利益。上篇追溯这两种经济学合作思想的发展，同时进一步深入研究马克思主义经济学的合作思想，提出研究马克思合作思想的新视角。如图1-2所示，"一起工作"形成社会生产力，"个人利益"和"共同利益"的结构形成生产关系，所以，合作不仅体现在生产力方面，也体现在生产关系方面。"一起工作"、"个人利益"和"共同利益"这三个合作的基本元素之间的辩证统一体现为生产力和生产关系的辩证统一，生产力和生产关系的相互作用呈现出人类社会合作水平不断提高的过程。

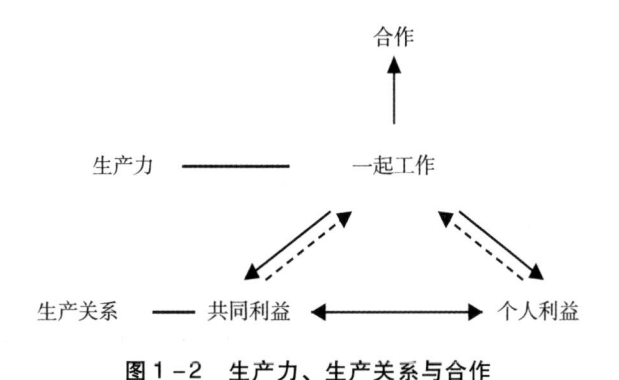

图1-2 生产力、生产关系与合作

---

① ［英］亚当·斯密：《国民财富的性质和原因的研究》上卷，郭大力、王亚南译，商务印书馆1972年版，第16页。

在研究马克思合作思想之前,首先对合作思想进行历史考察,所以本章分为以下三个部分:(1)西方经济学中的合作思想;(2)空想社会主义中的合作思想;(3)马克思合作思想。

第一节　西方经济学中的合作思想

西方经济学中的合作思想是指以亚当·斯密的"经济人假说"为基础的合作研究。新古典主义经济学将这样的研究范式明确地表述为各自追求个人利益最大化而形成的均衡;博弈论将其定义为非合作博弈下的纳什均衡;新制度经济学承袭了这一传统,并扩展"交易"这一概念的内涵,将物与物之间的交换延伸到所有权等的转移上,将亚当·斯密的"交换能力大小"与"交易费用"联系起来,把企业、团队、组织和制度等合作问题视为追求交易费用最小的合作方式,强调产权明晰对合作的重要性,仍然坚持以"经济人假说"为基础进行合作研究。我们也注意到合作研究的新进展越来越向马克思合作思想的基本框架方向发展。

一　古典经济学家的合作思想

经济学研究实质上就是研究合作的问题,也就是研究人们如何在"一起工作"以实现"共同利益"和"个人利益"的问题。经济学的理论研究都离不开对合作的考察。合作是经济学研究的古老命题,以下回顾古典经济学代表人物亚当·斯密、大卫·李嘉图(David Ricardo,1772—1823)和亨利·乔治(Henry George,1839—1897)的合作思想。

(一)亚当·斯密的合作思想

18世纪英国经济学家亚当·斯密在其两部最重要的著作《道德情操论》(*The Theory of Moral Sentiments*)和《国民财富的性质和原因的研究》(*An Inquiry into the Nature and Causes of the Wealth of Nations*)中分别以"论行为的合宜性"和"论分工"开篇,实质上都是从研究合作开始,可见合作思想在亚当·斯密整个经济思想中的地位。亚当·斯密的合作思想主要包括以下方面：(1)"看不见的手"可以促进合作；(2)分工、交换和分配都体现了合作；(3)合作是在"同情"基础上建立起来的。

1. "看不见的手"与合作

亚当·斯密在其著名的"看不见的手（Invisible Hand）"的论述中写到，从事经济活动的个人"受一只看不见的手的指导，去尽力达到一个并非他本意想要达到的目的，也并不因为事非出于本意，就对社会有害。他追求自己的利益，往往使他能比真正出于本意的情况下更有效地促进社会的利益"①。

亚当·斯密的合作思想是以个人利益分析为基础的。在他看来，人们的经济行为都基于"经济人假说"，以追求个人利益为目的，但在"看不见的手"的引导下，也会形成共同利益，产生合作。这与马克思强调的人类有意识地主动追求共同利益的合作思想形成了鲜明的对比。

2. 分工、交换、分配和合作

亚当·斯密将分工和交换都视为合作的形式，认为劳动生产力上最大的增进是分工的结果。同时，他揭示了分工和交换这两种合作形式之间的内在联系，提出了著名的"分工受市场范围的限制"的论断。

(1) 分工是联合劳动；分工是一种合作

亚当·斯密以粗劣呢绒上衣为例，说明最简单的产品也是分工的产物，是联合劳动的成果。他说："例如，日工所穿的粗劣呢绒上衣，就是许多劳动者联合劳动的产物。为完成这种朴素的产物，势须有牧羊者、拣羊毛者、梳羊毛者、染工、粗梳工、纺工、织工、漂白工、裁缝工，以及其他许多人，联合起来工作。"② 接着他又说："加之，这些劳动者居住的地方，往往相隔很远，把材料由甲地运至乙地，该需要多少商人和运输者啊！"③ 所以，任何商品的整个生产过程中还需要商人、

---

① [英] 亚当·斯密：《国民财富的性质和原因的研究》下卷，郭大力、王亚南译，商务印书馆1972年版，第27页。
② [英] 亚当·斯密：《国民财富的性质和原因的研究》上卷，郭大力、王亚南译，商务印书馆1972年版，第11页。
③ [英] 亚当·斯密：《国民财富的性质和原因的研究》上卷，郭大力、王亚南译，商务印书馆1972年版，第11页。

运输者及其他许多劳动者的联合劳动。最后，他总结说："总之，我们如果考察这一切东西，并考虑到投在这每样东西上的各种劳动，我们就会觉得，没有成千上万的人的帮助和合作，一个文明国家里的卑不足道的人，即便按照（这是我们很错误地想象的）他一般适应的舒服简单的方式也不能够取得其日用品的供给的。"① 所以，分工是联合劳动，分工是一种合作。

（2）分工促进劳动生产力的提高

劳动生产力上最大的增进是分工的结果，劳动生产力上最大的增进是合作的结果。亚当·斯密在《国富论》第一句话中就论述了分工与合作的关系，他指出："劳动生产力上最大的增进，以及运用劳动时所表现的更大的熟练、技巧和判断力，似乎都是分工的结果。"②

亚当·斯密解释了分工提高劳动生产力的原因，指出："其原因有三：第一，劳动者的技巧因业专而日进；第二，由一种工作转到另一种工作，通常须损失不少时间，有了分工，就可以免除这种损失；第三，许多简化劳动和缩减劳动的机械的发明，使一个人能够做许多人的工作。"③

分工促进了劳动生产力的提高，分工是合作的前提，也是合作的结果。合作是在分工的基础上产生的，没有分工，没有联合劳动，就不会有合作，而合作的结果又产生了更为细化的分工。经济领域内的分工是产生经济合作的前提；社会领域内的分工是产生社会合作的前提；知识领域内的分工是导致知识专家们合作的前提；等等。不同类型的分工会导致不同类型的合作，不同水平的分工也会导致不同水平的合作。

（3）交换是分工的原因，分工受交换能力的制约

亚当·斯密在《国富论》第一篇第二章"论分工的原由"中指出："由于我们所需要的相互帮忙，大部分是通过契约、交换和买卖取得

---

① ［英］亚当·斯密：《国民财富的性质和原因的研究》上卷，郭大力、王亚南译，商务印书馆1972年版，第12页。
② ［英］亚当·斯密：《国民财富的性质和原因的研究》上卷，郭大力、王亚南译，商务印书馆1972年版，第5页。
③ ［英］亚当·斯密：《国民财富的性质和原因的研究》上卷，郭大力、王亚南译，商务印书馆1972年版，第8页。

的，所以当初产生分工的也正是人类要求互相交换这个倾向。"① 他举例说："例如，在狩猎或游牧民族中，有个善于制造弓矢的人，他往往以自己制成的弓矢，与他人交换家畜或兽肉，结果他发觉，与其亲自到野外捕猎，倒不如与猎人交换，因为交换所得却比较多。为他自身的利益打算，他只好以制造弓矢为主要业务，于是他便成为一种武器制造者。"② 他否定了天赋才能的差异是分工的原因，相反，他认为天赋才能的差异是分工的结果。他肯定地指出：交换才是分工的原由。同时，他指出："分工起因于交换能力，分工的程度，因此总要受交换能力大小的限制，换言之，要受市场广狭的限制。"③ 这就是亚当·斯密著名的"分工受市场范围的限制"的论断。

既然分工是合作的一种形式，分工的程度受交换能力的限制，那么，合作的程度同样受交换能力的限制。无论企业、团队、组织还是制度中的合作都受交易费用的限制，新制度经济学正是基于这一思路发展起来的。

（4）交换是一种合作

亚当·斯密指出：我们所需要的相互帮忙，大部分是通过交换这个方法取得的。他指出："不论是谁，如果他要与旁人做买卖，他首先就要这样提议。请给我以我所要的东西吧，同时，你也可以获得你所要的东西：这句话是交易的通义。"④ 这个交易的过程实际上也是合作的过程。

亚当·斯密关于"交换本身也是一种合作"的思想可以用一个简单的例子加以说明。例如，甲、乙两人分别有 100 个苹果和 100 个梨子，对于拥有苹果的甲来说，对第 100 个苹果的需求最低；反之，对于

---

① ［英］亚当·斯密：《国民财富的性质和原因的研究》上卷，郭大力、王亚南译，商务印书馆 1972 年版，第 14 页。
② ［英］亚当·斯密：《国民财富的性质和原因的研究》上卷，郭大力、王亚南译，商务印书馆 1972 年版，第 14 页。
③ ［英］亚当·斯密：《国民财富的性质和原因的研究》上卷，郭大力、王亚南译，商务印书馆 1972 年版，第 16 页。
④ ［英］亚当·斯密：《国民财富的性质和原因的研究》上卷，郭大力、王亚南译，商务印书馆 1972 年版，第 11 页。

拥有梨子的乙来说，对第 100 个梨子的需求也最低。如果甲以自己的第 100 个苹果，去换乙的第 100 个梨子，甲的需求一定能够在更大程度上得到满足，反之亦然。也就是说，如果他们进行合作，通过平等自愿的交换，结果一定会使各自的需求都在更大程度上得到满足。在这样的合作中，双方并没有创造出新的物品，而是通过调整对不同物品的需求，共同提高了双方的福利。

（5）分配是一种合作

交换是一种合作，虽然交换本身没有创造出新的物品，但它是实现共同利益的重要环节。在亚当·斯密《国富论》第一篇中分工、交换和分配是同时出现的。与交换一样，分配本身没有创造出新的物品，但也是实现共同利益的重要环节。增加同样数量的收入，对于一个富人与对于一个穷人来说，其需求的满足程度是不同的，所以，合理分配财富同样可以提高社会的总福利水平。在亚当·斯密看来，分配"自然而然地"进行，这意味着通过"看不见的手"，更大程度上实际是通过交换来实现对社会财富的分配。

由图 1-3 可见，协作和分工是"一起工作"的形式，体现为一种生产力；交换和分配调整"共同利益"和"个人利益"的形式，体现为一种生产关系。合作是生产力和生产关系的辩证统一，也是协作、分工、交换和分配的辩证统一。不同的协作、分工、交换和分配的方式，决定了不同的合作方式。

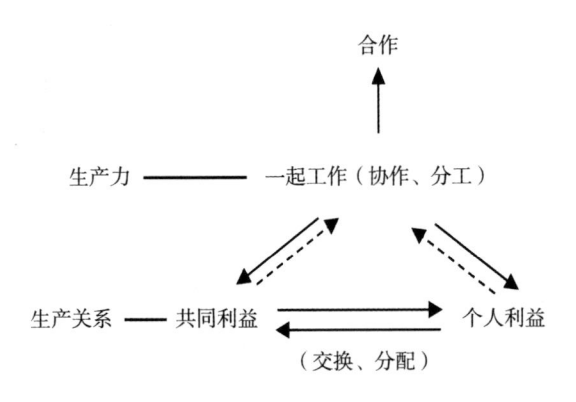

图 1-3　协作、分工、交换、分配与合作

3. 同情与合作

亚当·斯密在《道德情操论》中指出，合作实际上是建立在人类"同情"的本能基础上的。

（1）同情

在亚当·斯密看来，没有分工和合作，人类社会是不可能形成、存在和发展的，他同时认为人类社会是建立在自私的人的基础上的，那么，自私的人之间如何进行合作呢？为了回答这一问题，亚当·斯密在其《道德情操论》中提出了一个重要概念——"同情（Sympathy）"。这里的"同情"不同于我们平时所理解的"怜悯"之意，而更类似于"换位思考"。亚当·斯密认为"同情"与自私一样，是人类与生俱来的本性，他说："无论人们会认为某人怎样自私，这个人的天赋中总是明显地存在着这样一些本性，这些本性使他关心别人的命运，把别人的幸福看成是自己的事情，虽然他除了看到别人幸福而感到高兴以外，一无所得。这种本性就是怜悯或同情，就是当我们看到或逼真地想象到他人的不幸遭遇时所产生的感情。"[①] 不管人们是真的看到别人的不幸，还是身临其境地想象到别人的不幸，都能体会到这种感受。

现代神经科学的实验已经很清楚地观察到这样一个结果："同情"有大脑活动的生理基础。例如，一个人做某个动作时，镜像神经元[②]被激活；而当这个人观察别人做同一个动作时，同样一些镜像神经元也被激活。研究者分别对"痛"和"好恶"的感觉做过相似的实验，这两个实验结果都证实当人们亲身感受一种情绪时所激活的脑部区域，和他观察到别人正在感受同一种情绪时所激活的脑部区域，这两个区域之间确实存在着重叠的部分。[③] 所以现代神经科学中的镜像神经元理论对亚当·斯密的"同情"提供了有说服力的支持。

---

① ［英］亚当·斯密：《道德情操论》，将自强、钦北愚、朱钟棣、沈凯璋译，商务印书馆1997年版，第5页。
② 镜像神经元（mirror neuron）指大脑F5区中一些具有"双重活跃"性质的神经元，即人在做一个动作以及观察这个动作时，这些神经元都会放电。
③ 汪丁丁：《新政治经济学评论》第一卷第二期，上海人民出版社2006年版，第158—161页。

(2)"同情"与合作

要建立有效的合作,需要两个条件:第一,要使合作的双方都认为对方的行为是"合宜"的;第二,要使合作的双方都"赞同对方的意见"。而"同情"是达到这两个条件的基础。亚当·斯密认为:"在当事人的原始激情同旁观者表示同情的情绪完全一致时,它在后者看来必然是正确而又合宜的,并且符合它们的客观对象;相反,当后者设身处地发现前者的原始激情并不符合自己的感受时,那么,这些感情在他看来必然是不正确而又不合宜的,并且同激起这些感情的原因不相适应。"① 双方是否"同情"决定了双方是否认为对方的行为是合宜的,也就决定了合作的产生、维持和发展。

同样,合作所需要的相互赞同也是建立在"同情"这一基础上的。亚当·斯密说:"我们的赞同最终也是建立在同情或这种一致的基础上的。"② 他进一步分析说:"赞同别人的意见就是采纳它们,采纳它们就是赞同它们。如果同样的论点使你信服也使我信服,我自然赞同你的说理;如果不是这样,我自然不会对此表示赞同;我也不能想象自己会赞同你的意见而不接受它。因此,人们都承认,是否赞同别人的意见不过是说它们同自己的意见是否一致。就我们对别人的情感或激情是否赞同而言,情况也是这样。"③

最后,亚当·斯密总结道:"当我们以这种方式,来判断任何感情与激起它们的原因是否相称的时候,除了它们和我们自己的一致的感情之外,几乎不可能利用其他的规则或标准。如果我们设身处地地想一想,就会发现它所引起的情感同我们的情感吻合一致,由于同激起它们的客观对象相符相称,我们就自然赞同这些感情;反之,由于过分和不

---

① [英]亚当·斯密:《道德情操论》,蒋自强、钦北愚、朱钟棣、沈凯璋译,商务印书馆1997年版,第14—15页。
② [英]亚当·斯密:《道德情操论》,蒋自强、钦北愚、朱钟棣、沈凯璋译,商务印书馆1997年版,第16页。
③ [英]亚当·斯密:《道德情操论》,蒋自强、钦北愚、朱钟棣、沈凯璋译,商务印书馆1997年版,第15页。

相称，我们就自然不会对此表示赞成。"①

（3）对"同情"与合作的进一步研究

将"同情"作为合作产生的基础，在三百多年前由亚当·斯密提出后，似乎就被人们遗忘了，至少与其著名的"经济人假说"相比，"同情产生合作"没有得到应有的重视。近年来，越来越多的事实证明"经济人假说"无法解释"囚徒困境"实验中出现的不合作现象。"囚徒困境"博弈中的纳什均衡是相互背叛，体现了集体理性与个体理性的冲突。这种在个人利益与公共利益冲突时出现的合作解只能解释为博弈者没有最大化他们的个人效用函数，David Sally 证明：合作会出现在不同社会情境下的大量同情均衡解中。② 标准博弈论由于只包含陌生人之间的博弈，从而无法解释熟人、密友之间行为选择的变化。与此相反，David Sally 证明了博弈双方之间的接触和交谈能够增加"囚徒困境"实验中合作发生的概率。同时，交易过程本身也可能改变交易双方对彼此的态度。于是"同情"与合作之间的内在联系重新得到了现代博弈论的重视。

（二）大卫·李嘉图的合作思想

大卫·李嘉图是英国工业革命时期的经济学家，古典经济学派的主要代表人物。大卫·李嘉图的合作思想主要体现在他于 1817 年出版的《政治经济学及赋税原理》（*Principles of Political Economy and Taxation*）中，包括以下三个方面的内容：国际分工、比较优势以及比较优势下的分工和自由贸易产生合作。

大卫·李嘉图以葡萄牙生产酒和英国生产布为例，探讨国际分工和比较优势。亚当·斯密以工厂中的针制品生产为例，详细论述分工的好处，提出分工对提高生产效率的重要性。大卫·李嘉图模仿亚当·斯密，以葡萄牙生产酒和英国生产布之间的分工和贸易为例，分析劳动分工的好处以及对两个国家之间贸易的好处。假定英国需要 50 个劳动日

---

① [英] 亚当·斯密：《道德情操论》，蒋自强、钦北愚、朱钟棣、沈凯璋译，商务印书馆 1997 年版，第 17—18 页。

② [美] David Sally：《带有同情的博弈》，汪蓉译，载《新政治经济学评论》第一卷第二期，上海人民出版社 2006 年版，第 181 页。

生产一单位布，葡萄牙只需要25个劳动日；英国需要200个劳动日生产一单位酒，葡萄牙也只需要25个劳动日，那么，葡萄牙无论生产布还是生产酒所需的时间都比英国短、成本都比英国低，葡萄牙生产这两种商品都处于绝对优势，这是英、葡两国之间生产这两种商品的情况。单从葡萄牙一国来看，虽然生产布和生产酒都是需要25个劳动日，所需的生产时间是一样的，但因为英国要生产与葡萄牙同样数量的酒需要200个劳动日，远高于生产与葡萄牙同样数量的布所需的50个劳动日，因此，葡萄牙在酒的生产中表现出更大的优势，生产酒的成本相对低、处于比较优势，而生产布的成本相对高、处于比较劣势。英国刚好相反，生产布的成本相对低、处于比较优势，生产酒的成本相对高、处于比较劣势。在这种情况下，英国会放弃生产具有比较劣势的酒，专门生产具有比较优势的布；葡萄牙会放弃生产具有比较劣势的布，而专门生产具有比较优势的酒。如此分工，从总体来看，两国不仅可以生产出更多的布和酒，英国还可以用布换到更多的酒，葡萄牙也可以用酒换到更多的布，两国同时获得了国际分工和国际交换的好处。事实上，大卫·李嘉图是将亚当·斯密的合作思想从工场和国内的分工与交换扩展到国与国之间的分工与贸易，他说："在商业完全自由的制度下，各国都必然把它的资本和劳动用在最有利于本国的用途上。这种个体利益的追求很好地和整体的普遍幸福相结合在一起。"

大卫·李嘉图的比较优势原理是其合作思想的核心。国家之间通过贸易合作，可以实现资源的更有效利用，从而提高各国的总体福利。具体而言，如果一个国家生产某种商品的相对成本低于另一个国家，即以另一种商品生产成本来衡量的这种商品成本低于另一个国家，那么这个国家就具有生产这种商品的比较优势。通过专门生产具有比较优势的商品并与其他国家进行贸易，各国可以实现资源的最优配置，使得全球经济效益最大化。大卫·李嘉图理想化地认为，在比较优势下分工并自由地进行贸易，就能带来国际间的合作。

（三）亨利·乔治的合作思想

19世纪末美国经济学家亨利·乔治较早地意识到最基本的生产资料——土地的所有权安排将直接影响着社会的公平与合作。亨利·乔治的合作思想主要体现在其代表作《进步和贫穷》(*Progress and Poverty*)中,主要包括以下三个方面的内容:(1)土地增值收益分配不公。(2)土地涨价归公。(3)土地增值收益来源于公共支出,也应用于公共支出。

亨利·乔治认为贫富差距的根源在于土地增值收益的不公平分配,他批评土地的私有化是罪魁祸首,认为"劳动者受奴役是土地私有的最终结果"①。在他看来,人与人的合作在于一个人的劳动成果可以通过交换获得其他人的劳动成果,而地主收取地租,他根本不参与劳动,却可以占有其他人大部分的劳动所得,生产力虽有长足的进步,但大多数人仍然生活在贫穷之中,这是他所揭示的土地私有化带来的不合作。在亨利·乔治看来,土地是一种自然资源,他说:"人人都有使用土地的平等权利,正如人人都有呼吸空气的平等权利一样。"②"当非生产者可以要求生产创造的财富的一部分作为地租给他时,生产者对自己劳动果实的权利被否定了。"③ 亨利·乔治认为土地既然是一种自然资源,其价值应该归整个社会所有,他提出了"涨价归公"的原则。另外,亨利·乔治主张实行土地单一税制,以降低劳动、资本等其他生产要素的税负,从而刺激经济活动,促进经济发展。他认为对土地征税可以消除土地投机和无偿占有土地的现象,鼓励对土地进行有效的利用。对土地征税可以将土地的增值收益归还给社会,以此缩小贫富差距。对土地征税还可以重新分配土地收益,使更多人受益于土地增值,从而实现社会公平与合作。

亨利·乔治的合作思想还体现在其对社会福利的关注上。他认为,对土地征税的收入可以用于改善基础设施、教育、医疗等公共服务,提高整个社会的福利水平。克鲁格曼(Paul R. Krugman)发展了亨利·乔治的合作观点,把总体福利、地租和公共支出的关系表述为:"对于城市中纯公共物品任意给定的支出水平,如果人口规模是城市居民效用水

---

① [美]亨利·乔治:《进步与贫困》,吴良健、王翼龙译,商务出版社2011年版,第312页。

② [美]亨利·乔治:《进步与贫困》,吴良健、王翼龙译,商务出版社2011年版,第303页。

③ [美]亨利·乔治:《进步与贫困》,吴良健、王翼龙译,商务出版社2011年版,第302页。

平最大化时的人口规模,则总级差地租等于公共支出。"① 也就是说,总级差地租等于公共支出时,整体福利最大。

二 新制度经济学中的合作思想

新制度经济学对合作思想的研究具有重要贡献,体现在以下两个方面:(1)交易费用影响合作水平;(2)合作形式取决于交易费用的比较优势。但仅从交易费用的比较优势来确定合作形式,反映了新制度经济学合作研究中存在的局限性。

(一)交易费用与合作水平

制度经济学拓展了亚当·斯密关于"分工起因于交换能力,分工的程度受交换能力大小的限制"的思想。制度经济学的代表人物康芒斯(John R. Commons,1862—1945)将古典经济学中的"交换"拓展为"交易",指出交易是所有权的转移,是人与人之间的关系。与"交换"不同,"交易"不以实物为对象,而是以财产权利为对象。

在此基础上,新制度经济学的代表人物科斯(Ronald Henry Coase,1910—2013)将交换能力拓展为交易费用。亚当·斯密所称的"交换能力"主要是指如交通条件等有形的能力,如他所说:"水运开拓了比陆运所开拓的广大得多的市场,所以从来各种产业的分工改良,自然而然地都开始于沿海沿河一带。"② 而针对交易费用,威廉姆森(Oliver E. Williamson,1932—2020)指出影响市场交易费用的因素可分成两组:第一组为"交易因素",尤其指市场的不确定性和潜在交易对手的数量及交易的技术结构——指交易物品的技术特性,包括资产专用性程度、交易频率等。第二组为"人的因素",指有限理性和机会主义。他指出,由于机会主义行为、市场不确定性、小数目谈判及资产专用性的存在,都会使市场交易费用提高,交换或交易能力下降。

所以,新制度经济学拓展了亚当·斯密关于"分工起因于交换能

---

① [日]藤田昌久、[比]雅克-弗朗科斯:《集聚经济学——城市、产业区位与区域增长》,刘峰、张雁、陈海威译,西南财经大学出版社2004年版,第185—188页。
② [英]亚当·斯密:《国民财富的性质和原因的研究》上卷,郭大力、王亚南译,商务印书馆1972年版,第17页。

力,分工的程度受交换能力的限制"的思想,新制度经济学把合作的协调成本视为一种交易费用,认为任何合作形式中都存在交易费用,随着交换能力的提高,分工不断发展,随着交易费用的节省,合作水平不断提高。

(二) 交易费用的比较优势与合作形式

任何合作组织中都存在交易费用,哪一种合作形式最终呈现出来,取决于这种合作形式中交易费用的比较优势。

科斯的一个重要贡献就是对企业性质的研究,提出了企业的规模边界。企业边界的问题实际上是两种分工形态的选择问题,也是合作方式的选择问题,这种选择就是交易费用的比较。马克思很早就注意到分工不仅存在于市场中,也存在于企业中。这两种分工存在的本质区别就是:市场中的分工合作是由市场价格来调控的,而企业中的分工合作则是由企业家来计划调控的。科斯的企业边界理论就回答了在何种情况下由市场调节分工合作更有利、在何种情况下由计划调节分工合作更有利。

科斯企业规模边界的问题还可以理解为企业不断兼并、扩大规模的上限在哪里,即企业之间以兼并方式合作的边界在哪里。这一边界仍然是从以兼并方式与市场交换方式所产生的交易费用的比较中获得的。比较市场和企业这两种分工合作方式,就是比较这两种分工合作方式的交易费用。两个企业通过市场交换的方式进行合作,其交易费用设为 C_m;两个企业通过合并变为一个企业的合作方式,增加的协调成本为 C_{12}。所以,企业扩张的必要条件就是:$C_m \geq C_{12}$;$C_m = C_{12}$ 就是企业的边界条件。

图1-4表明古典经济学中的分工与合作和新制度经济学中的分工与合作之间的联系。在古典经济学中交换是分工的原因,是合作形成的基础。交换能力的大小制约着分工的发展、影响着分工的水平。新制度经济学则进一步将交换能力拓展为交易费用,认为交易费用不仅影响着分工的发展,也影响着分工方式的选择,即合作方式的选择。当两个企业合并的协调成本大于通过市场的方式进行合作的交易费用时,就选择以市场的方式进行合作。当通过市场的方式进行合作的交易费用大于两

个企业合并的协调成本时,就选择以企业合并的方式进行合作。

```
                                                          企业 C_m ≥ C_{12}
                                                         ↗
分工(合作的形成) ────── 两种分工(合作方式的选择)
                                                         ↘
                                                          市场 C_m ≤ C_{12}
       ↑                              ↑
       │                              │
   交换能力                         交易费用
  (古典经济学) ──────────────  (新制度经济学)
```

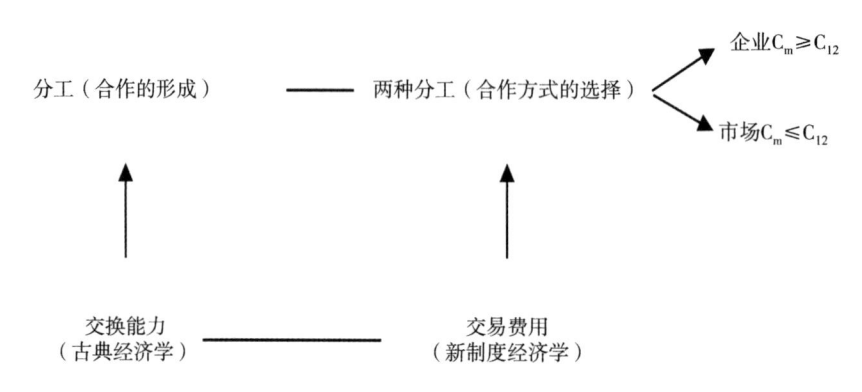

图 1-4　古典经济学中的分工与合作和新制度经济学中的分工与合作

（三）交易费用的比较优势确定合作形式的局限性

新制度经济学仅考虑交易费用对合作的影响,以交易费用的比较优势来确定合作形式,没有同时考虑合作收益和交易费用的共同作用对合作的影响。假设 R 为某一种合作方式所产生的合作收益,C 表示维持这种合作方式所必要的利益协调成本,即交易费用,显然这种合作方式能够产生和维持的基本条件就是:$R \geq C$。两个企业通过市场交换的方式进行合作,不产生新价值,其交易费用设为 C_m;两个企业通过合并的合作方式,因规模增加产生的合作收益为 R_{12},同时增加的协调成本为 C_{12},所以企业扩张的必要条件就是:

$$C_m \geq C_{12} - R_{12}$$

曹正汉指出交易费用理论中不考虑企业合作的收益,即 $R_{12}=0$,只是一种特例,如果考虑合作收益,那么合作形式就不仅取决于交易费用,也取决于合作收益的大小。[①] 合作中产生的生产力就是合作收益,合作中的生产关系从某种意义上可以量化为交易费用。所以,合作形式不仅取决于交易费用,也取决于合作收益,这就意味着任何一种合作都是由其所产生的生产力和其生产关系共同决定的（见图 1-5）。这一点

[①] 曹正汉:《寻求对企业性质的完善解释:市场分工的不完备性与企业的功能》,《经济研究》1997 年第 7 期。

在合作研究中必须予以充分重视。

```
分工（合作的形成）——————两种分工（合作方式的选择）
                                    ↗ 企业 $C_m \geq C_{12}-R_{12}$
                                    ↘ 市场 $C_m \leq C_{12}-R_{12}$
   ↑                      ↑      ↑
交换能力——————交易费用（生产关系） 合作收益（生产力）
```

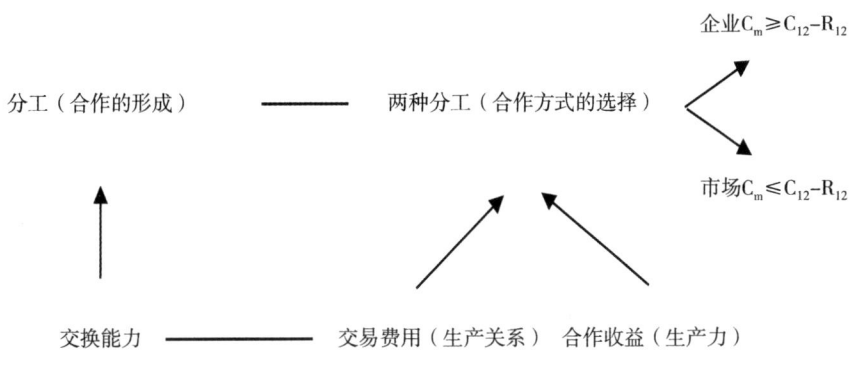

图1-5 交易费用、合作收益与合作形式

三 博弈论中的合作思想

博弈论对合作思想的研究也有重要贡献，体现在以下三个方面：（1）博弈类型与合作条件。博弈类型的分类使我们更清楚地了解到人与人之间在什么条件下可能产生合作，在什么条件下不可能产生合作。（2）"囚徒困境"与合作。对"囚徒困境（Prisoner's Dilemma）"的分析可以了解作为西方经济学基础的亚当·斯密的"经济人假说"所面临的困境，追求个人利益最大化在西方经济学看来是人类亘古不变的本质，合作也是人类的理性选择，但这两者在"囚徒困境"中似乎是相互背离的：追求个人利益最大化就无法形成合作；合作的形成就往往并不符合个人利益最大化。悖论的发现使矛盾更加显现，也往往更有利于问题的解决，促进合作思想的研究。（3）信息与合作。强调信息的对称性对合作的作用。

（一）博弈类型与合作条件

1. "零和博弈"与合作："零和博弈"不产生合作

按博弈不同策略组合的总得益，博弈可以分为"零和博弈（Zero-sum Game）"和"常和博弈（Constant Sum Game）"。"零和博弈"又被称为"严格竞争博弈"，即一方的得益必定是另一方的损失，博弈双方的总得益为零。在这样的博弈中，博弈方之间不可能存在合作。

2. "常和博弈"与合作："常和博弈"仅体现为生产关系上的合作

"常和博弈"是指双方都可能得益而总得益不变的博弈，博弈双方的总得益为一个不变的常数。"常和博弈"实质上可以看作"零和博弈"的扩展，"零和博弈"则可以看作"常和博弈"的特例。与"零和博弈"一样，"常和博弈"中各博弈方之间的利益关系也是对立的。不过，由于"常和博弈"中利益的对立性体现在各自得到的利益不同，结果可能是大家都分得合理或满意的一份，因此博弈方之间也可能相互妥协、和平共处。

"常和博弈"不随着合作方式的改变而提高总得益，未体现出合作是一种生产力。"常和博弈"仅将合作看作一种分配问题，没有进一步考虑分配关系对生产力的促进或阻碍作用。所以，"常和博弈"仅体现为生产关系上的合作，这正是许多博弈研究中存在的问题。

3. "非常和博弈"与合作

在"零和博弈"和"常和博弈"中，因为博弈双方不可能通过合作而使总得益增加，即使双方知道还要重复进行许多次博弈，也不会改变他们在当前阶段博弈中的行为方式，不可能变得合作或顾及对方的利益。与上述博弈不同的是，有一类博弈，其总得益在不同的合作程度下是不同的，这正是我们所关注的"非常和博弈"。在"非常和博弈"中，存在通过有限次或无限次重复博弈产生合作并进一步提高效率的可能。

"非常和博弈"提高合作水平有两个条件：（1）重复博弈，也就是演化博弈。博弈次数越多，合作的可能性越大。（2）较大的未来得益贴现率 δ。在未来得益折成现值的贴现系数 δ 太小，即博弈方太不看重未来利益时，他就会只顾为自己捞取更多的眼前利益，而不会为长期利益打算，也不会害怕对方在将来的报复，在这种情况下，重复博弈也不能提高原博弈的效率。相反地，当 δ 很大时，说明未来利益是足够重要的，博弈者不会为了一次性的眼前利益而激怒对方，导致自己的未来利益、长期利益受到损失，这样，合作的可能性就增大。

但是，现实中的博弈往往不是可以完全重复的，以追求个人利益最大化为目标的博弈中δ往往很小。是什么力量使未来得益贴现率δ增大的？经典博弈论并没有给予回答。

(二)"囚徒困境"与合作

1. "合作博弈"与"非合作博弈"

亚当·斯密的"经济人假说"认为人的决策和行为是以个人利益最大化为根本目标的，这也是经典博弈论的基本理论前提。但是无论"一起工作"的合作方式如何，都是"个人利益"与"共同利益"的辩证统一。实际上，现实中的决策者并不都是根据个体利益最大化进行行为决策的，至少在局部问题上存在以共同利益为目标，追求共同利益最大化的情形，这种对共同利益最大化的追求被称为集体理性（Collective Rationality）。[①] 如果我们允许博弈中存在有约束力的协议，使博弈方采取符合集体利益最大化而不符合个体利益最大化的行为时能够得到有效的补偿，那么个体利益和集体利益之间的矛盾就可以克服，从而使博弈方有可能按照集体理性进行行动和决策。因此，我们也必须考虑这种允许存在有约束力协议的、以集体理性为基础的博弈。一般地，将允许存在有约束力协议的博弈称为"合作博弈（Cooperative Game）"。

与此相对，不允许存在有约束力协议的博弈被称为"非合作博弈（Uncooperative Game）"[②]。另一种观点认为：有约束力的协议或合作并不是一种被安排或制定出来的约束力，而是从"非合作博弈"的反复博弈中演化产生的。从"非合作博弈"的反复博弈中演化而产生有约束力的协议或合作，是现代演化博弈论的基本思想。

2. "囚徒困境"博弈——非合作博弈

有一部分"非合作博弈"可以达到"纳什均衡（Nash Equilibrium）"，同时达到"帕累托最优（Pareto Optimality）"，反映了在"看不见的手"的作用下追求各自的个人利益最大化仍然会达到合作。但相当一部分"非合作博弈"虽然达到"纳什均衡"，却无法达到"帕累托最优"，最典型的就是"囚徒困境"博弈。

---

① 谢识予：《经济博弈论》，复旦大学出版社2002年版，第38页。
② 谢识予：《经济博弈论》，复旦大学出版社2002年版，第38页。

"囚徒困境"博弈是1950年由艾伯特·塔克（Albert Tucker）提出的。博弈的基本模型如下：两个嫌疑犯（A和B）作案后被警察抓住，隔离审讯；警方的政策是"坦白从宽，抗拒从严"，如果两人都坦白则各判刑5年；如果一人坦白另一人不坦白，坦白的放出去，不坦白的判8年；如果都不坦白则因证据不足各判1年。

如果分别用-1、-5和-8表示嫌疑犯被判刑1年、5年和8年的得益，用0表示嫌疑犯被立即释放的得益，则可以用一个矩阵将这个博弈表示出来（见表1-1）。这个矩阵就是"囚徒困境"的"得益矩阵（Payoff Matrix）"。

表1-1　　　　　　　　　　　囚徒困境

囚徒（A）		囚徒（B）	
		坦白	不坦白
	坦白	-5, -5	0, -8
	不坦白	-8, 0	-1, -1

在这个例子里，博弈的参加者就是两个嫌疑犯A和B，他们每个人都有两个策略，即坦白和不坦白，判刑的年数就是他们的支付。可能出现四种情况：A和B均坦白或均不坦白、A坦白B不坦白或者B坦白A不坦白，这四种情况是博弈的结果。A和B均坦白是这个博弈的纳什均衡。这是因为，假定A选择坦白的话，B最好是选择坦白，因为B坦白判5年而抵赖却要判8年；假定A选择抵赖的话，B最好还是选择坦白，因为B坦白不被判刑而抵赖却要被判刑1年。即不管A坦白或抵赖，B的最佳选择都是坦白。反过来，同样地，不管B是坦白还是抵赖，A的最佳选择也是坦白。结果，两个人都选择了坦白，各判刑5年。在（坦白、坦白）这个组合中，A和B都不能通过单方面改变行动而增加自己的得益，于是谁也没有动力去改变这个组合，因此这个组合就是"纳什均衡"。

这一"纳什均衡"反映了个人理性和集体理性的矛盾。A和B本可以在被警察抓到之前从集体理性出发，订立一个攻守同盟，都选择抵赖，这样都只被判刑 1 年，这个结果显然比都选择坦白而各被判刑 5 年好得多。但是最终支配他们各自行为的是个体理性，他们都从个人利益最大化出发，都选择坦白，所以"非合作博弈"只能陷入"囚徒困境"中。

3. 合作——走出"囚徒困境"

一次性的"囚徒困境"博弈，由于囚徒从各自利益最大化出发，不可能达到"帕累托最优"，体现出个体理性与集体理性的冲突。但是，在"囚徒困境"的重复博弈中，对双方有利的合作是有可能存在的，这种合作是指双方克制自己的行为，为对方的利益和共同的利益着想。"囚徒困境"博弈本质也是"非常和博弈"，囚徒之间不同的合作关系决定着不同的总得益。在"非常和博弈"中，存在通过重复博弈产生合作并进一步提高效率的可能。

同样，在"囚徒困境"的重复博弈（Repeated Game）中产生合作需要有两个条件：（1）重复博弈，也就是演化博弈（Evolutionary Game，也称进化博弈）。博弈次数越多，合作的可能性越大。（2）较大的未来得益贴现率 δ。如何使 δ 从小变大、使囚徒走出困境而进行合作？这已成为研究合作问题的焦点。在亚当·斯密看来，δ 的从小变大依赖于人的"同情"本性。在马克思看来，δ 的从小变大体现了人类本质的不断发展，δ 的变化是历史发展的产物，是与生产力和生产关系的发展相联系的。

（三）信息与合作

信息经济学作为博弈论的重要分支，揭示了信息对合作的作用。无论是在企业还是在市场的合作方式中，信息都起着重要的作用。在企业中，计划必然要通过委托代理关系来实现，因为信息不对称可能产生"道德风险（Moral Hazard）"，使委托代理关系中的交易费用增大、效率降低。由此可见信息在企业合作方式中对合作所起的作用。

信息不对称可以使市场失灵，阿克罗夫（George Akerlof）在其1970年发表的《柠檬市场：产品质量的不确定性与市场机制》（*Lemon Market：Uncertainty of Product Quality and Market Mechanism*）一文中举了一个二手车市场的案例。在二手车市场中，卖家显然比买家拥有更多的信息，两者之间的信息是不对称的。买者肯定不会相信卖者的话，即使卖家说得天花乱坠。买者唯一的办法就是压低价格以避免信息不对称带来的风险损失。买者过低的价格也使得卖者不愿意提供高质量的产品，从而使低质品充斥市场，高质品被逐出市场，最后导致二手车市场萎缩。阿克罗夫以很简单的例子说明了信息不对称是如何导致市场的负面效应的。这种效应也称为"逆向选择（Adverse Selection）"。由此可见信息在市场交换的合作形式中对合作所起的作用。

信息水平的提高相当于交换能力的提高。交易费用的下降、信息水平的提高可以使合作水平提高，合作水平的提高往往又与信息水平的提高相伴随。

四 合作研究的新进展

从20世纪七八十年代开始，随着生物技术和计算机信息技术的发展，在国外，跨学科研究成为合作研究的新趋势。合作研究不再以"经济人假说"作为研究前提，而是考虑个体偏好和行为策略的差异性，把自私和利他的偏好看作与环境互动变化的策略；不再将合作看作一种静态均衡，而把合作看成是复杂的、演化的、动态的结果；将技术、制度与合作看作是相互作用共同演化的过程，既力图理解合作的自发演化，又力图在此基础上设计出更好的合作机制；不仅研究一般性社会交往的协调和冲突，还研究资本主义制度中的竞争与合作，也关注制度和偏好的共生演化。这些研究具有以下特点：合作研究跨越学科；博弈参与者具有异质性；合作研究从静态均衡研究走向动态博弈研究；技术与合作共同演进；合作群体的规模、自由度及适应性相互关联；马克思合作思想成为合作研究的新趋势；等等。

（一）跨学科的合作研究

合作研究不仅限于经济学领域，众多不同学科背景的研究者从各自领域出发对合作进行研究，一些跨学科研究者还相互合作，产生了不同视角下的合作研究成果和相互合作的研究成果，合作研究中跨学科的趋势越来越明显。理查德·道金斯（Richard Dawkins，1941— ）、约翰·梅纳德·史密斯（John Maynard Smith，1920—2004）、威廉·唐纳德·汉密尔顿（William Donald Hamilton，1936—2000）和马丁·诺瓦克（Martin A. Nowak）等许多生物进化学家都关注到合作问题。马丁·诺瓦克最重要的研究主题就是破解人类合作之谜，他将合作看作自然选择、基因突变之外的第三条进化原则，认为"选择的前提条件是突变，同样道理，合作的前提条件是选择和突变，选择和突变缺一不可"[①]。政治学家罗伯特·阿克塞尔罗德（Robert Axelrod，1943— ）联合生物进化学、计算机科学、心理学、经济学、政治学等领域专家共同参与的"重复囚徒困境"游戏，用计算机仿真的方式寻找走出囚徒困境的策略，以此研究合作产生的机制。以塞缪尔·鲍尔斯（Samuel Bowles，1939— ）等为代表的经济学家把这些合作研究成果向经济学延伸，"既避免了生物学模型中的零智商当事人，也避免古典博弈论中的高智商当事人"[②]。

（二）被研究者的异质性受到重视

1. 个体同质性在合作实验经济研究中被证明不成立

在以往的经济学研究中，被研究对象往往是理性的、同质化的个体，他们的行为选择是基于"经济人假说"的。但在合作研究的新趋势中，不少研究结果已表明"经济人假说"不成立。例如，11位人类学家和1位经济学家通过实验经济学的方法验证了"经济人假说"不成立。[③] 他们在十五个不同社会生产条件下进行了最后通牒博弈（Ultimatum Game）、公共物品博弈（Public Goods Game）和独裁者博弈（Dictator Game）实验，观察人们在博弈中的行为，以判断人们的行为是否趋同、是否符合"经济人假说"。他们得出的结论是：在所有实验中人们的行为都不同程度地背离了"经济人假说"，背离的程度与当地

[①] ［美］马丁·诺瓦克、罗杰·海菲尔德：《超级合作者》，龙志勇、魏薇译，浙江人民出版社2013年版，第8页。

[②] ［美］鲍尔斯：《微观经济学：行为，制度和演化》，江艇等译，中国人民大学出版社2006年版，第45页。

[③] Henrich, J., Boyd, R., Bowles, S., Camerer, C., Fehr, E., Gintis, H., McElreath, R., "Cooperation, Reciprocity and Punishment: Experiments from 15 small-scale societies", Book manuscript, 2002. http://www.santafe.edu/research/publications/workingpapers/01-01-007.pdf.

人们的生产方式相关，个体同质性在合作实验经济研究中也被证明不成立。

2. 强调被研究者具有异质性

在关于合作的建模研究中，研究人员一般也放弃了被研究对象同质假设，而是考虑人与人的异质性以及人们之间的互动，例如，以复制动态方程①或异质代理人模型（Heterogeneous Agent Model，简称 HAM）②等描述异质性主体相互影响过程的研究表明，被研究对象的异质性不仅表现在个体之间，还表现在不同团队、群组之间以及组织的不同层级之间。第一，大尺度的竞争会自然地孕育小尺度的合作。为了使一个团队有效地与另一个团队在大尺度上竞争，必须在该团队内部群组之间进行合作。第二，合作也可以促进竞争。有时，实现团体共同目标的最佳方法是鼓励小群组之间的健康竞争。这些小群组又必须促进内部合作以便有效地在子群组之间展开竞争，也可以通过在成员之间引入一些健康的竞争来提高内部合作的有效性。如果这些成员本身又是更小的群组，则竞争引起合作再引起竞争的过程可以扩展到更小的尺度，具体过程如图 1-6 所示。这个过程也可以反向进行：为了进行更有效的竞争，个体通过相互合作形成小群组，小群组又通过合作形成更大规模的群组或团队，以此类推。因此，不同规模和层级的团队和群组之间的复杂网络在合作与竞争中不断地演化发展着。③ 由此可见，不仅不同的个体可能有合作或竞争的不同偏好，同一个个体在不同团队、群组以及组织的不同层级中也可能呈现出合作或竞争的不同偏好。

---

① 复制动态方程：在经济学中，复制动态方程是演化博弈论中最基本的模型之一，它描述了一个群体中不同策略的个体之间如何相互竞争进而演化出最终的群体策略。复制动态方程被广泛应用于宏观经济模型的建立和预测。

② 代理人基模型（Agent-Based Model，简称 ABM）又称多元代理人系统（Multi-Agent System，简称 MAS），若代理人具有异质性，则称为异质代理人模型（Heterogeneous Agent Model，简称 HAM）。异质代理人模型是一种用来模拟具有自主意识的智能体（独立个体或共同群体，例如组织、团队等）的行动和相互作用的计算模型，通过图像展示评估智能体在系统整体中的作用。它综合了一些其他思想，比如博弈论、复杂系统、涌现、计算社会学、多智能体系统和演化计算，采用蒙特卡洛方法产生随机性。

③ Alexander F. Siegenfeld, Yaneer Bar-Ya, "An Introduction to Complex Systems Science and Its Applications", *Complexity*, Vol. 2020, January 2020, pp. 1 – 16.

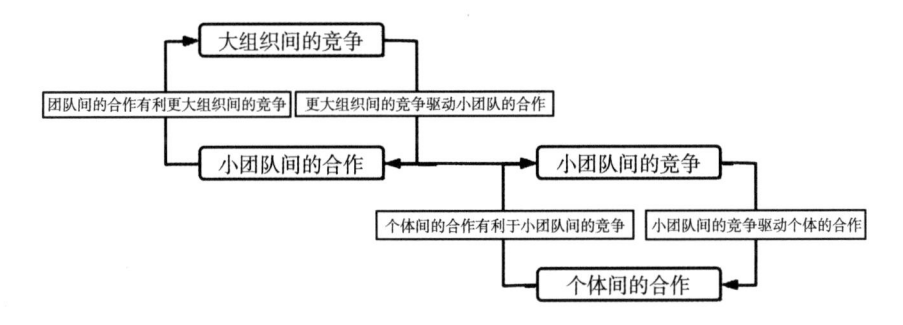

图 1-6 群体中竞争和合作的不同偏好

（三）从静态均衡研究走向动态合作博弈研究

合作研究的另一个趋势就是从静态均衡研究走向动态博弈研究。囚徒困境是一种静态均衡研究，只呈现一次博弈的静态结果。越来越多的研究者已转向动态博弈研究，在不断重复的动态博弈中研究博弈者的行为选择和合作的可能性。例如，马丁·诺瓦克就转向了动态博弈的合作生成机制研究。他设计了计算机仿真动态博弈模型，并归纳了合作的五大机制。在他的动态博弈模型中，某种策略在其计算机仿真中存活的时间更久，则这一策略相对更优。他归纳的合作五大机制是直接互惠、间接互惠、空间博弈、群体选择和亲缘选择。

1. 直接互惠

直接互惠包括"以牙还牙"、"冷酷策略"、"宽容的以牙还牙"、"赢定输移"和"奖励优于惩罚"五种策略（见表1-2）。这些策略都要求博弈参与各方相互认识、知晓并记住他们之前相互博弈的结果。马丁·诺瓦克比较以上这几种直接互惠的不同策略，结果发现，选择"赢定输移"策略的在其计算机仿真中存活的时间最久，因此，"赢定输移"比其他策略更具有优势，可以维持更长久的合作。但他也承认，没有一种策略是稳定不变的，不同策略会切换轮回。

2. 间接互惠

直接互惠中被研究对象只关注对手的行为，而在间接互惠中被研究对象还在乎其他人怎么看待自己。在间接互惠中名声成为影响合作的重要因素。个人名声越好，越容易与他人形成合作。当依据名声来成功预判对手策略的概率高于合作成本收益比时，即 P≥c/b 时，更有可能发生合作。其中，P 为依据名声成功预判对手策略的概率，c 为合作成本，b 为合作收益。

3. 空间博弈

空间博弈是一种博弈模型，研究整个群体按某种博弈规则在空间中演化的规律，可以用来研究合作演化与博弈参与者所处空间结构的相关性。① 马丁·诺瓦克在空间博弈计算机仿真中得到出现合作策略的平均频率是 31.1%，由此显示，这一频率与计算机仿真实验的二维空间结构有关。他还将合作演化与参与者所处空间结构的相关性研究延伸到博弈参与者的社会关系网络空间结构中。博弈参与者在网络中充当节点，节点的连边表示节点间的关系。在网络博弈中，合作与网络空间结构也存在着关联关系。当合作收益成本比大于网络连接度数时，即 b/c > k 时，合作的可能性较大。其中，b/c 为合作收益成本比，k 为网络连接度数，网络连接度数是指节点与边的连接数。

4. 群体选择

群体选择是指以群体为单位的自然选择。在生物进化和计算机仿真中选择合作的群体比那些只懂得采取自私行为的群体有更长的生存期限，这一结果表明合作是群体更优的选项。自然选择不仅能影响个人，还能影响由个人组成的群体，当合作收益成本比 b/c 大于群体成员数 N 与群体数量 n 之比 N/n 加 1 时，即 b/c > (N/n) +1 时，群体选择就能促进合作的进化。因此，小规模群体有利于群体选择合作，大规模群体不利于群体选择合作。此外，个体对群体的忠诚度和黏性在合作中也起重要作用，需要具备一定的机制来阻止个体在不同群体之间太过于自由地移动，才会更容易形成合作。

5. 亲缘选择

亲缘越近，越容易形成合作。

总的来说，马丁·诺瓦克合作的五大机制有一个共同特点，即从囚

---

① M. A. Nowak, R. M. May, "Evolutionary Games and Spatial Chaos", *Nature*, Vol. 359, October 1992, pp. 826 – 829.

徒困境的静态博弈转向动态博弈时可能产生合作，影响合作产生的因素是复杂的，这些影响因素不仅与参与者的策略选择有关、与参与者自身的名声有关、与参与者所处的空间结构有关、与参与者所处的群体有关，还与参与者之间的亲缘关系有关。

表1-2　　　　　　　　　　合作的五大机制

囚徒困境	重复博弈	直接互惠	冷酷策略	对方背叛一次，我就永久背叛。
			以牙还牙	对方合作，我就合作；对方背叛，我就背叛。
			宽容的以牙还牙	对方合作，我就合作；对方背叛，我就以某一概率选择合作。
			赢定输移	双方都合作，我就合作。双方都背叛，我就以某一概率选择合作。对方合作、我背叛，我就会再次选择背叛；对方背叛、我合作，我就会再次选择背叛。
			奖励优于惩罚	
		间接互惠	识别能力	相互的识别能力影响合作。
			名声	名声影响合作。当 P≥c/b、依据名声成功预断对手策略的概率高于合作成本收益比时，更可能合作。
		空间博弈	社会网络	合作与网络存在关联。当 b/c>k、收益成本比 b/c 大于连接度数 k 时，更可能合作。
			集合/群聚	同属于越多个集合的人越有可能合作。
		群体选择	忠诚度 群体黏性	当 b/c>(N/n)+1、合作收益成本比 b/c 大于群体成员数 N 与群体数量 n 之比 N/n 加1时，群体选择就能促进合作的进化。需要一定的机制阻止个体在群体之间太过自由地移动，则更容易形成合作。
		亲缘选择		亲缘越近，越容易形成合作。

（四）技术与合作共同演进

基于对新古典经济学基本假设的反思，复杂经济学探讨非均衡、非线性、演化的合作演化路径。布莱恩·阿瑟（W. Brian Arthur）认为新古典经济学主要关注配置问题，配置问题现在已被理解得比较充分、已经高度数学化了，但是对于形成问题，经济学界现在的理解还很少。复杂经济学要研究的正是经济中的结构以及合作形成问题，他重点研究了技术发展与合作形成的互动。

在布莱恩·阿瑟看来，复杂经济学回归古典经济学，"因为古典经济学家认为，经济就是一个以自身的生产工具为起点的过程。我们可以这样说，经济涌现于它自身的安排和自身的技术，经济就是它自身技术的一种表达"。布莱恩·阿瑟意识到技术创新（物质生产力）和合作形成（社会生产力）之间的联系，他说："当一项新技术进入经济后，它就会召唤新的安排，即新技术和新的组织形式。新的技术或新的安排，反过来又可能引发一系列新问题。"[①]但他并没有将技术与合作形成分开探讨，而是把组织与制度等合作形成也看作广义上的技术问题。埃里克·拜因霍克（Eric D. Beinhocker）"把物理技术定义为为实现一个或多个目标将物质、能源、信息从一种状态转换为另一种状态的方法和设计，而社会技术是为了实现一个或多个目标把人们组织在一起的方法和设计"[②]。他明确定义了物理技术和社会技术这两种技术，认为这两种技术是共同演进的。从这个视角而言，经济就是其自身的生产方式（即它自身的技术）的一个生态系统。在这个生态系统中，得到应用的各种技术必须是相互支持、在经济上保持一致的。从这个意义上说，他们的观点与生产力与生产关系共同演进的马克思合作思想是非常接近的。

（五）合作群体的规模、自由度、适应性相互关联

越来越多更新的合作研究已不局限于个体分析方向，复杂性科学就

---

① ［美］布莱恩·阿瑟：《复杂经济学：经济思想的新框架》，贾拥民译，浙江人民出版社2018年版，第215页。

② ［英］埃里克·拜因霍克：《财富的起源》，俸绪娴译，浙江人民出版社2019年版，第314页。

研究群体合作规律。例如，Alexander F. Siegenfeld 和 Yaneer Bar-Yam 关注合作群体的规模、自由度与适应性的问题。[①] 他们的研究表明，合作群体的规模与这个群体行为选择的自由度存在关联关系。自由度越高，个体行为越相对独立、个体具有更多的行为方式，则整个群体会有更大的适应性，但必须牺牲群体的规模；反之，若群体中的很多个体都进行高度的协作、可选择的行为方式较少，则可以高效率完成既定任务，满足大规模上的要求，但这种高效系统对于自身或者环境的未来不确定变化的适应能力会降低。如图 1-7 的两支部队中，一支是大规模、自由度小的，另一支是小规模、自由度大的，哪一支部队的作战结果更好呢？这取决于作战的具体地形。在广阔平坦的地方，大规模、自由度小的军队更可能获得胜利；若在山区丛林，小规模、自由度大的军队则大概率会赢。无论市场、政府还是其他系统，对自由度和规模的抉择实际上是对适应性（Adaptiveness）还是效率（Effectiveness）的抉择。

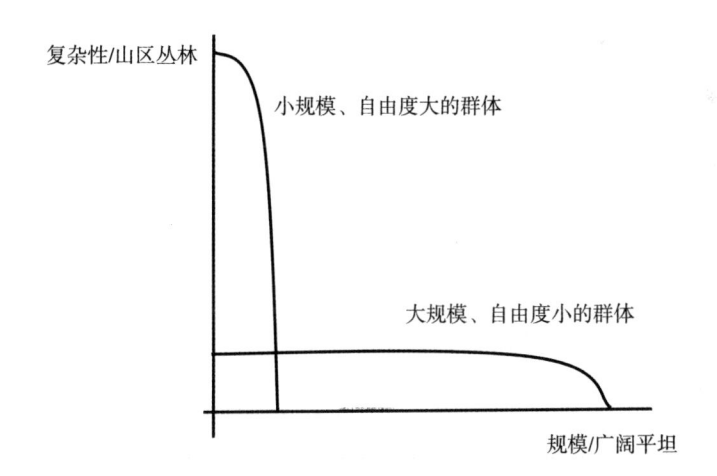

图 1-7　合作群体的规模、自由度、适应性

---

① Alexander F. Siegenfeld, Yaneer Bar-Yam, "An Introduction to Complex Systems Science and Its Applications", *Complexity*, Vol. 2020, January 2020, pp. 1-16.

（六）马克思合作思想成为合作研究的新趋势

马克思合作思想中蕴含着大量的博弈论思想。剩余价值理论可以看作资产阶级与无产阶级之间、资产阶级与资产阶级之间围绕着剩余价值博弈的理论；科学社会主义理论中所蕴含的合作思想正是博弈论研究的前沿——合作博弈。马克思合作思想中所具有的博弈论思想并不意味着马克思合作思想已经具备了现代博弈论分析的范式，而是指马克思主义经典著作中的许多论述具有博弈论的基本元素。塞缪尔·鲍尔斯等的合作演化博弈分析，事实上，就有意无意地借鉴和发展了马克思合作思想中的合力分析。列宁在总结马克思的合力分析时说："一个社会中一部分人的意向同另一部分人的意向相抵触，社会生活充满着矛盾……。只有把某一个社会或某几个社会的全体成员的意志的总和加以研究才能对这些意向的结果作出科学的判断。其所以有各种矛盾的意向是因为每个社会所分成的各个阶级的生活状况和生活条件不同。"[①] 合作演化博弈分析在马克思合作思想的语境中可以表述为：在一定生产力和生产方式条件下不同阶级为了各自利益进行博弈的结果，即能适应生产力发展的生产关系。合作演化博弈分析与马克思合作思想的对应关系可以如图1-8所示：（1）物质生产力相当于物质技术，社会生产力、生产关系对应着合作博弈分析中的社会技术或制度，生产关系与生产力的相适应分析相当于博弈分析，生产关系的演变相当于制度的变迁。（2）生产力决定生产关系，也就形成了博弈规则；博弈规则所决定的策略选择决定着博弈的结果。（3）不断的生产力与生产关系相互作用和重复的博弈形成了新的博弈均衡，也就是演化了的生产关系和制度，而在这新的生产关系和制度反作用下又促进了生产力和技术的发展，如此循环往复就形成了合作演化发展的历史。

合作研究的新进展已突破了新古典主义经济学原有的基本假设：从完全信息博弈发展到不完全信息博弈；从行为人完全理性假设发展到有限理性假设；从静态博弈、重复博弈发展到动态模型；从目标函数静态最优均衡分析到动态最优分析；从两个人的模型发展到多个人或群体的

[①] 《马克思恩格斯选集》第1卷，人民出版社1972年版，第12页。

第一章 合作思想的历史考察　77

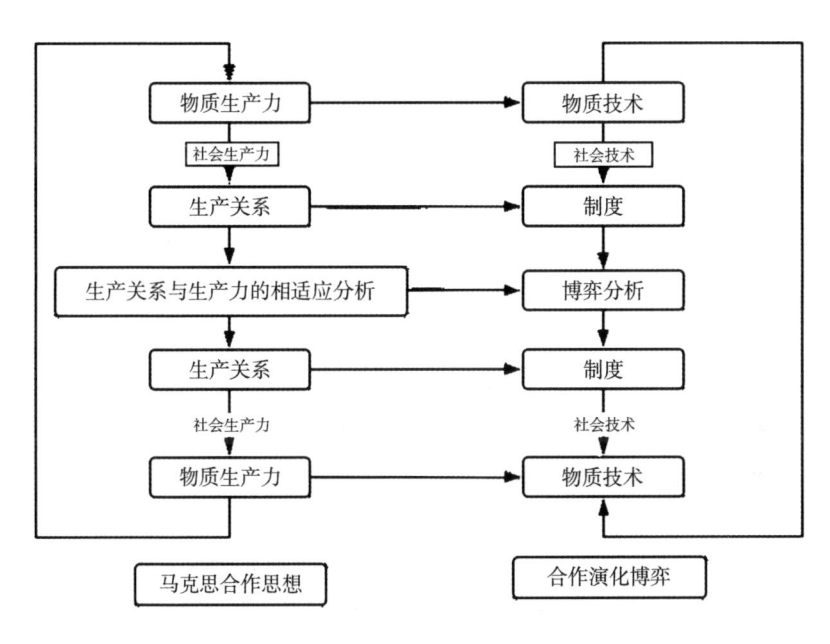

图 1-8　马克思合作思想与合作演化博弈

模型，并向群体博弈发展；从非合作博弈发展到合作博弈，从追求个体利益最大化发展到追求群体利益最大化。合作研究的新进展越来越向马克思合作思想的基本框架方向发展。

第二节　空想社会主义中的合作思想

法国思想家圣西门（Claude Henri de Rouvro, Comte de Saint-Simon）、傅立叶（Charles Fourier, 1772—1837）和英国思想家欧文（Robert Owen, 1771—1858）是19世纪初空想社会主义理论的主要代表人物，但马克思说："在政治经济学的李嘉图时代，又出现了反对的学说，即共产主义（欧文）和社会主义（傅立叶和圣西门）。"[①] 可见他们之间还有不同，欧文主张废除私有制，主张人人都有劳动的平等义务和获得产品的平等权利，他的学说和活动具有鲜明的实践性质，他是

---

① 马克思：《剩余价值学说史》第三卷，生活·读书·新知三联书店1957年版，第275页。

共产主义者。圣西门和傅立叶则与欧文不同,他们是社会主义者。圣西门具有天才的慧眼和头脑,他察觉出了许多后来的社会主义思想的萌芽。傅立叶则对资本主义制度进行了深刻的分析和尖锐的批判。三大空想家虽然有所不同,但他们是属于同一时代、同一类型的伟大思想家,在社会主义思想史上占有重要的地位。圣西门、傅立叶和欧文的空想社会主义理论中所蕴含的合作思想有相同的特征,他们都热情地赞扬合作,尖锐地批判资本主义制度的不合作,并坚信人类社会必然从不合作走向更加合作的境界。

一 圣西门的合作思想

在圣西门理想中的工业主义新社会里,即合作的生产过程中,没有阶级差别,只有工作者和懒惰者的差别。他较早提出了在合作中的按劳分配原则,也就是工作者按其才能分配工作、按其成就确定报酬。他也注重合作中各方利益的协调。例如,他强调一方面要协调企业家和劳动者之间的利益,另一方面要保护消费者的利益。在这种制度下,劳动者将受到尊敬,经济文化将以最快的速度向前发展,社会将具备各种个人幸福和公共幸福,实际上就是强调合作中个人利益和共同利益的辩证统一。圣西门所积极倡导的是广义的"工业主义",是全面合作的社会组织。社会制度的新基础"完全符合绝大多数的居民的利益"[1],新制度的原则是:"人人都应当兄弟相待,互爱互助。"[2]

圣西门较早地把社会发展与人的发展联系起来,把人分为两大类:"一类是人类之友,另一类是利己主义分子。"[3] 他确信"人类之友和利己主义分子的人数,是随着社会所处的一般状况而相对增减的"[4],圣西门将实业制度的实现寄希望于"人类之友"的不断增加,实际上是把合作水平的提高与人的发展联系起来,合作水平的提高也表现为"人类之友"的不断增加和利己主义分子的不断减少。

---

[1] [法]圣西门:《圣西门选集》下卷,何清新译,商务印书馆1962年版,第53页。
[2] [法]圣西门:《圣西门选集》下卷,何清新译,商务印书馆1962年版,第53页。
[3] [法]圣西门:《圣西门选集》下卷,何清新译,商务印书馆1962年版,第53页。
[4] [法]圣西门:《圣西门选集》下卷,何清新译,商务印书馆1962年版,第53页。

二 傅立叶的合作思想

傅立叶的空想社会主义理论中有着丰富的合作思想，主要表现在以下几个方面：（1）傅立叶在其《经济的和协作的新世界》一文的副标题中指出，协作是符合本性的劳动方式的发现，他充分肯定了协作制度的巨大的生产量。（2）傅立叶较早地从人类发展的进程中考察合作，以合作水平社会阶段的划分揭示了资本主义生产方式的不合作性。（3）傅立叶还探讨了协作中的分配问题，提出许多有价值的观点。

（一）协作产生生产力

1. 人与人之间必然产生协作

傅立叶认为经济的和协作的新世界是符合人的本性的劳动方式，同时他充分肯定了协作制度的巨大的生产量。傅立叶受牛顿万有引力理论的影响，认为协作中人与人的引力是上帝支配社会世界的另一种动力。傅立叶的某些观点虽然是我们所不能认同的，但从他的文章中可以看出他对协作充满信心，他写道："如果上帝希望人们节约和使用力学，他就只能指望人们尽可能多地结成协作社。因此，如果能预先找出一种符合本性的协作理论，或符合上帝愿望和适合引力要求的、作为协作力学方面的上帝意志传达者的行为方式，那么，三个和三十个家庭组成的少数人联合的失败，就会成为更多人联合的成功的预兆。"[1]

2. 协作产生生产力

傅立叶充分肯定了协作制度的巨大的生产力，他指出："我们首先应注意到协作制度的最卓越的结果，使产量增加三倍。"[2] "如果能够使共同耕种田地的二百或三百个家庭的情欲协调起来，在情欲方面以及物质方面实行协作，农业便会由于大规模的社团联合而获得巨大的收益。"[3]

---

[1] ［法］傅立叶：《傅立叶选集》第三卷，汪耀三、庞龙、冀甫译，商务印书馆1964年版，第20页。
[2] ［法］傅立叶：《傅立叶选集》第三卷，汪耀三、庞龙、冀甫译，商务印书馆1964年版，第23页。
[3] ［法］傅立叶：《傅立叶选集》第三卷，汪耀三、庞龙、冀甫译，商务印书馆1964年版，第24页。

3. 协作的条件

傅立叶指出协作制度的条件包括"劳动引力、按比例分配、人口平衡和节约动力"①。傅立叶认为应该使劳动有吸引力,"必须使协作制度下的劳动成为诱人的劳动,就像我们现在参加的庆祝活动和看游艺节目那样的诱人"②。他接着写道:"在这种情况下,预付的最低限度生活费用的偿还,是靠劳动引力来保证的,或者说,是靠人们对于非常愉快和非常有利可图的工作的情欲来保证的。"③ 傅立叶还指出,"公正分配方式是按照三种生产资料——资本、劳动和才能来确定的"④。

(二) 社会阶段的划分与合作水平

傅立叶以合作水平划分人类社会各个阶段,揭示了资本主义生产方式的不合作性,他对未来理想的合作社会寄予了美好的期望。

1. 以合作水平划分社会阶段

傅立叶把生产方式、协作水平与社会制度联系起来,将人类历史从人类出现直到未来的和谐社会以合作水平划分成若干社会阶段⑤ (见表 1 – 3)。

傅立叶把原始时期和蒙昧时期归为生产活动以前的时期,这两个阶段协作水平极低。在宗法制度、野蛮制度和文明制度阶段,协作水平很低,生产是"分散的、欺诈的、令人生厌的"。其中,在宗法制度时期,生产方式是小规模的生产;在野蛮制度时期,生产发展到中等规模;在文明制度时期,即资本主义阶段,生产方式表现为大规模的生产。虽然,随着生产力的发展,协作的水平一直提高,但合作水平的提高只表现在生产力方面,而从生产关系来看,合作水平依然很

---

① [法] 傅立叶:《傅立叶选集》第三卷,汪耀三、庞龙、冀甫译,商务印书馆 1964 年版,第 29 页。
② [法] 傅立叶:《傅立叶选集》第三卷,汪耀三、庞龙、冀甫译,商务印书馆 1964 年版,第 29 页。
③ [法] 傅立叶:《傅立叶选集》第三卷,汪耀三、庞龙、冀甫译,商务印书馆 1964 年版,第 29 页。
④ [法] 傅立叶:《傅立叶选集》第三卷,汪耀三、庞龙、冀甫译,商务印书馆 1964 年版,第 29 页。
⑤ [法] 傅立叶:《傅立叶选集》第三卷,汪耀三、庞龙、冀甫译,商务印书馆 1964 年版,第 10 页。

低,生产依旧是"令人厌恶的"。傅立叶充满期待地预测到合作水平不断提高的未来——保障制度、协作制度和和谐制度阶段。在这些阶段,协作水平有了大幅度的提高,生产方式从"保障制度"的"半协作制度"发展到"协作制度"的"简单协作制度",再发展到"和谐制度"的"复杂协作制度",生产是"协作的、诚恳的、诱人的",无论在生产力还是生产关系方面,都体现了合作水平的高度发展。

表1-3　　　　傅立叶划分的社会发展阶段及其合作水平

社会发展阶段	原始时期	蒙昧时期	宗法制度	野蛮制度	文明制度	保障制度	协作制度	和谐制度
生产方式协作水平	极乐世界时期	无为时期	小规模生产	中等生产	大规模生产	半协作制度	简单协作制度	复杂协作制度

2. 资本主义生产方式的不合作性

以合作水平划分社会阶段,体现出合作水平随着人类社会的发展而不断发展,同时傅立叶强调资本主义生产方式的所谓"文明制度"阶段虽然已有大规模生产,但仍然是"分散的生产",而并非真正合作的生产。资本主义生产方式中的劳动是没有"劳动引力"的令人厌恶的劳动,他对未来的"协作制度"和"和谐制度"寄予期望。他说:"那种充斥着欺骗和令人厌恶的劳动的文明制度将被称作颠倒的世界,而协作制度则被称为以诚实和诱人的劳动为基础的正面世界。"[①] 他又说:"协作制经营的光辉成就之一,就是在商业制度中进行诚实的买卖。……协作制将用集体的、团结的、诚实的、简单的和有保障的竞争来代替个人的、不团结的、欺骗的、杂乱的和任意的竞争,……。"[②]

---

① [法]傅立叶:《傅立叶选集》第三卷,汪耀三、庞龙、冀甫译,商务印书馆1964年版,第19页。
② [法]傅立叶:《傅立叶选集》第三卷,汪耀三、庞龙、冀甫译,商务印书馆1964年版,第37页。

（三）协作与分配

1. 不协作的制度中个人利益之间是相互对立的，协作的制度中个人利益之间也可能产生矛盾

傅立叶尖锐地指出，在不协作的制度中个人利益之间是相互对立的，他说："每个工作者都是群众的公敌，因为他们的利益与他的个人利益相抵触。医生希望病人尽量多，律师希望家家都打官司；建筑师梦想起火，烧毁半座城市；玻璃匠梦想下冰雹，打碎所有的玻璃窗。裁缝匠和皮匠极愿意大家都是得到坏布和不结实的皮子，因为衣服和皮鞋就会加速穿坏而给他们带来更大的幸福。"① 因此，他大力提倡协作。

傅立叶在赞扬协作提高生产力的同时，还指出协作制度中个人利益与共同利益也可能产生矛盾，他说："在文明制度或个人的和领取薪俸的家庭服务的制度的秩序下，协作制度产生双倍和四倍引诱力、各种联系和一致表现的所有地方，却总是造成双倍的，而且往往是四倍的纠纷。"②

2. 协作中的分配问题

针对协作中的分配问题，傅立叶提出了有价值的观点。

（1）傅立叶提出了资本、劳动和才能共同参与分配的观点。他说："适当每个人的三种条件——资本、劳动和才能而使每个人都获得满足的相称的分配。"③

（2）傅立叶还强调在协作中分配是集体意志的表达，他指出："当集体一致的愿望成了极普遍的愿望时，便很容易达到分配问题上的一致，……。"④

（3）傅立叶提出了共同富裕的分配原则，他指出："为了几个富人，就必须有许多穷人。这个论点很快就会被下述论点所代替：为了使

---

① ［法］傅立叶：《傅立叶选集》第三卷，汪耀三、庞龙、冀甫译，商务印书馆1964年版，第52页。
② ［法］傅立叶：《傅立叶选集》第三卷，汪耀三、庞龙、冀甫译，商务印书馆1964年版，第317页。
③ ［法］傅立叶：《傅立叶选集》第三卷，汪耀三、庞龙、冀甫译，商务印书馆1964年版，第63页。
④ ［法］傅立叶：《傅立叶选集》第三卷，汪耀三、庞龙、冀甫译，商务印书馆1964年版，第372页。

富人幸福,就必须让穷人们享受各种不同程度的幸福。"①

三 欧文的合作思想

欧文提出了合作的条件、根据和优越性,他对"经济人假说"进行了否定。

(一) 合作的条件、根据和优越性

1817年欧文在其《新社会观问答》一文中对于新社会观的问题——作了回答,他回答了合作的条件、根据和好处。

欧文指出合作的条件是"在公社中大家的利益是一致和共同的"②。对于"提倡组合人力的办法的根据是什么?"这一问题,欧文的回答是:"因为我知道每一个人通过这种方式所得到的好处比他们完全为个人而做任何工作时都优越。"③他进一步回答了合作方式的优越性,指出:"在这个制度下一切个人的劳动都将在自然的和有利的方式加以支配;……,其整个趋势将使人们团结在大家都能清楚地理解的总利益下。"④欧文指出合作的条件、根据和优越性,但对达到合作的条件和合作得以发挥的困难估计不足,体现出空想主义的特征。

(二) 对"经济人假说"的否定

欧文认为"'人们在互相结合的利益的公社中不会像为个人利益那样勤勉工作'的观点是一种流行的偏见"⑤。他说:"我们发现,人们为了共同利益在一起工作,比被雇去按天或按件挣工资而工作对自己和社会都更有利。当他按天受雇时,对工作不感兴趣,只是图挣工资而已;而按件工作时则劲头过大,往往工作过度,以致引起疾病、未老先衰和

---

① [法] 傅立叶:《傅立叶选集》第三卷,汪耀三、庞龙、冀甫译,商务印书馆1964年版,第356页。
② [英] 欧文:《欧文选集》上卷,柯象峰、何光来、秦果显译,商务印书馆1965年版,第199页。
③ [英] 欧文:《欧文选集》上卷,柯象峰、何光来、秦果显译,商务印书馆1965年版,第199页。
④ [英] 欧文:《欧文选集》上卷,柯象峰、何光来、秦果显译,商务印书馆1965年版,第199页。
⑤ [英] 欧文:《欧文选集》上卷,柯象峰、何光来、秦果显译,商务印书馆1965年版,第201页。

过早死亡。如果他们和其他人在一个利益一致的公社里工作,那么这两种极端就可以避免了;劳动将变成有节制的,然而又是有效率的,并且很容易管理和调整。"① 可见,欧文认为为共同利益而工作可能更有效率。

在欧文看来,为了财产的分配和占有而争吵不休的根源在于人们都从个人物质利益出发来考虑问题,欧文认为这种从个人物质利益出发来考虑问题的"经济人假说"不是亘古不变的。他说:"目前个人的劳动和支出都支配得非常愚笨、浪费而又要吃很多亏,以致人民大众不十分操劳和操心就无法获得充分的东西来维持一种一般过得去的生活。因此,他们便不得已而把自己费很大力气得来的财产捧在心上、守得极牢。于是在一个肤浅的观察家看来,这种感情便似乎是生来就深植在人类本性中的一样。但是任何结论都不可能比这更荒谬。如果人们处在一个无需焦虑不安、只需有节制地工作就能得到丰富的生活必需品和享用品的环境中,他们就会受到熏陶,对于财产的分配不再发生争吵,正像对待现在大家都可以取用的流水这类自然产物一样。"② 尽管欧文否定了"经济人假说",但他对"经济人假说"在很长的历史发展阶段仍然起作用估计不足。

第三节　马克思的合作思想

一　马克思合作思想的产生与发展

马克思合作思想来源于欧文和傅立叶等合作思想的先驱们,从影响力巨大的空想社会主义合作社运动中汲取了丰富养分,马克思合作思想也是在揭示了资本主义生产关系不合作本质的基础上发展起来的。马克思合作思想与他的其他思想和理论有着紧密的联系,这些思想和理论共同构成了马克思主义理论体系。

---

① ［英］欧文:《欧文选集》上卷,柯象峰、何光来、秦果显译,商务印书馆1965年版,第201页。

② ［英］欧文:《欧文选集》上卷,柯象峰、何光来、秦果显译,商务印书馆1965年版,第201—202页。

（一）马克思合作思想的产生

19世纪中叶，随着工业革命的推进，资本主义社会迅速发展。这个时期，资本家剥削劳动者，导致广泛的贫困和社会不公。马克思关注到这些问题，开始探索劳动者摆脱贫困和对资本家依赖的途径。在同一时期，合作社运动在欧洲兴起，成为改善劳动者生活条件和生产关系的重要途径。这一运动为马克思合作思想的产生提供了现实基础，使他能够从实践中总结经验和启示。马克思合作思想最初起源于他对人与人交往异化的剖析。在《1844年经济学哲学手稿》（Economic and Philosophic Manuscripts of 1844）、《神圣家族》（全称为《神圣家族，或对批判的批判所做的批判。驳布鲁诺·鲍威尔及其伙伴》）等文本中，马克思恩格斯通过揭示劳动异化引起人与人之间交往关系的扭曲，开始从实践出发探寻人与人之间真正的合作关系，马克思认为，在资本主义社会中，劳动者在生产过程中受到剥削和异化，马克思强调劳动者通过自愿合作和共同努力来消除异化，实现劳动的自我实现和价值回归，这是马克思合作思想的萌芽。《德意志意识形态》中他提出"交往"、"交往形式"、"交往关系"、"普遍交往"以及"世界交往"等概念，主要观点包括交往与物质生产的关系、交往与分工的关系、交往与社会的关系、人与人交往发展的三个阶段等，逐渐呈现出马克思合作思想的完整轮廓。

（二）马克思合作思想的发展

马克思在其著作和实践中关注合作社运动的发展，尤其关注英国罗虚代尔先锋合作社等成功案例。他从这些实践中了解到，合作社可以将个体劳动力转化为集体劳动力，从而提高生产效率和劳动者福祉。在《经济学手稿（1857—1858）》和《资本论》中马克思进一步将交往理论发展成为生产方式理论，以生产力和生产关系的辩证发展来剖析合作的发展，深度揭示了资本主义生产方式中雇佣劳动的不合作劳动、垄断资本与劳动之间不合作的生产资料占有方式，本质上是生产资料私人占有与社会化大生产的矛盾。马克思关注资本主义社会中的垄断现象，认为这会加剧社会不公和剥削。马克思提出了一种能够抵抗垄断、改善劳动条件和生产关系的途径，即通过合作社实现劳动者的共同利益。马克思指出生产力决定生产关系，生产关系反作用于生产力。他主张通过建立合作社，改变劳动者在生产关系中的地位，从而促进生产力的发展，提出合作制度是通向更高级社会形态的过渡阶段的设想。马克思在《共产党宣言》《资本论》等著作中对合作思想进行了深入的研究。他认为合作社是消除私有制和资本家剥削的一种途径，可以将个体劳动力转化为集体劳动力，联合劳动才是合作的劳动，劳动者与生产资料的结合才是通往合作的道路，从而提高生产力并增加劳动者福祉，是通往更高级社会形态的过渡点。

笔者认为，对马克思合作思想的理解存在两种不同的观点：一种是对马克思合作思想的传统诠释，强调生产关系层面上的合作，侧重于生产资料所有制的改造；另一种则是本书提出的研究马克思合作思想的新视角，强调合作是生产力和生产关系的辩证统一，更加关注合作可持续发展的条件。

马克思合作思想产生之时，社会主义制度还没有诞生，而后来的社会主义合作社实践进一步丰富和发展了马克思主义合作思想。自马克思提出合作思想以来，世界各国的无产阶级和劳动者在不同历史时期都进行了合作社运动的实践。在苏联、中国等社会主义国家，合作社发挥了巨大作用，为建设社会主义和实现人民福祉做出了积极贡献。马克思主义合作思想和实践既包括列宁、斯大林、毛泽东、刘少奇、邓子恢等马克思主义者的合作思想和实践，也包括新时代马克思主义合作思想中国化。马克思合作思想是在与西方合作思想的比较中产生、发展的，因此，本书在回顾和梳理马克思合作思想时，将其与西方合作思想对比，试图更好地理解马克思合作思想的要义。

（三）运用马克思合作思想研究共享经济是马克思合作思想的新发展

随着数字化、互联网和人工智能等技术的迅速发展，马克思合作思想为劳动者提供了一个适应新技术革命的框架。通过新的合作模式，劳动者可以更好地利用数字技术，提高生产效率和创新能力，实现公平分配和民主管理的目标。共享经济可以被视为一种合作方式，一种以分享为基础的经济模式，其中资源和产品在不同的人之间共享，以更低的成本实现更高的效率。共享经济发生于资本主义市场经济条件下，这并不完全符合马克思合作思想，但可以把它看作信息时代资本自我扬弃的新的形式，是迈向合作进阶的新的过渡点。将共享经济引入社会主义市场经济中，应该坚持马克思合作思想中强调公平分配和社会公正的原则，并应以马克思合作思想为指导来研究共享经济，在数字化、互联网和人工智能新的技术背景下发展马克思合作思想。

二　马克思合作思想的传统诠释

马克思合作思想的传统诠释主要强调以下几个方面：（1）雇佣劳动向联合劳动的转变。雇佣劳动是不合作的劳动，联合劳动才是合作的劳动。合作是从雇佣劳动向联合劳动的转变。（2）生产资料私人占有与社会化大生产的矛盾。资本主义生产方式本质上是不合作的，体现为生产资料私人占有与社会化大生产的矛盾。（3）劳动者与生产资料的结合。强调合作的基础应该是劳动者与生产资料的结合。（4）合作制度是通向更高级社会形态的过渡阶段。这些都是马克思合作思想传统诠释的精华所在。

但在马克思合作思想的传统诠释中过分强调合作是所有制的改造，侧重强调合作是一种生产关系，而忽视了合作本身也是一种社会生产力，它将"一大二公"设定为合作形式的发展目标，脱离了生产力发展的水平，一味地追求合作形式的"一大二公"，使合作的实践过程遭遇挫折。

（一）雇佣劳动向联合劳动的转变

尽管亚当·斯密认为分工是联合劳动，但在马克思看来资本主义生产关系条件下的分工实质上不是联合劳动，只是表现为资本的联合或人与物的结合，并不是人与人之间的联合劳动。究其原因，最重要的就是合作与否不仅在于是否提高了生产力，还在于个人利益和共同利益是否冲突。

1. 雇佣劳动——不合作的劳动

在资本主义生产关系条件下，协作分工产生的合作收益，即相对剩余价值，被资本家无偿占有。马克思认为资本家"支付的是100个独立的劳动力的价值，而不是100个结合劳动力的价值"[①]。而且"只要把工人置于一定的条件下，劳动的社会生产力（即协作产生的生产力）

[①] 《马克思恩格斯全集》第23卷，人民出版社1972年版，第370页。

就无须支付报酬而发挥出来,而资本正是把工人置于这样的条件之下的。因为劳动的社会生产力不费资本分文,另一方面,又因为工人在他的劳动本身属于资本以前不能发挥这种生产力,所以劳动的社会生产力好象是资本天然具有的生产力,是资本内在的生产力"①。这种社会生产力不被看作是合作的成果,而被资本家掠夺了,在这样的关系中,劳动的本质是雇佣劳动,是被资本驱使的劳动,是监督的劳动,所以,这种劳动远未达到联合劳动的水平,尤其从生产关系角度看远未达到理想的合作水平。

2. 联合劳动——合作的劳动

马克思于1864年在《国际工人协会成立宣言》中说:"工人们不是在口头上,而是用事实证明:大规模的生产,并且是按照现代科学要求进行的生产,在没有利用雇佣工人阶级劳动的雇主阶级参加的条件下是能够进行的;他们证明:为了有效地进行生产,劳动工具不应当被垄断起来作为统治和掠夺工人的工具;雇佣劳动,也象奴隶劳动和农奴劳动一样,只是一种暂时的和低级的形式,它注定要让位于带着兴奋愉快心情进行的联合劳动。"② 这里所提到的联合劳动与亚当·斯密的联合劳动属于不同合作水平的劳动方式。

在资本主义生产资料私有制条件下只有雇佣劳动,不可能产生联合劳动,生产资料公有制是联合劳动的前提。但是,生产资料公有制的实践经验告诉我们:生产资料公有制虽然是联合劳动、按劳分配、实现合作理想的前提,但是由于生产资料公有制的合作中个人的贡献难以计量,所以,实现按劳分配的合作分配的理想是一个长期的历史进程。可见,生产资料公有制虽然克服了生产社会化与生产资料私人占有制之间的矛盾,但共同利益与个人利益之间的矛盾还将长期存在。

(二)资本主义生产关系不合作的根源——生产社会化与生产资料资本主义私人占有制之间的矛盾

在马克思看来,资本主义社会化大生产虽然产生了史无前例的大规

---

① 《马克思恩格斯全集》第23卷,人民出版社1972年版,第370页。
② 《马克思恩格斯选集》第2卷,人民出版社1972年版,第133页。

模协作,产生了巨大的生产力,但它仍然不是一种真正意义上的合作生产。这种不合作是由资本主义基本矛盾,即生产社会化与生产资料资本主义私人占有制之间的矛盾决定的,具体表现在:(1)资本家与工人的矛盾;(2)单个企业生产的有组织性与整个社会生产的无政府状态之间的矛盾;(3)生产无限扩大的趋势和劳动群众有支付能力的需求相对缩小之间的矛盾。

生产无限扩大的趋势和劳动群众有支付能力的需求相对缩小之间的矛盾,被罗宾逊夫人(Mrs. J. Robinson,1903—1983)称为资本主义"基本悖论"。社会化大生产要求各部类之间按比例发展,也就要求生产和消费之间保持协调。生产资料资本主义私人占有与社会化大生产的矛盾无法协调资本主义扩大再生产过程中生产和消费之间尖锐的矛盾。罗宾逊夫人用资本主义"基本悖论"生动地把生产和消费之间尖锐的矛盾表述出来:每个资本家都想自己工厂的工人工资降低,以便获得更多的利润;同时,又想让别人工厂里的工人工资提高,以便有更大的购买力购买他的产品。这本质上与公共资源博弈中的"囚徒困境"是相似的。

资本家要维持扩大再生产,就必须维持社会的有效需求,形成一定的购买力,而购买力又必须由资本家共同通过支付工人的工资来维持。在资本家相互竞争的处境中,购买力相当于一种公共资源,每一个资本家都希望它越强越好,而且希望是由别人而不是由他自己通过提高工资来实现的。这就是公共资源的博弈,如表1-4资本家之间争夺工人购买力的博弈矩阵所示:

表1-4　　　　　　**资本家之间争夺工人购买力的博弈矩阵**

		资本家（乙）	
		提高工资	不提高工资
资本家（甲）	提高工资	$(D-W)/2$, $(D-W)/2$	$-W$, D
	不提高工资	D, $-W$	0, 0

如果提高工资 W,将提高购买力 D;如果不提高工资 W,就不会提

高购买力 D。所以，如果资本家（甲）、资本家（乙）一起提高工资总数 W，那么，他们将分享（D－W）/2 收益；如果资本家（甲）、资本家（乙）都不提高工资，就无法提高购买力，于是他们的收益都为 0；如果资本家（甲）提高工资 W，而资本家（乙）不提高，那么，在其他因素完全相同的情况下，资本家（甲）由于提高工资 W，就会使其工资成本提高而可能失去市场竞争力，无法将产品卖出，其收益为－W，资本家（乙）则可以从因为资本家（甲）提高工资 W 而提高的购买力 D 中，独享收益 D；同样地，如果资本家（乙）提高工资 W，而资本家（甲）不提高，那么资本家（乙）收益为－W，资本家（甲）收益为 D。所以，资本家（甲）、资本家（乙）必然陷入"囚徒困境"，即谁也不愿意提高工资，也就形成了有效需求不足的局面。购买力此时成为"公共资源"，只得由政府以投资形式来拉动。

以上的博弈分析表明，个体利益最大化条件下非合作博弈所产生的"囚徒困境"就是马克思所揭示的资本主义生产关系中社会化大生产与生产资料私人占有之间的矛盾，亚当·斯密的"看不见的手"所导致的无序竞争不是真正意义上的合作。

（三）劳动者与生产资料结合的紧密程度——合作水平的反映

马克思认为造成资本主义生产关系中不合作的本质根源是劳动者与生产资料的分离。马克思指出："所谓分配，不是通常意义上的消费资料的分配，而是生产要素本身的分配，其中物的因素集中在一方，劳动力则与物的因素相分离，处在另一方。"① 在这种情况下，生产资料的分配必然是垄断的，于是就不可能出现合作成果的公平分配。所以，马克思强调合作的基础应该是劳动者与生产资料的结合，这一点完全不同于西方经济学中的合作思想。

在马克思看来，股份制是对资本的消极扬弃，合作工厂是对资本的积极扬弃，就是因为在合作工厂中劳动者与生产资料的结合比在股份制中更加紧密。

---

① 《马克思恩格斯全集》第 24 卷，人民出版社 1972 年版，第 40 页。

1. 股份制——消极的合作形式

马克思在《资本论》第二十七章"信用在资本主义生产中的作用"中指出:"在股份公司内,职能已经同资本所有权相分离,因而劳动也已经完全同生产资料的所有权和剩余劳动的所有权相分离。资本主义生产极度发展的这个结果,是资本再转化为生产者的财产所必需的过渡点,不过这种财产不再是各个互相分离的生产者的私有财产,而是联合起来的生产者的财产,即直接的社会财产。另一方面,这是所有那些直到今天还和资本所有权结合在一起的再生产过程中的职能转化为联合起来的生产者的单纯职能,转化为社会职能的过渡点。"① 马克思认为,在股份制内,劳动者虽然还没有与生产资料相结合,但至少生产资料的所有权开始与经营权分离。因此,股份制为劳动者与生产资料进一步结合提供了条件,所以,它是"转化为社会职能的过渡点"。

马克思还指出:"在股份制内,已经存在着社会生产资料借以表现为个人财产的旧形式的对立面;但是,这种向股份形式的转化本身,还是局限在资本主义界限之内;因此,这种转化并没有克服财富作为社会财富的性质和作为私人财富的性质之间的对立,而只是在新的形态上发展了这种对立。"② 所以,股份制只是对资本的消极扬弃。

2. 合作工厂——积极的合作形式

在联合劳动的合作工厂里,"即工人作为联合体是他们自己的资本家,也就是说,他们利用生产资料来使他们自己的劳动增殖"③。劳动者占有生产资料,解决了劳动与资本的对立。所以,马克思指出:"资本主义的股份企业,也和合作工厂一样,应当被看作是由资本主义生产方式转化为联合的生产方式的过渡形式,只不过在前者那里,对立是消极地扬弃的,而在后者那里,对立是积极地扬弃的。"④

马克思还强调:劳动者与生产资料的结合是生产力发展的结果,不是单纯由主观意愿决定的。劳动者与生产资料的结合越紧密虽然是合作

---

① 《马克思恩格斯全集》第 25 卷,人民出版社 1974 年版,第 494 页。
② 《马克思恩格斯全集》第 25 卷,人民出版社 1974 年版,第 497 页。
③ 《马克思恩格斯全集》第 25 卷,人民出版社 1974 年版,第 498 页。
④ 《马克思恩格斯全集》第 25 卷,人民出版社 1974 年版,第 498 页。

水平提高的条件，但是，不顾生产力发展的水平，单纯由主观意愿提高劳动者与生产资料的结合程度，不但不能提高合作的水平，甚至可能导致合作水平的下降。

（四）合作制度——通向更高级社会形态的过渡阶段

在马克思和恩格斯看来，无产阶级取得政权以后，合作经济应当是向共产主义过渡的中间环节。1871年巴黎公社成立后，"4月16日公社命令登记工厂主停工的工厂，拟定把这些工厂原有工人联合成一些合作社来开工生产的计划，并拟定把这一切合作社结成一个大联盟的计划"①。1886年1月，恩格斯在写给李卜克纳西和倍倍尔等人的信中进一步指出："在向完全的共产主义经济过渡时，我们必须大规模地采用合作生产作为中间环节，这一点马克思和我都没有怀疑过。"② 所以不管在苏联还是中国的合作经济实践中，总是将合作形式的生产资料公有化程度作为合作水平唯一重要的指标，而将完全公有化和大联合劳动作为一切合作形式发展的方向。

三　马克思合作思想的新视角

马克思合作思想的传统诠释更强调合作是一种生产关系，更强调从所有制改造的角度去理解合作，而对于合作作为一种生产力重视不够。上篇提出研究马克思合作思想的新视角，主要包括以下两个方面：(1) 不仅将合作看作生产关系，而且看作一种生产力，合作作为一种生产方式，是生产力与生产关系的辩证统一；(2) 人的本质是随着生产力和生产关系的相互作用不断发展的，人的不断发展也促进着合作水平的不断提高。相对于将合作仅看作是生产关系的马克思合作思想的传统诠释，本书提出的研究马克思合作思想的新视角，不是否定马克思合作思想，而是从辩证唯物主义和历史唯物主义出发，更深入地研究马克思合作思想。

（一）马克思对合作的表述

在马克思的经济学理论中很少涉及合作这一概念，只在他早年的哲

---

① 《马克思恩格斯选集》第2卷，人民出版社1972年版，第330页。
② 《马克思恩格斯全集》第36卷，人民出版社1975年版，第416页。

学著作《德意志意识形态》第一卷第一章中有过直接的论述。马克思指出:"社会关系的含义是指许多个人的合作,至于这种合作是在什么条件下、用什么方式和为了什么目的进行的,则是无关紧要的。由此可见,一定的生产方式或一定的工业阶段始终是与一定的共同活动的方式或一定的社会阶段联系着的,而这种共同活动方式本身就是'生产力'。"① 这一段话集中体现了马克思合作思想,在其后来的经济研究中都始终贯穿着这一思想。这段话包含以下几点要义:

1. "社会关系的含义是指许多个人的合作",首先表明合作是生产关系。许多人在一起共同劳动,在合作中形成了人与人之间的社会关系,所以合作是一种生产关系。

2. "这种共同活动方式本身就是'生产力'",意味着合作又有生产力的含义。

3. "一定的生产方式或一定的工业阶段始终是与一定的共同活动的方式或一定的社会阶段联系着的",表明"共同活动的方式",即合作,与生产方式是紧密联系的。

(二) 马克思合作思想的新视角

基于马克思对合作的表述,本书提出研究马克思合作思想的新视角。合作既是生产力又是生产关系,合作是共同活动方式,也是一种生产方式,是生产力和生产关系的辩证统一。生产力和生产关系的辩证发展促进着人的发展和合作水平的提高。

1. 生产力、生产关系与合作

合作不仅是生产关系,而且是生产力。在什么条件下、用什么方式和为了什么目的进行合作,对于合作起着一定的作用。在什么条件下、用什么方式,就是指人与人之间如何"一起工作",如何合理配置资源,增进共同利益,所以,合作体现为一种生产力;另外,合作的不同目的决定着个人利益与共同利益的关系,决定着合作成果的分配,合作也体现为一种生产关系。而体现为生产力的合作与体现为生产关系的合作共同决定着合作的意愿和水平,也决定着社会的不同发展阶段。

---

① 《马克思恩格斯选集》第 1 卷,人民出版社 1972 年版,第 34 页。

2. 合作与生产方式

（1）合作是生产方式

合作是共同活动方式，也是一种生产方式，生产方式与合作是一般与特殊的关系。合作有两层含义：（1）在不同的社会发展阶段有不同的生产方式和生产力水平，就有不同的合作方式和合作水平；（2）在一定的生产力水平下，不同的生产关系就会有不同的合作水平，生产关系与生产力相适应的程度决定了合作水平的高低。

马克思合作思想的传统诠释中，合作是指克服资本主义基本矛盾而产生新型的生产方式，如合作工厂、合作社等。笔者认为，合作是指一个以上的劳动者在同一劳动过程中的协同劳动，更类似于马克思所称的"共同劳动"。所以，合作贯穿于整个人类历史发展的各个阶段，而不局限于某个特定的历史阶段。合作是不断发展的历史过程，人类社会发展的过程就是合作水平不断提高的过程。合作水平反映了生产力和生产关系发展的水平以及生产关系和生产力相适应的程度；生产力和生产关系发展的水平以及生产关系和生产力相适应的程度也决定了合作的水平。

（2）作为生产方式，合作是生产力和生产关系的辩证统一

一定的社会阶段有着一定的生产方式，也有着一定的合作方式和合作水平，合作水平会随着生产力和生产关系发展水平的提高而提高。但如果生产力水平提高后，生产关系却没有相适应地改进，合作水平也不一定就随着生产力水平的提高而提高；同样地，如果生产关系得到改进，而没有生产力的发展为基础，合作水平也不一定就随着生产关系的改进而提高。在一定的生产力条件下，生产关系和生产力适应程度的变化表现为合作的量变；随着生产力的发展而引起的生产关系的变化，则表现为合作的质变。作为生产方式，合作是生产力和生产关系的辩证统一。

（3）合作也是共同利益和个人利益的辩证统一

一定的生产方式或社会阶段是由各个利益主体共同作用的结果。1890年9月21日，恩格斯在致约·布洛赫的信中说："历史是这样创造的：最终的结果总是从许多单个的意志的相互冲突中产生出来的，而其中的每一个意志，又是由于许多特殊的生产条件，才成为它所成为的

那样。"①

合作状态往往表现为个人利益与共同利益相对平衡或冲突。个人利益和共同利益相对平衡或冲突不是完全由主观意愿决定的，它最终取决于生产关系和当时的生产力水平相适应的程度。生产关系和生产力相适应意味着个人利益和共同利益的相对平衡。生产关系和生产力不相适应则意味着个人利益和共同利益的冲突。当生产关系和生产力相适应、个人利益和共同利益相对平衡时，人与人之间处于相对合作的状态。随着生产力的发展，生产关系不再适应生产力的发展、个人利益和共同利益相对不平衡时，就将推动生产关系的改变，使之与生产力的发展相适应。于是，人与人之间又进入了相对合作的状态，而且，随着生产力的发展，合作水平也相应地提高了。这就是生产力和生产关系辩证发展的过程，也是合作水平不断提高的过程。

从图1-9中可见，第一，合作中所产生的生产力应该是共同利益的增进，这是合作的基础；如何分配合作中的共同利益，体现了合作中的生产关系，也是合作的另一个重要方面，影响着合作的维持和发展，也影响着共同利益的进一步增长。所以，合作中生产关系和生产力相适应的程度，决定了合作的意愿和合作的水平。第二，生产关系决定了共同利益和个人利益的关系，而共同利益和个人利益的关系同样影响到合作的意愿，从而影响合作的水平。第三，合作水平的高低虽然取决于生产力水平，但是合作水平的高低同样也会影响生产力的发展。

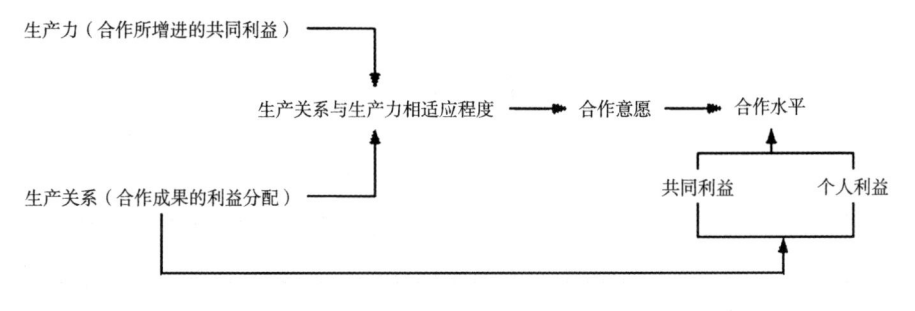

图1-9　生产方式与合作

---

① 《马克思恩格斯选集》第4卷，人民出版社1972年版，第478页。

(4) 合作水平与人的发展相联系

以亚当·斯密为代表的合作思想是以个人利益最大化为基础来考察合作的，博弈论中"囚徒困境"所呈现的悖论说明，追求个人利益最大化是不可能出现合作的，即使通过重复博弈，要出现合作也依赖有足够大的δ值，也就是人们愿意为了长远利益而牺牲短期利益、为了共同利益而牺牲个人利益。在以亚当·斯密为代表的合作思想中，人的本质是亘古不变的，这样就很难理解δ值的动态变化，因为如果δ值增大就意味着对"经济人假说"的背离。值得关注的是，博弈论最近的研究将亚当·斯密的"同情"作为合作产生的重要因素，认为重复博弈可能产生更深的"同情"，也就可能有更高的合作水平。

与此不同的是，马克思合作思想不是从人的主观心理出发，而是将人的本质进化与社会生产力和生产关系的发展联系起来，划分出人的发展的三大形态以及与之相应的合作水平。马克思认为："人的依赖关系（起初完全是自然发生的），是最初的社会形态，在这种形态下，人的生产能力只是在狭隘的范围内和孤立的地点发展着。以物的依赖性为基础的人的独立性，是第二大形态，在这种形态下，才形成普遍的社会物质变换，全面的关系，多方面的需求以及全面的能力的体系。建立在个人全面发展和他们共同的社会生产能力成为他们的社会财富这一基础上的自由个性，是第三个阶段为第三个阶段创造条件。"[①] 以马克思为代表的合作思想，尤其从马克思合作思想的新视角看来，人的本质进化对合作水平的提高起着至关重要的作用。

本章小结

以亚当·斯密思想为基础的新古典主义经济学，把合作视为在特定制度和生产关系条件下的资源最优化配置。新制度经济学开始考虑制度和生产关系的变迁因素，认为明晰的产权有利于降低交易费用，这样就更加坚持和维护了资本主义私有制。博弈论虽然提出了非合作博弈的局

[①] 《马克思恩格斯全集》第46卷上册，人民出版社1979年版，第104页。

限性，但目前非合作博弈仍然是博弈论的主流。总之，西方经济学的合作思想强调以个人利益为基础，更强调交换，强调效率，而实质上都过分强调了体现为生产力的合作。

马克思合作思想是空想社会主义合作思想的科学发展，它摒弃了亚当·斯密的"经济人假说"，认为人类应该有意识地主动地追求"共同利益"，并以此为基础进行合作研究。关于如何"一起工作"，即合作形式的问题，是马克思主义经济学中合作思想的重点。它不仅对分工和交换进行研究，更重要的是对各种合作经济形式进行了研究和实践，形成了马克思合作思想的重要组成部分。关于"共同利益"与"一起工作"之间的联系，与亚当·斯密将其建立在人类主观"同情"的基础上不同，马克思将其建立在人的本质不断发展的基础之上。人的本质是随着生产力和生产关系的相互作用不断发展的。马克思合作思想是在揭示资本主义社会化大生产的合作性以及资本主义生产关系不合作性的基础上建立起来的，也是对空想社会主义理论中合作思想的发展，但是马克思合作思想的传统诠释中侧重强调以共同利益为基础，强调分配，强调公平，实质上片面强调了体现为生产关系的合作。

本书提出了研究马克思合作思想的新视角，从两个方面拓展了合作的概念：第一，马克思合作思想的传统诠释仅从生产关系层面来理解合作，笔者认为合作不仅是生产关系，也是生产力；第二，马克思合作思想的传统诠释中将合作仅限于某一特定的历史阶段，笔者认为合作是与人类历史的发展相伴随的，应从人类历史发展的整个长河中来考察合作。合作是生产力和生产关系辩证发展的结果，是人的本质不断发展的过程。如图1-10所示，如果片面强调共同利益、片面强调公平、片面强调体现为生产关系的合作，不但不会促进合作水平的提高，反而会抑制合作水平的提高；同样地，如果片面强调个人利益、片面强调效率、片面强调体现为生产力的合作，也不会促进合作水平的提高，反而会抑制合作水平的提高。马克思合作思想的新视角中强调合作是共同利益和个人利益的辩证统一，是协作、分工、交换、分配的辩证统一，是公平和效率的辩证统一。马克思合作思想的新视角继承了马克思主义经济学整体的、历史的研究方法，也注重个体的、逻辑的分析方法，以达到整体分析与个体分析的辩证统一，逻辑分析与历史分析的辩证统一。

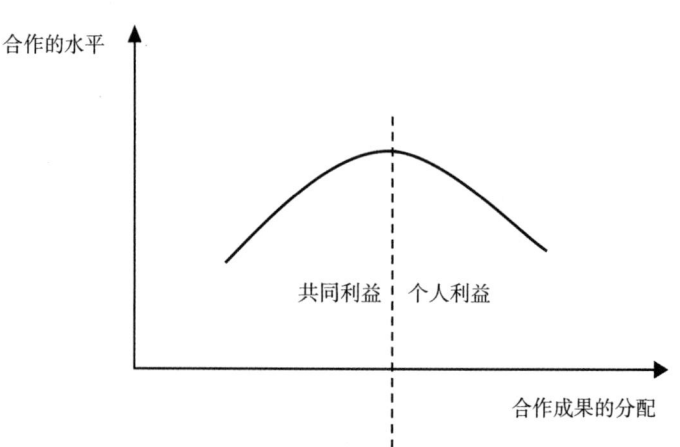

```
         合作的水平
            ▲
            │       ╱‾‾╲
            │     ╱     ╲
            │   ╱    │    ╲
            │ ╱  共同利益│个人利益 ╲
            │           │
            └───────────┴──────────▶
                              合作成果的分配
```

片面强调共同利益的合作思想　片面强调个人利益的合作思想
片面强调公平的合作思想　　　片面强调效率的合作思想
片面强调合作是生产关系　　　片面强调合作是生产力
马克思合作思想的传统诠释　　西方经济学的合作思想
　　强调合作是生产力与生产关系的辩证统一

图 1-10　马克思合作思想的新视角

第二章 生产力与合作

在上一章中对合作思想进行了历史考察,提出了研究马克思合作思想的新视角。下面两章将分别分析体现为生产力的合作和体现为生产关系的合作,这并不等于认为合作可以被截然分为体现为生产力的合作和体现为生产关系的合作这两个方面,合作应该是生产力和生产关系相互作用的有机整体。分别分析体现为生产力的合作和体现为生产关系的合作是为了更清晰地阐明生产力、生产关系与合作之间的联系,揭示马克思合作思想的核心命题:合作是一种生产方式,是生产力与生产关系的辩证统一。

本章将分四节来论述体现为生产力的合作:第一节,强调生产力具有物质属性和社会属性,物质生产力决定社会生产力,也决定着体现为生产力的合作。第二节,着重研究影响社会生产力的主要因素——协作和分工,强调协作和分工的区别与联系。第三节,具体分析影响物质生产力的主要因素——自然条件和科学技术对协作和分工发展的影响。第四节,具体分析人的活动与社会生产力的发展对自然条件的影响。

第一节 物质生产力、社会生产力与合作

一 生产力的物质属性和社会属性

生产力是人们在生产过程中形成的解决社会和自然矛盾的实际能力,是人类改造自然、利用自然,使其适应人和社会需要的客观物质力量,属于人和自然的关系。生产力是在物质生产活动即劳动中形成的,生产力包括三大要素:劳动对象、劳动资料、劳动者。

从生产力的构成和发展过程来看,生产力具有物质性、社会性和历史性。生产力的物质性是指生产力的运动、变化、发展是一种不以人的意志为转移的客观的物质力量,是由客观的物质要素构成的复杂系统,它首先是作为物质的实体而存在的。人和现实的生产力既是人们过去实践活动的结果,是一种既得的物质力量,又是人们从事生产实践及其他社会活动的物质基础,也是今后社会继续向前发展的出发点。生产力的社会性是指人们从事的生产总是社会性的生产,总是存在于一定的社会关系之中,并受一定社会关系的制约。所以,生产力实际上是以劳动者的协作、分工为中介而形成的社会力量。同时,生产力的三要素也只有在特定的生产关系中结合起来,才能形成现实的生产力。生产力的历史性是指它随着人们的社会历史活动的变化而变化,随着人们的实践和认识的发展而发展。人的需要是社会进步和生产力发展的内在动因,而人的需要是不断发展变化的,这就决定了生产力也是不断向前发展的,它绝不会停留在一个水平上。

从生产力的整体内涵中去寻找生产力与合作的联系(见图2-1),本节指出:生产力是物质生产力和社会生产力的辩证统一,物质生产力决定社会生产力,社会生产力对物质生产力又具有反作用。生产力的物质属性,即物质生产力,表现为物质对生产力的影响,主要是指自然条件和科学技术等对生产力的影响;生产力的社会属性,即社会生产力,表现为社会对生产力的影响,主要是指协作和分工等对生产力的影响。合作所体现的生产力主要反映了生产力的社会属性,是一种社会生产力。在物质生产力和社会生产力的关系中,物质生产力决定着社会生产力,因此,物质生产力也决定着合作,也就是说,自然条件和科学技术等方面决定着合作。生产力是物质生产力和社会生产力的辩证统一,还表现为社会生产力对物质生产力的反作用,因此,合作对物质生产力也具有反作用,也就是说,协作和分工也会影响和改变自然条件和科学技术。

二 物质生产力

生产力所具有的物质属性,即物质生产力,主要表现为劳动的自然

```
              物质生产力（自然条件、科学技术）
生产力  〈         ↓  ↑
              社会生产力（协作、分工）————— 体现为生产力的合作
```

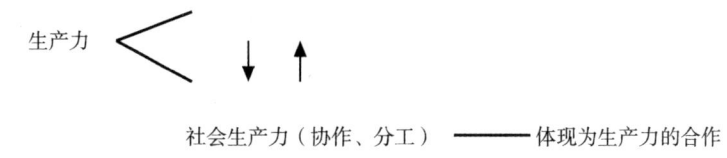

图 2-1 生产力与合作

条件和科学技术等对生产力的影响，马克思称物质生产力为"劳动在无机界发现的生产力"①，"受到自然制约的劳动生产力"②。

（一）自然条件

影响物质生产力的重要因素首先表现为劳动的自然条件。作为生产力要素客体的物质资料，是在一定的自然条件中形成的，并受自然条件的制约。所谓自然条件，指由自然界组成的客观世界，它包括具有各种特定自然附属的地理环境系统，以及动植物和微生物等生命系统。自然条件为人们的物质生产和生活提供了前提条件。

自然条件对生产力的影响从古至今始终起着作用。在原始时期，自然条件对生产力的发展起着关键性的作用，即使在生产力高度发达的今天，自然条件仍然制约着生产力的发展，科学技术归根结底是对自然条件的改造和运用。

劳动外部的自然条件在经济上可以分为两大类："一类是属于生活资料的自然资源，例如土壤的肥力、鱼产丰富的水等等。另一类是劳动资料的自然资源，如奔腾的瀑布、可以航行的河流、森林、金属、煤炭等等。如果撇开劳动的社会条件不说，那么，由于劳动的自然条件的优劣差异，劳动生产力的高低也就不同。例如，在农业中，土地自然肥力越大，气候越好，维持和再生产生产者所必要的劳动时间就越少，从而在单位时间内所生产的产品数量也就越多。"③

（二）科学技术

科学活动是一种精神性活动，它与人类的思想状态、哲学思维有

---

① 《马克思恩格斯全集》第 26 卷第三册，人民出版社 1974 年版，第 122 页。
② 《马克思恩格斯全集》第 23 卷，人民出版社 1972 年版，第 560 页。
③ 宋涛：《〈资本论〉辞典》，山东人民出版社 1988 年版，第 353 页。

关，其目的是认识自然、探索自然奥秘、了解人类赖以生存的环境。技术活动是人类为了自身和社会的需要，利用自然规律，改造和控制自然，创造劳动手段、工艺方法和技能体系的创造性活动，其目的是改造自然、创造人工自然。科学活动的重要成果是"发现"，它是指自然界本来就存在的事物被人们首次认识的过程；技术活动的重要成果是"发明"，指的是自然界不存在的事物或物品被人们首次创造出来的过程。

在现代，科学和技术之间的相互作用日益加强，不仅科学上的发现往往直接导致技术上的发明，而且技术和理论科学日益紧密结合，使相当一部分技术本身的理论性大大增强，并逐渐分化出相对独立的技术科学。技术科学与直接实施于实践的工程技术组成了现代技术这一整体。换言之，科学和技术趋于"一体化"。正是在这一过程中产生了"科学技术"这一新的整体范畴，它意味着，科学的发展及其成果在工艺上的应用为生产力的发展提供了前提。

马克思说："生产力中也包括科学。"① 科学技术是对物质世界的改造和利用，它所产生的生产力体现为生产力的物质属性，人们对科学技术的改造和利用受自然规律和自然条件的制约。科学技术与劳动的自然条件不同。劳动的自然条件随着生产的过程而消耗，并且不可避免地遭到破坏。科学技术却随着生产劳动的过程而产生，一旦产生，它又成为再生产劳动中的物质条件，并成为产生更高生产力的物质基础。例如，机器是在生产过程中创造发明的，它又加入新的生产过程，成为新生产力的来源。

科学技术虽然体现了生产力的物质属性，但它是非实体的渗透性因素，它促进生产力的发展，是通过两个"物化"来发挥其作用的：它"物化"在生产资料上，改善其素质，提高其功能；"物化"在劳动者身上，提高劳动者的素质和劳动的效能。科学技术处于人与自然的中间环节。科学因素介入社会生产力及其发展过程，必将极大地推动社会经济关系的发展。"科学因素的介入，使得原来的人与自然的物质交换关

---

① 《马克思恩格斯全集》第46卷下册，人民出版社1980年版，第211页。

系发生了根本的变化。早先的'人—生产'的直接作用过程,在工场手工业时期转化为'人—技术—生产'的过程,在机器大工业时期、特别是机器体系形成后,则进一步发展成为'人—科学—技术—生产'的过程。"[1] 所以,科学技术首先体现为生产力的物质属性,同时也体现为生产力的社会属性。协作和分工的发展不可避免地对科学技术的发展起着积极的推动作用,科学技术的发展实质上是协作和分工的结果。

总之,无论在物质生产力还是社会生产力的发展中,科学技术都起着重大作用。科学技术作为一种积极的生产力,不仅提高了人们对自然条件的利用效率,同时,它通过改变人与自然的物质交换关系,推动着社会生产力的发展。

三 社会生产力

马克思指出:"劳动生产力主要应当取决于:首先,劳动的自然条件,如土地的肥沃程度、矿山的丰富程度等等;其次,劳动的社会力的日益改进,引起这种改进的是:大规模的生产,资本的积累,劳动的联合,分工,机器,改良的方法,化学力和其他自然力的应用,利用交通和运输工具而达到时间和空间的缩短,以及其他各种发明,科学就是靠这些发明来驱使自然力为劳动服务,劳动的社会性质或协作性质也由于这些发明而得以发展。"[2] "劳动生产力是由多种情况决定的,其中包括:工人的平均熟练程度,科学的发展水平和它在工艺上应用的程度,生产过程的社会结合程度,生产资料的规模和效能,以及自然条件。"[3] 可见,马克思在强调生产资料的物质属性的同时也强调生产力的社会属性。例如,他强调"社会力的日益改进"取决于劳动的联合、分工和生产过程的社会结合程度等;科学技术的进步、机器的运用是由"劳动的社会性质或协作性质"产生的。

马克思在强调生产力的社会属性时,会用"社会生产力"指称"生产力"。社会生产力主要是指"生产过程中通过劳动者的社会结合,

---

[1] 顾海良:《马克思经济思想的当代视界》,经济科学出版社2005年版,第288页。
[2] 《马克思恩格斯选集》第2卷,人民出版社1995年版,第71页。
[3] 《马克思恩格斯全集》第23卷,人民出版社1972年版,第53页。

即通过各种形式的协作,随着劳动成为社会化的劳动而产生的生产力"①。影响社会生产力的主要因素是协作和分工,体现为生产力的合作也主要体现为协作和分工。因此,协作和分工是本章研究的重点。

四 合作——物质生产力和社会生产力的辩证统一

宋涛在《〈资本论〉辞典》中解释:"生产力是物质生产力,也称社会生产力。指具有一定生产力经验和劳动技能的劳动者,利用自然对象和自然力生产物资资料时所形成的物质力量。它表明的是人对自然界的关系,是人们影响自然和改造自然的能力。生产力的要素,包括生产资料(劳动资料和劳动对象)和劳动者。它们作为生产力中的物质要素和人的要素,在生产过程中结合在一起,并同时起作用。"② 所以,合作是物质生产力和社会生产力的辩证统一。物质生产力是指"受自然制约的劳动生产力"③;社会生产力是指由劳动的社会条件所引起的劳动生产力。衡量生产力发展水平的劳动生产率也是与物质条件和社会条件联系在一起的。马克思说:"在农业中(采矿业中也是一样),问题不只是劳动的社会生产率,而且还有由劳动的自然条件决定的劳动的自然生产率。"④ 所以,合作既是物质的,也是社会的,还是历史发展的。

总之,生产力包括以下几层含义:(1)生产力具有物质属性和社会属性,影响物质生产力的主要因素是自然条件和科学技术等,影响社会生产力的主要因素是协作和分工等。(2)生产力是物质生产力和社会生产力的辩证统一。(3)科学技术是物质生产力,科学技术的运用和发展又体现为社会生产力。(4)劳动生产率也是由自然生产率和社会生产率共同决定的。(5)体现为生产力的合作首先体现为社会生产力,同时也是物质生产力和社会生产力的辩证统一。

---

① 宋涛:《〈资本论〉辞典》,山东人民出版社1988年版,第349页。
② 宋涛:《〈资本论〉辞典》,山东人民出版社1988年版,第384页。
③ 《马克思恩格斯全集》第23卷,人民出版社1972年版,第563页。
④ 《马克思恩格斯全集》第25卷,人民出版社1974年版,第864页。

第二节　协作和分工

协作和分工是社会生产力的主要形式。马克思在《资本论》第一卷第十一章中对协作进行了深入研究，他认为：相对于分工，协作是一般形式，这种形式是一切以提高社会劳动生产率为目的的社会组合的基础，并在其中任何一种组合形式中得到进一步的专业划分。分工是存在专业划分的社会组合，是协作的特殊形式。所以，协作和分工是一般与特殊的关系。本节就马克思合作思想关于社会生产力中协作和分工的定义、作用及其产生的条件进行分析。

一　协作

（一）协作的定义

马克思对协作进行了以下具体的描述："许多人在同一生产过程中，或在不同的但互相联系的生产过程中，有计划地一起协同劳动，这种劳动形式叫做协作。"[①] 同时他强调："不仅是通过协作提高了个人生产力，而且是创造了一种生产力，这种生产力本身必然是集体力。"[②]

可见，第一，协作以提高社会劳动生产率为目的，体现为一种社会生产力，所以，协作是体现为生产力的合作方式。第二，协作不仅表现为个人生产力，而且更重要的是表现为集体生产力。所以，协作必然涉及私人劳动和社会劳动、个人利益和共同利益的关系，因此，在协作中生产关系必然影响着这种"集体力"的发挥。

（二）协作的作用

马克思揭示了协作的作用，即揭示了协作会产生生产力、促进劳动生产率的提高。

1. 协作的效果个人劳动无法企及。协作中结合劳动的效果是个人劳动根本不可能达到的。协作的这一作用，体现在以下两个方面：

---

① 《马克思恩格斯全集》第23卷，人民出版社1972年版，第362页。
② 《马克思恩格斯全集》第23卷，人民出版社1972年版，第362页。

(1) 由一个人进行的工作，可能会因为时间的限制而使这项工作无法完成。而在许多人共同协作下却能够在较短的时间内完成一个人完成不了的任务。(2) 一个人的力量是有限的，只有在他和其他人共同协作时才能产生超越其自身的一种合力，例如重物的提升、装载等。

2. 协作有利于竞争，有利于提高个人的工作效率。在协作过程中，社会接触就会引起竞争心和特有的精力振奋，从而提高每个人的工作效率。

3. 协作节约了生产资料和非生产费用。由于协作中共同使用生产资料而达到节约；协作过程中，劳动者的集结、不同劳动过程的靠拢和生产资料的积聚也会节约非生产费用。

4. 协作的计划性有利于摆脱个人生产的局限性。协作过程中，劳动者在有计划地同别人进行共同工作时，摆脱了自身的个人局限性。

5. 协作使从个人的生产资料变成社会化的生产资料。马克思从资本主义协作生产过程中总结道："资产阶级要是不把这些有限的生产资料从个人的生产资料变成为社会化的，即只能由大批人共同使用的生产资料，就不能把它们变成强大的生产力。"①

6. 协作使生产本身从一系列的个人行动变成了一系列的社会行动。马克思从工场手工业到机器大工业的协作发展中总结道："纺纱机、机动织布机和蒸汽锤代替了纺车、手工织布机和手工锻锤；需要成百上千的人进行协作的工厂代替小作坊。和生产资料一样，生产本身也从一系列的个人行动变成了一系列的社会行动……"②

7. 协作使产品从个人的产品变成了一系列的社会产品。马克思进一步总结道："产品也从个人的产品变成了一系列的社会行动，而产品也从个人的产品变成了社会的产品。现在工厂所出产的纱、布、金属制品，都是许多工人的共同产品，都必须顺次经过他们的手，然后才变为成品。他们当中没有一个人能够说：'这是我做的，这是我的产品。'"③

综上可见，协作会产生生产力，对此，可以从以下两个方面加以说

---

① 《马克思恩格斯选集》第3卷，人民出版社1972年版，第309页。
② 《马克思恩格斯选集》第3卷，人民出版社1972年版，第309页。
③ 《马克思恩格斯选集》第3卷，人民出版社1972年版，第309页。

明：(1) 成本 1+1<2，表明物质资源的节约，体现为间接提高了生产力；(2) 产出 1+1>2，表明协调产生了集体力，体现为直接提高了生产力。协作给生产方式带来的最根本变化是，使生产成为社会化的生产。

（三）协作产生的条件

马克思提出了协作产生的两个条件：第一，协作的范围或生产的规模取决于生产资料、劳动力和资本的积聚程度；第二，一切规模较大的直接社会劳动或共同劳动，都或多或少地需要指挥，以协调个人的活动，并执行生产总体的运动。[①]

所以，协作是生产资料、劳动力和资本积聚到一定程度的产物，是人与人之间协调的产物。人与人之间协调的成本将决定生产资料、劳动力和资本的积聚程度。人与人之间协调的成本取决于物质生产力如自然条件、科学技术等方面的发展，协作反过来也促进了自然条件的运用和科学技术的发展（见图 2-2）。协作的规模是由协作产生的生产力和协作中生产关系所产生的协调成本共同决定的。协作虽然首先体现为一种社会生产力，但它也是生产力和生产关系相互作用的结果。

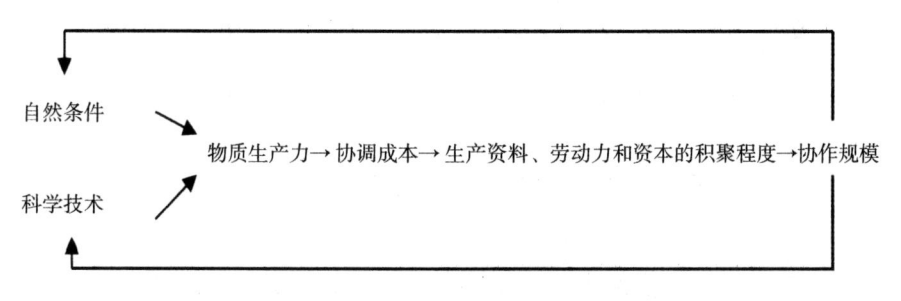

图 2-2 协作的条件

二 分工

（一）分工的定义

分工是协作的特殊形式。马克思指出"分工以协作为前提或者只是

[①] 《马克思恩格斯全集》第 23 卷，人民出版社 1972 年版，第 367 页。

协作的一种特殊形式"①。"分工是一种特殊的、有专业划分的、进一步发展的协作形式,是提高劳动生产力,在较短的劳动时间内完成同样的工作,从而缩短再生产劳动能力所必要的劳动时间和延长剩余劳动时间的有力手段。"②

与协作一样,分工也体现为社会生产力,也是以提高劳动生产率为目的的。分工作为协作的特殊形式,具有协作的一般特征,协作和分工是一般与特殊的关系。分工也是体现为生产力的合作方式。分工也涉及私人劳动和社会劳动、个人利益和共同利益的关系,因此,分工也受生产关系的影响。

(二) 两种分工

马克思以工场手工业阶段的分工为例,将分工分为"社会内部的分工"和"工场手工业内部分工"。他指出:"社会内部的分工以不同劳动部门的产品买卖为媒介;工场手工业内部各局部劳动之间的联系,以不同的劳动力出卖给同一个资本家,而这个资本家把它们作为一个结合劳动力来使用为媒介。工场手工业分工以生产资料积聚在一个资本家手中为前提;社会分工则以生产资料分散在许多互不依赖的商品生产者中间为前提。"③他还总结道:"工场手工业阶段,社会内部的分工处于竞争的无政府状态;工场手工业分工处于有计划、有比例的专制状态。"④

从表 2-1 可见,在工场手工业内部分工中,一个资本家购买劳动力,聚积生产资料,把劳动力用生产资料有计划地结合起来,资本家垄断了生产资料,劳动者被迫出卖劳动力。在社会内部的分工中,生产资料被多个资本家分散占有,以产品的买卖为媒介在市场中进行交换,在分工合作的同时也产生无序竞争。

---

① 《马克思恩格斯全集》第 32 卷,人民出版社 1998 年版,第 289 页。
② 《马克思恩格斯全集》第 32 卷,人民出版社 1998 年版,第 301 页。
③ 《马克思恩格斯全集》第 23 卷,人民出版社 1972 年版,第 393 页。
④ 《马克思恩格斯全集》第 23 卷,人民出版社 1972 年版,第 394 页。

表2-1 两种分工

工场手工业内部分工	一个资本家	生产资料积聚	以劳动力的结合为媒介	垄断	计划分配
社会内部的分工	多个资本家	生产资料分散	以产品的买卖为媒介	竞争	市场交换

马克思明确区分两种分工的不同性质具有十分重要的经济学意义。在当代经济学中，将"工场手工业内部分工"称为"协作"，将"社会内部的分工"称为"分工"（见图2-3）。研究协作和分工以及体现为生产力的合作，核心是对两种分工变化和发展的研究。研究两种分工的变化和发展也就是研究当代经济学中的"协作"与"分工"。

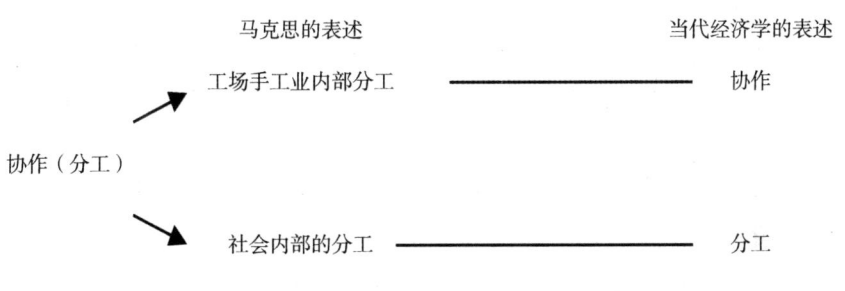

```
                    马克思的表述              当代经济学的表述
              ↗  工场手工业内部分工 ——————— 协作
协作（分工）
              ↘  社会内部的分工   ——————— 分工
```

图2-3 马克思的两种分工与当代经济学中的协作和分工

（三）分工的作用

马克思揭示了分工的作用，即揭示了分工会产生生产力、促进劳动生产率的提高。

1. 分工具有协作的作用。分工是一种特殊的协作，它的许多优越性都是由协作的一般性质产生的，而不是由协作的这种特殊形式产生的。

2. 分工可以提高劳动者的技能。在分工中，劳动者经常重复做同一种有限的动作，并把注意力集中在这种有限的动作上，就能够从经验中学会消耗最少的力量达到预期的效果。

3. 分工可以节约劳动时间。一个在制品的生产中依次完成各个局部过程的手工业者，必须时而变更位置，时而调换工具。由一种操作转到另一种操作会打断他的劳动进程，造成他的工作日中某种空隙。一旦手工业者整天不断地从事同一种操作，这些空隙就会缩小，或者说会随着他的操作变化的减少而趋于消失，从而提高劳动生产率。

4. 分工有利于促进新市场的产生。分工产生新市场，新市场产生新需求，新需求又推动新生产力的产生，从而产生新的分工和市场。

5. 分工有利于促进新机器和新技术的运用。可以设想，做一件事情时分工越细化，每个人所做的工作就越简单，新机器的发明、创造和新技术的运用也就更容易。

与协作一样，分工会产生生产力，对此，也可以从以下两个方面加以说明：(1) 成本 $1+1<2$，表明物质资源的节约，体现为间接提高了生产力；(2) 产出 $1+1>2$，表明协调产生了集体力，体现为直接提高了生产力。分工给生产方式带来的最根本变化就是，分工促进了市场的发展和新技术的运用。

分工产生生产力，还可以举一个简单的例子来说明。假设工人（甲）一人一天可以裁剪 3 套西装或缝纫 5 套西装，那么他两天最多只能制成 3 套西装；工人（乙）一人一天可以裁剪 5 套西装或缝纫 3 套西装，那么他两天最多也只能制成 3 套西装。他们两人分别独自制作西装，8 天时间里最合理的安排是工人（甲）裁剪 5 天、缝纫 3 天；工人（乙）裁剪 3 天、缝纫 5 天。这样，在 8 天时间里他们两人各自分别能制成 15 套西装，两人共制成 30 套西装。现将甲、乙两人进行协作分工，工人（甲）只负责缝纫，工人（乙）只负责裁剪，在同样 8 天时间里两人共能生产出 40 套西装，比协作分工前多了 10 套。

由此可见，当人的劳动能力有差异时，通过分工，人们分别专门从事他们各自所擅长的工作，将提高劳动生产率。同样地，当人们所处的自然条件不同时，也可以通过分工提高劳动生产率。不仅如此，在产业分工中，这一原则仍起作用，当人们所拥有的科学技术水平不同，也可能通过分工提高劳动生产率。

(四) 分工产生的条件

1. 分工需要计划。分工在发展社会劳动过程的质划分的同时，也发展了它的量规则和比例性。从以上"缝纫和裁剪"的例子中也可以看出：如果在一定时期内，裁剪和缝纫西装的套数不同或不成比例时，就不可能增加西装的产量，也就不可能通过分工提高劳动生产率。

2. 分工需要市场。社会分工是由原来不同而又互不依赖的生产领域之间的交换产生的。凡是市场不发达的地区，分工就不可能发展；凡是市场比较发达的地区，分工就会有更大的发展。

所以，计划和市场都是分工产生的条件，在工场手工业内部分工（协作）① 中计划调节起主导作用，在社会内部的分工（分工）② 中市场调节起主导作用。协作与计划、分工与市场互为条件，推动协作和分工发展的根本原因是物质生产力以及影响物质生产力的主要因素如自然条件和科学技术等，分工反过来也促进了自然条件的运用和科学技术的发展。分工的程度是由分工产生的生产力和分工中生产关系所产生的协调成本共同决定的（见图2-4）。所以，分工虽然首先体现为一种社会生产力，但它仍然是生产力和生产关系相互作用的结果。

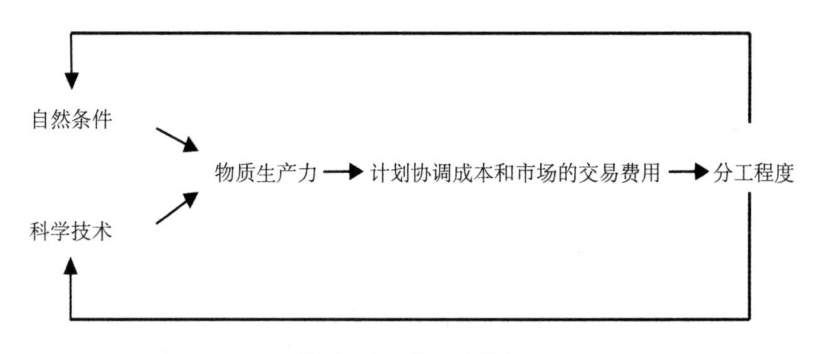

图2-4 分工的条件

第三节 自然条件、科学技术与协作和分工

物质生产是人有目的、有意识地利用自然条件改造客观世界的社会

---

① 工场手工业内部分工（协作）：马克思两种分工中的"工场手工业内部分工"，即当代经济学中的"协作"。

② 社会内部的分工（分工）：马克思两种分工中的"社会内部的分工"，即当代经济学中的"分工"。

性活动，其中也包括科学技术的实践活动。物质生产不仅创造和体现着人与自然的关系，还不断创造着人与人的社会关系，所以，物质生产是人类社会的运动方式，也是社会关系的发源地。合作方式和合作关系只能来源于物质生产，并在物质生产中不断得到发展，合作不是来源于人的主观意识的。这是唯物主义在马克思合作思想中的体现。

马克思在《德意志意识形态》一文中指出："一个民族的生产力发展的水平，最明显地表现在该民族分工的发展程度上。任何新的生产力，只要它不仅仅是现有生产力的量的扩大（例如开垦新的土地），都会引起分工的进一步发展。"[①] 这句话中的"一个民族的生产力发展的水平"和"任何新的生产力"是指物质生产力，"引起分工的进一步发展"是指社会生产力的发展。可见，协作和分工发展的根本原因是物质生产力以及影响物质生产力的主要因素如自然条件和科学技术等。这是马克思合作思想中的一个重要方面。以下从物质生产力的发展阶段对分工的影响来分析物质生产力对社会生产力及其主要表现形式协作和分工的影响，进而强调科学技术是社会生产力发展变化的重要动力。

一 物质生产力的发展阶段与分工

物质生产力的发展大致可以分为以下三个阶段：第一阶段，依赖自然条件进行物质生产的阶段。这一阶段生产力发展水平较低，分工处于自然分工的状态。第二阶段，利用自然条件并运用工具、机器以及科学技术发展物质生产力的阶段。这一阶段社会分工从出现到继续发展。第三阶段，运用信息技术发展物质生产力的阶段。这一阶段虽然是第二阶段的延续，但信息技术的出现使科学技术的发展不仅促进了分工，也促进了协作。

（一）劳动的自然条件与分工

和劳动相联系的自然条件，包括人本身的自然条件和人周围的自然条件两个方面。人本身的自然条件会引起分工，"这种分工最初存在于家庭中，它是由于生理差别即性别和年龄的差别而自然产生的。个人的

---

① 《马克思恩格斯选集》第 1 卷，人民出版社 1972 年版，第 25 页。

体质，即肉体素质和精神素质的差别是这种分工的一直起作用的原因"①。但是，人本身的自然条件对分工的影响逐步被人周围的自然条件对分工的影响所取代。马克思指出："后来，由于自然条件不同，即由于土地的不同，水域和陆地、山区和平原的分布不同，气候和地理位置的不同，矿藏含量的不同以及土地的天然条件的特点不同，又有了劳动工具的天然差别，这种差别造成了不同部落之间的职业划分。"② 马克思还注意到人口的自然分布也对分工有着重要的影响。分工必须有一定的人口密度，而交通工具可以在一定程度上代替这种密度。例如，分工和市场一般最先出现在水运等交通自然条件较好的区域。

但是，马克思更注重劳动工具的革命、机器以及科学技术对协作和分工的影响。

（二）劳动工具的革命与工场手工业分工

生产工具是衡量一定社会生产力水平的客观尺度。劳动工具的革命一旦出现，人周围的自然条件对分工的影响就被劳动工具的革命对分工的影响所取代。工场手工业特有的分工之所以会保持那样长久，而且像行会手工业那样牢固，是因为它狭隘的技术基础。由于不可能形成高度的生产社会化，因而缺乏跳跃式地扩展的能力，已经形成的形式就会长期地保持下去。只有劳动工具的革命化，才能使这种形式发生变化。马克思正是在论述这个问题时，提出了劳动工具革命的概念。他说："真正工场手工业的历史表明，工场手工业所特有的分工最初是如何根据经验，好像背着当事人获得适当的形式，但后来是如何像行会手工业那样，力图根据传统把一度找到的形式保持下来，在个别场合甚至把它保持了几百年。这种形式的变化，除了在次要事情上的变化以外，始终只是由于劳动工具的革命。"③ 劳动工具的革命在工场手工业发展到机器大工业的过程中起着决定的作用。

（三）机器与分工

劳动工具的革命使劳动工具分化和专门化，劳动工具的分化和专门

---

① 《马克思恩格斯全集》第32卷，人民出版社1998年版，第333—334页。
② 《马克思恩格斯全集》第32卷，人民出版社1998年版，第334页。
③ 《马克思恩格斯全集》第23卷，人民出版社1972年版，第402—403页。

化又为机器的产生创造了物质基础,"因为机器就是由许多简单工具结合而成的"①。马克思指出:"机器从技术上推翻了旧的分工制度。"②

马克思在《政治经济学的形而上学》的"分工和机器"一节中,以英国纺织业的分工发展为例,详细阐述了机器的发明对分工的作用。马克思明确地指出:"工具积聚发展了,分工也随之发展,并且反过来也一样。"③他以英国为例,写道:"在英国,机器发明之后分工才有了巨大进步,这一点无须再来提醒。例如,织布,织布工人和纺纱工人过去多半是至今我们还可以在落后国家里看到的那些农民。机器的发明完成了工场劳动同农业劳动的分离。从前结合在一个家庭里的织布工人和纺纱工人被机器分开了。由于有了机器,现在纺纱工人可以住在英国,而织布工人却住在印度。在机器发明以前,一个国家的工业主要是用本地原料来加工。例如:英国加工的是羊毛,德国加工的是麻,法国加工的是丝和麻,东印度和列万特(地中海东岸诸国的旧称)加工的则是棉花,等等。由于机器和蒸汽的应用,分工规模已使脱离了本国基地的大工业完全依赖于世界市场、国际分工。总之,机器对分工起着极大的影响,只要一种物品的生产中有可能用机械制造它的某一部分,生产就立即分成两个独立的部门。"④

劳动生产资料由手工工具变为机器,使生产的主体又由人力变为机器自然力,使生产过程的组合原则由人们的经验变成科学技术的运用。这样,社会生产力、协作和分工的进步不再依赖于提高人的手工技艺和劳动工具的革命,而是依赖于机器体系的改进和科学技术的进步。

(四)信息技术与分工

科学技术的发展推动着工业化向信息化方向发展,信息化对社会生产力的影响不同于任何机器革命或产业升级对社会生产力的影响。尽管从劳动工具到机器的革命促进了分工,使生产成为社会化的生产,但分工各部门之间的利益仍然是对立的,协作仅局限在企业的内部,所以,

---

① 《马克思恩格斯全集》第23卷,人民出版社1972年版,第379页。
② 《马克思恩格斯全集》第23卷,人民出版社1972年版,第462页。
③ 《马克思恩格斯选集》第1卷,人民出版社1972年版,第132页。
④ 《马克思恩格斯选集》第1卷,人民出版社1972年版,第132—133页。

这样的分工是局部分工，而且在信息技术出现之前，科学技术的发展对分工的促进作用是主要的，而对协作的促进作用是次要的。

信息技术作为一种新的科学技术，通过降低交易成本促进了分工专业化的进一步发展。与此同时，信息技术第一次使协作关系跨越了分工的局限，在分工的各个部门之间出现了前所未有的协作关系，分工成为完全的网络化分工。产业集群的出现和发展就证明了这一点。企业之间的分工不可避免地产生信息不对称，而信息技术的运用不仅降低分工的交易费用，在分工进一步发展的同时，企业之间也加强了协作。这种企业之间既分工又协作的关系是产业集群的重要特征。顾海良进一步指出了科学技术对生产社会化的影响："由于科学技术的发展，尤其是信息技术的发展，使得生产和交换全过程真正地被联结起来，这是迄今为止的生产社会化的最高的形式。"[①] 例如，沃尔玛将生产者与消费者在它的销售模式中联结起来，这一成功的商业模式只能在信息技术基础上才能得以成功。像 DELL 那样的定制和个性化生产也只能出现在互联网时代。这些都在一定程度上缓解了生产与消费之间的矛盾。电子商务的出现和产业集群的发展，使生产者之间在竞争的同时也加强了协作，这也在一定程度上缓解了生产者之间的无序竞争。

随着物质生产力的发展，协作和分工也不断发展。从没有分工的分散劳动，发展到局部分工的对立劳动，再发展成完全网络化分工的协作。完全网络化分工的协作不仅体现在企业内部，也体现在市场中。这使劳动者与投资者、生产者与消费者、买者与卖者、信息的发布者与信息的接收者在同一社会网络中连接在一起。分工的网络化使处于同一个社会网络中的人与人之间利益的依存度不断提高，单方面追求自身利益并不能最终实现自身利益的最大化，损害他人的利益会因为网络中的相互作用最终损害自身的利益。信息技术的发展、分工的网络化，使分工不再是对立之源，而成为向更高程度的社会化协作生产发展的物质基础。

---

① 顾海良：《马克思经济思想的当代视野》，经济科学出版社2005年版，第305页。

二 科学技术的发展与协作和分工

不管是对自然条件的有效利用，还是劳动工具、机器的发明和信息技术的运用，都依赖于科学技术的发展。科学技术虽然是物质生产力，但它处于人与自然的中间环节。科学技术的发展变化改变着人与自然的物质交换关系，从而影响着协作和分工的发展和变化。科学技术的运用不仅是自然力的释放，也使劳动的社会性质或协作性质得以发展，科学技术是合作水平不断提高的积极动力。以下从科学技术创新和组织类型之间的关系入手，进一步分析科学技术进步与协作和分工相互作用的关系，从而展现协作和分工的交替发展。

（一）科学技术创新和组织

熊比特（Joseph Schumpeter，1883—1950）在1912年出版的《经济发展理论》中提出了两种创新模式。① 在创新模式Ⅰ中，创新是新企业不断形成的结果，每一个企业都将引入一些新的产品和工艺。由于这些新产品或工艺所提供的竞争优势，新企业将老企业逐出了本行业，因此技术的进步不是在单一企业内部而是在整个产业中实现的。与此相反，在创新模式Ⅱ中，创新涌现在企业内部的研发实验室里，这种创新不需要成立新企业，因为现有企业内部的创新性研发能使其中大多数企业长时期保持竞争力。

熊彼特的两种模式被杰勒德·费尔特洛克（Gerard Fairtlough）概括为两种类型的创新组织：独立型（Individualist）和合作型（Collaborative）。② 独立型创新组织包括新企业、个体创新者和小学术群体，甚至还有企业内部但未经授权的科学创新活动组织等。合作型创新组织包括协作良好的企业内部的研发实验室、政府实验室和学术研究实验室等。合作型创新组织受益于组织内部有计划的协作。

斯坦凯维奇（Stankiewicz）建议将创新分为设计驱动型（Design-

---

① ［美］约瑟夫·熊彼特：《经济发展理论》，何畏、易家详、张军扩、胡和立、叶虎译，商务印书馆1990年版，第76页。
② ［英］约翰·齐曼：《技术创新进化论》，孙喜杰、曾国屏译，上海科学教育出版社2002年版，第292页。

Driven Innovation）和发现驱动型（Discovery-Driven Innovation）。① 发现驱动型创新主要依赖于科学技术最新发展的直接应用；而大多数设计驱动型创新都是利用各类已有的科学技术作为问题的解决方案。设计驱动型创新更确切地说应该是一种"工程（Engineering）"，而不是真正意义上的研发（R&D）。在发现驱动型创新中，相关的发现经常是在企业外部完成的；而设计驱动型创新则往往是在企业内部得到发展的。

为了研究不同创新类型与不同组织类型之间的关系，杰勒德·费尔特洛克将发现驱动型、设计驱动型创新和独立型、合作型组织结合在一起，得到图2-5。② 由图2-5可见，发现驱动型创新往往与独立型组织相结合，发生在企业外部或新企业中；设计驱动型创新往往与合作型组织相结合，发生在有计划的、协作的企业内部。20世纪70年代后期，几乎所有的新药均来自全世界30多个大公司的研发实验室。在这些实验室里，化学家合成候选药品，药理学家则测试这些药品，看它们是否管用。进入这一高利润的创新性制药工业的壁垒是难以逾越的，因为进入这一行业通常意味着建立全套的有计划的、协作的组织，也因为把一种创新性药品带入市场的10多年的投产期，这些都是小企业和独立性创新组织无法承受的。但是现代生物学的发现，特别是最近几年人类基因组的绘制改变了这种情况，为制药业的大部分创新提供了基础。结果是，有时是学者利用新的学术发现，创立新的企业，做早期阶段研发的大量工作，而大公司则将注意力集中在后期的开发和市场化上。因此，创新组织与创新类型两种结合形式相互交替，在不同的时期和研发的不同阶段起着不同的主导作用。

人类科学技术创新发展的不同阶段不仅决定着创新组织的不同类型，而且科学技术的创新水平还与创新组织规模有关。卡布罗（Luis M. B. Caral）认为，企业科学技术创新水平和企业规模呈现出倒"U"形关系，③ 也

---

① [英] 约翰·齐曼：《技术创新进化论》，孙喜杰、曾国屏译，上海科学教育出版社2002年版，第292页。
② [英] 约翰·齐曼：《技术创新进化论》，孙喜杰、曾国屏译，上海科学教育出版社2002年版，第294页。
③ [美] 刘易斯·卡布罗：《产业组织导论》，胡汉辉等译，人民邮电出版社2002年版，第281页。

就是存在一个适当的企业规模，使企业科学技术创新水平达到最高，如图 2-6 所示。

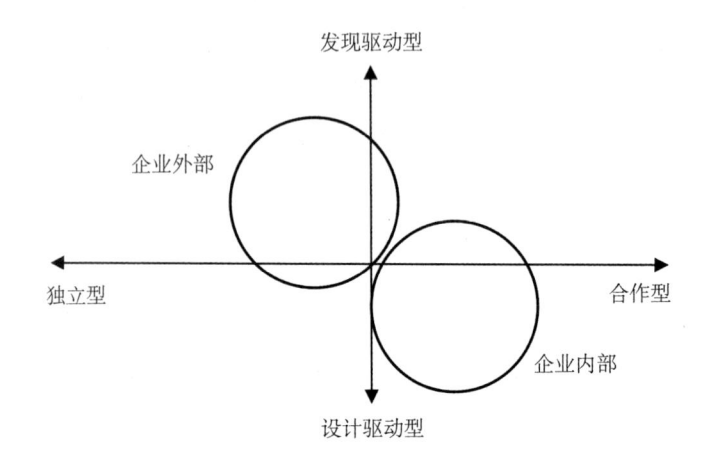

图 2-5 创新类型与组织类型

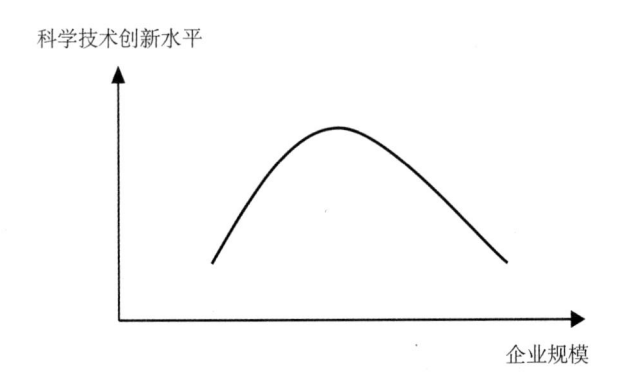

图 2-6 科学技术创新水平与企业规模

（二）科学技术进步、产业发展周期与协作和分工

科学技术的创新发展不仅影响着不同创新组织的类型和规模，还影响着产业发展，也影响着协作与分工。马克思合作思想强调科学技术的发展决定社会生产力及其主要表现形式协作和分工的发展。斯蒂格勒（George Joseph Stigler，1911—1991）进一步将科学技术进步、产业发展周期与协作和分工联系起来进行研究。

斯蒂格勒认为：一个产业的新生期，也就是一种新技术刚刚出现的时候，市场狭小，因此，生产过程中的各个环节规模较小，不足以——分化出独立的专业化企业，所以这个时期的企业大多是"全能型"企业，主要表现为内部的、有计划的协作，企业参与从材料采购到产品销售的全过程。由于技术垄断产生的利润足以支付协作规模和生产资料的积聚所需要的成本，企业规模快速增长。随着技术的成熟和扩散、竞争的出现，企业利润下降，企业将无法承受协作规模和生产资料的积聚所需要的成本。为了提高竞争力，就出现了专业化的分工和生产资料的分散，各生产环节可能从企业中逐步分化出来，企业内部的分工协作便转化为社会分工。随着技术的老化、市场和生产规模的缩小，各生产环节又无法独立存在，产业慢慢衰退，旧的分工慢慢消亡，此时也往往孕育着新技术、新产业和新的分工。这种新的协作和分工所代表的社会生产力是在新的物质生产力条件下产生的。随着科学技术的进步和产业周期的发展，生产资料的聚散体现为协作和分工交替出现：生产资料积聚时体现为企业内分工，生产资料分散时体现为市场的分工。生产资料的聚散也体现出资本在联合中的垄断和竞争、体现为企业的兼并和专业化细分。在这样的循环往复中，合作水平不断提高。（见图 2-7、图 2-8）

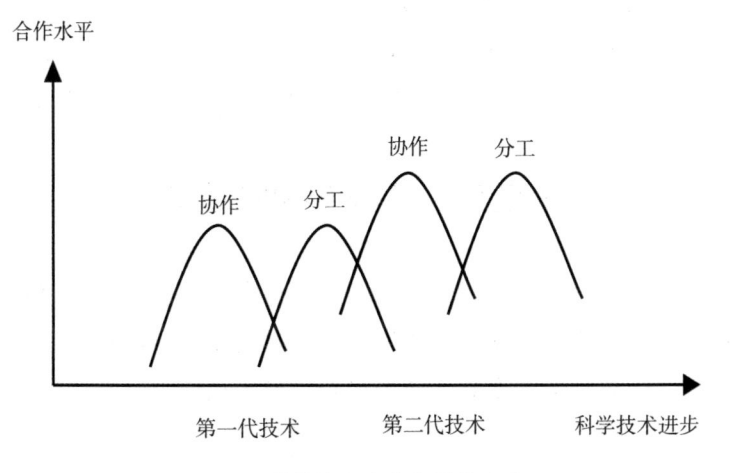

图 2-7　科学技术进步与协作和分工

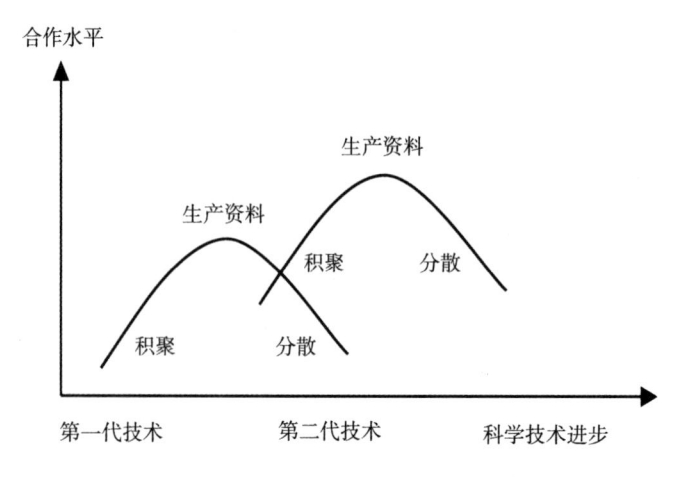

图 2-8　科学技术进步与生产资料的聚散

随着科学技术的不断发展、合作水平的不断提高，协作和分工的水平和效率也不断提高，不是协作取代分工，而是协作和分工在不同时期、不同区域、不同产业中都会长期共存，协作和分工交替向前发展。正如曹正汉所指出的：市场分工和企业内分工不是替代关系而是互补关系。① 在科学技术发展的同时，协作和分工的合作水平也随之提高，只是在协作与分工的效率比较中，有时协作优于分工，有时分工优于协作，呈现出协作和分工交替向前发展的趋势（见图 2-9）。在信息化社会的今天，这一趋势不仅没有被改变，反而还得到了强化。信息技术的发展降低了分工所产生的信息不对称，降低了企业内部的协调成本，也降低了市场中的交易费用，使社会生产力和合作水平得到了空前的发展。

第四节　人与自然的合作

体现为生产力的合作，归根结底是人与自然的合作，不仅表现在人们利用自然所产生的物质生产力以及人们在物质生产过程中所产生的社会生产力，还表现为在发展生产力过程中所消耗的自然资源的节约。人

---

① 曹正汉：《寻求对企业性质的完善解释：市场分工的不完备性与企业的功能》，《经济研究》1997 年第 7 期。

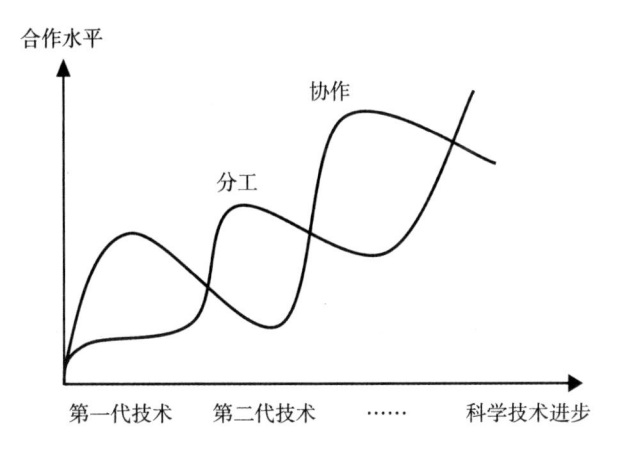

图2-9 科学技术进步与协作和分工的交替发展

与自然的合作是马克思合作思想的又一个重要组成部分。

马克思指出:"资本主义生产使它汇集在各大中心的城市人口越来越占优势,这样一来,它一方面聚集着社会的历史动力,另一方面又破坏着人和土地之间的物质变换,也就是使人以衣食形式消费掉的土地的组成部分不能回到土地,从而破坏土地持久肥力的永恒的自然条件。"[①]可见,马克思已经注意到在物质生产力推动社会生产力发展的同时,社会生产力对物质生产力也具有反作用,即社会生产力对自然条件的消耗和破坏。人类社会与自然界是相互关联的,是自然界长期发展的产物,是统一的物质世界的一部分。自然界即自然条件,在人类社会的发展中起着非常重要的作用,它是人类社会存在和发展的自然前提,为人类提供了必需的生产和生活资料来源,制约和影响着社会生产的布局与发展。人类社会的历史已经证明,对自然资源的过度索取,对自然条件的严重破坏,必将遭到大自然的惩罚。恩格斯在他所处的那个时代,虽然当时的生态破坏还不严重,但他在《自然辩证法》中已经为我们描绘了这样的景象:"美索不达米亚、希腊、小亚细亚以及其他各地的居民,为了想得到耕地,把森林都砍完了,但他们梦想不到,这些地方今天竟因此成为荒芜不毛之地,因为他们使这些地方失去了森林,也失去

---

① 《马克思恩格斯全集》第23卷,人民出版社1972年版,第552页。

了积聚和贮存水分的中心。阿尔卑斯山的意大利人，在山南坡砍光了在北坡被细心保护的松林，他们没有预料到，这样一来，他们把他们区域内的高山畜牧业的基础给摧毁了，他们更没有预料到，他们这样做，竟使山泉在一年中大部分时间内枯竭了，而且在雨季更加凶猛的洪水倾泻到平原上。"①恩格斯告诫说："我们不要过分陶醉于对自然界的胜利。对于每一次这样的胜利，自然界都报复了我们。每一次胜利，在第一步都确实取得了我们预期的结果，但是在第二步和第三步却有了完全不同的、出乎预料的影响，常常把第一个结果又取消了。"②恩格斯指出："我们必须时时记住：我们统治自然界，决不像征服者统治异民一样——相反地，我们连同我们的肉、血和头脑都是属于自然界，存在于自然界的。我们对自然界的整个统治，是在于我们比其他一切动物强，能够正确认识和运用自然规律。"③

正确认识和运用自然规律、保护自然条件、节约自然资源、人与自然和谐相处本身，也是一种生产力。马克思在《资本论》第三卷第五章《不变资本使用上的节约》中专门讨论了"生产排泄物利用"的问题。他指出："生产排泄物，即所谓的生产废料再转化为同一个产业部门或另一个产业部门的新的生产要素；这是这样一个过程，通过这个过程，这种所谓的排泄物就再回到生产从而消费（生产消费或个人消费）的循环中。"④马克思将生产排泄物划分为两类：生产排泄物和消费排泄物。所谓生产排泄物，是指工业和农业的废料，化学工业在小规模生产时损失掉的副产品，制造机器时废弃的但又作为原料进入铁的生产的铁屑等。所谓消费排泄物，指人的自然的新陈代谢所产生的排泄物，也指消费品消费后残留的东西，如人的自然排泄物和破衣碎布等。这些排泄物的存在是造成环境污染的原因，马克思认为依靠科学技术的力量是减少排泄物、减少污染、重新利用这些废弃物产生生产力的有效手段。马克思说："应该把这种通过生产排泄物的再利用而造成的节约和由于

---

① 《马克思恩格斯选集》第 3 卷，人民出版社 1972 年版，第 517—518 页。
② 《马克思恩格斯选集》第 3 卷，人民出版社 1972 年版，第 517 页。
③ 《马克思恩格斯选集》第 3 卷，人民出版社 1972 年版，第 518 页。
④ 《马克思恩格斯全集》第 25 卷，人民出版社 1975 年版，第 95 页。

废料的减少而造成的节约区别开来，后一种节约是把生产排泄物减少到最低限度和把一切进入生产中去的原料和辅助材料的直接利用提到最高限度。"① 马克思所指的"生产排泄物减少"、"生产排泄物的再利用"和"再回到生产从而消费（生产消费或个人消费）的循环中"实际上已经提出了"3R"即减量化（Reduce）、再利用（Reuse）、再循环（Recycle）的循环经济基本思想。

马克思在描绘人类未来世界时充分重视人与自然的合作，认为未来世界不只是人与人之间的合作，也是人与自然的合作。他指出："社会化的人，联合起来的生产者，将合理地调节他们和自然之间的物质变换，把它置于他们的共同控制之下，而不让它作为盲目的力量来统治自己，靠消耗最小的力量，在最无愧于和最适合于他们的人类本性的条件下来进行这种物质变换。"② 他还指出："共产主义，作为完成了的自然主义，等于人道主义，而作为完成了的人道主义，等于自然主义，它是人和自然之间，人和人之间矛盾的真正解决……它是历史之谜的解答，而且知道自己就是这种解答。"③ 可见，马克思不仅将合作看作人与人之间矛盾的解决，还将合作看作人与自然之间矛盾的解决。人与人之间矛盾的解决体现为生产关系的合作，人与自然之间矛盾的解决体现为生产力的合作。

本章小结

本章着重探讨马克思合作思想所揭示的生产力与合作的关系，主要表现在以下几个方面：（1）生产力具有物质属性和社会属性。生产力的物质性是指生产力的运动、变化、发展是一种不以人的意志为转移的客观的物质力量，是由客观的物质要素构成的复杂系统；生产力的社会性是指人们从事的生产总是社会性的生产，总是存在于一定的社会关系之中，并受一定的社会关系制约。生产力是物质生产力和社会生产力的

---

① 《马克思恩格斯全集》第 25 卷，人民出版社 1975 年版，第 95 页。
② 《马克思恩格斯全集》第 25 卷，人民出版社 1975 年版，第 926—927 页。
③ 《马克思恩格斯全集》第 42 卷，人民出版社 1979 年版，第 120 页。

辩证统一。(2) 影响物质生产力的主要因素是自然条件和科学技术等，影响社会生产力的主要因素是协作和分工等。科学技术作为一种积极的生产力，不仅提高了人们对自然条件的利用效率，同时，它通过改变人与自然的物质交换关系，推动着社会生产力的发展。协作和分工发展的根本原因是物质生产力以及影响物质生产力的主要因素自然条件和科学技术等。科学技术的发展推动着社会生产力及其主要表现形式协作和分工的交替发展。(3) 合作体现为一种生产力，是物质生产力和社会生产力的辩证统一。合作所体现的生产力主要反映了生产力的社会属性，是一种社会生产力。在物质生产力和社会生产力的关系中，物质生产力决定着社会生产力，因此，物质生产力也决定着合作，也就是说，自然条件和科学技术等方面决定着合作。(4) 正确认识和运用自然规律、保护自然条件、节约自然资源、人与自然和谐相处本身，也是一种生产力。人与自然的和谐相处也体现为一种生产力的合作。人类不仅要重视人与人之间的合作，也必须重视人与自然的和谐相处与合作。

第三章　生产关系与合作

合作产生生产力，生产力也会推动合作。所以，如何进行合作以增进生产力，是合作在生产力方面所要研究的问题，因此要研究如何进行协作和分工。在马克思合作思想中合作不仅取决于生产力，还受生产关系制约。与合作产生生产力不同，虽然体现为生产关系的合作本身不直接增加产出，却能影响着生产力的发展。只有在体现为生产力的合作方式和体现为生产关系的合作方式相互适应时，才能呈现出较高的合作水平。所以，不仅应注重研究体现为生产力的合作方式，还应注重研究体现为生产关系的合作方式。

生产关系是人类社会关系中最本质、最基本的关系，是合作的基础，所以本章从生产关系入手研究合作。生产关系体现在社会生产的全过程，即生产、分配、交换和消费四个环节之中。其中，"生产"就是在第二章所研究的合作在生产力上的体现——协作和分工；因为"生产是消费，消费是生产"①，所以本书不单独研究消费与合作的关系，并不等于消费与合作没有关系，共享经济最先就出现于消费领域，就是一种新的消费合作方式。本章重点研究生产关系中的生产资料所有制、分配和交换与合作的关系，同时，关注生产资料集中、垄断对合作的影响以及生产资料归属的明晰程度与产权安排对合作的影响。

---

① 《马克思恩格斯选集》第 2 卷，人民出版社 1972 年版，第 95 页。

第一节　生产资料所有制与合作

研究合作体现为一种生产关系，就要从生产关系的基础——生产资料所有制入手，研究合作和生产资料所有制的关系。

一　生产关系——合作的基础

合作的观念来源于物质实践，不能仅从意识领域出发来解释合作的意愿。"每个个人和每一代当作现成的东西承受下来的生产力、资金和社会交往形式的总和，是哲学家们想象为'实体'和'人的本质'的东西的现实基础。"[1] 马克思认为研究人与人之间的"交往形式"必须从物质生产出发，研究合作也就必须从物质生产出发。应"从直接生活的物质生产出发来考察现实的生产过程，并把与该生产方式相联系的、它所产生的交往形式"[2] 理解为社会关系（包括合作关系）的基础，即物质生产过程中产生的生产关系是合作的基础。

生产关系是人们在生产过程中形成的一定的、必然的、不以人的意志为转移的经济关系。同时，生产关系又是一种物质利益关系，是社会关系中最基本的关系，它直接决定其他社会关系，包括合作关系。生产关系本质上是一种客观的物质关系，它由生产力的状况所决定并与之相适应，本质上是生产力的社会形式，有什么样的生产力，人们就结成什么样的生产关系；生产关系对生产力也具有反作用。生产力与生产关系相互作用的规律也影响合作的发展和变化。

社会生产包括两个方面：一方面是生产力，即在生产过程中人们与自然之间的关系；另一方面是生产关系，即在生产过程中人们彼此之间结成的人与人之间的关系。从静态上看，生产关系由生产资料所有制关系、生产过程中人与人的关系和产品分配关系构成。生产关系的三个方面是互相联系、互相制约的，其中，生产资料所有制关系是生产关系的

---

[1] 《马克思恩格斯选集》第 1 卷，人民出版社 1972 年版，第 43 页。
[2] 《马克思恩格斯选集》第 1 卷，人民出版社 1972 年版，第 43 页。

基础。这是因为，不同的生产资料所有制状况决定着生产力中人的因素和物的因素相结合的不同状况；生产资料所有制的性质、人和物相结合的具体方式和方法，是区分社会经济结构的基本标志；生产资料所有制决定着生产关系的其他方面。

生产关系具有独特的、历史的和暂时的性质。① 以资本主义生产关系为例：直接生产过程的关系是雇佣劳动的关系；分配关系是资本家垄断生产资料所有权并独占剩余价值；交换关系是劳动者提供的劳动与劳动价格之间的不平等交换；消费关系是为交换价值而生产所导致的生产与消费的脱节。在资本主义生产出现之前不会有资本主义生产关系，随着社会生产力的发展，资本主义生产关系将不可避免地发生改变。不同社会阶段有着不同的生产关系，所以，也有着不同的合作关系。

二 生产资料所有制——生产关系的基础

生产资料所有制指生产资料归谁所有。生产资料是人们从事生产不可缺少的物质条件，占有生产资料是进行生产的前提。

（一）生产资料所有制是生产关系的基础

生产资料归谁所有表面看来是人对物的关系，而实质上是通过人对物的关系体现人与人的关系，生产资料所有制是生产关系的基础。人们占有生产资料的形式，决定着人们在生产中的地位和相互关系，决定着产品的交换和分配关系，从而也就决定着生产关系的性质。生产资料所有制不直接产生生产力，但制约着生产力的发展，也制约着协作和分工的发展。生产资料所有制不仅是生产关系的基础，也是合作的基础。

（二）生产资料所有制与人类历史相伴随

生产资料所有制形式，是由社会物质生产力的发展水平决定的。随着生产力的发展变化，要求生产资料所有制关系相应地进行变革。恩格斯指出："社会制度中的任何变化，所有制关系中的每一次变革，都是同旧的所有制关系不再相适应的新生产力发展的必然结果。"② 马克思

---

① 《马克思恩格斯全集》第25卷，人民出版社1975年版，第993页。
② 《马克思恩格斯全集》第4卷，人民出版社1965年版，第365页。

也认为社会生产力和协作分工的发展决定着生产资料所有制形式的发展和变化,他精辟地指出:"分工发展的各个不同阶段,同时也就是所有制的各种不同形式。"① 物质生产力决定着社会生产力,社会生产力的主要表现形式协作和分工的发展决定着劳动者与生产资料不同的结合形式,决定着劳动者与生产资料的不同关系,也就决定着生产资料归属的不同,决定着不同的生产资料所有制形式。

原始社会生产力水平极其低下,个人没有能力单独同自然作斗争,无论是打猎、从事原始畜牧业或原始农业,都需要人们联合起来,进行集体劳动。生产力的这种状况,决定了对生产资料和生产物的共同占有。原始社会末期,由于生产力的发展,个体劳动有了可能,出现了分工和交换,从而在氏族公社内部引起了私有制的产生和贫富两极分化。这种情况达到一定程度,就出现了人剥削人的现象,社会分裂为奴隶主和奴隶两大阶级,原始社会就被奴隶占有制社会代替。之后,随着生产力的发展,封建私有制代替了奴隶主私有制,资本主义私有制又代替了封建主私有制。在资本主义社会中,生产力有了空前巨大的发展,生产社会化程度也越来越高,达到了与资本主义外壳不能相容的地步,这就要求用社会主义公有制代替资本主义私有制。

三 生产资料所有制与合作

不同的所有制下生产资料的集中和垄断的程度是不同的。生产资料的集中在一定程度上有利于生产力的发展,但生产资料的垄断必然伴随着分配的不公,在生产关系方面表现为不合作。生产资料的非垄断虽然可能避免分配的不公,有利于合作,但在一定程度上可能会影响生产力的发展。生产资料的非垄断不一定必然导致合作和分配的公平。所以,判断一种生产资料所有制是否合作,不仅要考察生产关系上是否合作,还要考察这种生产资料所有制是否有利于生产力的发展。不同的所有制下劳动者与生产资料结合的程度是不同的。从单个资本的所有制形式、多个资本联合的股份制、合作制、集体所有制到全民所有制,生产资料

---

① 《马克思恩格斯全集》第 3 卷,人民出版社 1960 年版,第 25 页。

与劳动者的结合越来越紧密,体现为在生产关系方面合作水平不断提高,但这并不意味着这种生产资料所有制形式的合作水平一定就提高。只有在生产关系与生产力相适应的条件下,合作水平才会随着生产资料与劳动者结合的紧密程度而不断提高。

马克思指出:"社会的物质生产发展到一定阶段,便同它们一直在其中活动的现存生产关系或财产关系发生矛盾。于是这些关系便由生产力的发展形式变成生产力的桎梏。那时社会革命的时代就到来了。随着经济基础的变更,全部庞大的上层建筑也或慢或快地发生变革。"[①] 可以用图3-1来表达马克思的这一思想。从生产关系角度看,图中的所有制2比所有制1的合作水平高,但是如果此时的生产力实际水平只处于A而不处于B,采用所有制2实际的合作水平还不如与此时生产力相适应的所有制1的合作水平高。相反地,如果生产力发展到B而所有制形式仍处于所有制1,那么,合作水平就将下降。此时,以更新的生产关系即所有制形式2来代替所有制1将提高合作水平。

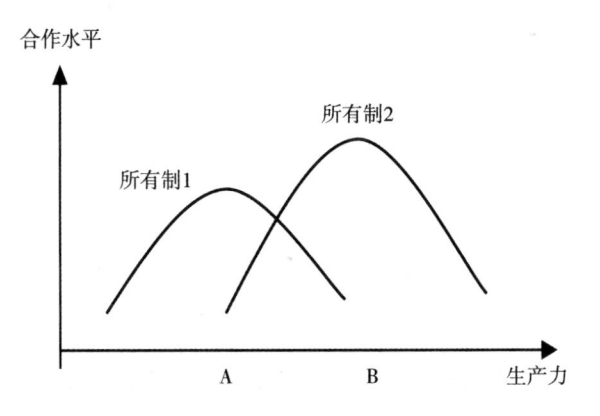

图3-1 生产资料所有制与合作

所以,研究合作不仅要考察生产资料所有制在生产关系方面的合作水平,还要考察这一生产资料所有制与生产力相适应的程度。只有综合考察这两方面才能全面判断一种生产资料所有制合作水平的高低。

---

① 《马克思恩格斯选集》第2卷,人民出版社1995年版,第32—33页。

第二节　生产资料的集中程度与合作

生产资料的集中程度与协作和分工相联系，协作和分工也影响着生产资料所有制形式和生产资料的集中程度。任何所有制都有其所能承载的生产资料集中的极限，集中程度过高或过低都会影响合作水平。生产资料集中达到垄断，一方面可以促进合作，另一方面也可以抑制合作。

一　生产资料的集中程度与所有制

小土地所有制是与生产资料的分散相联系的，而大土地所有制就是与生产资料的集中相联系的。"小土地所有制"是指个体农民的小块土地所有制。[1] 在小土地所有制下，个体农民既是小块土地的所有者，又是土地的直接耕种者。在这种生产方式中，土地的占有是劳动者对本人的劳动产品拥有所有权的一个条件。农民和他的家人生产的农产品，大部分供自己生活消费，只有少量余额作为商品进入交换。"大土地所有制"是指由剥夺直接生产者的土地而形成的大地产。[2] 这种土地所有制是资本主义生产方式的历史前提，又是农业中资本主义生产关系的基础。在资本主义生产方式下，大土地所有者从生产过程和整个社会生活过程的指挥者和统治者降为单纯的土地出租者、单纯用土地放高利贷的人、单纯收租的人。土地所有权和土地经营权的分离，是这一生产方式独特的历史产物。可见，不同的生产资料的集中程度总是与不同规模的协作和分工相联系，从而与不同的所有制相联系。

小土地所有制与分散劳动相结合，而大土地所有制是与一定程度的共同劳动相联系的。和小土地所有制相比，大土地所有制代表着更高的发展阶段，主要体现为生产力上的合作，但大土地所有制所带来的剥削则体现为生产关系上的对抗。所以，生产资料的集中程度是影响所有制的因素，它也影响着合作的水平。

---

[1] 宋涛：《〈资本论〉辞典》，山东人民出版社1988年版，第634页。
[2] 宋涛：《〈资本论〉辞典》，山东人民出版社1988年版，第51页。

二 生产资料的集中走向垄断

资本积聚①受到社会财富的绝对增长的限制，它的增长很缓慢；而资本集中②则摆脱了社会财富的绝对增长或积累的绝对界限的限制，可以在较短时间内集中大量的资本。在传统资本集中过程中，大资本并吞小资本，"只有当社会总资本或者集中到唯一的资本家手中，或者合并到唯一的资本家公司时，集中才算达到了极限"③。"集中发展到一定阶段，可以说，就自然而然走到垄断。"④ 列宁认为，自由竞争导致生产集中并引起垄断，这是资本主义发展的一般规律。马克思主义垄断理论给我们的启示是：垄断也是市场经济的一般规律。

三 生产资料的集中与社会化生产

一定的生产资料所有制条件都有其自身所能承载的生产资料集中的极限，当生产资料的集中程度无法承载继续增长的社会化生产时，这种生产关系就会发生变革，甚至彻底地改变。马克思认为：生产资料的集中是社会化生产的条件，也是必然的趋势，但生产资料的集中不一定带来合作水平的提高。马克思尖锐地指出：在资本主义私有制条件下，生产资料的集中和社会化生产与生产资料的私人占有具有尖锐的矛盾。也就是说，生产资料越集中，生产越社会化，生产的社会化与生产资料私人占有的矛盾就越尖锐，生产资料私人占有的生产关系就越不适应生产力的发展，在资本主义这一特定生产关系不发生改变的条件下，生产资料的进一步集中不但不可能进一步提高在生产力方面的合作水平，反而加剧在生产关系方面的对立，使合作水平下降（见图3-2）。马克思在《资本论》第一卷第二十四章《所谓原始积累》中很形象地指出："生产资料的集中和劳动的社会化，达到了同它们的资本主义外壳不能相容

---

① 资本积聚是指单个资本靠自身的积累而增长，通过剩余价值资本化转化为资本积累。
② 资本集中是指通过强制吞并或自愿联合，使得许多小资本变成少数大资本。资本集中可以在较短时间内集中大量的资本，所以增大速度很快。
③ 《资本论》第1卷，人民出版社2004年版，第723页。
④ 《列宁全集》第27卷，人民出版社1990年版，第333页。

的地步。这个外壳就要炸毁了。"① 实质上，马克思发现了资本主义生产关系所能承载的生产资料集中的极限 A。

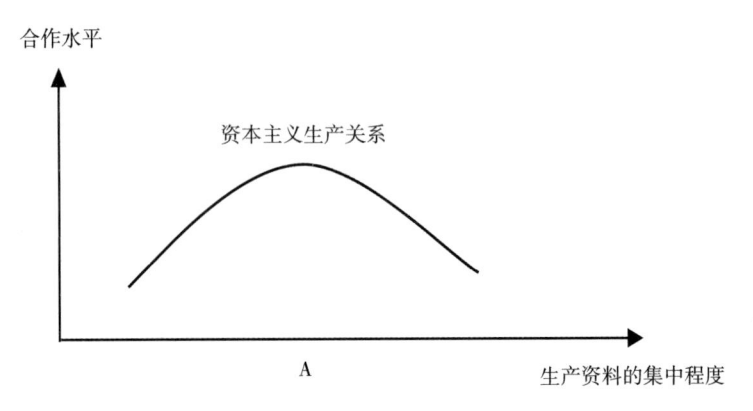

图 3-2　资本主义生产关系下生产资料的集中程度与合作水平

在 20 世纪 50 年代我国的生产资料合作化过程中，在"一大二公"思想的指导下，生产资料集中的程度超出了当时生产力所决定的生产资料所有制实际所能承载的生产资料集中的程度，合作不但没有得到发展，反而遭遇挫折。实践证明，一定的生产资料所有制条件都存在着其自身所能承受的生产资料集中的极限，反映了生产关系与生产力相适应的客观规律。

四　垄断的二重性

一定的生产资料所有制条件都存在着其自身所能承受的生产资料集中的极限，因此，在马克思看来，从生产资料集中发展到垄断，垄断具有二重性。马克思辩证地指出："垄断是好东西，因为它是一个经济范畴……不好的是垄断的现实。"② 垄断的二重性主要体现在以下两个方面：（1）垄断形成更大的协调能力。恩格斯进一步认为："自由竞争转为垄断，而资本主义社会的无计划生产向行将到来的社会主义社会的计

---

① 《马克思恩格斯全集》第 1 卷，人民出版社 1972 年版，第 831 页。
② 《马克思恩格斯选集》第 1 卷，人民出版社 1972 年版，第 142 页。

划生产投降。"① 资本总是通过集中更大的生产资料所有权而获得更强的协调能力。垄断是集中了的资本,可以更好地发挥规模优势、范围优势和创新优势,这些优势是资本集中变为垄断的更为主要的经济条件。②（2）垄断形成更大的对立与危机。资本集中伴随着生产资料所有权与劳动者的分离,使得资本平均利润率下降,导致劳动与资本之间形成根本对立。由于竞争受到抑制,垄断会阻碍技术进步,成为生产力发展的障碍。"资本的垄断成了与这种垄断一起并在这种垄断之下繁盛起来的生产方式的桎梏。生产资料的集中和劳动的社会化,达到了同它们的资本主义外壳不能相容的地步。这个外壳就要炸毁了。资本主义私有制的丧钟就要响了,剥夺者就要被剥夺了。"③ 从马克思主义垄断理论中我们认识到：一方面,垄断促进了生产力的发展;另一方面,垄断发展到一定程度,必然会导致生产力与生产关系的冲突,抑制生产力的发展。

五　两种反垄断力量

随着垄断的产生,反对垄断的力量也随之产生。一种反对垄断力量就是形成垄断的资本本身。资本发展到垄断,往往也是资本自我扬弃的开始。垄断发展了资本,同时也抑制了资本继续发展,因此,资本会扬弃自己旧的形态而以新的形态发展。马克思以股份制为例,说明了资本的自我扬弃。在股份制中,所有权与经营权分离,各个资本组合起来,是对单一资本集中的一次扬弃,股份制是"转化为社会职能的过渡点"④。另一种反对垄断力量,是真正代表社会化生产的主动力量。马克思指出,垄断发展到"某一点上和劳动生产力本身的发展发生最强烈的对抗,因而必须不断地通过危机来克服"⑤。列宁也把这一现象视为无产阶级革命的突破口,1917年9月,他在《大难临头,出路何

---

① 《马克思恩格斯全集》第19卷,人民出版社1972年版,第239页。
② 吴秋凤、危怀安：《马克思主义垄断理论及其评介》,《学术论坛》2005年第5期。
③ 《资本论》第1卷,人民出版社2004年版,第874页。
④ 《马克思恩格斯全集》第25卷,人民出版社1974年版,第494页。
⑤ 《资本论》第3卷,人民出版社2004年版,第287页。

在?》一书中指出:"国家垄断资本主义是社会主义的最充分的物质准备,是社会主义的前阶。"马克思主义垄断理论告诉我们:反垄断既要发挥市场作用,利用资本自我扬弃的反垄断力量,又不能让垄断肆意生长、以危机的方式结束垄断,因此,在社会主义市场经济条件下,更应发挥政府的作用,以代表社会化生产的力量积极推行反垄断的政策措施。

第三节 生产资料的归属与合作

在单个资本的私人所有制企业中,生产资料明确归资本所有者所有。在股份制企业中,持股的资本所有者无法指明哪一部分生产资料是自己的,但他可以按股份的比例拥有总资本中相应的份额。相对于单个资本的私人所有制,生产资料归属的明晰程度下降了,这是资本对其自身否定的结果,是合作得以开始的"过渡点"。在合作型企业中,生产资料归所有劳动者共同所有,劳动者不仅无法指明哪一部分生产资料是属于自己的,也无法知道有多少比例的生产资料是归自己所有的。在这种情况下,合作水平进一步提高,而生产资料归属的明晰程度却进一步降低,这是对资本的"积极的扬弃"。可见,不仅生产资料的归属决定生产关系和合作水平,生产资料归属的明晰程度也影响着生产关系和合作水平。合作是共同利益与个人利益的结合,合作不可能完全看成是个人利益的总和,对于共同利益部分,个人既是所有者又是非所有者,只要有共同利益就必然存在所有权的不明晰。所以,随着体现为生产关系的合作水平的提高,共同利益部分越是增大,生产资料归属的明晰程度越会下降。生产资料归属的明晰程度是由生产力发展的客观水平决定的。在一定的生产力发展水平条件下,生产资料归属的明晰程度过高或过低,都会导致生产关系与生产力不相适应,使合作的实际水平较低。

不仅生产资料的归属与所有制有关,生产资料归属的明晰程度也与所有制有关。同样地,不仅生产资料的归属与分配关系有关,生产资料归属的明晰程度也与分配关系有关。所以,生产资料归属的明晰程度是影响合作的因素,它的变化影响着合作的水平,因此,具体生产资料归属安排直接影响生产资料归属的明晰程度,即产权安排将对合作有着直接影响。

一 生产资料归属的明晰程度与所有制

在股份制和合作制中生产资料都归合作者共同所有,但这两种所有制是有差别的。可见生产资料都归谁所有只是确定所有制之间质的差异,如生产资料私有制或生产资料公有制。而从生产资料私有制到公有制之间的一些过渡形态,就很难从生产资料都归谁所有来描述。例如,在对股份制的认识上就出现了这样的问题。有的人认为股份制是公有制,有的人认为股份制是公有制的实现形式,还有的人认为股份制是私有制。马克思在《资本论》第二十七章《信用在资本主义生产中的作用》中就指出:股份制是"通向一种新的生产形式的单纯过渡点"[1],是"私人产业的扬弃"[2],与合作工厂的"积极的扬弃"[3]相比,股份制是"消极的扬弃"[4]。马克思以股份制的"二次方和三次方"[5]来表示股份制在过渡中的量变。可见,生产资料所有制变化的过程中不仅存在着质变,也存在着量变。笔者认为,以生产资料归属的明晰程度可以更好地描述生产资料所有制之间量的差异,描述所有制变化过程中的过渡状态。

在私有制中,生产资料归私人所有,生产资料的归属相对明晰。而在公有制中的个人,一方面,他们每个人都是所有者,无论从法律意义上还是从经济意义上说,他们共同占有的权利,是任何个人所拥有的那一部分所有权和其他人所同时拥有的所有权共同构成的。如果每个人都没有所有权,也就谈不上有什么公有权。但在另一方面,他们每个人又都不是所有者,因为每个人作为个人所拥有的公有权只有同其他人的所有权相结合、共同构成公有权时才有效,才能发挥作用。作为个人,每

---

[1] 《马克思恩格斯全集》第25卷,人民出版社1974年版,第496页。
[2] 《马克思恩格斯全集》第25卷,人民出版社1974年版,第496页。
[3] 《马克思恩格斯全集》第25卷,人民出版社1974年版,第498页。
[4] 《马克思恩格斯全集》第25卷,人民出版社1974年版,第498页。
[5] 《马克思恩格斯全集》第25卷,人民出版社1974年版,第494—495页。

个人既没有特殊的所有权决定资本的使用,也不能根据特殊的所有权索取总收入中的任何一个特殊份额,同时他也没有什么属于他个人的所有权可以与他人相交换。在公有制关系中,任何一个个人,都既是所有者,又是非所有者。他是所有者,是因为他是公众的一员;他是非所有者,是由于他只是公众的一员。既是所有者,又是非所有者,构成公有制中个人的二重性,这一点也构成了公有制中生产资料归属的不明晰。[①] 而从私有制向公有制的过渡过程中,就体现出不同所有制生产资料归属的明晰程度是不同的。

二 生产资料归属的明晰程度与分配关系

不仅生产资料的归属决定分配关系,生产资料归属的明晰程度也影响着分配关系。生产资料归属明晰时,按资分配占主导;生产资料归属不明晰时,按资分配的主导地位就会受到抑制,在这种情况下,其他的分配方式,如按劳分配,才可能起作用。按资分配虽然有利于量化分配,有利于资本的扩大和增长,但在马克思看来合作的成果只能来源于共同劳动,而不是资本带来的,只有劳动才能参与合作成果的分配。按资分配实质上不可能量化合作中个人的实际贡献,当资本在合作成果的分配中起主导作用时,资本家支付给劳动者的工资,不是劳动的报酬,而是劳动力的价格,这必然导致资本以其垄断地位侵占合作的成果,形成资本与劳动的生产关系的矛盾。

按劳分配是合作中理想的分配方式,但阿尔钦(Armen A. Alchian)、登姆塞茨(Harold Demsetz)在《生产、信息费用与经济组织》一文[②]中指出,只要联合的劳动就必然存在计量问题。例如,当两个人联合将一重物运上卡车时,我们只能观察到他们每天装载的总重量,却无法决定每个人的生产率。在合作的生产条件下,如果仅观察总产出,就很难量化单个人在合作中的实际贡献。因此,积极工作的人可能得不到相应的报酬,偷懒的人可能又得不到相应的惩罚,这样就可能产生"搭便

---

① 樊纲、张曙光等:《公有制宏观经济理论大纲》,上海三联书店1990年版,第25页。
② Arman A. Alchian, Harold Demsetz, "Production, Information Cost, and Economic Organization", *The American Economic Review*, Vol. 62, No. 5, December 1972, pp. 777 – 795.

车"等现象,使大家都选择偷懒,阻碍生产力的发展,而使合作的实际水平下降。

生产资料的归属从本质上决定了分配关系是按劳分配还是按资分配,而且,在生产资料所有制的过渡过程中,生产资料归属的明晰程度量的变化也会体现为按资分配与按劳分配这两种分配形式主导地位上量的变化,因此出现按资分配与按劳分配相结合的分配形式。

三 产权安排与合作

生产资料归属的明晰程度是由具体的产权安排决定的。在马克思看来,产权安排并不是主观意愿就可以确定的,它是分工的结果;反过来,产权安排又直接影响着合作。马克思产权理论是从所有制理论中引申出来的,"马克思是第一位有产权理论的社会科学家"①。以下三个方面梳理马克思产权理论,揭示产权安排与合作的关系。

(一)产权的起源与分工

马克思产权理论以生产为基础,把产权的起源与分工的发展联系起来,按从分工到所有制再到所有权的逻辑来研究产权的形成。科学技术的发展引发了不同的分工形态,马克思明确地指出:"分工的每一个阶段还根据个人与劳动的材料、工具和产品的关系决定他们相互之间的关系。"②"工具积聚发展了,分工也随之发展,并且反过来也一样。"③马克思说:"与这种分工同时出现的还有分配,而且是劳动及其产品的不平等的分配(无论在数量上或质量上);因而也产生了所有制。"④ 正如马克思所说,"分工发展的各个不同阶段,同时也就是所有制的各种不同形式"⑤。马克思还举例说:"例如,机器的应用既改变了生产工具的分配,也改变了产品的分配。现代大土地所有制本身既是现代商业和

---

① S. Pejovich, "Karl Marx, Property Rights School and the Process of Social Change", in J. C. Wood, ed., *Karl Marx's Economics: Critical Assessments*, vol. VI, London: Croom Helm Ltd, 1988, p. 240.
② 《马克思恩格斯选集》第 1 卷,人民出版社 1972 年版,第 26 页。
③ 《马克思恩格斯选集》第 1 卷,人民出版社 1972 年版,第 132 页。
④ 《马克思恩格斯选集》第 1 卷,人民出版社 1972 年版,第 37 页。
⑤ 《马克思恩格斯选集》第 1 卷,人民出版社 1972 年版,第 26 页。

现代工业的结果，也是现代工业在农业上应用的结果。"① 可见，随着技术水平的提高，就会发展出围绕着生产要素而组织起来的不同协作与分工，也就会发展出分配并交换生产要素的不同所有制和产权结构；所有制和产权结构，反过来又作用于新技术的发展（见图3-3）。可见，马克思产权理论是与生产和分工紧密联系在一起的。在不同分工产生不同所有制的基础上，马克思不仅研究了复数形式的财产权或产权，而且还研究并论述了复数形式的财产权或产权中所包含的各单项权利：所有权、占有权、使用权、支配权、经营权、索取权、继承权、不可侵犯权等一系列法的权利。②

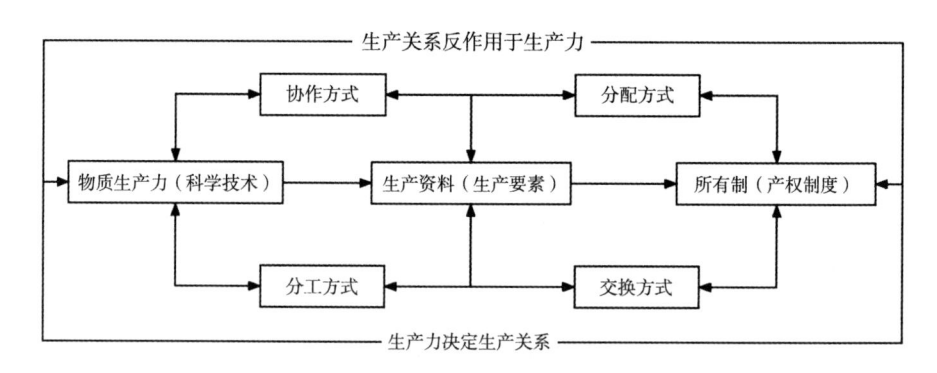

图3-3 分工与产权

（二）经济关系决定法权关系

所有制先于产权的存在而存在，正如马克思所指出的，"法的关系正像国家的形式一样，既不能从它们本身来理解，也不能从所谓人类精神的一般发展来理解，相反，它们根源于物质的生活关系"③。只是在私有制产生和保护私有制的法律出现以后，才出现产权。④ "要想把所有权作为一种独立的关系、一种特殊的范畴、一种抽象的和永恒的观念

---

① 《马克思恩格斯选集》第2卷，人民出版社1972年版，第100页。
② 吴易风：《产权理论：马克思和科斯的比较》，《中国社会科学》2007年第2期。
③ 《马克思恩格斯全集》第13卷，人民出版社1962年版，第8页。
④ 吴易风：《产权理论：马克思和科斯的比较》，《中国社会科学》2007年第2期。

来下定义，这只能是形而上学或法学的幻想。"① 生产过程不仅包括劳动者与生产资料相结合的技术组织形式，还包括劳动者与生产资料相结合的社会形式。产权体现人与物的关系，但本质上反映人与人的关系。产权不是由生产资料的自然属性决定的，而是由生产资料的社会属性决定的。马克思发现了"一定所有制关系所特有的法的观念"②。经济关系决定法权关系，所有制是产权的经济形态，产权是所有制的法律形态。

（三）产权统一与分离

产权可以统一，也可以分离。马克思考察了不同分工形态和所有制下不同生产要素权利的统一与分离，其中包括劳动力所有权、使用权和支配权的统一与分离、土地所有权和经营权的统一与分离、资本所有权和使用权的统一与分离等，建立了关于产权的统一与分离理论。以劳动力为例，马克思考察个体小生产者时指出，"在我们所考察的场合，生产者——劳动者——是自己的生产资料的占有者、所有者"③。拥有"对劳动条件的所有权或占有权"④。劳动者既是自己的劳动力的所有者，又是自己的劳动力的使用者。生产力发展到一定阶段，随着分工和所有制的变化，马克思揭示了资本主义生产方式下劳动力所有权和使用权相分离的情形。劳动者由于失去了劳动力的实现条件，就只能到劳动力市场上出售自己"唯一的财产"——劳动力。"让购买者在一定期限内暂时支配他的劳动力，使用他的劳动力，就是说，他在让渡自己的劳动力时不放弃自己对它的所有权。"⑤ 劳动力所有权和使用权相分离是雇佣劳动的前提，"正是这种劳动力的暂时使用权或暂时支配权的让渡，使资本在使用和支配劳动力的过程中获得了剩余价值"⑥。共享经济正是物质生产资料所有权与使用权分离的一种新的合作生产方式，共享经济也引发对数据生产资料产权分置的研究。总之，产权的分离和组

---

① 《马克思恩格斯选集》第1卷，人民出版社1995年版，第177—178页。
② 《马克思恩格斯全集》第30卷，人民出版社1974年版，第608页。
③ 《马克思恩格斯全集》第26卷Ⅰ，人民出版社1972年版，第440页。
④ 《马克思恩格斯全集》第25卷，人民出版社1974年版，第674页。
⑤ 《马克思恩格斯全集》第16卷，人民出版社1964年版，第652页。
⑥ 吴易风：《产权理论：马克思和科斯的比较》，《中国社会科学》2007年第2期。

合，形成了更多的产权安排、更多的所有制实现形式、更多的生产资料归属的明晰程度在量上的变化，形成了更多的合作方式，以适应不同的生产力水平，并力求在一定生产力水平下达到更高的合作水平。

第四节　分配、交换与合作

在《资本论》第五十一章中马克思专门就分配关系和生产关系进行了探讨，他说："分配关系本质上和生产关系是同一的，是生产关系的反面，所以二者都具有同样的历史的暂时的性质。"[①] 因为生产资料所有制是合作的基础，生产资料所有制实质就是生产资料的分配关系，所以研究生产关系与合作，也可以从研究分配关系入手。显然，合作还涉及劳动成果的分配和交换，劳动成果分配和交换的公平与否也是判断在生产关系方面是否合作的重要标志。

一　分配与合作

要研究分配与合作的关系，不能仅从通常意义上的分配即劳动成果的分配来考察，而应从生产的全过程来考察分配，更注重先于生产的生产资料的分配以及社会成员在各类生产之间的分配对合作的影响。要研究分配与合作的关系，还应从历史的角度动态地考察分配与合作的关系。

（一）从生产的全过程来考察分配

分配关系到合作的发展与维持。分配包括先于生产的生产资料的分配和生产成果——产品的分配。如果生产资料分配不公，就不利于促进生产力水平和合作水平的提高；如果劳动成果分配不公而产生生产关系的对抗，就不能促进生产力的发展，合作甚至无法维持。

马克思认为仅从劳动成果的分配判断是否公平是不够的，而且也不是决定性的。马克思从生产的全过程来考察分配，他把分配不仅看成是劳动成果的分配，更重要的是看成生产资料的分配，因为生产资料的分

---

① 《马克思恩格斯全集》第 25 卷，人民出版社 1974 年版，第 993 页。

配决定着产品的分配。马克思指出:"照最浅薄的理解,分配表现为产品的分配,因此它仿佛离开生产很远,对生产是独立的。但是,在分配是产品的分配之前,它是(1)生产工具的分配,(2)社会成员在各类生产之间的分配(个人从属于一定的生产关系)——这是上述同一关系的进一步规定。这种分配包含在生产过程本身中并且决定生产的结构,产品的分配显然只是这种分配的结果。如果在考察生产时把包含在其中的这种分配撇开,生产显然是一个空洞的抽象;反过来说,有了这种本来构成生产的一个要素的分配,产品的分配自然也就是确定了。"[①]产品的分配显然只是生产工具的分配以及社会成员在各类生产之间分配的结果。西方经济学也研究合作中的分配问题,但往往只是研究产品的分配,而忽视了分配关系中起决定作用的"先于产品分配之前的分配"。

(二)从历史的角度来考察分配

马克思非常重视从历史的角度来考察分配。他指出:"工资以雇佣劳动为前提,利润以资本为前提。因此,这些一定的分配形式是以生产条件的一定的社会性质和生产当事人之间的一定的社会关系为前提的。因此,一定的分配关系只是历史规定的生产关系的表现。"[②]西方经济学在研究合作中的分配问题时,往往忽视分配在历史不同阶段中的变化,把分配问题抽象成没有历史的博弈模型。

(三)分配与合作

马克思在《〈政治经济学批判〉导言》中论述"生产和分配"时指出:"分配关系和分配方式只是表现为生产要素的背面。个人以雇佣劳动的形式参与生产,就以工资形式参与产品、生产成果的分配。分配的结构完全决定于生产的结构,分配本身就是生产的产物。"[③]这就意味着分配的结构完全是由生产的结构决定的。这里的"生产的结构"就是指合作在社会生产力方面的主要表现形式——协作和分工。也就是说,分配的结构是由协作和分工决定的。不同的协作和分工就有不同的

[①]《马克思恩格斯选集》第2卷,人民出版社1972年版,第99页。
[②]《马克思恩格斯全集》第25卷,人民出版社1974年版,第997页。
[③]《马克思恩格斯选集》第2卷,人民出版社1972年版,第98页。

分配关系，不同的分配也就有不同的协作和分工。合理的分配促进着协作和分工的发展，分配中的矛盾冲突也会阻碍合作的维持和发展，制约着协作和分工的发展。

二 交换与合作

要研究交换与合作的关系，不能仅从通常意义上的交换即市场中的交换来考察，而应从生产到消费的全过程来考察交换，还应从历史的角度动态地考察交换与合作的关系。

（一）从生产到消费的全过程来考察交换

马克思要比新制度经济学更早地从生产到消费的全过程来考察交换，而不是仅仅考察市场中的交换，他也考察生产过程中各种交换关系。他指出："首先很明显，在生产本身中发生的各种活动和各种能力的交换，直接属于生产，并且从本质上组成生产。第二，这同样适用于产品交换，只要产品交换是用来制造供直接消费的成品的手段。在这个限度内，交换是包含在生产之中的行为。第三，所谓企业家之间的交换，从它的组织方面看，既完全决定于生产，而且本身也是生产行为。只有在最后阶段上，当产品直接为了消费而交换的时候，交换才表现为独立于生产之外，与生产漠不相干。但是，（1）如果没有分工，不论这种分工是自然发生的或者本身已经是历史的成果，也就没有交换；（2）私的交换以私的生产为前提；（3）交换的深度、广度和方式都是由生产的发展和结构决定的。"①

马克思总结道："交换就其一切要素来说，或者是直接包括在生产之中，或者是又生产决定。"② 交换不仅存在于市场中，还存在于企业内以及企业之间，存在于生产的全过程，这不仅是马克思的观点，也是新制度经济学的基本观点。但新制度经济学将生产的过程全部看成是交换的过程，而马克思不仅将生产的全过程看成交换，还看成是分配的过程，是分配与交换辩证发展的过程。

---

① 《马克思恩格斯选集》第 2 卷，人民出版社 1972 年版，第 102 页。
② 《马克思恩格斯选集》第 2 卷，人民出版社 1972 年版，第 102 页。

(二) 从历史的角度来考察交换

交换与分配一样具有历史的暂时性。任何一种交换作为一种再分配，都是在一定社会生产力和所有制条件下进行的。不同的分工形式，就有不同的生产资料的分配，就有不同的生产资料所有制，就有不同的交换。

最初的商品交换，是在原始社会后期，当共同体生产的产品有了剩余，在共同体之间就开始出现偶然的剩余物的直接交换。直接物物交换，在商品交换有了进一步发展之后就遇到了困难。矛盾的解决，是在经过长期交换之后，逐渐出现一种经常拿到市场上去而大家又都愿意和它交换的商品，这个商品就从其他商品中分离出来，取得一般等价物的形式。别的商品只要通过它就可以同其他任何一种商品交换，这个商品就是货币。货币出现后，直接的物物交换便转化为以货币为媒介的商品流通。商品交换从原始社会后期产生，经历奴隶社会、封建社会，到资本主义社会，私人的商品交换发展到最高阶段。在资本主义以前的商品交换，一般的目的是取得商品生产者所需要的使用价值。而资本主义的交换目的不完全是实现使用价值，尤其是资本主义生产者的交换目的完全不是实现使用价值，而是实现剩余价值。

(三) 交换与合作

不同的交换方式就有不同的合作关系，不同的合作方式就有不同的交换方式。与分配一样，交换在合作中虽然不直接产生生产力，但人们通过交换可以调整人与人之间的利益，增进每个人的个人利益。在实际交换中，始终存在私人劳动与社会劳动的矛盾，到资本主义商品生产下就发展为生产社会化和生产资料资本主义私人占有之间的矛盾。所以，与分配一样，交换也体现为在生产关系方面的合作，一方面，交换促进着协作和分工的发展；另一方面，交换中的矛盾冲突也会阻碍合作的维持和发展，制约着协作和分工的发展。

三 分配、交换与合作

分配与交换的关系类似于协作与分工的关系，在马克思看来协作是一般的，分工是特殊的，分工也是协作。同样地，在马克思看来分配是一般的，交换是特殊的，交换也是一种分配。

（一）分配决定在合作中占有的总数量，交换调整各种"想用"产品的数量

如马克思所述："分配决定产品归个人的比例（分量）；交换决定个人对于分配给自己的一份所要求的产品。"[1] 马克思进一步指出："在生产中，社会成员占有（开发、改造）自然产品供人类需要，分配决定个人分取这些产品的比例，交换给个人带来他想用分配给他的一份去换取的那些特殊产品；最后，在消费中，产品变成享受的对象，个人占有的对象。"[2] 所以，在现实生活中很难想象会存在只有分配或只有交换的情形。在不同分工方式中分配和交换的作用是不同的，在企业内的分工中更多地体现为分配，而在社会分工中更多地体现为交换。

（二）交换也是一种分配

马克思指出："生产创造出合适需要的对象；分配依照社会规律把它们分配；交换依照个人需要把已经分配的东西再分配。"[3] 交换是一种再分配，是在分配的基础上进行的。如果分配不公平，往往形成某种优势的垄断，交换就不可能是公平的。例如，在生产资料处于垄断的分配条件下，工人把自己的劳动力与资本家进行交换就不可能是公平的。

（三）分配是由生产资料所有制结构决定的，交换则在分配关系的基础上由个人决定

马克思说："在分配中，社会以一般的、居于支配地位的规定的形式，担任生产和消费之间的媒介；在交换中，生产和消费由偶然的个人的规定性来媒介。"[4] 这里"社会以一般的、居于支配地位的规定的形式"是指生产关系的基础——生产资料所有制。马克思指出："分配被规定为社会出发的要素，交换被规定为个人出发的要素。"[5] 可见，合作是社会和个人共同决定的，是共同利益和个人利益的辩证统一，所

---

[1]《马克思恩格斯选集》第2卷，人民出版社1972年版，第92页。
[2]《马克思恩格斯选集》第2卷，人民出版社1972年版，第91页。
[3]《马克思恩格斯选集》第2卷，人民出版社1972年版，第91页。
[4]《马克思恩格斯选集》第2卷，人民出版社1972年版，第92页。
[5]《马克思恩格斯选集》第2卷，人民出版社1972年版，第92页。

以，也是分配和交换的辩证统一。

西方经济学往往忽视"社会以一般的、居于支配地位的规定的形式"，忽视历史的、社会的分析，而只从个体的、非历史的分析方法出发来研究合作，正如恩格斯在《反杜林论》中批判杜林时所说的那样，杜林"只要使用他那两个男人，就可以把现实经济学的根本性基础建立起来了"①。西方经济学往往仅从交换的角度研究合作，将合作所有的关系都还原成交换或交易，这是违背合作中分配与交换的辩证关系的。例如，新制度经济学将企业与市场即整个生产过程看成是交换，张五常就认为：企业是要素的契约，市场是产品交易的契约。②

四 对分配、交换与合作的深化研究

合作不仅影响着分配和交换，分配和交换的辩证关系也影响着合作的水平。从分配和交换的辩证关系中研究企业和市场所处的合作水平，是马克思合作思想的具体应用。

（一）分配和交换的辩证关系与合作水平

在任何合作关系中都存在一定程度的分配关系，也存在一定程度的交换关系。在相对集权的合作组织中更多地体现出分配关系，在相对分权的合作组织中更多地体现出交换关系。不同的分配和交换的辩证关系总是与不同所有制和生产关系相联系。例如，生产资料垄断的所有制中分配实质起着主导作用，在生产资料自由竞争的所有制中交换起着主导作用。合作是社会和个人共同决定的，是共同利益和个人利益的辩证统一，所以也是分配和交换的辩证统一。合作不仅影响着分配和交换，分配和交换的辩证关系也影响着合作的水平。这是马克思主义合作思想的重要内涵。

在一定生产力条件下，就会有与之相适应的生产关系以使合作水平相对较高，也就有一定的分配方式与交换方式与之对应。如果过分强化

---

① 《马克思恩格斯选集》第2卷，人民出版社1972年版，第195页。这里的"两个男人"是指鲁宾逊和星期五。
② 张五常：《企业的契约性质》，载陈郁《企业制度与市场组织——交易费用经济学文选》，上海人民出版社2006年版，第229页。

分配关系而削弱交换关系，就会使合作水平下降；同样地，如果过分强化交换关系而削弱分配关系，也会使合作水平下降。计划往往与分配相联系，市场往往与交换相联系，片面强调计划或片面强调市场，都会使合作水平下降（见图 3-4）。合作不仅是分配和交换的辩证统一，也是计划和市场的辩证统一。

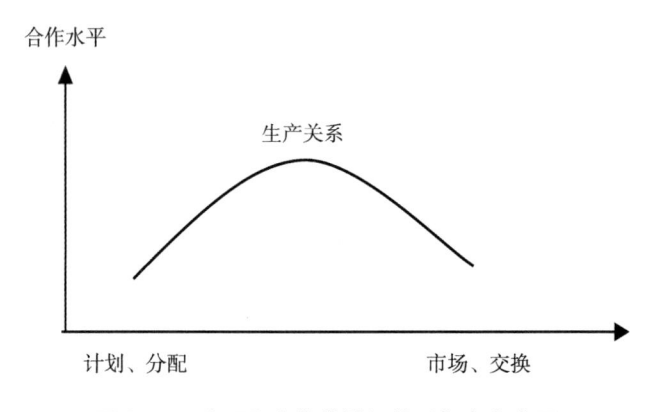

图 3-4　分配和交换的辩证关系与合作水平

（二）从企业、市场的分配和交换的辩证关系中研究合作

分配和交换贯穿于生产的全过程，也存在于企业和市场中。所以，可以从企业和市场的分配和交换的辩证关系中来研究企业和市场所处的合作水平。

1. 企业内部的分配关系与合作

马克思指出，资本主义生产关系条件下，劳动与资本的交换关系只是表象，实质上是反映出生产资料占有形式带来的不平等的分配关系。资本家对生产资料的垄断实质上剥夺了工人与他们平等交换的权利，体现了生产关系上的不合作。

在传统的计划经济体制中，虽然生产资料是公有的，但由于公有的生产资料实际管理者垄断了分配权，或以平均化方式分配产品，完全忽视了交换关系，忽视了个人利益的调节。如果过分强化企业内部的分配关系，就会损害个人在企业中的利益，从而使合作水平下降。

2. 企业内部的交换关系与合作

在企业内部资本与劳动也存在着一定程度的交换关系，马克思于1865年指出"利润率的实际水平只是通过资本与劳动之间的不断斗争来确定，资本家经常力图把工资降低到生理上所能容许的最低限度，把工作日延长到生理上所能容许的最高限度，而工人则经常在相反的方向上进行抵抗。归根到底，这是斗争双方力量对比的问题"①。资本家凭借其垄断生产资料的政治和经济地位获得权力，而工人团结起来可以分散被资本家垄断起来的分配权力，而形成一定程度的交换关系。双方力量的对比决定着劳动与资本的交换能力。这种存在于企业内部的交换关系显然有利于抵消企业内部的分配关系对个人利益的损害。但另一方面，过分强化交换关系也会使企业内部的交易费用增加，从而使合作水平下降。

（三）市场中的分配和交换的辩证关系与合作水平

在相对竞争的市场中，任何生产者都没有形成垄断优势，生产者之间更多地体现为交换关系；在相对垄断的市场中，生产者之间的交换实际上已经被资源不平等的分配关系所决定，生产者之间更多地体现为分配关系。在现实的市场中，总是同时存在着竞争和垄断，所以，在生产者之间总是存在着一定程度上的分配关系和交换关系。协作往往与计划和分配相联系，分工往往与市场和交换相联系。在协作中分配占主导地位，在分工中交换占主导地位。

只有在体现为生产力的合作和体现为生产关系的合作相互匹配时，才能呈现出较高的合作水平。科学技术的发展推动着协作和分工的交替发展，为了使合作水平不断提高，要求不断调整分配和交换的关系，以适应社会生产力的发展。因此，市场中的垄断力量增强时，分配占主导就可能产生兼并，通过企业进行分配；企业中的垄断力量减弱时，交换占主导就可能使企业分解，通过市场进行交换（见图3-5）。分配和交换的辩证关系也反映在企业与市场的辩证关系中。

---

① 《马克思恩格斯选集》第2卷，人民出版社1972年版，第200—201页。

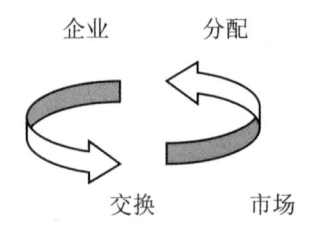

图 3-5　企业和市场的分配和交换

本章小结

本章论述马克思合作思想中生产关系与合作的关系，主要表现在以下五个方面：（1）生产资料所有制是合作的基础。（2）从生产的全过程考察分配和交换，合作是分配和交换的辩证统一。（3）生产资料与生产力和生产关系相联系，不仅生产资料的归属决定着生产关系和合作，生产资料的集中程度和生产资料归属的明晰程度也影响着生产关系和合作。（4）一定的生产资料所有制条件都存在着其自身所能承受的生产资料集中的极限，从生产资料集中发展到垄断，垄断具有二重性。（5）产权的分离和组合，形成了更多的产权安排、更多的所有制实现形式、更多的生产资料归属的明晰程度在量上的变化，形成了更多的合作方式，以适应不同的生产力水平，并力求在一定生产力水平下达到更高的合作水平。

第四章　生产方式与合作

第二章、第三章分别从生产力和生产关系的角度研究合作，而合作实质上是一种生产方式①，是生产力与生产关系的辩证统一。合作不仅分别体现为生产力和生产关系，也体现为生产力与生产关系的相互作用。本章从马克思交往理论开始考察生产方式与合作的关系，着重研究体现为生产力的合作与体现为生产关系的合作之间的相互作用以及人的发展与合作之间的关系。分为以下四节：第一节从人与人的交往入手考察合作，因此，回顾马克思在研究生产方式理论之前的交往理论，揭示交往与合作的联系。第二节探讨作为社会生产力的合作——协作和分工对生产关系的决定作用。第三节探讨生产关系对作为社会生产力的合作——协作和分工的反作用。第四节以实验经济学的研究成果来证实合作水平提高取决于生产方式的发展。这是马克思主义合作思想的重要命题。最后探讨生产方式、人的发展与合作之间的相互关系。

第一节　交往与合作

合作最初是人与人交往的状态，马克思意识到物质生产是人交往的前提，将研究的重心从研究交往发展到研究生产方式。随着共享经济的

---

① 生产方式：学术界对生产方式的理解至少包括以下三种：第一，生产方式包括生产力和生产关系两个方面，是生产力和生产关系的统一（参见宋涛《〈资本论〉辞典》，山东人民出版社1988年版，第528页）。第二，生产方式是指生产关系。第三，生产力—生产方式—生产关系分属三个范畴，它们之间既不存在替代关系，也不存在包容关系（参见吴易风《论政治经济学或经济学的研究对象》，载张宇、孟捷、卢荻《高级政治经济学——马克思主义经济学的最新发展》，经济科学出版社2002年版，第54页）。笔者认同第一种观点。

出现，生产与交往再也无法分开来，生产决定着交往，交往同样影响着生产。所以，不仅应从生产方式的角度研究合作，还应回到交往的角度来研究合作。

一 交往与生产方式

马克思交往理论是马克思从《1844年经济学哲学手稿》研究人与人交往关系的基础上发展而来的，马克思交往理论正式形成于《德意志意识形态》。《德意志意识形态》是马克思恩格斯阐述唯物史观最集中、最系统、最完备的一部著作，阐述了生产力和生产关系发展最一般的客观规律，提出了"社会经济形态更替"这个重要概念，这些规律和概念的分析阐释，离不开一个重要的核心概念：交往。① 在《1844年经济学哲学手稿》《神圣家族》等文本中，马克思恩格斯通过揭示劳动异化引起人与人之间交往关系的扭曲，开始从实践出发探寻人与人之间真正的交往关系，这是交往思想的萌芽；在《德意志意识形态》中将交往思想彻底建立在唯物主义世界观基础上；在《经济学手稿（1857—1858）》和《资本论》中，以深度分析资本主义经济发展为切入点，对交往思想进行对照验证；最后在《给〈祖国纪事〉杂志编辑部的信》和《给维·伊·查苏利奇的复信》等文本中，将交往思想与东方社会发展道路相结合，进一步丰富发展交往思想。交往思想在马克思思想发展历程中经历了一个萌芽、奠基、形成、验证、发展的完整过程。② 他提出"交往"、"交往形式"、"交往关系"、"普遍交往"以及"世界交往"等概念，主要观点包括交往与物质生产的关系、交往与分工的关系、交往与社会的关系、人与人交往发展的三个阶段。

（一）交往与物质生产

马克思指出，物质生产是人与人交往的前提，决定着人与人交往的形式。生产创造了人类的存在，但生产本身又是以个人彼此之间的交往

---

① 刘思帆：《〈德意志意识形态〉中的交往思想及其当代价值》，《哈尔滨工业大学学报》（社会科学版）2021年第6期。

② 刘思帆：《〈德意志意识形态〉中的交往思想及其当代价值》，《哈尔滨工业大学学报》（社会科学版）2021年第6期。

为前提的，交往与生产相互依存、互为前提。马克思从人的交往入手研究社会经济的发展，并将生产看作最根本的交往，其中包括：人自身的生产、物质生产和精神生产。物质生产是所有交往的基础，反过来其他交往又会影响物质生产。

（二）交往与分工

分工是人与自然和人与人社会生产交往关系的中介，在每一交往发展阶段，都有不同方式、程度和规模的分工与之对应。马克思说："各民族之间的相互关系取决于每一个民族的生产力、分工和内部交往的发展程度。"[①] 分工越细密，交往就越频繁，另外分工越发展，交往越是被迫的，个人的自主活动就越屈从于分工。在马克思的理想中，只有消除了分工中的对立，人与人往往才能"同过去的被迫交往转化为所有人作为真正个人参加的交往"[②]，才能实现可持续的合作。

（三）交往与社会

"社会——不管其形态如何——是什么呢？是人们交互活动的产物。"[③] "人的本质不是单个人所固有的抽象物，在其现实性上，它是一切社会关系的总和。"马克思从社会中的人来把握人的现实本质，人与社会的关系既是"剧中人"，又是"剧作者"。正如共享经济时代，生产者又是消费者。这种关系在网络科学里被描述成网络与节点的关系，网络是由节点及其互动连接而成的，反过来，节点又受整个网络的影响。网络与节点相互作用，形成了网络的动态演化。

（四）人与人交往发展的三个阶段

马克思关于人的发展三个阶段思想，事实上是以人与人交往发展的三个阶段来划分的。在《经济学手稿（1857—1858）》中，马克思提出"人的依赖关系（起初完全是自然发生的），是最初的社会形式……以物的依赖关系为基础的人的独立性，是第二大形式……建立在个人全面发展和他们共同的、社会的生产能力成为从属于他们的社会财富这一基

---

① 《马克思恩格斯选集》第1卷，人民出版社1995年版，第68页。
② 《马克思恩格斯选集》第1卷，人民出版社1972年版，第75页。
③ 《马克思恩格斯选集》第4卷，人民出版社1995年版，第532页。

础上的自由个性，是第三个阶段"①。生产力发展了人的交往和世界交往，同时，人的交往和世界交往又发展了生产力。人们的交往从局限的地域交往发展到普遍的"世界交往"。人的交往从人的依赖关系占统治地位的阶段，发展到以物的依赖关系为基础的阶段，再发展到未来的人的自由和全面发展的阶段，人从局限的"个人交往"到全面的"普遍交往"。

二　交往、生产方式与合作的可持续性

马克思在《德意志意识形态》中提出交往以及交往形式演进的基本逻辑，他说："整个历史发展过程中构成一个有联系的交往形式的序列，交往形式的联系就在于：已成为桎梏的旧的交往形式被适应于比较发达的生产力，因而也适应于更进步的个人自主活动类型的交往形式所替代；新的交往形式又会变成桎梏并为别的交往形式所替代。"② 马克思交往理论这一核心观点在《资本论》中进一步发展为生产力与生产关系相互作用的生产方式理论。马克思的生产方式理论主要包括两个方面：生产力与生产关系相互作用和生产关系与生产力相适应（见图4-1）。

（一）生产力与生产关系相互作用

劳动与劳动条件（自然条件、工具和科学技术）相结合，形成了人与自然的交往形式，即物质生产力；为创造劳动产品而形成了人与人的社会交往形式，即社会生产力，也就是协作与分工；以生产资料占有方式决定劳动成果的分配与交换，形成了交往关系，其中最重要的就是生产关系。马克思生产方式理论的核心是生产力与生产关系相互作用，即生产力（协作和分工）对生产关系（分配和交换）起决定作用，生产关系对生产力具有反作用。具体表现在以下方面：科学技术决定协作分工，协作分工决定分配交换关系，分配交换关系形成相应的所有制结构；所有制结构一旦形成，将决定分配交换关系，分配交换的结果又将进一步影响协作分工以及科学技术的发展。

---

① 《马克思恩格斯全集》第46卷上册，人民出版社1979年版，第104页。
② 《马克思恩格斯选集》第1卷，人民出版社1972年版，第79页。

第四章　生产方式与合作　153

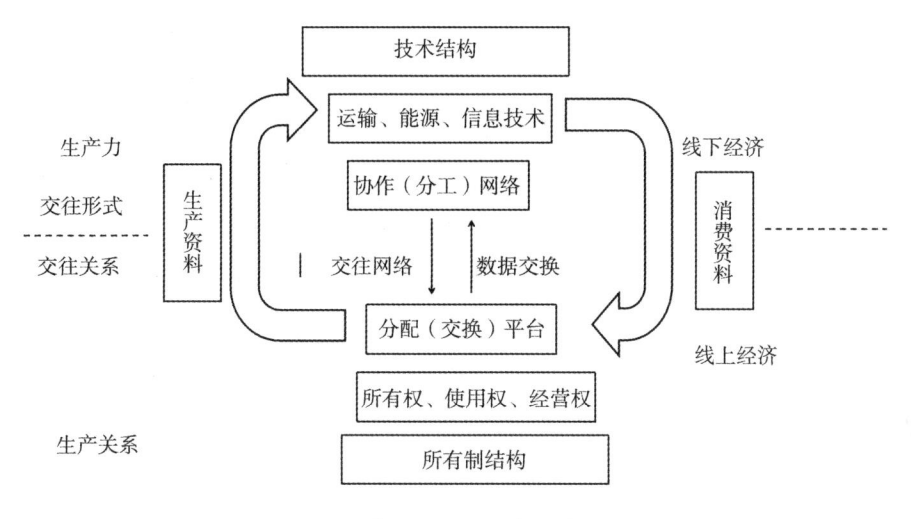

```
生产力        ┌─────技术结构─────┐              线下经济
             │  运输、能源、信息技术  │
交往形式   生产 │   协作（分工）网络   │ 消费
- - - - -  资料│  交往网络  数据交换  │ 资料 - - - - -
交往关系      │   分配（交换）平台   │              线上经济
             └─所有权、使用权、经营权─┘
生产关系           所有制结构
```

图 4-1　马克思交往理论与生产方式理论

（二）生产方式与合作

合作存在于社会生活的各个方面，如政治合作、科学技术合作、文化合作、军事合作等，而这些合作又是以生产方式的合作为基础的。生产方式是指物质资料的生产方式，即社会生活所必需的物质资料（包括生产资料和生活资料）的获得方式。生产方式包括生产力和生产关系两个方面。生产力是生产方式的物质内容，生产关系则是生产方式的社会形式。生产力的发展状况决定生产关系的性质，引起生产关系的变化，生产关系又对生产力具有反作用。生产力和生产关系的辩证发展，是生产方式发展的根本原因。人类历史上经历了五种基本生产方式：原始公社制的生产方式、奴隶占有制的生产方式、封建制的生产方式、资本主义的生产方式和社会主义的生产方式。就物质生产过程而言，生产方式与合作是一般与特殊的关系，生产方式可以是合作或不合作的生产方式，而合作则是指合作的生产方式。什么是合作的生产方式？在马克思看来，合作的生产方式有两层含义：第一，这种生产方式解决了人与自然之间的矛盾；第二，这种生产方式也解决了人与人之间的矛盾。合作的生产方式就是指在人与自然和谐相处、人与人和谐相处、可持续发展的前提下，最大限度地发展生产力。合作的生产方式可以表达为：

MAX（生产力的发展 - 人与自然的冲突 - 人与人的冲突）

可见，作为一种生产方式，合作不仅体现在生产力方面，也体现在生产关系方面。合作水平是由这两方面共同决定的。体现为生产力的合作决定着体现为生产关系的合作，体现为生产关系的合作对体现为生产力的合作又具有反作用。合作是体现为生产力的合作方式与体现为生产关系的合作方式的辩证统一。这一辩证关系体现在以下几个方面：

1. 在一定的生产力条件下，只有适当的生产关系水平与之相适应，才有较高的合作水平，过高或过低的生产关系水平，反而使合作水平降低（见图4-2）。

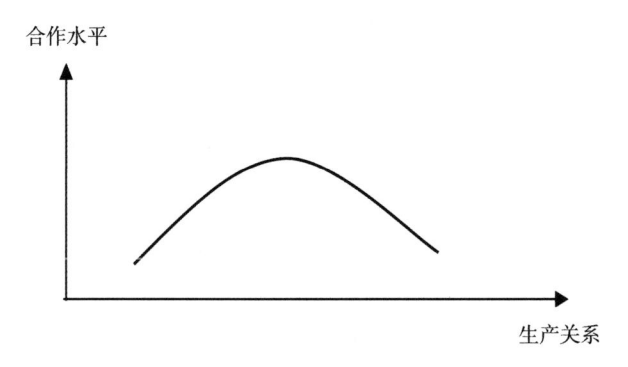

图4-2 一定生产力条件下的生产关系与合作水平

2. 合作的生产方式表现为：生产关系必须与生产力水平相适应；生产关系必须随着生产力的发展而发展。生产力和生产关系的相互作用促进着合作水平不断提高，这体现为量变到质变的过程，也体现了肯定、否定到新的肯定（否定之否定）的过程（见图4-3）。

3. 体现为生产力的合作主要包括协作和分工；体现为生产关系的合作主要包括所有制、分配和交换。所以，合作体现为协作、分工、所有制、分配和交换的协调统一（见图4-4）。

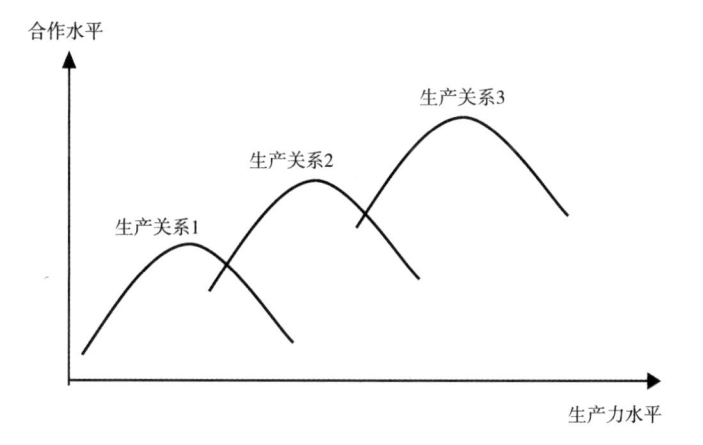

图 4-3　生产力、生产关系与合作水平

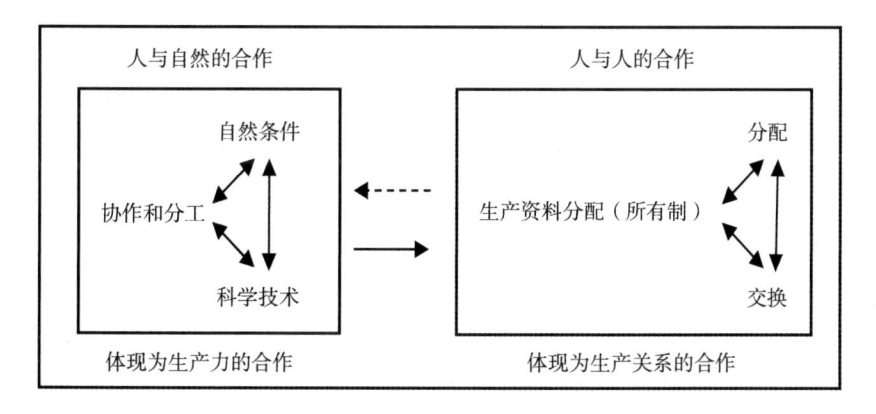

图 4-4　合作

(三) 生产关系与生产力相适应是合作可持续的条件

马克思生产方式理论不仅揭示了生产力与生产关系相互作用的关系，还提出了生产关系与生产力相适应的要求。如马克思所说："人们在自己生活的社会生产中发生一定的、必然的、不以他们的意志为转移的关系，即同他们的物质生产力的一定发展阶段相适合的生产关系。"[①] 以下从三个角度来理解生产关系与生产力相适应的内涵，尝试深化对生产关系与生产力相适应原理的诠释。(1) 生产关系与生产力相适应可以

---

① 《马克思恩格斯选集》第 1 卷，人民出版社 1972 年版，第 37 页。

理解为追求最优的合作的生产方式。最优的合作的生产方式就是指在人与自然和谐相处、人与人和谐相处、可持续发展的前提下，最大限度地发展生产力。MAX（生产力的发展－人与自然的冲突－人与人的冲突）。
（2）生产关系与生产力不相适应可以理解为剩余价值不断增长。剩余价值事实上量化地刻画了生产关系与生产力不相适应的程度。由协作劳动产生的价值和在交换关系中实现的交换价值（价格）之间的差额被资本占有，就构成了资本主义条件下的剩余价值，剩余价值越大，就意味着协作分工与分配交换越不相适应，生产关系与生产力越不相适应。
（3）生产关系与生产力相适应问题可以转化为交往网络的稳定性问题。通常情况下，生产关系与生产力相适应时，整个经济交往网络处于相对稳定状态；相反，生产关系与生产力不相适应时，整个交往网络处于相对不稳定状态。所以，我们可以考察生产力与生产关系相互作用网络的稳定性来诠释生产关系与生产力相适应的程度（见图4-5）。为下篇建立在交往网络基础上的共享经济生产关系与生产力相适应分析提供理论基础。

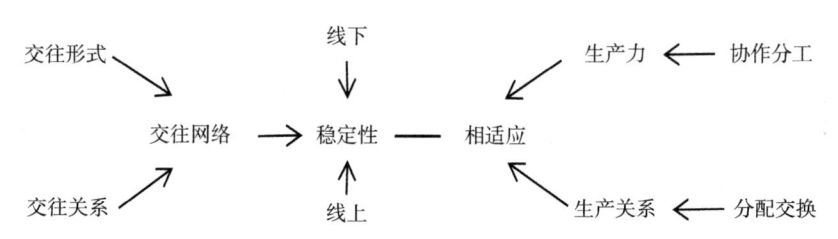

图4-5 交往网络的稳定性和生产关系与生产力相适应

第二节 协作和分工对生产关系的决定作用

探讨作为社会生产力的合作——协作和分工对生产关系的决定作用。合作体现在生产力方面的发展必然会引起合作体现在生产关系方面的变化。所以分工形式的变化必然会引起所有制的变化。正如马克思所说："分工发展的各个不同阶段，同时也就是所有制的各种不同形式。"① 因此，生产力发展的不同阶段，就会有不同的分工形式，就会有不同的分配和交换方式以及所有制形式；在同一时期，不同地区、不同产业所处的生产力水平是不同的，也决定了同一时期不同地区、不同产业存在着不同的分工形式，于是也决定了同一时期必然存在着所有制的多样性；分配与交换的主导作用会随着生产力的发展和分工形式的变化而交替出现，生产力的发展不仅推动着分配方式合作水平的提高，同时也推动着交换方式合作水平的提高。

一 协作和分工决定着分配、交换和生产资料所有制

在马克思看来，物质生活的生产方式制约着整个社会生活、政治生活和精神生活。不是意识决定存在，相反，是社会存在决定人的意识。他说："人们在自己生活的社会生产中发生一定的、必然的、不以他们的意志为转移的关系，即同他们的物质生产力的一定发展阶段相适合的生产关系。"② 所以应坚持用马克思主义的唯物史观来考察合作。

生产力决定生产关系可以更确切地理解为社会生产力决定着分配和交换、决定着生产资料所有制。马克思首先指出生产力的发展导致新的生产方式，也伴随着新的分配方式。他说："在所有的情况下，生产方式，不论是征服民族的，被征服民族的，还是两者混合形成的，总是决定新出现的分配。因此，虽然这种分配对于新的生产时期表现为前提，但它本身又是生产的产物，不仅是一般历史生产的产物，也是一定历史生产的产物。"③ 马克思进一步指出不同的分工决定不同的分配，进而决定不同的所有制，马克思说："与这种分工同时出现的还有分配，而且是劳动及其产品的不平等的分配（无论在数量上或质量上）；因而也产生了所有制。"④

生产资料与生产力和生产关系相联系，所以人们运用生产资料的能力反映了物质生产力发展的水平，生产资料的集中程度则反映了社会生

---

① 《马克思恩格斯选集》第1卷，人民出版社1972年版，第26页。
② 《马克思恩格斯选集》第1卷，人民出版社1972年版，第37页。
③ 《马克思恩格斯选集》第2卷，人民出版社1972年版，第100页。
④ 《马克思恩格斯选集》第1卷，人民出版社1972年版，第37页。

产力的水平。"分工的每一个阶段还根据个人与劳动的材料、工具和产品的关系决定他们相互之间的关系。"① 马克思还举例说："例如，机器的应用既改变了生产工具的分配，也改变了产品的分配。现代大土地所有制本身既是现代商业和现代工业的结果，也是现代工业在农业上应用的结果。"② 生产资料的归属决定着生产关系，生产资料归属的明晰程度也影响着生产关系（见图 4-6）。

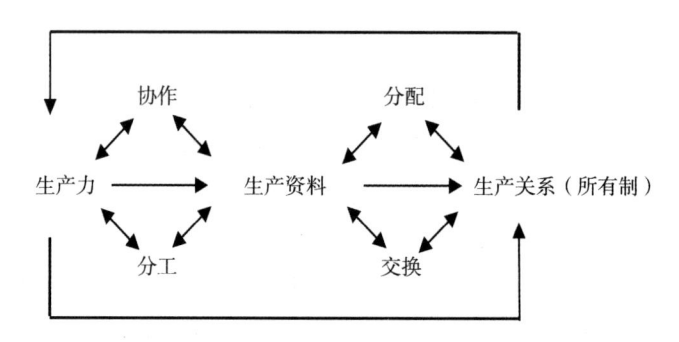

图 4-6　生产力（协作和分工）与生产关系（所有制与分配和交换）

在第二章中已经分析了物质生产力的发展必然导致社会生产力的发展，也就是协作和分工的发展。而本节则强调协作和分工的不同形式将改变分配与交换在生产方式中的主导地位，企业内分工中分配占主导地位，社会分工中交换占主导地位。从第三章的分析中已得到分配与交换的辩证关系会影响生产资料所有制的特征。因此也就可以理解协作和分工决定着分配和交换，从而决定着生产资料所有制的形式。

二　分工的多种形态决定着所有制和分配的多样性

生产力的发展决定着劳动者与生产资料的不同结合方式，决定着劳动者与生产资料的不同关系，也就决定着生产资料归属的不同，决定着不同的所有制形式。分工发展的各个不同阶段，也就同时伴随着所有制的各种不同形式。这主要是从社会总体角度来考察的，即生产力的整体

---

① 《马克思恩格斯选集》第 1 卷，人民出版社 1972 年版，第 26 页。
② 《马克思恩格斯选集》第 2 卷，人民出版社 1972 年版，第 100 页。

水平决定着分工的整体水平，也就决定整体的所有制特征。但即使在同一时期，不同的地区、不同的产业也可能处于不同的生产力水平下。不同的生产力水平决定了不同的分工形式可能同一时期会在不同的地区、不同的产业里共存，于是也就决定了所有制的多样性。由于生产资料的分配关系决定了劳动成果的分配，所以，多种所有制并存也决定了多种分配方式并存。

三　分配与交换交替发展

传统的政治经济学认为，随着生产力的发展、计划水平的提高，分配方式将代替交换方式，市场也就消失了。西方经济学则认为随着合作水平的提高、交易费用的下降和市场效率的提高，交换方式将代替分配方式。本书从马克思合作思想的新视角出发，认为科学技术的发展与协作和分工的相互作用，推动着协作和分工交替向前发展。因为生产力的发展不仅推动着分配方式合作水平的提高，同时也推动着交换方式合作水平的提高。生产力的发展和分工的形式交替变化，分配与交换也随之交替向前发展（见图4-7）。

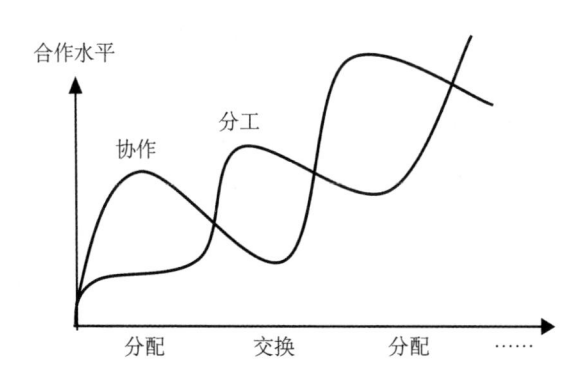

图4-7　分配与交换的交替发展与合作

第三节　生产关系对协作和分工的反作用

上一节探讨了协作和分工对分配和交换以及生产资料所有制等生产

关系各方面的影响，本节将探讨分配和交换对协作和分工的影响，探讨生产关系对协作和分工的反作用。

一 分配和交换对协作和分工的反作用

协作和分工对分配和交换具有决定作用，分配和交换对协作和分工具有反作用。合理的分配促进着作为生产力的合作—分工的发展，分配中的矛盾冲突也会阻碍着合作的维持和发展，制约着合作的生产力的发展。如图4-8所示，分配所促进的生产力与分配所阻碍的生产力的合力大于零时，有利于以分配为主导的企业内分工，小于零时则不利于企业内分工，而可能更有利于以交换为主导的社会分工。

分配所促进的生产力-分配所阻碍的生产力
- \> 0 有利于企业内分工
- < 0 不利于企业内分工

图4-8 分配与分工

同样，交换也促进着分工的发展，交换中的矛盾冲突会提高交换的费用，也会阻碍着合作的维持和发展，制约着合作的生产力的发展。如图4-9所示，交换所促进的生产力与交换所阻碍的生产力的合力大于零时有利于以交换为主导的社会分工，小于零时则不利于社会分工，而可能更有利于以分配为主导的企业内分工。

交换所促进的生产力-交换所阻碍的生产力
- \> 0 有利于社会分工
- < 0 不利于社会分工

图4-9 交换与分工

二 资本主义生产关系对协作的反作用

马克思充分肯定了协作会产生巨大的生产力,同时他揭示了协作的生产力是一种社会生产力,它不是个人劳动的简单总和,但又是在个人劳动参与下产生的,所以,协作的规模不仅取决于当时的生产力水平,还与协作中的社会生产关系有关。马克思以资本主义生产关系条件下的协作为例,来说明生产关系对协作的反作用。

(一) 资本主义协作中劳动与资本的矛盾

协作中难以确定个人劳动的贡献,因此会产生个人劳动与社会劳动之间的矛盾。以在资本主义生产关系条件下的协作为例,协作中的劳动难以计量,资本正是以此作为获取剩余价值的途径。马克思说:"协作所产生的社会生产力是无偿的。单个工人,或者确切些说,单个劳动能力是得到报酬的,而且是作为孤立的劳动能力得到的。他们的协作和由此产生的生产力并没有得到报酬。资本家支付工资给360个工人;但他并没有支付工资给360个工人的协作:因为资本与劳动能力的交换是在资本和单个劳动能力之间的。"[①] 因此,资本通过协作占有剩余价值,产生劳动与资本的矛盾,协作的规模受这一对矛盾的制约。

(二) 资本主义条件下的协作劳动是一种异己的劳动

资本主义条件下的协作劳动是一种异己的劳动,而不是真正合作的劳动。"随着协作的出现就已经出现了特殊的差别。在这里,劳动是在这样一些条件下进行的,在这些条件下,单个人的独立劳动无法进行,而且这些条件表现为统治他的关系,表现为由资本缠在各单个工人身上的绳索。"[②] 马克思认为:"协作这种社会劳动生产力,表现为资本的生产力,而不是表现为劳动的生产力。"[③] "只要他们(工人)一进入劳动过程,他们就并入了资本,因而他们的协作并不是他们自己结成的关系,而是资本家给他们安排的关系,不是这种关系属于他们,而是他们

[①] 《马克思恩格斯全集》第32卷,人民出版社1998年版,第295页。
[②] 《马克思恩格斯全集》第32卷,人民出版社1998年版,第297页。
[③] 《马克思恩格斯全集》第32卷,人民出版社1998年版,第295页。

隶属于这种关系,因而这种关系本身表现为资本对他们的关系。这不是他们的相互的联合,而是一种统治着他们的统一体,其承担者和领导者正是资本本身。他们在劳动中的特殊联合——协作——事实上对他们来说是一种异己的权力,也就是与各个单个工人相对立的资本的权力。"①所以,马克思的异化理论认为这种协作形成的外在的、异化的力量越大,资本与劳动的对抗也就越大。

(三) 资本主义协作是监督劳动和指挥劳动

凡是直接的生产过程都具有社会结合过程的形态,而不是表现为独立生产者的孤立劳动的地方,都必然会产生监督劳动和指挥劳动。马克思指出:"一切规模较大的直接社会劳动或共同劳动,都或多或少地需要指挥,以协调个人的活动,并执行生产总体的运动——不同于这一总体的独立器官的运动——所产生的各种一般职能。一个单独的提琴手是自己指挥自己,一个乐队就需要一个乐队指挥。一旦从属于资本的劳动成为协作劳动,这种管理、监督和调节的职能就成为资本的职能。"②马克思精辟地揭示了协作中管理、监督和调节的二重性,"一方面,凡是有许多个人进行协作的劳动,过程的联系和统一都必然要表现在一个指挥的意志上,表现在各种与局部劳动无关而与工场全部活动有关的职能上,就象一个乐队要有一个指挥一样。这是一种生产劳动,是每一种结合的生产方式中必须进行的劳动。另一方面,——完全撇开商业部门不说,——凡是建立在作为直接生产者的劳动者和生产资料所有者之间的对立上的生产方式中,都必然会产生这种监督劳动。这种对立越严重,这种监督劳动所起的作用也就越大"③。

总之,生产关系对协作具有反作用,劳动生产率并不总是随着协作规模的发展而提高。只有在协作规模的发展所产生的协作中私人劳动与社会劳动之间矛盾的负作用可以被协作所提高的劳动生产率抵消时,协作规模的发展才能促进劳动生产率的提高,反之则不然。私人劳动与社会劳动之间存在矛盾时,劳动体现为监督的劳动,监督劳动是异化的劳

---

① 《马克思恩格斯全集》第 32 卷,人民出版社 1998 年版,第 296 页。
② 《马克思恩格斯全集》第 23 卷,人民出版社 1972 年版,第 367—368 页。
③ 《马克思恩格斯全集》第 25 卷,人民出版社 1975 年版,第 431 页。

动，必然导致合作水平的下降，从而使劳动生产率不再随着协作规模的发展而提高。所以，在一定的生产力和生产关系条件下，过小或过大的协作规模都会使劳动生产率与合作水平下降。协作规模过小，协作所产生的生产力就很小；协作规模过大，协作中生产关系对其反作用也增大，协作的净生产力小，甚至使生产关系无法适应过大的协作规模，合作水平反而会下降（见图4-10）。可见，协作的净生产力可以表达为：

协作的净生产力＝协作所产生的生产力－生产关系对协作的负作用（私人劳动与社会劳动、个人利益与共同利益的矛盾）

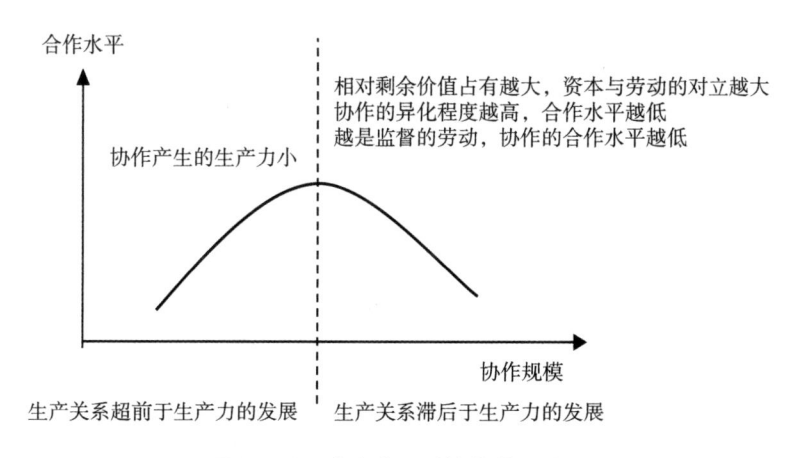

图4-10 生产关系对协作的反作用

图中信息：
- 纵轴：合作水平
- 横轴：协作规模
- 曲线左侧：协作产生的生产力小
- 曲线右侧标注：相对剩余价值占有越大，资本与劳动的对立越大；协作的异化程度越高，合作水平越低；越是监督的劳动，协作的合作水平越低
- 横轴下方左：生产关系超前于生产力的发展
- 横轴下方右：生产关系滞后于生产力的发展

三　资本主义生产关系对分工的影响

分工产生效率，同时生产关系对分工也具有反作用，具体表现在以下三个方面：（1）不断从事单调的分工劳动，会妨碍精力的集中和焕发；（2）企业内分工提高了对各工种之间比例协调的要求；（3）社会分工使商品生产者及其生产资料在社会不同劳动部门中的分配中具有偶然性和任意性。分工总是在一定生产关系条件下进行的，所以，分工的效率也取决于生产关系对它的反作用。

（一）资本主义生产关系对企业内部分工的反作用

在资本主义生产关系条件下，生产关系对企业内部分工的反作用体现为资本与劳动的对立,资本与劳动的分工产生了分配的不公平,这成为冲突的根源。马克思指出"由分工即劳动的这种社会存在形式引起的生产力的提高不再是工人的生产力,而是资本的生产力。这种结合劳动的社会形式作为资本的存在与工人相对立。结合作为有强大威力的天命与工人相对立,工人受到这种天命的支配是由于他们的劳动能力变成了完全片面的职能,这种片面的职能离开总机构就什么也不是,因此,它完全要依赖于这个总机构。工人本身变成了一个简单的零件"①。这种状况使工人面对不公平也无能为力。在资本主义生产关系条件下,分工虽然体现为社会生产力,体现为生产力的合作方式,但是与这种体现为生产力的合作方式相对应的生产关系对分工的反作用将影响其效率的发挥(见图4-11)。

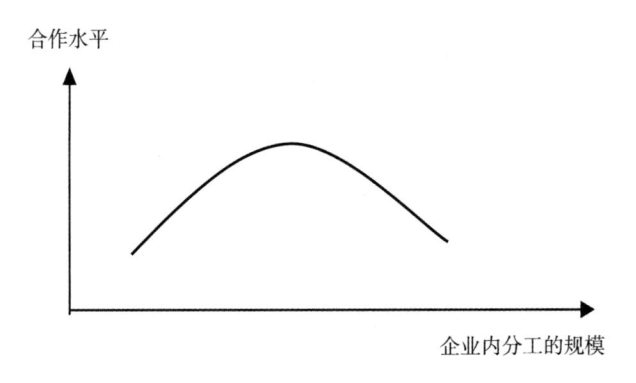

图4-11 企业内分工的规模与合作水平

(二)资本主义生产关系对社会分工的反作用

资本主义生产关系对社会分工的反作用,体现为生产资料私有制与社会化大生产的要求之间的矛盾。马克思指出:"在工厂内部的分工中,工人在数量上按照整个生产,即结合劳动的产品所需要的一定比例,严格地合乎规律地在各个个别操作中分配。相反,如果我们考察整个社会,——社会分工,——那么,我们就会时而在这个生产部门,时而在那个生产部门中发现过多的生产者。商品价格通过竞争时而高于商

---

① 《马克思恩格斯全集》第32卷,人民出版社1998年版,第319页。

品的价值，时而低于商品的价值，但竞争不断地使这种不均等和不均衡趋向消失，同样又不断地把它们再生产出来。商品价格的运动是以竞争为中介的运动，它作为调节者决定着大量生产者在一定的生产部门之间的分配，引起了各个个别生产部门内生产者的不断流入——这就是所谓的需求和供给的规律，这一规律一方面决定着价格，另一方面又要由价格来决定。即使在这里不详细研究这一点，社会内部的无政府主义的分配与工厂本身内部的正常的、固定的分配之间的区别也是一目了然的。"[①] 尽管工厂本身内部存在正常的、固定的分配，但是由于社会的无政府主义的分配，最终使得整个社会生产处于无政府主义状态。生产资料私有制与社会化大生产的要求之间的矛盾将影响社会分工发挥其效率（见图4-12）。

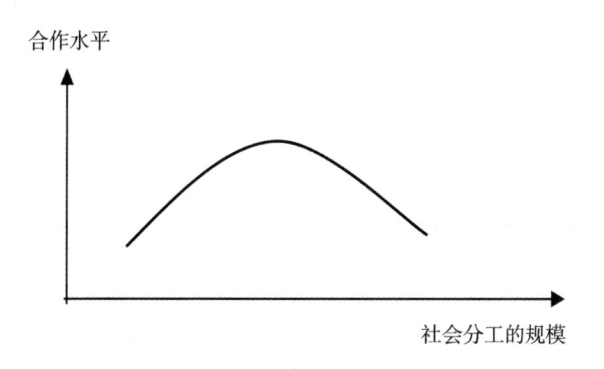

图4-12 社会分工的规模与合作水平

总之，生产关系对分工具有反作用。马克思指出："只要私人利益和公共利益之间还有分裂，也就是说，只要分工还不是出于自愿，而是自发的，那么人本身的活动对人说来就成为一种异己的、与他对立的力量，这种力量驱使着人，而不是人驾驭着这种力量。"[②] 马克思又指出："随着分工的发展也产生了个人利益或单个家庭的利益与所有互相交往的人们的共同利益之间的矛盾。"[③] 所以，分工的发展受共同利益与个人利

---

① 《马克思恩格斯全集》第32卷，人民出版社1998年版，第353—354页。
② 《马克思恩格斯选集》第1卷，人民出版社1972年版，第37页。
③ 《马克思恩格斯选集》第1卷，人民出版社1972年版，第37页。

益矛盾的制约,劳动生产率并不总是随着分工规模的发展而提高的。

在企业内部的分工中也存在着共同利益与个人利益之间的矛盾,只有在分工规模的发展所产生的分工中私人劳动与社会劳动之间矛盾的负作用可以被分工所提高的劳动生产率抵消时,分工规模的发展才能促进劳动生产率的提高,反之则不然。分工劳动依赖于指挥计划,指挥计划劳动可能产生私人劳动与社会劳动之间的矛盾,导致合作水平的下降,从而使劳动生产率不再随着分工规模的发展而提高。在社会分工中,同样只有在分工规模的发展所产生的分工各部门之间矛盾的负作用可以被分工所提高的劳动生产率抵消时,分工规模的发展才能促进劳动生产率的提高,反之则不然。社会分工依赖于市场调节的效率,市场失灵可能引发各部门之间的矛盾,导致合作水平的下降,从而使劳动生产率不再随着分工规模的发展而提高。所以,分工的水平既受制于计划调节的水平又受制于市场调节的水平,对于分工,计划和市场是一对互补的调节手段,计划有利于分工时,企业之间就会有整合的趋势;市场有利于分工时,企业和行业就会有细分的趋势。

第四节 生产方式与合作的共同演进

考察贯穿于整个人类历史的合作,我们可以看到合作与生产方式相互推动演进的历程,而合作水平的提高改变人与人之间的交往方式,也推动着人不断地发展。

一 合作贯穿于整个人类历史

欧文被世界各国公认为合作思想、合作运动的创始人。他的空想社会主义观点包括他的合作思想在 1820 年前后基本形成;他还亲自组织过新和谐(New Harmony)社区的实验。空想社会主义的合作实践被看作是合作经济的开始。合作经济是以合作企业为基础的。诸多合作企业的经济行为、经济活动汇集起来,便构成全社会合作经济的总和。如合作农场、合作工厂、供销合作社、消费合作社、信用合作社等,都是合作经济总体的组成部分。合作企业是劳动群众联合起来,自愿结合,使用共同占有的生产资料，共同进行劳动生产的劳动集体经济组织，它是劳动群众自己的劳动集体经济组织。这就是传统意义上的合作。这里的"合作"或"合作经济"是某一特定的生产关系，是某一特定历史时期的产物。本书所研究的"合作"不仅将合作看作一种生产关系，也看作一种生产力。而且，合作作为一种生产方式，并不限于某一特定的历史时期，而是贯穿于人类社会发展的整个历史过程。本书所指的合作更类似于马克思所探讨的"共同劳动"。

合作是一种共同劳动。共同劳动是相对于个人劳动而言的。共同劳动是指一个以上的劳动者在同一劳动过程中的协同活动。共同劳动作为一种生产方式，存在于各个社会形态中。共同劳动的必要性，是由劳动本身的性质，归根结底是由生产力的性质和水平决定的。但是在不同的社会里，共同劳动本身也受到社会生产关系的制约，从而使它具有不同的特点。[①]

早在人类社会初期，原始人的狩猎活动，就是一种最简单的自然的共同劳动形式。在原始村社，一个氏族的成员在一起共同谋取生活资料；在奴隶社会，一些奴隶在奴隶主强迫下共同劳动；中世纪行会手工业，师傅、帮工和学徒一起劳动，这些都是共同劳动的形式。

资本主义协作是共同劳动发展中的一个特殊的历史形式。马克思说："资本主义生产实际上是在同一个资本同时雇用较多的工人，因而劳动过程扩大了自己的规模并提供了较大量的产品的时候才开始的。"[②]从历史上看，资本主义协作是同个体农民经济和独立的个体手工业生产相对立而发展起来的。在封建社会末期，富裕的作坊主和包买商雇用了较多的工人进行共同劳动，从而出现了最初的资本主义作坊。

资本主义协作作为共同劳动发展中的特殊历史形式，以资本主义占有制为基础，以劳动力自由买卖的雇佣劳动制度为前提。它不是通过人身的强制，而是通过经济上的强制建立起来的。通过这种共同劳动，可以创造出单个工人根本不可能发挥出来的那种集体生产力，因而体现了劳动过程转化为社会化劳动的历史进步性；但是由于这种由共同劳动而

---

① 宋涛：《〈资本论〉辞典》，山东人民出版社1988年版，第143页。
② 《马克思恩格斯全集》第23卷，人民出版社1972年版，第358页。

产生的社会生产力为资本家无偿占有，表现为资本的生产力，这是历史的局限性。随着协作和劳动社会化的发展，便导致了资本的自我否定。

合作的历史就是共同劳动的历史，合作与人类社会的历史始终相伴。随着人类社会的不断发展，合作的水平也不断提高。

二 合作水平与生产方式相联系

合作水平是与生产方式相联系的，生产方式的变化影响着合作的发展，这是马克思合作思想的重要组成部分，也被现代实验经济学的结果所证实。

实验经济学是经济学的一个分支，它在可控的实验环境下针对某一经济现象，通过控制某些条件、观察决策者行为和分析试验结果，以检验、比较和完善经济学理论并提供政策依据。① 10 余位学者（其中有 11 位人类学家和 1 位经济学家）在否定"经济人假说"时就是采用实验经济学的研究方法。② 他们在 15 个不同的社会生产条件下进行了最后通牒博弈、公共物品博弈和独裁者博弈实验，观察人们在博弈中的行为，以判断人们的行为是否符合"经济人假说"。他们得出的结论是：在所有的实验中，人们的行为都不同程度地背离了"经济人假说"，背离的程度与生产方式有关。博弈论的分析表明"经济人假说"往往是与"囚徒困境"的不合作境遇相联系的，背离"经济人假说"就意味着走出"囚徒困境"，走向合作，对"经济人假说"的背离程度是与合作水平有关的。这些学者的经济学实验结果证实了人们的合作程度与生产方式有关，以下具体以最后通牒博弈的实验加以说明。

最后通牒博弈是指两个实验参与人一次性地对一笔资金的分配达成协议。实验时，随机决定一人为提议者（Proposer），另一人为接受者（Respondent）。提议者提出一种分配资金的方案，接受者可有两种选

---

① 吴易风：《当代西方经济学流派与思潮》，首都经济贸易大学出版社 2005 年版，第 340 页。
② Henrich, J., Boyd, R., Bowles, S., Camerer, C. Fehr, E., Gintis, H., McElreath, R., "Cooperation, Reciprocity and Punishment: Experiments from 15 Small-scale Societies", Book Manuscript, 2002. http://www.santafe.edu/research/publications/workingpapers/01 - 01 - 007.pdf.

择。如果接受这种方案，则资金即这样分配；如果不接受，则双方什么也得不到。如果两个博弈者都遵循规范的"经济人假说"，那么很容易就可以明白提议者知道接受者会接受任何不为零的出价，就会尽可能少地将资金分配给对方，接受者如不接受这一金额，就会一无所得，因而也会接受这样的分配。也就是说，所有提议者都会尽可能少地将资金分配给对方，分配给对方的资金就会接近于0。分配给对方的资金比例越接近于0，就越符合"经济人假说"；分配给对方的资金越多，其比例越接近于1，就越背离"经济人假说"。实验发现，并不是所有提议者都提出分配给对方的资金比例接近于0的方案，也并不是所有的接受者都接受这样的方案。实验的结果反映了对"经济人假说"的背离。实验还表明，单从个体经济分析和统计学分析还不能解释群体的合作行为；实验中人们的行为与这些人所处的经济模式，即他们在日常生活中的生产方式，是相关联的。

在参与最后通牒博弈实验的秘鲁的 Machiguenga 和玻利维亚的 Tsimane 群体中，提议者提出分配给对方的资金比例分别为 0.26 和 0.37，对"经济人假说"的背离程度最低，合作水平也最低。他们的生产方式是以家庭为单位的，很少从事家庭成员之外的生产活动，经济上完全独立，生产方式呈现出分散生产的特点。相比之下，印度尼西亚由十几个或更多的人一起驾船出海捕鲸谋生的 Lamelara 群体中，提议者提出分配给对方的资金比例为 0.58，对"经济人假说"的背离程度最高，合作水平也最高。像 Lamelara 人那样谋生依赖于大规模合作的群体，其合作剩余较大，即选择合作与选择不合作的收益差额会比较大。可见，合作剩余的大小会影响对"经济人假说"背离的程度，影响到合作的水平。合作剩余的大小一般是由生产方式决定的，因此合作水平是与生产方式相联系的。

以上实验经济学的结果还可以用史密斯（Maynard Smith）的进化博弈论进行深入的分析。[①] 圣西门较早地把社会发展与人的发展联系起

---

① 叶航、汪丁丁、罗卫东：《作为内生偏好的利他行为及其经济学意义》，《经济研究》2005年第8期。

来，把人分为两大类："一类是人类之友，另一类是利己主义分子。"[①] 他确信"人类之友和利己主义分子的人数，是随着社会所处的一般状况而相对增减的"[②]，圣西门将实业制度的实现寄希望于人类之友的不断增加，实际上是把合作水平的提高与人的发展联系起来，合作水平的提高表现为人类之友的不断增加和利己主义分子的不断减少。假设人类之友即利他者在人群中的比例为 X，根据进化博弈论，群体中选择合作的人数取决于以下两个方面：（1）利他者在人群中的比例 X；（2）合作的期望得益 U 合作与整个群体的平均期望得益 U 之间的差异。所以，复制动态方程为：

$$dX/dt = F(X)$$
$$= X \cdot (U\text{合作} - U)$$
$$= X \cdot (1-X) \cdot [X \cdot (V/2 - V) + (1-X) \cdot (0 - (V-C)/2)]$$

其中，C 为合作剩余，V 为利己者独占的合作收益。

当演化达到均衡，即利他者在人群中的比例相对稳定时，$dX/dt = 0$。由此得到，$X = C/V - 1$。可见，利他者在人群中的比例不仅取决于合作收益，还取决于合作剩余。合作收益和合作剩余都是由生产方式决定的。生产方式的变化会改变博弈的结构，合作剩余就发生变化，合作收益随之改变，人群中利他者的人数也会发生变化，这一变化反过来又会引起生产方式新的变化（见图 4-13）。因此，利他者在人群中的比例取决于生产方式，生产方式与合作水平是相联系的。

生产方式 ⟶ 博弈的结构（合作剩余、合作收益） ⟶ 利他者在人群中的比例

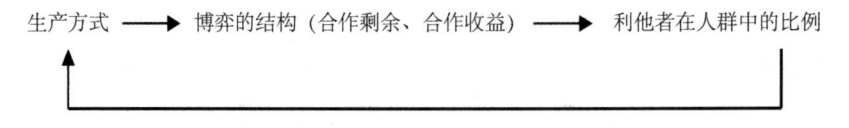

图 4-13 生产方式与合作水平

三 合作水平与人的发展相联系

马克思对人的发展与合作的关系做了精辟的论述，他认为："人的

---

① ［法］圣西门：《圣西门选集》下卷，何清新译，商务印书馆 1962 年版，第 55 页。
② ［法］圣西门：《圣西门选集》下卷，何清新译，商务印书馆 1962 年版，第 55 页。

依赖关系（起初完全是自然发生的），是最初的社会形态，在这种形态下，人的生产能力只是在狭隘的范围内和孤立的地点发展着。以物的依赖性为基础的人的独立性，是第二大形态，在这种形态下，才形成普遍的社会物质变换，全面的关系，多方面的需求以及全面的能力的体系。建立在个人全面发展和他们共同的社会生产能力成为他们的社会财富这一基础上的自由个性，是第三个阶段为第三个阶段创造条件。"① 顾海良对马克思关于人的发展的不同形态做了分析②，本书在此基础上把生产方式、人的发展与合作水平三者联系起来，做进一步的阐述。

(一) 人的发展的第一大形态

马克思认为，在第一大形态下，人的制约和控制自然的能力十分低下，人还只是"直接地从自然界再生产自己"，人的潜在的生产能力还受到自然的限制。因此，在这一形态下，一方面，个人只有依赖群体，在没有社会分工，或者只是在一种自然的分工状态下，向人周围的自然索取直接的生活资料等自然资源；另一方面，人们只能以血缘或以有限的地域为基础，结成相互依赖的共同体，同自然发生物质变换关系。这时，一切产品的生产都只是在一种相对封闭的"共同体"内完成的。在人的发展的第一大形态下，合作方式是生产力较低的、局部的合作方式。

(二) 人的发展的第二大形态

随着社会生产力的发展，特别是随着社会分工、自然力的利用以及科学技术在工艺上的运用等，人对自然的制约和控制能力逐渐有了提高，"共同体"的劳动形式被不断发展起来的协作、专业化等社会分工形式所瓦解，第一大形态所固有的封闭状态受到了根本性的冲击。而且由普遍的需求和供给互相产生的压力，促使毫不相干的人发生联系，人与人之间一切固有的依赖关系逐渐解体；与此相适应，人与人之间的以产品交换为基础的相互间的"全面依赖"的形式逐渐产生和发展起来。这样，"活动和产品的普遍交换已成为每一单个人的生存条件，这种普遍交换，他们的互相联系，表现为对他们本身来说是异己的、无关的东

---

① 《马克思恩格斯全集》第46卷上册，人民出版社1979年版，第104页。
② 顾海良：《马克思经济思想的当代视界》，经济科学出版社2005年版，第429—432页。

西，表现为一种物"①。这时，人对人的依赖性减弱了，人对物的依赖性增强了。结果就是："主体只有通过等价物才在交换中彼此作为价值相等的人，而且他们只是通过彼此借以为对方而存在的那种对象性的交换，才证明自己是价值相等的人。"② 尽管如此，在第二大形态中，人自身的多方面的需求以及全面的能力的体系已经形成并得到不断发展。马克思充分评价了第二大形态中人的发展的历史进步性和现实必然性。

在人的发展的第二大形态下，合作方式的基本特征是：生产力得到了发展，生产的社会化程度进一步提高，但生产关系中存在着冲突。人的发展的第二大形态体现的不是人与人的关系，而是人与物的关系。

（三）人的发展的第三大形态

在人的发展的第三大形态中，劳动主体对客体具有充分的制约和控制能力，主体的"自由个性"得到全面的发展，主体之间的关系也无须采取间接的物的形式。其实，这是马克思设想的人的发展的一种未来形态。对这种未来的形态，马克思并没有作更多的论述，他只强调了两个基本内容：其一，这一形态的产生取决于两个方面的基本条件：一方面是个体的全面发展，即取决于主体的发展程度；另一方面是主体的共同的生产能力成为他们共同的财富，即取决于主体对客体占有和所有形式的发展程度。其二，第二个阶段为第三个阶段创造条件。这样，第二大形态的充分发展成为了过渡到第三大形态的一个不可逾越的过程。正是在这一意义上，马克思强调指出："全面发展的个人——他们的社会关系作为他们自己的共同的关系，也服从于他们自己的共同的控制的——不是自然产物，而是历史的产物。要使这个个性成为可能，能力的发展就要达到一定的程度和全面性，这是以建立在交换价值基础上的生产为前提的，这种生产才在产生出个人同自己和同别人的普遍异化的同时，也产生出个人关系和个人能力的普遍性和全面性。"③ 在人的发展的第三大形态下，合作达到了至高境界。

---

① 《马克思恩格斯全集》第46卷上册，人民出版社1979年版，第103页。
② 《马克思恩格斯全集》第46卷上册，人民出版社1979年版，第194页。
③ 《马克思恩格斯全集》第46卷上册，人民出版社1979年版，第108—109页。

本章小结

本章论述马克思合作思想中交往、生产方式与合作的关系,主要表现在以下六个方面:(1)合作作为一种生产方式,是对马克思合作思想的传统诠释的两个拓展。第一,合作不仅体现在生产力上,而且体现在生产关系上。第二,合作不是特定历史条件下的生产关系,考察合作应与整个人类历史发展的进程相联系。(2)合作的生产方式有两层含义:第一,这种生产方式解决了人与自然之间的矛盾;第二,这种生产方式也解决了人与人之间的矛盾。合作的生产方式就是指在人与自然和谐相处、人与人和谐相处、可持续发展的前提下,最大限度地发展生产力。(3)合作的生产方式表现为:生产关系必须与生产力水平相适应;生产关系必须随着生产力的发展而发展。合作是生产力和生产关系的辩证统一。(4)从交往的角度看合作,合作的生产方式的生产关系与生产力相适应问题可以转化为交往网络的稳定性问题来研究。为建立在交往网络基础上的共享经济的生产力与生产关系相适分析提供理论基础。(5)生产方式的变化影响着合作的发展,合作水平是与生产方式相联系的。(6)合作是与人的发展相联系的。

第五章　合作思想的实践考察
——合作经济的发展

西方经济学对合作的研究是在资本主义制度的框架下进行的，在他们看来，合作经济只是诸多企业形态中的一种，研究合作经济的目的在于改良资本主义生产方式。马克思主义经济学不仅从理论层面上研究合作思想，而且考察了合作经济的实践发展，包括合作工厂、合作社等，马克思认为这些形式的合作经济是资本主义生产方式演进中的资本自发扬弃。合作经济被看作是向社会主义更高合作水平发展的一个过渡点，是马克思合作思想的具体实践。

马克思的合作思想表明，合作不同于合作经济，合作与合作经济是一般与特殊、抽象与具体的关系，是理论与实践的关系。合作虽与合作经济不同，但它们又是相互联系的，正如西方合作理论影响着西方合作经济的发展一样，马克思的合作思想同样影响着马克思主义合作经济的发展。不仅如此，马克思主义合作理论和西方合作理论这两种不同合作理论的交锋也影响着这两大类别的合作经济实践，两种理论之下的合作实践也在相互借鉴、不断发展着。从历史发展的角度看，罗伯特·欧文之后的合作经济发展分为两大路径：一是以罗虚代尔先锋社为代表的资本主义社会的合作经济；二是以苏联和中国为代表的社会主义国家的合作社。以下首先回顾西方合作经济和马克思主义合作经济的发展历程，从中总结作经济发展的经验与教训，探索社会主义新时代我国合作经济发展的新路径，并为将共享经济纳入马克思合作思想视角来研究打下基础。

第一节 西方合作经济及其发展

马克思认为,"在英国,合作制的种子是由欧文播下的"①。空想社会主义者尤其是欧文的合作社试验虽然失败了,但在社会上却产生了极大的影响。继空想社会主义者的合作理论和实践之后,合作经济在西方资本主义条件下得到了进一步发展。欧文的失败警示人们,要想成功办好合作社,必须适应社会经济发展的条件,必须改善社员的切身利益,必须依靠社员自身的力量。19世纪三四十年代,在欧洲兴办合作社成为一种普遍的社会现象,大多数合作社都没能成功,但也出现了像罗虚代尔公平先锋社这样卓有成效的合作社。

在西方合作社发展史上,罗虚代尔公平先锋社是西方合作社的典范,罗虚代尔原则对西方合作经济发展产生了重大影响。日本农协历经百年的成长,对日本农业农村的发展发挥了积极的作用,作为比较成熟的农民合作经济组织,其影响力波及亚洲许多国家。以色列的基布兹和莫沙夫的合作经济实践在以色列现代农业发展中占有重要地位。以下主要以罗虚代尔公平先锋社、日本农协和以色列的农业合作经济实践为代表回顾西方合作经济及其发展。

一 罗虚代尔公平先锋社

罗虚代尔公平先锋社被称为世界上第一个成功的合作社。欧文的合作思想和实践对罗虚代尔公平先锋社的产生和发展有着重大的影响,罗虚代尔公平先锋社成立之初的28个成员中就有14人是欧文主义者。②罗虚代尔公平先锋社的出现使合作社从变革社会的理想主义转向了实用主义,改良主义逐步成为西方国家合作社运动的主流。罗虚代尔公平先锋社之所以成为西方合作社的典范,主要源于罗虚代尔原则,对最本质

---

① 李昱姣:《空想的逻辑——欧文、傅立叶合作思想辨析》,《社会主义研究》2009年第3期。
② 吕亚荣、李登旺、王嘉悦:《罗奇代尔公平先锋社的百年发展史:1844—1944》,《华中农业大学学报》(社会科学版)2014年第1期。

原则的坚守,是一百多年来合作社能够在多次经济危机中保持骄人业绩并在许多国家的农业领域成为主流组织形式的内在原因。①

(一) 罗虚代尔公平先锋社的产生与发展

罗虚代尔公平先锋社于 1844 年诞生在英国罗虚代尔镇。当时,曼彻斯特是英国纺织工业的中心,与罗虚代尔镇相距约 40 千米。罗虚代尔镇人口 2 万 5 千多,其周围共有 4 万多居民,手工纺织业的发展已有几百年历史,出产的毛纺织品和法兰绒在英国久负盛名。

1820 年,罗虚代尔镇的工场主买进第一部棉纺织机,资本主义机器大工业的出现给手工纺织业带来了巨大的威胁,那些凭借手工技巧谋生的小生产者无法与使用机器的资本家工厂竞争,纷纷破产、失业,为了生存,他们不得不放弃原有的手工技术,到资本家的工厂里做工,成为出卖劳动力的雇佣劳动者。随着失业者的增多,劳动力市场竞争激烈,导致劳动力的价格日益下降。1840 年,纺织厂工人的周工资已由原来的 1 镑降到 7 先令,女工只能得到男工工资的 1/3,工厂还大量使用童工,童工的周工资仅 1 便士。不仅如此,工场主还常常以指定商店的购贷券代替工资,工人只能用购贷券购买那些质量差、价格较高的商品,受到了工场主和商业资本家的双重剥削。为了改变日益恶化的生活处境,罗虚代尔镇的工人举行了一些罢工活动,反对降低工资,力图推动工厂立法,实行 10 小时工作制,但这些斗争没有取得多大成果。在这种情况下,工人运动的领导者决定依靠工人群众自己的力量组织消费合作社,解决大家的生活难题。

1843 年,罗虚代尔镇的 13 名纺织工人发起组织合作社,定名为"罗虚代尔公平先锋社",以志愿的原则筹集股金,自愿入社者每人缴纳 1 镑股金,到 1844 年,自愿参加合作社的工人已增至 28 人。1844 年 8 月 11 日举行了罗虚代尔公平先锋社成立大会,并通过了合作社章程,同年 10 月 24 日核准登记,12 月 21 日晚正式开始营业。

罗虚代尔公平先锋社章程明确提出了建立合作社的目的,即增进社员经济利益、改善社员家庭境况。同时制订了以下六项发展计划:

---

① 孔祥智:《国际合作社原则的变与不变》,《中国农民合作社》2014 年第 6 期。

(1) 设立一个销售食品、服装等日常用品的商店。(2) 设立生产社员所需物品的工厂。(3) 设立一个禁酒食堂，倡导节俭生活方式。(4) 基于自愿互助，为社员建设或购买住房。(5) 租赁或购买土地，供给失业或收入不足以维持生活的社员耕种。(6) 建立合作新村，从事生产、销售、分配、教育、自治等方面的工作。

为了实现以上计划，该章程还制定了一套切实可行、公平合理的办社原则：(1) 实行一人一票制度，社员表决权一律平等。(2) 对政治和宗教保持中立。(3) 按购买额分配合作社盈余。(4) 从合作社盈余中提取 2.5% 作为社员教育费用。(5) 按市价销售货物。(6) 不赊购赊销，实行现金交易。(7) 公平交易，保质保量。在全体社员的共同努力下，罗虚代尔公平先锋社排除了各种困难，逐步发展起来，在改善社员生活条件方面发挥了重大作用。到 1870 年，罗虚代尔公平先锋社的股金从最初的 28 英镑增加到 5500 英镑、贸易额达到 223000 英镑。

罗虚代尔公平先锋社把合作社的发展目标定位在社会生产某个环节上的联合，为社员谋取利益并解决具体困难，而不是针对整个社会进行改革。罗虚代尔公平先锋社抛弃了空想社会主义者把合作社作为社会改革工具的幻想，这也使得资本主义上层社会对合作社的敌视态度发生了根本性的改变，认为合作社可以缓和社会矛盾，转而支持合作社的发展。从一定意义上来说，罗虚代尔公平先锋社对空想社会主义的背离是它取得成功的一个重要原因，对西方合作社运动的改良主义产生了很大影响，此后，形形色色的改良主义合作社在西方国家流行起来。从 19 世纪后期开始，合作社运动风起云涌，在英国工业城镇和工人阶级中迅速发展，并扩展到大部分北欧国家和美国。20 世纪初，欧洲移民将此引入拉丁美洲和非洲。20 世纪 20 年代以来，在西方国家，合作社普遍被认为是资本主义体系的一个组成部分，是资本主义内部的进化因素，改良主义成为西方国家合作社运动的主流。

(二) 罗虚代尔原则

罗虚代尔公平先锋社的成功使其办社原则受到广泛推崇，产生了深远的影响。1895 年，国际合作社联盟成立，把罗虚代尔公平先锋社的办社原则作为国际合作联盟的办社原则列入联盟章程，成为国际合作联盟成员国的合作社组织共同遵循的原则,被称为罗虚代尔原则。在罗虚代尔公平先锋社办社之初的原则基础上,罗虚代尔原则的具体内容随着时代的发展而演变,但罗虚代尔原则的基本精神始终被保留了下来。

在1934年召开的国际合作社联盟第十四次代表大会上,对联盟章程作了一些修改,保留了罗虚代尔原则中的自愿入社、民主管理(一人一票)、现金交易、按购买额分配盈余、重视教育、对政治和宗教保持中立等六条,增加了限制股金分红的条款。因为随着合作社股金总额迅速增加,如果不对股金分红加以限制,势必会影响按购买额分配盈余的权重,就会逐渐偏离合作社的分配原则,滑向资本主义股份公司的道路。注重利益分配上的"公平",避免出现因"资本集中化"而导致分配不均的问题。① 此外,不再保留交易物品保质保量原则,随着市场经济的发展,这一条已无须特别强调。在1936年召开的国际合作社联盟第十五次代表大会上,除强调参加合作社必须自愿外,还特别强调了"交易限于社员"的原则。

1966年,国际合作社联盟第二十三次代表大会对罗虚代尔原则又作了一些修改,原来的七项原则变为六项,保留了原来的自愿入社并公开征集社股、民主管理(一人一票)、限制股金红利、按购买额分配盈余、重视教育五条,增加了第六条"促进国内和国际合作",新增的第六条主要出于国际合作社联盟宗旨的考虑。去掉了"现金交易"和"对政治与宗教保持中立"等内容。

当代西方国家的合作社均以罗虚代尔的这六项原则为依据,特别是前四条,得到了比较严格的遵守。例如,在美国,非常强调组织参加合作社必须坚持自愿原则,真正给参加者以管理权。合作社的盈余,除留下的积累外,按购销额和股金分红、以按购销额分红为主。合作社都有一套健全的民主管理机构和制度。虽然如此,但在实际执行过程中也不可能原原本本地贯彻罗虚代尔原则。例如,在合作社运营管理过程中,对于一人一票还是一股一票,美国的大农场主和小农场主之间就存在矛

---

① 吕亚荣、李登旺、王嘉悦:《罗奇代尔公平先锋社的百年发展史:1844—1944》,《华中农业大学学报》(社会科学版)2014年第1期。

盾。在盈余分配方面，一般按交易额或购买额比例分红，限制股金分红，但也有大型的合作社联合体，股金分红额不断增加。当合作社的规模越大时，大户对合作社的实际控制权就越大，这就违背了罗虚代尔原则。

1995年9月，在英国曼彻斯特召开了国际合作社联盟100周年代表大会，修订通过了《关于合作社特征的宣言》，对合作社的性质和基本原则做了如下规定：合作社是为了满足共同的经济、社会、文化的需求和愿望而通过共同所有和民主管理的企业自愿联合起来的自治组织。合作社的基本价值是：自助、自主、平等、公平和团结。合作社社员信奉诚实、公开、社会责任和关心他人的道德价值观。合作社的基本原则包括以下七条：第一，自愿和开放的社员制。任何人只要能够利用合作社提供的服务并承担社员义务，均可入社，不受政治、宗教、种族和性别的歧视。第二，民主的社员管理。合作社是由社员管理的民主组织，社员主动参与合作社的政策制定和决策。由社员选举出的管理人员要对全体社员负责。在自然人自愿联合的基层合作社，社员有一人一票的平等投票权，其他层次的合作社也要以民主的方式进行管理。第三，社员经济参与。社员对合作社公平出资，并民主管控资本。该资本必须有一部分是合作社的共同财产。社员出资是取得社员资格的条件，但出资只获取有限的报偿。合作社的盈余分配用于建立公积金来发展合作社，按社员与合作社的交易额返还给社员，支持社员认可的其他项目。第四，自治与独立。合作社是由社员管理的自治与自助组织。合作社同其他组织（包括政府）达成协议或者要从外部筹集资金时，必须以确保社员的民主管理和维护合作社自主权为前提。第五，教育、培训与信息。合作社要为社员、由社员选举产生的代表、经理和雇员提供教育和培训的机会，使他们能够更有效地为合作社做出贡献。要宣传合作社的性质和优越性，特别是把这些信息传递给青年和有影响力的媒体。第六，合作社之间的合作。合作社要开展地方性、区域性、全国性乃至国际性的合作，以便最有效地为社员服务并促进合作社发展。第七，关心社区。合作社要在满足社员需要的同时，要推动所在社区的可持续发展。

随着经济、社会的发展和时代环境的变化，国际合作社联盟对合作社的基本原则进行了多次修改或调整,但罗虚代尔原则的基本精神始终被坚持了下来,这正是罗虚代尔公平先锋社和罗虚代尔原则的价值所在。西方合作经济是资本主义生产关系不变条件下诸多企业形式中的一种,它显然区别于资本主义制度下主流的企业形式——投资者所有企业(简称IOF),在IOF的治理结构中,控制权(或称治理权)、所有权和收益权均由投资者及其代理人支配,资本和劳动是雇佣关系。西方合作经济是缓解资本和劳动之间矛盾的一种企业组织。当合作社与追求利润最大化的企业在同一个市场中共存时,合作社的存在能够阻止追求利润最大化的企业在市场中的垄断,从而使企业之间的竞争更为充分。①

二 日本农协

日本农协,全称为"日本农业协同工会(Japan Agricultural Cooperatives)",是农户以及小规模农业从业者自愿联合自主经营的互助性农业经济组织,它以提高农业生产、保护农户利益为目的,将农业从业者紧密联系起来,使协会会员可以在生产生活中互帮互助。日本农协组织农民从事农产品生产、加工、销售,向农民提供生产资料供给、金融、支持、技术经营指导等产前、产中、产后服务,在促进农业发展和农村城市化进程中发挥了积极作用。历经百年的发展,日本农协已经成为比较成熟的农民合作组织,遍布日本城乡,99%以上的农民都加入了农协组织,超过90%的农产品和80%的农业生产资料销售是通过农协完成的。日本农协是亚太地区重要的农业合作经济组织,其影响力波及韩国和中国台湾地区。日本农协集生产、供销、信用"三位"于一体,将市场和计划较好地融合,该综合经营模式已成为许多国家合作社学习和借鉴的样板。

(一)日本农协的产生与发展

日本于明治维新之后走上了资本主义发展道路。就农业农村改革来说,一方面,努力提高生产力,如设立农学院、农业科研机构等,推广

---

① Sexton, R. J., Iskow, J., "The Competitive Role of Cooperatives in Market-oriented Economies: A Policy Analysis", in Csaki, C., Kislev, Y. (ed) *Agricultural Cooperatives in Transition*, Boulder Colo.: Westview Press, 1993, pp. 55–83.

现代农业科学技术；另一方面，进行组织变革，主要学习德国的信用组合制度，把分散的农民组织起来，积极推进建立合作经济组织——产业协同组合，它就是日本农协的前身。这种"同业组合"由农民和手工业者自发组建，最初主要存在于茶和蚕丝业，从事农产品销售、生产资料购买以及生产生活资金的相互融通。1898年，日本颁布了《产业组合法》，这是日本历史上第一部关于合作社的法律，对合作组织予以扶持和鼓励。

1920年，经济危机席卷日本，农业生产和产业组合都受到了严重冲击。从1925年开始，日本开展了"产业组合刷新运动"，以当时的地主、富农为核心，吸收普通农民作为产业组合的会员，并成立全国性的组织。1929年，为应对世界性经济大萧条引发的农业恐慌，在日本政府的行政干预和指导下，得以实现产业组合。1933年，出现了"全国稻米销售购买组合联合会"、"全国产业组合制丝联合会"和"大日本柑桔销售联合会"等行业组织。随着抗日战争全面爆发，日本于1938年颁布《国家总动员法》，产业组合在战时作为协助战争的工具，主要承担大米流通方面的任务，并逐渐成为粮食流通的垄断组织。为满足战争的需要，产业组合与农会等农业组织合并成立"农业会"，继续为战争提供粮食、物资等方面的保障，并强制农民全员加入，形成"中央—都道府县—市町村"① 三级组织结构。第二次世界大战结束之初，"农业会"被视为军国主义性质的组织而被取缔。

第二次世界大战后，为调动农民的生产积极性，解决地主与农民之间长期存在的社会矛盾，日本政府于1946年制定《农地改革法》，其主要内容包括政府从地主手中收买土地，再以较低价格卖给佃农，使几乎所有的农民都有了土地，从而确立了第二次世界大战后日本农业家庭经营的基本制度。1952年，日本又颁布《农地法》，严格限制土地转让，但分散的"家族经营"的个体生产不利于社会化大生产和农业现代化，也不便于政府"指导"和管理。日本不得不放弃实行家庭大农场的做法，于1947年7月，制定了一部专门法律——《农业协同组合

---

① 市、町、村是日本最基层的、同一级别的行政单位。

法》，在全国范围内组建农协，简称 JA。农协的建立，在缓和社会矛盾、保护农民经济利益、加强中小产业者自立互助进行产业组合等方面发挥了积极作用。随着农产品市场竞争加剧，以农户为单位的小规模农协难以适应商品化大生产的需要，农协管理制度的调整成为必然。从 1948 年起，日本农协开始整合，各地按照市町村行政区划，自下而上设立了"基层农协—县联社—中央联社"三级管理制度，从基层农协、县农协，再到全国农协，农民被各级农协紧密团结在一起。随着人口老龄化，日本农民越来越少。20 世纪 70 年代后，日本农协大量吸纳非农成员，只要拥有 1 公亩以上土地、一年从事 60 天以上农业劳动的人，就有农业委员会的选举和被选举资格。

　　日本农协除了正常的农业生产资料供应、技术指导、教育培训、农业信息共享、农产品加工、存储、销售等活动外，还不断挖掘、开拓新业务，开展了医疗、葬祭、教育、保险等多种业务。农协对协会成员的农业经营、生产技术和生活安排等方面进行指导、提出建议，也对成员的生产生活资料采购进行指导和推荐，通过联合采购方式降低农民的采购成本和维护费用。对协会成员生产的农产品进行集中销售，以避免价低伤农。不仅如此，协会还根据市场需求实行订单生产，开展直营业务，加强与下游采购商的直营合作。例如，与连锁餐饮巨头寿司郎结盟，稳定大米销售渠道；与亚马逊日本站合作，开设亚马逊农协商城 JA TOWN。农协还为协会成员提供共享的农业生产、生活设施，加速智慧农业建设。2017 年，日本农协引入无人机和基于云计算的农业管理系统，不断提升农业现代化水平。此外，农协还吸纳储蓄和融资，从事信用、保险等各种各样的事业和活动。近年来，农协还开展支援老年人的福利活动，开设小学生农场，支持农民商场加强与城镇社区的联系。

　　半个多世纪以来，日本农协作为农民利益的代言人，在保障基本农产品供给、促进农民收入快速增长、消除城乡差距方面做出了重大贡献。20 世纪 90 年代以后，随着日本经济增长的失速，农协系统也面临着前所未有的挑战，这些挑战对日本政治和社会结构产生了深远影响：一是以"均等、弱小"为前提、"一人一票"为宗旨的农协仍主要以兼业农户为服务对象，无法满足对大规模农户按市场经济原则给予优惠的要求，大规模农户开始脱离农协，自己销售农产品。二是农协金融部门从信用角度出发必然追求规模，逐渐远离基层农民，而农业供销和生产服务部门则要求贴近基层农民，这些部门过度依赖金融业务，难以独立。三是日本要提高竞争力则必须开展农地改革，促进农地向有经营能力的人转移，但在工业化城镇化进程中，农地已逐渐从生产资料变成资产，价值陡增，使已经离农的人不愿意将农地卖给其他农民，农地一直处于分散化、碎片化状态，甚至大量抛荒，农协由于对金融业务严重依赖，被迫站到大量兼业户一边，很容易成为农地改革的阻碍者。

（二）日本农协的经验

在西方经济学看来，可以把合作社和股份制企业放在同一个市场条件下，根据当时当地的不同情况，采取不同的组织选择。[①] 比较合作社和股份制的组织效率，哪种方式的组织效率更高，取决于成员的异质性程度和该组织所处市场环境的竞争激烈程度。当成员（农户）异质性增强或市场竞争更激烈时，股份制更为有效，而在成员较为同质性、市场竞争较缓和的条件下，合作社是一种更有效的组织形式。[②] 日本合作经济在资本主义背景下并不是一成不变的，而是一直随着市场情况的变化而不断权衡、调整、发展着。既有集中协调管理，又有分层的分权管理；既有一人一票制的合作社形态，又有一股一票制的股份制形态，并与不同的层次和业务相适应。

1. 日本农协的三级管理结构

日本农协采取"基层农协—县联社—中央联社"三级管理制度，分为基层农协、县级农协和全国农协（简称全协）三级。基层农协一般是以市町村等行政区域为单位组织起来的，以农户为社员；县级农协一般是以都道府县范围内的基层农协为会员；全国农协以基层农协、县级农协为会员。《农协法》对各级各类组织的业务范围规定得十分详细，不准交叉经营，上级农协不得剥夺下级农协的权利，各级农协必须

---

① 梁巧、黄祖辉：《关于合作社研究的理论和分析框架：一个综述》，《经济学家》2011年第12期。

② O. Hart, J. Moore, "The Governance of Exchanges: Members Cooperatives versus Outside Ownership", *Oxford Review of Economic Policy*, Vol. 12, No. 4, 1996, pp. 53 – 69.

履行各自的义务，接受组合员（会员）及各级监察部门的监督。基层农协分为综合农协和专业农协。综合农协以本地区农户为服务对象，服务内容广泛，包括生产资料供应、技术指导、农业信息、农产品加工存储运输销售、信贷保险、生活服务、医疗卫生保健等。专业农协则以从事同一专业生产的农户为服务对象，例如园艺、养鸡、奶酪等，为专业农户提供生产资料采购、技术指导和产品销售等方面的服务，一般不提供信贷保险业务，也不提供生活服务，其数量多、规模小。日本农协组织体系上至中央、下至农村，形成了系统化规范化的组织结构，而且各级组织分工明确、产权清晰，因而效率高。日本农协明确规定各级组织以及各个部门应该完成的工作，不交叉，不冲突，不遗漏。日本农协面向全国销售产品，通过中央批发市场、地方批发市场和自建的营销渠道，形成了全国性甚至国际性的营销网络。

2. 全协的集中管理与基层农协的分权管理

日本农协分为基层农协、县级农协和全国农协三级，表现为全国农协的集中管理和基层农协的分权管理。为更好地为基层农协服务，全协保留并加强了合作金融业务，由中央会直接管理。农协合作金融的营业网点分布很广，主要开设在农村地区，金融网点与超市、加油站、物流点等其他营业场所整合在一起，提供的服务与基层农协的业务息息相关，采用统一的金融业务处理系统，为客户提供一站式金融服务。在农业保险领域，基层农协通过互助保险打包保险资产，通过中央会再保险来分担风险。另外，激发基层农协活力是日本农协改革的核心内容，目的是减少农协上级机构的限制，将基层农协逐步转型为市场中真正独立自主运行的合作经济主体。全协集中管理与基层农协分权管理体现了协作与分工的辩证统一、计划分配与市场交换的辩证统一。

3. 一人一票制与一股一票制相结合

在营运方式上，农协合作社与股份公司不同。股份公司采取一股一票制，持股多者有支配权。农协合作社，尤其在基层农协，则采取一人一票制，成员平等民主、协同组合、相互扶助，是在资本主义社会条件下的合作经济组织。为了引入激励机制，允许农协针对有关业务成立股份公司，采取一股一票制以更好地参与市场竞争。例如，全协把金融、农产品流通两大业务板块从直接经营变为通过控股和通过经营理念进行管理的间接经营，分别成立了金融控股集团公司和经济控股集团公司。在股权结构上，农协中央会全资控股这两个集团公司。在分配机制上，金融控股和经济控股两家集团公司必须向农协中央会缴纳农业支持费。这样，在三级农协里，就结合了一人一票制与一股一票制两种模式，这两种模式在不同领域和不同层次内各具优势，共同发展。

三 以色列的农业合作经济

以色列地处地中海东岸，农业生产条件恶劣，干旱、少雨、缺地，沙漠占全国土地面积的近60%，但从1948年建国起，以色列农业产量几乎每10年翻一番，30年后基本实现了农业现代化。以色列农业全面脱离了政府补贴，建立了盈利型农业模式示范，成为联合国粮农组织指定的向发展中国家进行技术推广的国家之一。以色列还是世界上第一个成功解决土地沙漠化问题的国家，创造了"让沙漠开满鲜花"的奇迹。以色列不仅基本实现了粮食自给和食品种类的极大丰富，还把农产品输送到欧盟等奉行最高品质标准的市场，每年向世界60多个国家和地区出口大量农产品和农资设施设备，传授农业生产技术。以色列农产品占据40%的欧洲瓜果、蔬菜市场，并成为仅次于荷兰的世界第二大花卉供应国。以色列之所以能让贫瘠的土地和荒漠变成一片绿洲，其中一个重要的原因是以色列农业合作经济的发展。

（一）以色列农业合作经济的产生与发展

在古希腊文化中农业劳动具有净化作用，从18世纪末开始，在土地上耕作生活渐渐被视为工业主义弊病的解药，这种在自然怀抱中和谐生活的田园理想也逐渐进入到犹太文化中。19世纪80年代直至1948年以色列建国，犹太移民陆续来到巴勒斯坦定居，他们开荒拓土，建立家园。但这里人烟稀少，自然条件极其恶劣，仅靠个人或单个家庭的力量难以生存，而欧洲传统犹太社群具有不可或缺的合作性质，数百年来，犹太人在经常充满敌意的环境中作为少数宗教信仰社群而生存，使得他们的合作精神和公有文化高度发展。为了在巴勒斯坦这种恶劣的环境中生存下来，犹太移民选择继续团结合作，抱团取暖。

犹太人在加利利湖畔创建了第一个基布兹——一个供人定居的组织,是由社员组织起来的集体社会。在基布兹里,成员们集体劳动、集体生活、共同拥有集体所有的财产,包括每个成员衣食住行等所有的财产,共同保卫集体的安全,社员完全没有私有财产,每个基布兹的人数为50—2000人不等。20世纪80年代,基布兹老龄人口增多,基布兹渐渐衰落,走向空心化,极个别基布兹甚至破产。于是不少基布兹进行了改革,改革后的基布兹重新焕发出生机。犹太移民在以色列建立的另一种合作经济组织是莫沙夫。一些原基布兹成员认为基布兹过于集体主义,条条框框太多,但人们依然希望在一个没有剥削的社会中互相帮助以求得生存,就对基布兹加以调整,于是一种新型的合作组织形式——莫沙夫诞生了。这种新型合作组织更重视单个家庭的作用。第一个莫沙夫创建于1921年,至今还有400多个,总计人口约13万,每个莫沙夫由60—100个农户组成。

(二) 以色列农业合作经济组织的两种典型模式

以色列农业经济组织包括极具特色的基布兹、新基布兹、莫沙夫、莫沙瓦、小农户、私有农场、城市供销社、外贸供销社,等等,以色列学术界认为,所有这些农业经济组织都有其存在的合理性,但哪一个都不是最理想的。以色列农业合作经济组织中最典型的两种模式是基布兹和莫沙夫。在以色列,以基布兹和莫沙夫为代表,各种农业经济组织长期并存,各有所长,彼此互补,共同促进着以色列农业的发展,并打造出具有鲜明特色的以色列现代高效农业。

1. 基布兹

"基布兹(Kibbutz)"一词来源于希伯来语,意为"集体",也称为集体农庄。在基布兹内,全体成员各尽所能、按需分配,实行民主自治管理。按照相关组织章程,全体成员大会是最高权力机关,一人一票、一年一选,基布兹的日常事务由成员选出的管理委员会负责。基布兹土地和生产资料实行公有制,大家共同劳动,共同享有劳动成果,盈余的收益主要用于扩大再生产。全体成员从日常的吃穿住行到生老病死所需均由基布兹负责,教育、养老均免费,生活必需品实行供给制,每个成员按月领取生活津贴。申请加入基布兹的人必须经过试用期,在试用

第五章 合作思想的实践考察——合作经济的发展

1—2年后由全体成员表决通过方可加入，加入者财产须充公。要开除某人以净化社区，必须2/3以上成员表决通过，退出基布兹时会给予退出者一笔退出金。

以色列农业之所以能够在极为恶劣的自然条件下取得举世瞩目的成绩，离不开其先进的灌溉、节水、生物等现代农业技术对合作社的支撑作用，在技术推广和农民培育方面，基布兹发挥了主导作用。1956年，基布兹开展引水工程，在沙漠中创造了大片绿洲，曾经的沼泽地被改造成万顷良田，裸露的山头重新种满了郁郁葱葱的树木。基布兹利用生物技术培育出多种适合其地域环境的新品种。基布兹下属企业耐特菲姆改变了以色列农业乃至世界农业灌溉的方式，是目前全球最大的滴灌设备生产厂家。可见，深度整合的农业合作社，其科研与一线生产是紧密结合的。

基布兹实行生产资料集体所有、各尽所能、按需分配的制度安排，被誉为"以色列的人民公社""沙漠中的乌托邦"。但苏联解体和东欧剧变给践行公有制的基布兹集体农庄带来了很大冲击。各尽所能、按需分配、绝对"公平、平等"的制度安排，过度民主的管理方式，导致基布兹内"搭便车"、腐败和浪费现象严重，抑制了社员的积极性，使基布兹的盈利能力急剧下降。到了20世纪80年代中期，以色列通货膨胀高企，居高不下，政府为应对经济危机，减少了对基布兹的支持，基布兹走向衰落。由于生产和生活成本过高，2002年，以色列全国范围内约有2000人离开基布兹，2004年，出现了第一个基布兹破产案例。于是，基布兹进行了一系列改革，把收入均分改为级差工资，家庭生活资产也实行了私有化，生活所需物品超过标准时要收取费用。基布兹还进行了股份制改造，新加入者加入时要交纳股金，退出时将股份变现。此外，基布兹还聘请了职业经理人、专家、技术人员和工人，从事农业和非农产业，同时增加高科技投入，增强基布兹的活力和竞争力，共同推动基布兹良性发展。基布兹的其他管理制度和福利不变。经过改革，基布兹重新焕发出生机。目前全国有270个新基布兹，就业人口约6万。

2. 莫沙夫

莫沙夫（Mashav）是以色列的一种家庭农场联合体的农村社区。

第一个莫沙夫创建于 1921 年,至今还有 400 多个,总计人口约 13 万,每个莫沙夫由 60—100 个农户组成。莫沙夫把土地分配给农户进行生产,每个农户的家庭农场各自独立,田地、房屋等归农户所有,农户自给自足。莫沙夫提供技术和机械等,农户生产的农产品也由莫沙夫统一销售。农户加入莫沙夫时要交纳股金,退出时把股份转化为现金,积累越多,每股的含金量越高;效益越好,也越会吸引着更多的人加入。莫沙夫是一个独立的经济实体,主要通过个体农户的联合,形成较大的经济主体,来与组织外部的市场主体进行交易,进而获取利润。

按照相关组织章程,莫沙夫的最高权力部门是社员大会,按照每人一票的原则选出管理机构的管理人员,管理机构包括执行委员会和理事会。莫沙夫设立两个日常专职岗位,一个负责莫沙夫内部日常事务管理,另一个负责与市场销售、金融机构和政府职能部门之间的对接。莫沙夫向内部社员提供生产服务,社员要缴纳一定的费用,以维持莫沙夫的长久发展。在社员管理方面,秉承退出自由的原则,社员可以随时退出莫沙夫,把股份转为现金;对于某些不履行社区义务、蛮不讲理,甚至是村霸村痞的社员,只要有 2/3 的社员投票主张开除该社员,该社员即会被开除。

莫沙夫有青出于蓝而胜于蓝的趋势,已经成为以色列最流行的农业社区模式,与基布兹不同,莫沙夫的生产不是由集体完成的,而是由以家庭为单位的农场完成的,集体性活动所得的收入用于购买社区服务。每户人家均从属于莫沙夫集体,这类似于我国 20 世纪五六十年代的生产队和单干后的分田地(即分田而不离队)的综合。虽然每个莫沙夫社员在自己的土地上种什么由他自己决定,但他要与依照市场供需关系而制订的全国性指导计划相衔接,在这一框架下从家庭农场自身的实际条件出发选择自己的种植和养殖计划。莫沙夫的特点在于集体精神。成员自己的家庭农场保持其农业生产的"个性",同时还要对为集体创造财富承担起责任,将"个人私有家庭"与"集体劳动、集体负责"相融合。在收益分配上,遵循"按惠顾额返还盈利"并兼顾出资金额"有限"回报的原则,莫沙夫比基布兹有更明晰的集体产权和个人产权安排,并坚持"一人一票"的民主管理方式,让农业生产者保持对合作社的绝对控制权①。为了更好地适应市场经济又保障农民利益,在坚持农民主体地位的同时,通过适度向社会开放,莫沙夫形成"社员—惠顾者—投资者分离"的新型合作社②,促进合作社与时俱进地发展。

以色列农业经济组织中除最典型的基布兹、莫沙夫外,还有莫沙瓦私营农业企业等,到底选择哪一种模式更适合当时的经济发展情况呢?取决于不同企业治理的交易成本的比较,既要肯定合作社在降低交易成本方面发挥的积极作用,同时也不能忽视合作社可能带来的高昂组织运行成本。③

第二节　社会主义合作经济的发展

针对合作生产在资本主义条件下的局限,马克思指出,无论是工人自己组织的合作工厂,还是采取股份资本的形式,都局限于个人财产的旧形式,"即工人作为联合体是他们自己的资本家"④。在大多数企业都是资本主义私营企业的情况下,为数不多的合作工厂只能采取资本主义的活动方式。所以,在合作工厂"自己的实际组织中,当然到处都再生产出并且必然会再生产出现有制度的一切缺点"⑤。马克思还指出:"不管合作劳动在原则上多么越在实际上多么有利,要它没有越出个别工人偶然努力的狭隘范围,它就始终不能阻止垄断势力按着几何级数增长,也不能解放群众,甚至不能显著地减轻他们贫困的重担。"⑥那么,怎样才能既发挥合作制的过渡作用又避免合作生产的历史局限性呢?下面以苏俄、苏联时期的合作社实践和中国合作经济的发展为例,展示马克思主义合作经济的实践发展历程。

---

　　① 秦愚:《农业合作社的资本问题——基于相关理论与实践的思考》,《农业经济问题》2015年第7期。
　　② 苑鹏:《欧美农业合作社的实践创新及其对我国的启示》,《学习与实践》2015年第7期。
　　③ 林坚、马彦丽:《农业合作社和投资者所有企业的边界——基于交易费用和组织成本角度的分析》,《农业经济问题》2006年第3期。
　　④ 《资本论》第5卷,人民出版社1975年版,第498页。
　　⑤ 《资本论》第5卷,人民出版社1975年版,第498页。
　　⑥ 《马克思恩格斯选集》第2卷,人民出版社1972年版,第133页。

一 苏联的合作经济实践

苏联是第一个把农业合作思想大规模付诸实践的国家。俄国十月革命胜利后，列宁关于农业合作的思想在马克思恩格斯合作思想的基础上有了新的拓展，并付诸实践。1923年，列宁发表了《论合作制》，系统论述了农业合作社的性质，并提出了改造小农经济的途径，这是马克思合作思想下农业合作理论的一个里程碑。

（一）列宁时期的合作社实践

1. 列宁时期合作社的产生与发展

列宁一直重视合作社这一由资本主义社会遗留下来的商业组织。1918年，他就指出："合作社作为资本主义社会中的一个小岛，它是商店。但是，如果合作社普及到土地社会化和工厂国有化的整个社会，那它就是社会主义了。"① 在苏维埃政权成立之初，列宁强调建立合作社，最初的工人合作社协助国家对产品进行分配，1920年，合作社划归粮食人民委员部管辖，粮食人民委员部是当时国家的主要分配机构。在农村，鼓励农民自愿联合，实行"共耕制"。"共耕制"是农民在生产领域中联合的公有农业形式，包括共耕社、农业劳动组合和农业公社。共耕社是简单的生产联合；农业劳动组合实行生产资料公有化和共同劳动，按劳动日计酬，并允许社员经营规定的宅旁园地和家庭副业；农业公社实行生产资料和大部分生活资料公有化，社员共同劳动，平均分配。

由于帝国主义武装干涉和国内战争，苏维埃政权被迫实行战时共产主义政策，实行余粮收集制、产品实物供应制和主要消费品配给制，实行普遍义务劳动制，在这一阶段合作社没有得到很大发展。1921年3月，开始向新经济政策转变，实行粮食税，取代余粮收集制，恢复了商品流转，苏维埃政权还改变了对合作社的政策，恢复其商业的特性。在列宁的合作制计划指导下，苏维埃俄国各类合作社得到了健康发展，至1929年，60%的农民参加了合作社，促进了工农业生产的迅速提高。

---

① 《列宁全集》第27卷，人民出版社1990年版，第197页。

1937年，在联共（布）中央领导下完成了农业集体化，斯大林宣布，胜利地实现了列宁的合作社计划。

2. 列宁《论合作制》

马克思认为克服合作经济在资本主义条件下的局限，"要解放劳动群众，合作劳动必须在全国范围内发展，因而也必须依靠全国的财力"①。列宁继承了马克思和恩格斯的合作经济思想，并对之加以阐述和说明，具体地付诸实践，在实践的基础上研究、丰富并发展了马克思恩格斯的合作思想和合作经济理论。列宁在《论粮食税》一书中把合作社称作国家资本主义的一种形式，认为"合作社这一商业形式比私人商业更有益"，它"便于把千百万居民，尔后把全体居民，联合起来，组织起来"，"合作制政策施行成功，就会使我们把小经济发展起来，并使小经济易于在相当期间内，在自愿结合的基础上过渡到大生产"。② 1923年1月，列宁在病中口授《论合作制》一文时，他的合作制思想形成了完整的体系。后来，斯大林把这一战略思想标题为"列宁的合作社计划"。

首先，列宁区分了资本主义制度和社会主义制度下的合作社。他指出，"毫无疑问，合作社在资本主义国家条件下是集体的资本主义组织"③，"而在生产资料公有制的条件下，在无产阶级对资产阶级取得了阶级胜利的条件下，文明的合作社工作者的制度就是社会主义制度"④。随着新经济政策的全面实施，列宁认为，"在实行新经济政策的条件下使我国居民充分广泛而深入地合作化，这就是我们需要的一切"⑤。在《论合作制》一文中，列宁对合作社提出了在社会主义条件下发展的构想："这就是以商品经济为纽带、以农民自觉自愿为前提、以合作互助为基础，从建立供销合作社与消费合作社入手，逐步建立起更高形式的生产合作社，即通过合作制，最终把千百万个体小农引上社会主义道

---

① 《马克思恩格斯选集》第2卷，人民出版社1972年版，第133页。
② 《列宁全集》第4卷，人民出版社1984年版，第522—523页。
③ 《列宁全集》第43卷，人民出版社1987年版，第685页。
④ 《列宁全集》第43卷，人民出版社1987年版，第362页。
⑤ 《列宁全集》第43卷，人民出版社1987年版，第362页。

路。"① 这是因为合作社"有社会主义因素，而且随着合作制的发展，社会主义因素逐渐增多，最终转变为社会主义性质的经济组织"②。

列宁倡导的合作包含以下主要特征：第一，建立在商品经济基础上并与市场紧密联系。第二，私人利益与国家利益、集体利益相结合。"如果否认商品经济，便是抽掉了合作社的精髓，列宁所讲的那种合作社也就不复存在了。"③ 第三，简便易行、自觉自愿、自主经营。第四，对农民的社会主义改造必须具备一定的物质技术基础和文化水平，必须经历一个长期的过程。第五，国家要大力扶持和支持合作社，给予政策上的优惠。第六，建立奖励机制。"应该善于找出我们对合作化的'奖励'方式（和奖励条件），找出我们能用来充分帮助合作社的奖励方式，找出我们能培养文明的合作社工作者的奖励方式。"④

《论合作制》中提出的关于通过合作社过渡到社会主义的思想，是列宁社会主义建设思想的重要组成部分，对引导农民进行社会主义建设具有重大意义，列宁的合作经济理论和合作社实践对之后的苏联、中国及其他社会主义国家的合作经济发展都产生了深远的影响。

（二）斯大林时期的合作社实践

1. 斯大林时期合作社的发展

列宁时期的合作社实践更注重以商品经济为纽带，以农民自觉自愿为前提，合作社组织与当时的生产力发展水平相适应。斯大林力图通过合作社实现计划经济，加速农业集体化和工业化进程。1928 年，斯大林推行第一个五年计划，旨在实现苏联的现代化，合作社在这一过程中扮演了重要角色。斯大林认为，"很明显，当没有群众性的集体农庄运动的时候，合作社的低级形式即供销合作社是'大道了'，而当合作社的高级形式即它的集体农庄形式出现的时候，集体农庄就成为发展的'大道了'"⑤。合作社发展被列入国家发展计划中，苏联开始全盘集体

---

① 彭大成：《列宁的社会主义观》，湖南师范大学出版社 2002 年版，第 25—26 页。
② 周作翰：《求真思录》，湖南教育出版社 2002 年版，第 52 页。
③ 陆南泉、姜长斌：《苏联剧变深层次原因研究》，中国社会科学出版社 1999 年版，第 61 页。
④ 《列宁全集》第 43 卷，人民出版社 1972 年版，第 684 页。
⑤ 《斯大林选集》下卷，人民出版社 1979 年版，第 206 页。

化，组织农民建立集体农庄，其组织形式变为农民大规模联合的公社制，强制实行大部分生产资料公有化。在集体农庄中，基本生产资料如大型农具、役畜、畜群、经营用建筑物等，属于集体所有；庄员进行集体劳动；农庄的收入在扣除补偿生产资料消耗、提取公有基金以后，按庄员的劳动数量和质量分配给个人消费。同时允许庄员保留一定数量的宅旁园地和小农具，自养一定数量的牲畜和家禽，经营家庭副业。

1934年基本上实现农业集体化以后，集体农庄的集体所有制经济成为苏联农业主要的经济成分。20世纪50年代中期，广泛合并集体农庄，集体农庄规模迅速扩大。随着国营农场的发展，大批集体农庄改组为国营农场，集体农庄在农业生产中的比重大大下降。到20世纪80年代初，国营农场和集体农庄的比重大体相等。

2. 斯大林时期农业集体化运动的教训

斯大林领导下的农业集体化运动有着特殊的历史背景，既有推行公有制、走社会主义道路等意识形态上的考虑，也有支撑工业发展和国家应对外部压力的现实需求。斯大林是农业集体化的坚定推行者，他认为集体农庄是农村社会主义改造的杠杆。应该说苏联农业集体化运动有进步的一面，农业集体化运动在实现国家现代化和工业化方面起了积极的推动作用。在当时苏联所处的国内外环境下，农业集体化为快速实现工业化积累了资本，推动了现代化农业机具的使用，同时也有利于在战争状态下迅速调拨粮食、支撑作战。但这一政策也导致了许多负面后果，由于农业集体化运动过于急躁、过于简单化、过于考虑国家整体而忽视农民利益，在推行过程中，出现了很多强迫行为，积累了深层次的社会矛盾，结果并没有把苏联带入列宁、斯大林设想的现代化大农业国度。合作社只是引导农民向集体化过渡的一种准备，不能由此直接发展到农业集体化。如果不顾生产力的发展水平和农民的意愿，强硬地把互助组和供销合作社提高到集体农庄的话，那是一种错误的、危险的、空想的社会主义思想。[①]

---

① 达尔罕：《浅议刘少奇对列宁和斯大林合作化思想的扬弃》，《内蒙古师范大学学报》（哲学社会科学版）2014年第5期。

无论是欧洲早期的合作社、苏联的农业集体化运动，还是我国新中国成立初期的互助组，甚至人民公社，在大规模使用农机、化肥等方面，在统筹农业生产、支持工业发展中，均发挥了一定的促进作用。但实践证明，生产关系一定要适应生产力的发展状况，滞后会产生制约作用，超前同样会出现负面影响。

二　我国合作经济的发展历程

合作社是私有制下的产物，但马克思主义者认为合作社可以被当作改造资本主义社会的工具。因此，新中国成立以后，我国推行的是马克思主义合作社制度，从互助组、初级社、高级社，到人民公社，合作社成为农业社会主义改造的工具。改革开放以后，农民自发借鉴了西方合作经济制度，农村集体经济中实行以家庭承包为主、统分结合的双层经营体制，农村集体经济和农民专业合作社相互交织，成为改革开放40多年来中国合作经济发展的重要特点。① 如何既发挥家庭经营在农业中的独特优势又克服其局限性，合作组织是唯一的选择。也就是说，只要农业生产中一些最为基本的特点——生产的生物性、地域的分散性以及规模的不均匀性存在，农民的合作就具有内在的必然性。② 回顾新中国建立到新时代中国广大农村合作发展的历程，对于生产资料所有制和合作关系的认识，大致经历了三个阶段：第一阶段，从新中国成立后到改革开放前，这一阶段以生产资料所有制方面的"一大二公"作为合作的目标，而忽视了发展生产力。第二阶段，从改革开放后到新农村建设提出之前，这一阶段强调合作水平的提高依赖于解放和发展生产力，实行家庭联产承包责任制，促进了生产力的发展，但客观上并没有提高农业生产的社会化程度。第三阶段，新农村建设尤其进入新时代之后，这一阶段强调从生产力和生产关系两方面促进农业合作水平的提高，在稳定和完善土地承包关系的基础上推行土地三权分置改革，积极采用新技术，促进农业生产的集约化和产业化。

---

① 孔祥智、片知恩：《新中国70年合作经济的发展》，《华南师范大学学报》（社会科学版）2019年第11期。

② 黄祖辉：《农民合作：必然性、变革态势与启示》，《中国农村经济》2000年第8期。

第一阶段：以"一大二公"为目标的合作化运动（新中国成立后到改革开放前）。

新中国成立后，在一个工业落后、农民众多的国家建立了社会主义制度，生产关系上在封建制度和资本主义买办、半买办官僚制度下的长期不合作得到了彻底改变，广大人民的劳动积极性空前高涨，大大解放了社会生产力，促进了生产力的发展，完成了新民主主义向社会主义的过渡，使社会主义公有制成为我国的经济基础。

我国农业的社会主义改造取得了很大成绩，但在工作中，特别是在农业社会主义改造后期存在着要求过急、实现过快过早的情况。原定15年完成的农业社会主义改造仅在第一个五年计划时期就完成了。在这样短的时间内跑步前进的合作化，普遍推行高级社的模式，片面强调集中劳动，统一核算，对农民的主要生产资料实行公有化。通过合作化运动，农民个体的生产资料转化为集体所有，尽管生产资料公有化程度提高了，但由于当时的生产力水平还不高，农民的素质也远未达到公有制的要求，干部的管理水平也跟不上，加上农业生产的复杂性，社员的劳动量很难评估，无法真正做到按劳分配，平均主义十分严重。所以，一味地强调生产关系上的合作，而脱离了生产力发展的水平，实际的合作水平反而不高。在1958年"大跃进"运动后到1978年改革开放前，这种倾向尤为突出。

人民公社是在"大跃进"运动中产生的。人民公社的基本特点是所谓的"一大二公"，即人民公社面积大、人口多且公有化程度高。在人民公社化过程中，大刮"共产风"，"穷过渡"。"文化大革命"期间，在农村实行"斗、批、改"，批判刘少奇在农业合作化初期提出的农业合作化应稳步前进、反对急躁冒进的意见以及整顿合作社的主张。批判邓小平在60年代初期提出的人民公社可以采取多种经营形式的主张。探索农业合作化道路、组织形式、经营方式的努力，被斥为"阴谋复辟资本主义"。批判"三自一包"，批判"工分挂帅"[①] 和"金钱

---

① "工分挂帅"是指各地农村普遍实行的"定额记工"的劳动计酬制度。

挂帅"①。广大农村"穷过渡"的浪潮必然伴随着任意侵占集体所有制内部群众利益的"一平二调"②。在"文化大革命"期间，农村曾两次掀起了合并社队、向大队核算过渡的高潮。在第二次全国农业学大寨会议的报告中，党中央提出"努力把国民经济搞上去"，并指出，革命就是解放生产力，生产发展得越多越好，越快越好。然而，"四人帮"把这个批为"唯生产力论"。

总之，从1958年"大跃进"到改革开放前，在生产资料所有制方面追求越公越大越好，脱离了生产力发展的水平，单纯追求生产关系方面的合作，不但没有提高合作的水平，反而抑制了合作的发展，使社会主义建设的实践遭到巨大挫折。

第二阶段：以家庭联产承包为基础的双层经营体制的确立（改革开放后到新农村建设提出）。

党的十一届三中全会以后，党中央在拨乱反正中探索改革之路，首先开始在广大农村实行联产承包责任制。

安徽省和四川省先行一步。1978年夏秋之交，安徽发生了百年不遇的旱灾，安徽省凤阳县小岗生产队的农民秘密达成了包产到户的协议，农业包产到户首开先河。根据改革实践发展的需要，党的十一届三中全会制定了《关于加快农业发展若干问题的决定（草案）》和《农村人民公社工作条例（试行草案）》两个重要文件，决定建立农业生产责任制。家庭联产承包责任制是在坚持土地等基本生产资料公有制前提下的变革，它采取统一经营与分散经营相结合的原则，采用联产到劳，包产到户、到组，包干到户、到组的形式，把劳动者的责、权、利紧密结合起来。家庭联产承包责任制是我国农村集体经济管理方式的一次伟大变革，极大地促进了我国农业生产的发展。

家庭联产承包制的实施成为农村经营机制的深刻改革和生产关系的重大调整。双层经营体制是农村集体经济的一项基本制度。在坚持土地等基本生产资料公有制和必要的统一经营的同时，产生了以农户为主的

---

① "金钱挂帅"是指"自由种植（一般经济作物）"、"重副轻农"（指多种经营）等。
② "一平二调"是指大队和公社可以平调生产队的财产。

相对独立的另一个经营层次，从而使过去那种集中劳动、集中分配的单纯的集体统一经营体制，转变为集体统一经营与分散经营相结合的双层经营体制。这种经营体制有利于发挥统与分两方面的优势，极大地调动了农民的积极性和创造性，使我国农村的发展取得了举世瞩目的成就。这种经营体制得以容纳不同水平的生产力，具有较大的适应性，但同时也严重削弱了合作经济的发展。

第三阶段：从生产力和生产关系两方面拓展合作（新农村建设开始尤其进入新时代之后）。

家庭联产承包责任制为我国经济的发展做出过重要贡献，极大地解放和发展了当时的生产力。但是，随着生产力的发展，家庭联产承包责任制对合作水平的制约作用也逐渐显现。必须从制度上改变这种"集体所有、分户经营"的状况，在新时期赋予其新的内涵，对其不断加以完善，使其继续为新农村建设发挥应有的作用。2006年中央经济工作会议和中央农村工作会议强调，要把发展现代农业作为推进社会主义新农村建设的着力点和首要任务。社会主义现代农业是基于现代农业科技基础上的合作经济。[①] 因此，应在以家庭联产承包为基础的双层经营体制下，增强集体层经营的实力，积极推进合作经济联合体，强化多种模式的合作经济发展，切实做到农村各类合作企业同市场经济的充分衔接和融合，在稳定和完善土地承包关系的同时，促进农业生产的集约化和产业化。

1. 完善家庭联产承包责任制，加强农业合作组织的建设和发展

随着农民组织化程度的提高，专业合作组织将成为完善家庭承包经营制度的重要形式。40多年来的改革实践表明了以家庭联产承包为基础的统分结合的双层经营体制的有效性，但在具体实施中较为普遍地存在"重家庭经营、轻双层经营"的倾向。事实上，"统分结合，双层经营"的核心是土地所有权和使用权的分离，集体以所有权为基础，发展各类集体层生产经营，尤其是公共服务型经济，使一家一户的分散经营间接地同大市场实现对接。要切实发展统分结合的合作经营，使

---

① 程恩富：《完善集体产权发展现代农业》，《光明日报》2007年1月19日。

"统"与"分"有机结合于社会主义市场经济条件下的农业生产经营之中。同时,要提倡和发展合作经济联合体。我国的行政单位村限于自然条件和经济发展水平,规模都比较小,而且村落分散。由此造成的突出问题是增加了村级管理成本,加重了农民负担,制约了合作经济的发展。因此,以村为单位的集体经济普遍存在集体经济实力薄弱的状况。

为了增强农村集体经济的综合竞争力,就必须在进一步壮大农村集体经济的基础上,提倡各个集体经济组织之间的联合,组建合作经济联合体,改变以村为单位的集体经济规模小的缺陷。以合作经济联合体为市场主体参与竞争,较快地实现集体资本集中和人才集聚等多重效应。此外,应加快发展农民合作组织,助推乡村全面振兴。合作组织坚持"民办、民管、民受益"的原则,以"服务本组织成员,提高成员的收入"为宗旨。其功能主要有以下五个方面:一是规模集成。通过专业联合,采取批量购买、批量销售的办法,降低农户产销成本,提高产品价格,获得规模效益。二是作业同步。统一生产,统一要求,保证农产品的质量和批量。三是技术和市场信息传递。四是管理智慧共享。专业合作组织一般由能人大户牵头。他们的一个经验、一个点子,往往会成为全体成员的行动。五是诚信培育。专业合作组织必须讲求农产品质量、讲求信用,成员们为了自己的利益也会互相监督。随着农民专业合作社法的颁布实施以及各种扶持政策的逐步落实,农民专业合作组织获得了更大的发展,成为完善家庭承包经营制度的重要形式。

2. 农业现代化与产业化是合作经济发展的必由之路

全面建设社会主义现代化国家,最艰巨最繁重的任务仍然在农村。实现农业农村现代化必然要求农业产业链条不断延长,产业化经营成为引领现代农业发展的基本经营形式。产业化经营之所以发展得这么快,主要是由于它有利于解决小生产与大市场的矛盾。我国农业生产分散、规模小,一家一户的农民难以应对自然风险和市场风险。发展新型农业经营主体和社会化服务,发展农业适度规模经营,是全面推进乡村振兴的重要举措。农业产业化经营将企业的资金、技术、人才和信息等优势与农民的生产积极性相结合,形成利益共同体,有效地解决了这一矛盾。农业产业化经营的形式由最初的"公司+农户"逐渐发展为"公司+基地+农户"，又进一步发展为"公司+合作组织+农户"。这些组织形态，反映了现代农业发展不同阶段市场对生产、加工的要求，反映了产前、产中、产后各个经营环节及经营单位之间协作互利关系的调整变化。农业产业化经营是专业化、规模化、标准化生产的载体，是新品种、新技术的推广应用者，是农产品品牌战略的实施主体，能够有力提升农业整体素质。实践表明，产业化经营具有旺盛的生命力，将成为现代农业的基本经营形式，农业的现代化、产业化发展是合作经济的必由之路。

3. 农村集体产权制度改革赋予合作经济发展的新动能

要提高合作水平，从分散的农户向农业合作方向发展，还要从调整农村集体产权制度改革入手。早在 1998 年 10 月 14 日，中共十五届三中全会通过了《中共中央关于农业和农村工作若干重大问题的决定》，对农民的股份合作予以肯定："农民采用多种多样的股份合作制形式兴办经济实体，是改革中的新事物，要积极扶持，正确引导，逐步完善。"尤其是 2013 年中央一号文件，第一次使用了"农民合作社"这个概念，提出"鼓励农民兴办专业合作和股份合作等多元化、多类型合作社"，扩大了农民合作的范围，把农民专业合作社作为执行主体，强化和巩固了合作社作为农业领域生产主体、市场主体的合法地位。2016 年 12 月 26 日，中共中央、国务院颁布《关于稳步推进农村集体产权制度改革的意见》，提出："以明晰农村集体产权归属、维护农村集体经济组织成员权利为目的，以推进集体经营性资产改革为重点任务，以发展股份合作等多种形式的合作与联合为导向，坚持农村土地集体所有，坚持家庭承包经营基础性地位，探索集体经济新的实现形式和运行机制。"探索土地股份合作社，早期主要是村集体为了促进土地流转而依托村"两委"建立的，有时候也自己经营，现已扩大到农民自发地以土地经营权折价为投资额入股到合作社。进一步发展综合性较强的"三位一体"型农民专业合作社，既有专业合作，又有资金互助，也有土地入股，盈余返还方式也多元化，体现了农业产业组织方式的复杂性和多样性。

从我国合作经济发展的历程来看，在新中国成立之初，在生产力还不太发达、相关配套机制还不太健全的情况下，试图超越阶段，过于急切地由低级社向高级社过渡，甚至全面推行人民公社，追求"一大二公"，显然违背了生产力决定生产关系的基本规律。经济发展有其自身特定的内在规律，试图采取政治运动的方式去发展经济，往往会违背规律，产生负面效果。例如，苏联农业集体化运动、我国的人民公社化运动，由于发展经验不足，急于实现理想中合作的生产方式，过度夸大主观意志的作用，实践证明，这种方式适得其反。而如今，互联网时代，个体小农经济显然无法适应时代变化的需要，小农户必须对接大市场，应走合作社道路，支持家庭农场组建农民合作社，支持合作社根据发展需要创办企业，带动小农户合作经营，扩大合作规模，共同增收。

国内外合作经济实践的经验和教训表明：如果将合作仅看作是生产关系，就很容易导致一种倾向，即发展合作只从生产关系入手，而忽视合作也是一种生产力，忽视生产力和生产关系的辩证关系，因此不能一味追求生产关系上的"一大二公"，也不能一直停滞在个体小农经济状态，这样都会阻碍合作经济的发展。所以，不仅研究马克思合作思想应该从生产力和生产关系两方面入手，社会主义合作经济的实践也应既强调生产力方面的合作，又强调生产关系方面的合作，更应强调生产关系要适应生产力的发展。

本章小结

西方经济学在资本主义制度的框架下研究合作与合作经济，其主要目的在于如何改良资本主义制度。马克思的合作思想将合作经济看作从资本主义制度向社会主义制度过渡的一种方式，在人类历史发展全过程中研究合作。

日本农协在一人一票制与一股一票制之间权衡，在全国农协集中管理与基层农协分权管理之间权衡；以色列合作经济在基布兹与莫沙夫之间不断演进；我国农业经营体制改革经历了从追求"一大二公"合作化，到家庭联产承包责任制，再到土地三权分置的股份制合作社发展的持续探索。资本主义和社会主义条件下都存在合作经济，虽然社会制度不同，但以上合作经济发展实践说明：合作经济都要求生产关系必须与生产力水平相适应，合作经济是生产力和生产关系的辩证统一，是协作与分工的辩证统一，是计划分配与市场交换的辩证统一。

合作经济发展实践还表明：合作与合作经济是一般与特殊的关系，是抽象与具体的关系，是理论与实践的关系。合作虽与合作经济不同，但它们又相互关联。中外合作经济发展实践证明：合作经济的发展不能一味从改进生产关系和生产资料所有制入手，而要注重生产关系和生产资料所有制的调整必须与生产力的发展水平相适应。任何合作经济组织都有其所能承载的生产资料集中的极限，集中程度过高或过低都会影响合作经济的发展。合作经济组织中生产资料归属的明晰程度也影响合作经济成员的合作意愿，影响合作经济发展的可持续性。社会主义合作经济的健康发展既要强调生产力方面的合作，又要强调生产关系方面的合作，更要强调生产关系要适应生产力的发展。

下 篇

马克思合作思想与共享经济的发展

第六章　共享经济的发展基础

随着共享经济的发展，共享经济与伪共享经济混杂并行地存在着，人们对共享经济的认识，从欢呼雀跃，到争议不断，再到质疑与抨击，对共享经济的监管已从宽松、审慎到从严。因此，重新认识似乎熟悉又似乎含混的共享经济是十分必要的。① Carlai de Oliveira Netto 和 Jorge Estuardo Tello-Gamarra 利用 Scopus 数据库、采用文献计量统计的方法，总结概述了共享经济的研究动态②，他们列为首要议题的就是"如何界定共享经济"。陈章旺、杨宇萍从 2000—2018 年共享经济相关研究文献统计中发现，共享经济的关键词相对分散，整体研究未见聚合趋势，可见共享经济没有统一的定义。Richardson 强调共享经济的定义是模糊的，认为共享经济的定义范畴本身就是争议的一部分。③ 在运用马克思合作思想研究共享经济之前，梳理信息经济、数字经济、互联网经济、平台经济与共享经济的区别和联系，厘清信息技术、数字化、互联网、平台与共享经济之间的关系，有利于研究的进一步展开。在运用马克思合作思想研究共享经济之前，运用西方经济学中研究合作和合作经济的方法，构建一种共享经济的成本与选择分析框架。分析消费者购买所有权转向购买使用权的成本与选择，分析劳动者由纯雇佣工人转向独立生产

---

① R. Belk, "Sharing versus Pseudo-Sharing in Web 2.0", *Anthropologist*, Vol. 18, No. 1, 2014, pp. 7 – 23.

② Carlai de Oliveira Netto, Jorge Estuardo Tello-Gamarra, "Sharing Economy: a Bibliometric Analysis, Research Trends and Research Agenda", *Journal of Technology Management & Innovation*, Vol. 15, No. 2, May 2020, pp. 41 – 55.

③ Lizzie Richardson, "Performing the Sharing Economy", *Geoforum*, Vol. 67, December 2015, pp. 121 – 129.

者甚至小企业主的成本与选择，分析企业从生产产品转向生产数据和提供服务的成本和选择。也就是将共享经济看作是在不同企业形态之间进行成本比较与选择的结果。这样的分析研究可以与基于马克思合作思想的共享经济研究进行比较，从而更好地理解两者之间的差异，更好地揭示共享经济的本质。

第一节 信息技术、数字化、互联网、平台与共享经济

以下从生产力与生产关系、信息应用技术与信息基础设施两个维度，将共享经济与信息经济、数字经济、互联网经济、平台经济进行对比分析。

一 信息技术是共享经济的物质基础

信息经济是基于信息技术的经济，由信息制造技术、基本信息技术和应用信息技术构成。信息制造技术包括微电子技术、光电技术、生物电子技术和微光电机械技术等，还包括软件工程技术、系统集成和系统测试技术等。基本信息技术包括信息获取技术、信息传递技术、信息认知技术、信息决策技术、信息执行技术和信息系统集成技术等。应用信息技术包括信息制造技术和基本信息技术基础上的各类应用。数字经济是人类通过大数据（数字化的知识与信息）的识别—选择—过滤—存储—使用、引导并实现资源的快速优化配置与再生、实现经济高质量发展的经济形态。[1] 数字"四化"，即数字产业化、产业数字化、数字化治理、数据价值化，是数字经济发展的基本框架。[2] 互联网经济，又称网络经济，是以互联网技术为平台、以网络为媒介、以应用技术创新为核心的经济活动的总称，是基于互联网所产生的经济活动的总和。平台经济，是指通过网络信息技术，使相互依赖的双边或多边主体在特定载

---

[1] 陈世清：《对称经济学术语表》，光明网，2019年8月28日。
[2] 中国信通院：《中国共享经济发展与就业白皮书（2020年）》，2020年7月3日。

体提供的规则下交互,以此共同创造价值的商业组织形态。①

从信息经济、数字经济、互联网经济、平台经济和共享经济的内涵看,信息经济＞数字经济＞互联网经济＞平台经济＞共享经济。数字经济、互联网经济、平台经济和共享经济都属于信息经济。从信息基础设施与信息应用技术维度来看,数字经济与互联网经济是平台经济和共享经济的基础,相较于数字经济和互联网经济,平台经济和共享经济更面向应用。从生产力与生产关系维度来看,数字经济和互联网经济更关注信息经济的两个重要技术特征——数字化和网络化,而数字经济、互联网经济、平台经济则不仅关注信息物质生产力,也关注信息社会生产力。② 相对于数字经济、互联网经济、平台经济所涉及的范畴,共享经济更关注商业模式、制度安排,更关注生产关系的演变,共享经济的基础是信息社会生产力,涉及的技术是应用信息技术;平台经济与共享经济更为相互关联,共享经济是一种平台经济,但平台经济不一定是共享经济(见图6-1)。

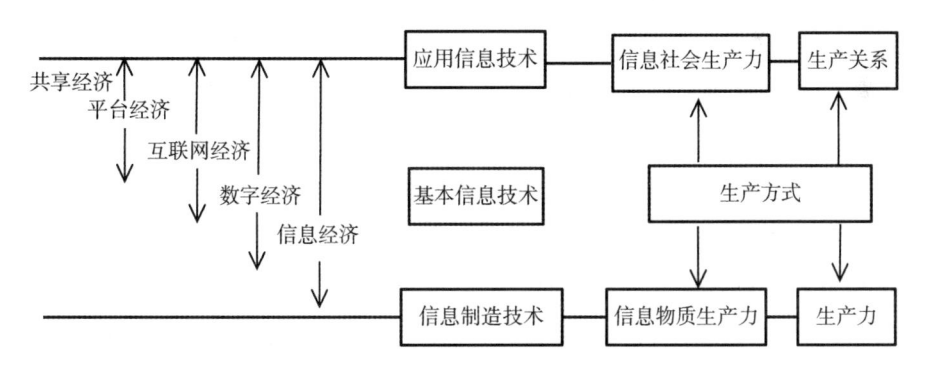

图6-1 共享经济涉及的范畴

二 数字化引发了共享经济

共享经济的形态最初是由技术数字化变革引起的,以下从产品形

---

① 国务院:《国务院反垄断委员会关于平台经济领域的反垄断指南》,2021年2月7日。
② 钟义信:《社会动力学与信息化理论》,广东教育出版社2007年版,第90、93页。

态、协助分工形态和生产资料占有形态的变化中阐释数字化引发的产品、劳动和生产资料的共享。(1) 产品的共享。一直以来，要实现使用价值的交换，一般需要以物质作为载体。例如，在过去，要欣赏音乐就必须去购买磁带或 CD 的所有权，但数字技术改变了这样的形态，现在我们要欣赏音乐，并不需要购买与之对应的物质载体——磁带或 CD，不需要独立拥有磁带或 CD 的所有权，而是共享同一个物质载体，即网络和服务器等云端存储空间（见图 6-2）。从技术数字化开始，共享就发生了，使用价值就与物质载体分离了，人们从购买磁带的所有权转而直接购买音乐的使用权，交易对象转变为以短期的、闲置的使用权为主。所有权与使用权的区别在于所有权 = N × 使用权，所有权是使用权在时间与空间上的积分。所有权在时空上分割成了使用权，同一个所有权所分割出的使用权可以在不同时空属于不同的人。因此，一个所有权被多个使用者共同使用，这就是一种共享的状态。这种共享状态不仅停留在产品形态的改变上，还扩展到了协作分工领域。(2) 劳动的共享。进入工业社会之后，劳动的使用价值一直依赖于企业或公司来实现，共享经济中数字化可以描述劳动者的状态，并将闲置劳动的使用价值分享出来，共享经济改变了传统经济中的协作与分工形态，劳动的使用价值可以由共享的平台得以实现，出现了零工经济（见图 6-3）。(3) 生产资料的共享。以往总是通过集中占有物质生产资料以实现资本增值，共享经济中闲置的物质生产资料可以转换成数字化的信息而分享出来，生产资料所有权仍分散在各地，更容易与需要的人匹配，更有利于就近交易，这样，就提高了交易频次，促进了协作与分工。从以往集中匹配的协调方式转向兼有分散匹配的方式，共享经济放弃了追求物质生产资料集中，体现出了共享的特征，转而追求数据生产资料集中，以驱动更大规模的协作与分工，主要以线上匹配和线下协作分工，实现资本不断增值，形成了以数据生产资料集中为特征的垄断（见图 6-4）。数字化不仅引发了共享经济，也引发了共享经济垄断。

三 互联网是共享经济的活动空间

相较于传统经济，共享经济中发生了产品形态的变化、协作分工形

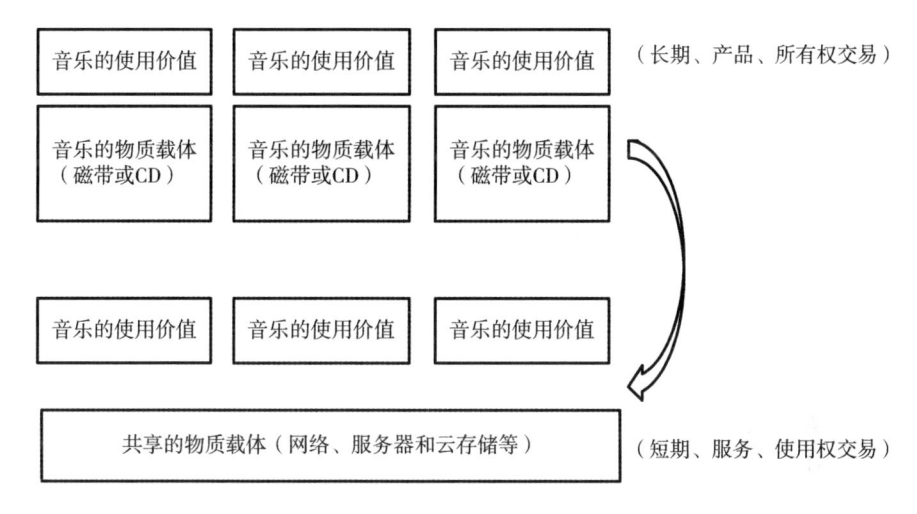

图 6-2 产品形态的变化

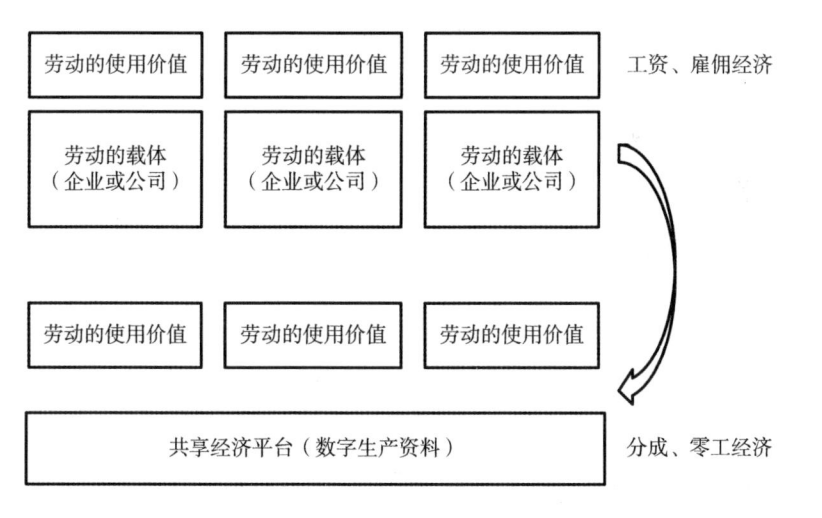

图 6-3 协作分工形态的变化

态的变化、生产资料占有形态的变化，以及由此引发的分配与交换方式的变化。这些变化不仅仅是由数字化技术引起的，它们也离不开互联网。数字化不仅描述商品的自然属性，还能够反映实时变化的、不断交换和运动中的商品，只有在互联网的交换中，数据才能反映物与物、人与物以及人与人之间的关系。数字化的价值不仅在于可以同步反映商品

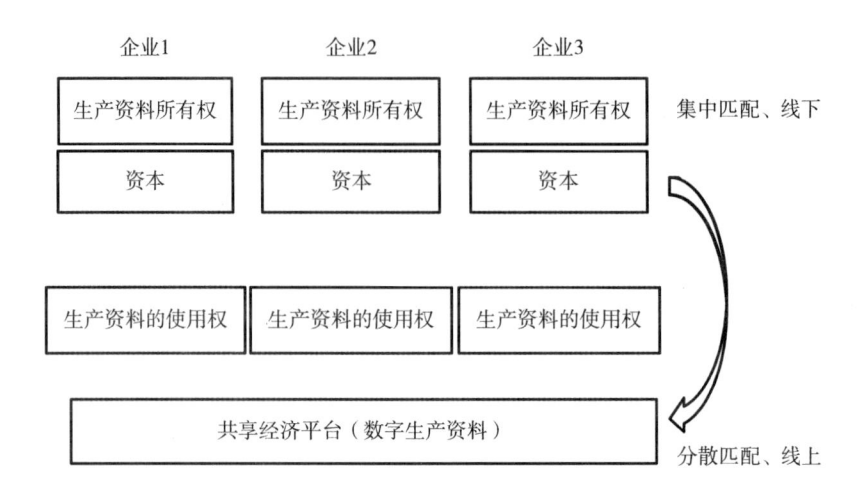

```
企业1          企业2          企业3
┌─────────┐  ┌─────────┐  ┌─────────┐
│生产资料所有权│  │生产资料所有权│  │生产资料所有权│     集中匹配、线下
├─────────┤  ├─────────┤  ├─────────┤
│  资本    │  │  资本    │  │  资本    │
└─────────┘  └─────────┘  └─────────┘

┌─────────┬─────────┬─────────┐
│生产资料的使用权│生产资料的使用权│生产资料的使用权│
└─────────┴─────────┴─────────┘

┌───────────────────────────┐
│   共享经济平台（数字生产资料）   │              分散匹配、线上
└───────────────────────────┘
```

图 6-4　生产资料占有形态的变化

运动的全过程，更在于可以驱动商品的运动、促进商品价值在生产和交换中得以实现。与传统经济不同，共享经济中，不仅有传统物理空间的线下商业活动在运行，互联网空间中大量的线上数据也在同步运行着。共享经济活动既存在于传统物理空间，又存在于互联网空间。

互联网空间与传统物理空间有相同之处，也存在不同。传统物理空间中，交换越频繁、交换价值越高的地方，地租越高。同样地，在互联网空间中，流量决定其节点的价值，流量越大的地方价值越高。但互联网空间与传统物理空间至少有两个不同点：（1）互联网中没有级差地租。互联网空间不存在与中心距离相关的级差地租，如果没有人为阻隔，互联网会使"世界是平的"。（2）互联网更易形成垄断。Albert-László Barabási 发现互联网的偏好连接机制使得新节点倾向于与链接数高的节点相连，因此链接数高的节点更容易形成枢纽节点。另外，他还指出不同网络的网络特征是不同的，例如，公路网与互联网的网络特征就很不同：公路更接近于随机网络，互联网则是具有幂律分布特征的网络。① 比起传统经济，运行在互联网上的共享经济更容易形成"富者越富"的垄断局面。

---

① Albert-László Barabási, *Network Science Albert-László Barabási*, Cambridge, U. K.: Cambridge University Press, 2016, p. 141.

四 平台是共享经济的资源配置机制

数据只有在互联网上集中才能形成平台，集中的大数据也只有在平台算法驱动下才能对协作与分工起到总指挥的作用，所以，在共享经济中，平台是互联网上的枢纽，既有传统企业的计划协调的特征，产生更大规模更有效率的社会化协作分工，但同时又有市场交换的特征，主导着商品运动的分配与交换。在以往的技术条件下，组织的规模越大，计划协调的成本越高；分工越细，市场交易的成本也越高。不管是计划还是市场，其协调能力都随着协作与分工规模的扩大而递减。人们往往根据自身情况不得不在计划与市场中进行两难的选择。在平台的驱动下，计划与市场协调能力呈现出指数增长的规模递增效应，使得人们不用再像以往那样必须在计划与市场中进行两难的选择，另一种可能性产生了，就是将计划融于市场之中。凯文·凯利认为，共享经济是不同于市场和计划的"第三种组织工作的形式"[①]。共享经济既不是企业内部或计划经济条件下的行政调控，也不再是盲目的市场自由配置。共享经济依然保留着市场配置资源的功能，出现了自动匹配的交换，同时，计划协调方面则出现了无人的调度分配，因此，计划更加融于市场。在共享经济中，数据生产资料越来越向平台集中，相对地，与线下的物质生产资料分离，最终发展到垄断，由此形成了线上资本与线下劳动的对立。

综合以上比较可见，传统经济以工业技术为特征，共享经济以信息技术为特征，共享经济是信息经济；传统经济生产要素以物质生产资料为主，共享经济生产要素中物质生产资料和数据生产资料并存、以数据生产资料为主导，共享经济是数字经济；传统经济的活动空间以物理空间为主，共享经济的活动空间延伸到了互联网空间，共享经济是互联网经济；传统经济的资源配置机制以企业和市场为主，共享经济的资源配置机制既不以企业也不以市场为主，而是依赖于将计划与市场相融合的平台，共享经济是平台经济（见表6-1）。

---

① [美] 凯文·凯利：《必然》，周峰译，电子工业出版社2016年版，第367页。

表 6-1　　　　　　　共享经济与传统经济比较

	传统经济	共享经济
技术特征	工业技术	信息技术
生产要素	物质生产资料	物质生产资料/数据生产资料
活动空间	物理空间	物理空间/互联网空间
资源配置机制	企业与市场	平台

第二节　共享经济的成本与选择

西方经济学将合作经济看作是一人一票与一人一股之间的权衡。本节主要运用西方经济学研究合作经济的思路，将共享经济的本质视为人们对所有权与使用权取舍的均衡，试图构建一种共享经济的成本与选择分析框架①，从需求和供给两个方面研究共享经济的发生与发展，尝试构建共享经济的经济学解释。下面主要以消费领域的共享经济为例，探究共享经济发展的动因。

一　基于成本的共享经济分析框架

共享经济在消费领域发展规模较大，相对成熟，建构分析框架需要考虑的因素相对简单，所以，本节以消费领域的共享经济为例进行研究。

首先比较传统经济与共享经济之间到底发生了什么变化。（1）所有权交易为主转向使用权交易为主。传统市场中尽管存在经销商，但根本上是生产者与消费者的交易市场，多是产品的所有权的交易市场。在共享经济模式下，消费者从购买产品的所有权，转向购买产品的使用权，共享经济更多地体现为使用权的交易市场。（2）"劳动者—企业—消费者"的传统商业模式逐渐被"劳动者—共享平台—消费者"的共享模式所取代。在劳动者方面，劳动者由纯雇佣工人转向独立生产者，

---

① 参见［美］詹姆斯·布坎南《成本与选择》，刘志铭、李芳译，浙江大学出版社2009年版。

甚至小企业主,劳动者从过去将劳动力的使用权出售给企业,转变为劳动者收回劳动力的使用权,由自己在市场中寻找机会,支配劳动力的使用。劳动者不再依赖企业提供生产资料和销售渠道,任何一个普通劳动者都可以创业,以自己的劳动与自己的生产资料或云化的生产资料相结合,直接为消费者提供差异化的创新服务和产品。(3)平台企业的涌现。出现了传统经济中不存在的平台企业,这些企业提供交易服务,但并非传统经销商,其中一部分企业不但不出售产品所有权,还购入产品所有权,以出售使用权方式提供服务。本章重点考虑消费领域的共享经济,更确切地说,重点研究最终消费市场的共享经济。

由上述可见,共享经济的核心可以简单表述为:(1)消费者从购买所有权转向购买使用权。(2)劳动者从出售劳动力使用的支配权转向收回劳动力的使用权。(3)企业从生产产品转向生产数据和提供服务。因此,分析共享经济发展的动因,尤其是最终消费市场共享经济的发展动因,就是分析消费者购买所有权转向购买使用权的成本与选择,就是分析劳动者由纯雇佣工人转向独立生产者甚至小企业主的成本与选择,就是分析企业从生产产品转向生产数据和提供服务的成本和选择。

二 共享经济中消费者的成本与选择分析

共享经济中消费者的成本与选择分析,就是分析消费者购买所有权转向购买使用权的成本与选择。共享经济中消费者行为的转变体现为消费者持有所有权的净收益低于其购买产品使用权的累计净收益。设消费者持有所有权的净收益为 $E1$,消费者购买一次产品的使用权的净收益为 $E2$,那么,

$$E1 = U1 - P - H - N \times C$$

其中,$U1$ 为持有所有权并使用该产品的效用,P 为购买产品所有权的价格,H 为产品的持有成本(持有成本通常是指持有产品期间所发生的储存、搬运、损坏、折旧以及保险等成本),C 是使用产品时的携带成本(只产生于使用期间。一般地,在不同地方使用,其携带成本高;不便携带,其成本更高),N 为使用产品的次数。

$$E2 = U2 - F - S - T$$

其中，U2 为使用该产品的效用，F 为购买产品使用权的价格或服务费，S 为产品或服务的抵达成本，T 是交易成本（交易成本包括以下几项：信息搜寻成本 = 获得目标信息的成本 + 排除信息噪声的成本；议价成本：针对契约、价格、品质讨价还价的成本；决策成本：进行相关决策与签订契约所需的内部成本；监督交易进行的成本：监督交易对象是否依照契约内容进行交易的成本，例如追踪产品、监督、验货等；违约成本：违约时所需付出的事后成本）。①

比较共享经济中消费者持有所有权的净收益 E1 和消费者购买产品使用权的累计净收益 N × E2 = N × U2 − N × (F + S + T)，消费者转向共享经济的动因可以表示为：

$$E1 < N \times E2$$

也就是说，当消费者持有所有权的净收益 E1 小于消费者购买产品使用权的累计净收益 N × E2 时，消费者可能从购买产品的所有权转向购买产品的使用权，消费者更愿意接受共享经济。

如果暂不考虑产品使用价值以外的其他价值，如产品增值收益或满足心理炫耀等，U1 持有所有权并使用该产品的效用等于 N × U2，那么

$$E1 - N \times E2 = U1 - P - H - N \times C - N \times U2 + N \times (F + S + T)$$
$$= N \times (F + S + T) - P - H - N \times C < 0$$

即

$$(P + H) / N + C > (F + S + T)$$

也就是说，当持有所有权情况下使用一次产品的平均成本大于租用一次产品所付出的成本时，消费者可能从购买产品的所有权转向购买产品的使用权。以下对五种不同因素变化情形下消费者的选择进行分析。

情形一：当 (F + S + T) 较高时，尤其是找到可租用的产品且送达成本 S 较高，交易成本 T 也较高时，如图 6 - 5 所示，在使用产品次数 N 较少的情况下，(P + H) / N + C > (F + S + T)，持有所有权不是最优选择，可能会出现购买使用权的行为，但这仍属于传统的租赁业务。

---

① Oliver Williamson, "Market and Hierarchies Some Elementary Considerations", *American Economic Review*, Vol. 63, No. 2, May 1973, pp. 316 - 325.

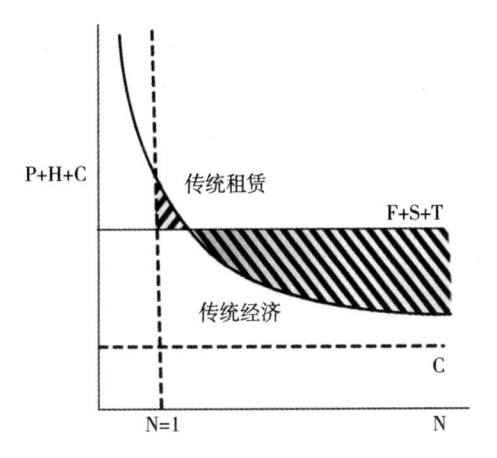

图 6-5　消费者选择传统租赁业务的条件

情形二：当（F+S+T）较低，相对地，购买成本或持有成本较高的情况下，将有一部分消费者转而选择购买使用权。如汽车本身购买成本较高，且持有车辆的成本如停车成本等，越来越高，如图6-6所示，当（P+H）/N+C＞（F+S+T）时，可能催生共享经济，形成所有权和使用权市场共存的形态。由于一部分人持有所有权，另一部分倾向于购买使用权，所以，这两种人群之间可能存在 P2P 的共享经济模式，如 Airbnb 等。

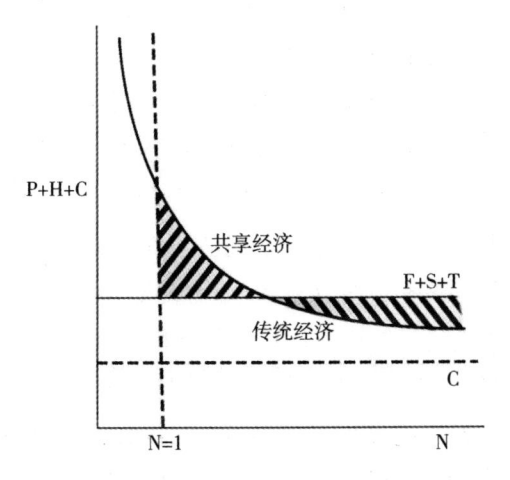

图 6-6　消费者选择 P2P 共享经济模式的条件

情形三：随着共享经济规模上升，（F+S+T）进一步下降，如图6-7所示，当（P+H）/N+C≫（F+S+T）时，购买产品所有权的人群急剧下降，在这一情形下，企业将消费者放弃的所有权集中起来，形成B2C的共享经济模式。即由平台企业持有产品的所有权，而消费者购买使用权，如共享单车等。

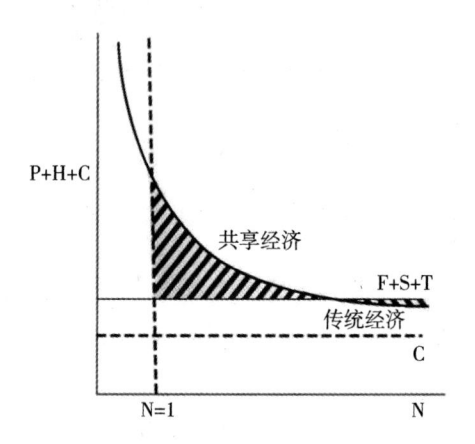

图6-7 消费者选择B2C共享经济模式的条件

从以上三种情形可以看出，F+S+T下降是促成共享经济发展的根本因素。

第一，F即购买产品使用权的价格或服务费，取决于产品可以被重复使用的次数及其实际被使用的次数，可以被重复使用的次数越大，F可能越低，因此，共享经济的产品多出现在耐用品中。实际被使用的次数与共享经济规模直接相关，共享经济规模越大，F就越低。

第二，S即产品抵达成本，不仅取决于平台上分享的商品信息的数量，还取决于其分布。如共享单车的无所不在，就是追求降低S。

第三，T即交易成本，在互联网为代表的各种技术推动下急剧下降。（1）获得目标信息的成本下降。由于移动互联、物联网、LBS技术以及搜索引擎的支撑，使得获得目标信息的成本下降，尤其是大数据、云计算和人工智能的发展，搜寻转变为推荐，获得目标信息的成本几乎为零。（2）信息噪声的成本下降。由于产品和服务的标准化、远程多媒体以及虚拟现实技术的应用，使得所见即所得，排除了信息噪声的成本。（3）议价成本和决策成本下降。由于合同的电子化和远程化，以及价格和历史成交信息的公开，降低了信息不对称，使得议价成本和决策成本就在指尖触碰之间。（4）监督成本下降。如滴滴中，由于司机轨迹跟踪功能等技术的应用，使得监督交易对象是否依照契约内容进行交易的成本下降。（5）违约的概率下降。又如滴滴，由于每位用车人与开车人的信用都公开在平台中，违约情况会实时地直接记录在司机本人名下，消费者的违约记录也一样平等地被记录下来，每一个人在互联网中处于无限重复博弈的交易环境下，珍惜并提高自己的信用度成为理性抉择，最终导致一次博弈下互相不诚信的"囚徒困境"被打破，机会主义的违约行为被抑制了。因此促进了陌生人的直接交易，降低了违约成本。另外，平台提供支付系统，同时，为交易双方提供了交易的信用保证。

情形四：当其他条件不变时，由于人的活动范围增大，携带成本相对于购买使用权所需的费用增大，如图 6-8 所示，从 C 到 C′，传统经济的区域减小，共享经济的区域增大。因此，共享经济的需求增大。如共享充电宝充一次电一元，购买使用权的成本很低，相对地，携带成本较高，因此，支撑这一共享经济的模式就产生了。

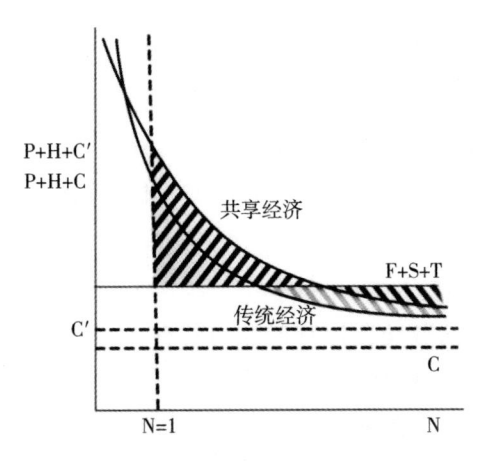

图 6-8　携带成本对共享经济的影响

情形五:当其他条件不变时,随着资源的日益稀缺,每个消费者都购买产品所有权,那么整个社会承担的外部成本增大,如环保成本等,考虑到外部成本的因素,势必增加每个消费者的实际持有成本。如图6-9所示,从P+C+H到P+C+H',传统经济的区域减小,共享经济的区域增大。因此,人们对绿色经济的追求将使共享经济的需求大大增加。

从情形四和情形五可见,不仅交易成本下降会导致共享经济的发生,携带成本和持有成本较高的产品更容易转型为共享经济模式。

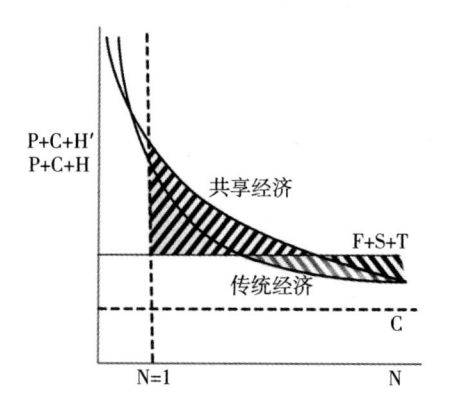

图6-9 持有成本对共享经济的影响

三 共享经济中劳动者的成本与选择分析

共享经济中劳动者的成本与选择分析,就是分析劳动者由纯雇佣工人转向独立生产者甚至小企业主的成本与选择。可以分为两种情况来分析:一种是以出租产品为主的劳动者;另一种是以提供劳动力为主的劳动者。

(一)提供出租产品的劳动者

提供出租产品的劳动者持有产品的所有权并出售该产品的使用权,他们既是消费者又是共享经济的供给方之一。提供共享经济这一供给的动因可以理解为持有产品所有权并出售产品使用权的净收益大于持有产品所有权并始终自己使用该产品的净收益。

持有产品所有权并始终自己使用该产品的净收益 = U3 - P

持有产品所有权并出售该产品使用权的净收益 = U3′ − P − K + N × F − N × T

其中，U3 为持有产品所有权并始终自己使用该产品的效用，U3′ 为持有产品所有权并出售该产品使用权的效用，P 为购买产品所有权的价格，F 为出售产品使用权的价格或服务费，K 为启动成本，T 为交易成本。设 U3 ≈ U3′，意味着该产品处于闲置或部分闲置状态，出售或不出售使用权不影响其效用。

因此，此类共享经济供给的动因可以表达为：

$$N \times (F - T) > K$$

如图 6−10 所示，影响此类共享经济的供给包括交易成本 T 和启动成本 K 两个方面因素。一是交易成本 T，当平台收取费用或交易中产生的其他费用越低，即从 T 到 T′，达到盈亏平衡的交易次数就从 N3 降到 N2，意味着更容易产生净收益，进入共享经济的动因就增大了。二是启动成本 K，即进入共享经济模式所付出的额外成本，如为提供 Airbnb 的民宿而投入的装修费用等。当启动成本 K 越低，即从 K 到 K′，达到盈亏平衡的交易次数就从 N3 降到 N1，意味着更容易产生净收益，共享经济供给的动因就增大了。

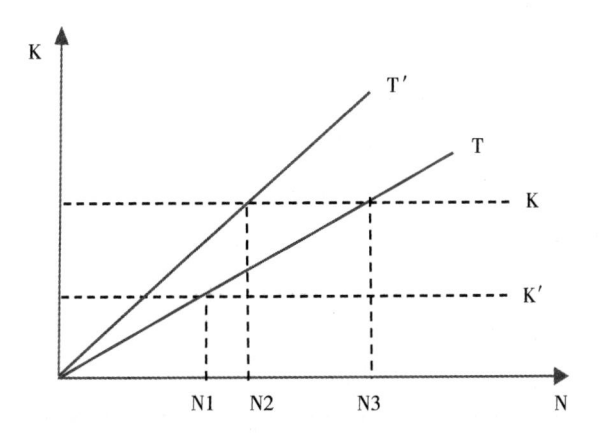

图 6−10　交易成本和启动成本对共享经济的影响

(二) 提供劳动力的劳动者

共享经济中提供劳动力的劳动者，从过去将劳动力的使用权出售予企业转变为劳动者收回劳动力的使用权，由自己在市场中寻找机会，支配劳动力的使用。劳动者的身份由纯雇佣工人转向独立生产者，他们投入自己的劳动和少量生产资料进入到共享经济中，这些生产资料往往就是自己闲置的所有权。这种共享经济中劳动力供给的转变可以理解为纯雇佣工人净收益小于独立生产者产生的净收益。

$$纯雇佣工人净收益 = W$$

$$独立生产者净收益 = N \times F + U4 - N \times T - N \times S - K$$

其中，W 为工资；F 为劳动者提供劳动力收取的服务费，$U4$ 为拥有劳动力使用权的效用，T 为交易成本，S 为搜索工作机会的成本，K 为启动成本。因此，共享经济劳动力供给的转变动因可以表达为：

$$N \times (F - T - S) > W + K - U4$$

影响共享经济劳动力供给的转变包括四个方面：(1) 交易费用 T，当平台收取费用或交易中产生的其他费用越低，即从 T 到 T'，达到盈亏平衡的交易次数从 N3 降到 N2，意味着更容易产生净收益，共享经济劳动力供给转变的动因增大，如图 6-11 所示。(2) 搜索工作机会的成本 S，如果平台提供的信息服务使得搜索工作机会的成本 S 降低，即从 S 到 S'，达到盈亏平衡的交易次数从 N3 降到 N2，意味着更容易产生净收益，共享经济劳动力供给转变的动因增大 (见图 6-12)。(3) 固定工资 W，在传统经济中 W 较低的劳动者，若进入共享经济所付出的启动成本 K 较低，那么，从 $W + K$ 到 $W' + K'$，达到盈亏平衡的交易次数从 N3 降到 N1，意味着更容易产生净收益，共享经济劳动力供给转变的动因增大，如图 6-11 所示。(4) 拥有劳动力使用权的效用 $U4$，当 $U4$ 越大，意味着劳动者更愿意拥有劳动力使用权的支配权，更愿意灵活工作，其风险的偏好较大，即从 $U4$ 到 $U4'$，达到盈亏平衡的交易次数从 N3 降到 N1，意味着更容易产生净收益，共享经济劳动力供给转变的动因增大，如图 6-12 所示。

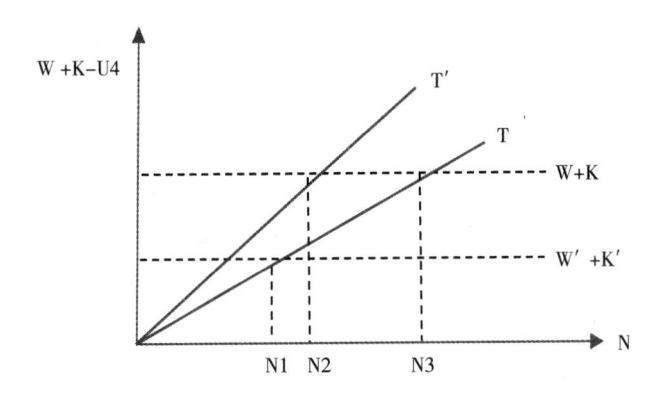

图 6-11 交易成本和工资对共享经济的影响

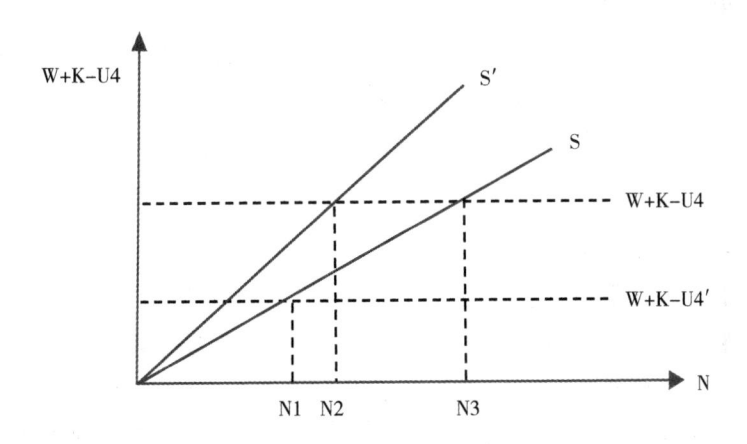

图 6-12 搜索工作机会的成本和拥有劳动力使用权的效用对共享经济的影响

四 共享经济中企业的成本和选择分析

共享经济中企业的成本和选择分析,就是分析企业从生产产品转向生产数据和提供服务的成本和选择。比较 P2P、B2C 和传统租赁企业成本与收益的特征,分析企业生产数据并提供交易服务这一行为的选择,以此理解企业向共享经济转型的动因。

（一）数据的价值

在分析共享经济中的企业成本和选择时,数据是不可或缺的因素,因此,必须对数据的经济学含义做一说明。设 Q 为企业的产出;L 为劳动投入量；K_1 为非数据的资本，即传统资本；K_2 为数据资本。设单纯从事生产数据提供交易服务的平台公司的生产函数为 $Q(L, K_2)$，即 P2P 平台企业；设不仅提供交易服务还提供产品使用权的平台公司的生产函数为 $Q(L, K_1, K_2)$，即 B2C 平台企业；设传统租赁企业的生产函数为 $Q(L, K_1)$。考虑单纯从事生产数据提供交易服务的平台公司的生产函数为 $Q(L, K_2)$，那么在既定成本限制条件下，$W \times L + R \times K_2 = C$，求 $Q(L, K_2)$ 最大值，其中，W 为工资；R 为数据资本的价格，体现数据的价值。可以得到：$R = (\Delta Q/\Delta K_2) \times W \times (\Delta L/\Delta Q)$。由此可见，在工资 W 和劳动力边际产量（$\Delta L/\Delta Q$）不变时，数据资本的价格 R 与其对产出边际贡献（$\Delta Q/\Delta K_2$）成正比。"大数据的本质是利用信息消除不确定性。"① 由于不确定的下降而降低交易成本，从而相对地提高了产量。因此，数据的价值 R 可以理解为数据资本的租，是指通过数据的占有，以部分或有限出让数据资源的形式获取利益的手段。②

（二）企业成本的比较与选择

以下分析暂未考虑供求因素以及企业之间的竞争等，假设资本的租赁价格 $P(K_1)$、$P(K_2)$ 和 $P(K_1, K_2)$ 不随规模 Q 增加而递减。

在传统租赁企业中，传统生产要素一般具有边际成本递减的规律，如图 6-13 所示，边际成本 $MC(L, K_1) = dC/dQ$ 曲线表现出先降后升的 U 形特征，$P(K_1)$ 为租赁价格；那么，从 A 点开始盈利，到 B 点出现规模不经济。

在 P2P 平台企业中，信息服务往往有较高的固定成本，边际成本又非常低甚至近乎为零。③ 随着产量增大，$MC(L, K_2)$ 趋近于零。如图 6-14 所示，在数据规模较小时，数据租 $P(K_2)$ 一般为 0，达到一定规模才体现出价值。可见 P2P 平台企业始终保持着规模效应。

在 B2C 平台企业中，如图 6-15 所示，与传统租赁企业 MC（L，

---

① 吴军：《智能时代：大数据与智能革命重新定义未来》，中信出版社 2016 年版，第 127 页。
② 徐晋：《大数据经济学》，上海交通大学出版社 2014 年版，第 23 页。
③ 江小涓：《高度联通社会中的资源重组与服务业增长》，《经济研究》2017 年第 3 期。

K1）比较可见，MC（L，K1，K2）曲线表现出与传统租赁企业一样先下降，但由于数据资本 K2 的参与，使得随着规模扩大，并没有像传统租赁企业那样出现边际成本递增。也就是说，由于数据成为生产要素，使得更大产量仍然有着规模效应。

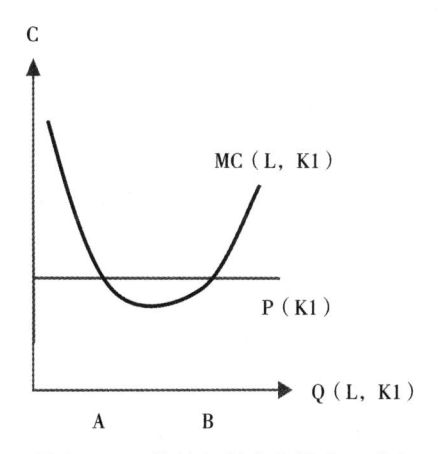

图 6-13　传统租赁企业的边际成本

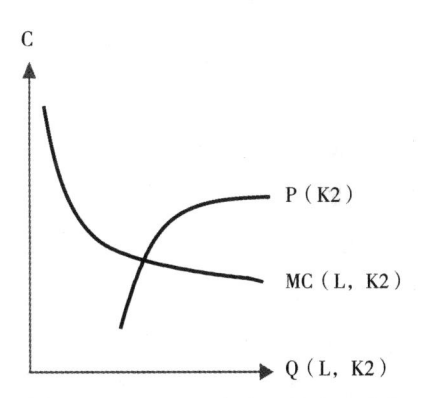

图 6-14　P2P 平台企业的边际成本

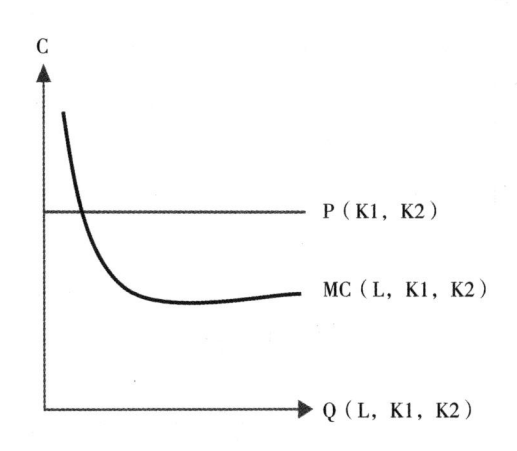

图 6-15　B2C 平台企业的边际成本

通过比较 P2P、B2C 和传统租赁企业成本与收益的特征可见，由于数据成为生产要素，信息消除了不确定性，降低了交易成本和协调成本，在 P2P、B2C 平台企业中出现了与传统租赁企业不同的长尾的规模效应。正是追求这一效应，企业生产数据、提供交易服务并转型为共享经济模式。正如 Jonathan Haskel 和 Stian Westlake 在《无资本的资本主义》中提出的那样，企业实物投资对现代经济体的重要性越来越弱，而对设计、研究、软件以及品牌管理等无形资产的投资会愈发产生重大的影响。

五 共享经济成本与选择分析得到的几个结论

综合消费者、劳动者以及企业面对共享经济的成本与选择分析，可以总结如下：数据达到一定规模、信息不确定性的消除、交易成本和协调成本的下降是共享经济产生和发展的关键因素。

第一，从消费者方面的分析可见，共享经济容易出现的条件是：（1）共享物品具有耐用性。（2）使用该产品的边际成本较低。（3）呈现或稀缺或闲置的两极状态，表现为在不同人之间存在供求矛盾，或者同一个人在不同时空中存在供求矛盾。（4）该产品的持有成本较高，或使用该产品时其携带成本较高。

第二，从劳动者方面的分析可见，劳动者更容易进入共享经济的条件是：（1）在传统经济中低工资、低技术的群体。（2）进入共享经济的启动成本较低。（3）灵活工作或风险偏好较大的人群。

第三，从企业方面的分析可见，在 P2P、B2C 平台企业中出现与传统租赁企业不同的长尾的规模效应，这是驱动企业向共享经济转型的动因。

本章小结

本章比较并梳理了信息经济、共享经济、互联网经济、平台经济与共享经济的区别和联系，认为共享经济是信息技术发展的产物，以数据生产资料为主导，其生产和交往从物理空间延伸到了互联网空间，是将计划与市场相融合的平台。共享经济的核心可以简单表述为：（1）消费者从购买所有权转向购买使用权。（2）劳动者从出售劳动力使用的支配权转向收回劳动力的使用权。（3）企业从生产产品转向生产数据和提供服务。共享经济模式转变可以看作消费者、劳动者和企业在不同经济形态之间的权衡。在上篇关于西方经济学的合作经济研究中提到，西方经济学对合作经济研究，只将合作经济看作诸多企业形态之一，认为合作经济是成本和环境比较、选择的结果，合作社是不同情况与不同环境的选择，合作社模式的取舍取决于交易成本的比较，西方经济学并不会把合作经济看作向另一社会形态过渡的形态，这是与马克思合作视域下合作经济研究的最本质区别。类似地，本章将共享经济看作在市场经济和信息技术的触发条件下不同企业形态之间成本比较的一种选择，并没有把它看作向另一社会形态继续过渡的形态，这也是与马克思合作视域下共享经济研究的最本质区别。因此，西方经济学的共享经济研究也不会关注社会主义市场经济条件下共享经济发展的价值取向及其特征。

第七章　马克思合作思想与共享经济

基于马克思合作思想新视角并将共享经济纳入一种新的合作的生产方式加以理解，为共享经济研究提供了一个理论框架。本章首先辨析共享发展理念与共享经济的不同，同时强调，要研究社会主义市场经济条件下的共享经济，必须坚持共享发展理念的共享经济，这正是与资本主义经济条件下研究和发展共享经济的本质差别所在。接着，梳理共享与合作的内在联系，认为共享经济是合作发展到信息时代的新形态，是一种"合作的特殊"，因此，以马克思合作思想来研究共享经济就是自然而然、顺理成章的，也是研究社会主义市场经济条件下共享经济最合适的理论工具。在此基础上，提出马克思合作思想视域下的共享经济分析框架，从生产力和生产关系入手研究共享经济，从生产力和生产关系相互作用的运动规律中来理解共享经济的发展。将共享经济看作一种新的生产力，看作一种新的生产关系，看作一种不断演进的、合作的生产方式。

第一节　共享发展理念与共享经济

一　共享发展理念

在马克思、恩格斯的著作中，"共享"可以概括为生活资料共同享用、生产劳动共同享受、生产资料共同享有。① 贺汉魂认为，马克思在

---

① 贺汉魂:《公有制的经济才是真正的共享经济——重读〈共产党宣言〉》,《当代经济研究》2019 年第 1 期。

《共产党宣言》中所描述的在生产力高度发达基础上的人民共同享用生活资料、共同享受生产劳动、共同享有生产资料的公有制经济才是真正的共享经济,他认为虽然原始社会人们共同占有生产资料、共同进行生产劳动、平均分配劳动成果,但那只是人类初级的共享经济。私有制出现后直至近代社会,使用权的借用租赁、以物易物取代了人们对所有权的共享,互联网的出现深化了使用权的共享进程,这种并不涉及生产劳动共同享受、生产资料共同享有的经济并不是理想的共享经济。笔者认为这些观点值得商榷,共享既可以是目标,也可以是过程,只要是具体过程,就不可能是完全理想的共享状态。不能用共享的理想状态去否定共享经济的具体形态。共享发展理念丰富并发展了马克思恩格斯的合作思想,中共十八届五中全会提出:"坚持共享发展,必须坚持发展为了人民、发展依靠人民、发展成果由人民共享,做出更有效的制度安排,使全体人民在共建共享发展中有更多获得感,增强发展动力,增进人民团结,朝着共同富裕方向稳步前进。"共享发展理念强调共建共享和渐进共享,追求发展过程和共享过程的有机统一。共享发展理念不仅没有限定具体的共享经济形式,还鼓励创新共享发展理念的新路径。

二 共享发展理念下发展共享经济

共享发展理念不仅是发展的目的,还应是探索不同发展路径的手段。共享的财产可不可以是非排他性产品?或者可不可以被非排他性地利用?共享经济是由技术数字化变革引起的,创新地从过去主要关注所有权的共享转向探索使用权的共享,共享经济的"使用而非拥有",为实践共享发展理念开辟了新路径。共享经济盘活了闲置资源,提高了资源配置效率,创新了资源利用方式,打造了资源节约型经济形态,为经济增长提供了新的动能,也为共享发展理念夯实了物质基础。共享发展理念不仅要考虑资源配置问题,还要在利益分配机制设计上对利益兼容予以充分考虑。在共享发展理念引领下,共享经济使得创业创新门槛显著降低,可以通过提高工资性收入、丰富财产性收入来源、带动更多自发的第三次分配等方式,推动共享共赢成为社会共识,形成互帮互助的社会风气。① 共享经济促进了政府数据和平台企业数据的共享。政府和平台企业之间资源的充分对接，可以加速扩大公共服务资源，促进公共服务均衡化，充分提高公共服务资源的配置效率，通过共享经济，引导并促进我国公共服务均等化，缩小城乡差距、区域差距和居民生活水平差距，使人们都能够公平地享有发展成果。互联网实践表明，以"使用而非拥有"为特征的共享经济，是共享发展理念落地的具体而有效的形式之一。

发展共享经济是实践共享发展理念的重要路径，但共享经济最初产生于资本主义市场经济的土壤里，它并没有摆脱资本的羁绊，在资本驱使下，共享经济各主体之间呈现既合作又冲突的复杂竞合结构和特征。平台企业之间既合作又共谋，中心平台对线下的协作既是协调关系又是垄断关系，线下劳动与平台企业之间既合作又存在新的剥削，共享平台既免费分享信息又攫取消费者的无偿劳动，共享平台既提供个性化定制服务又隐藏着价格歧视。也就是说，共享经济在没有监管的条件下，完全可能背离共享发展理念而走向其反面。必须看到，当前我国共享经济存在发展不平衡、不充分的问题，在行业布局上，以共享消费为主，共享制造还需进一步壮大；在区域布局上，城市共享业态居多，乡村共享业态有待培育和发展；此外，还存在平台企业垄断、劳动者权益、保障不足、潜在金融风险等问题。因此，需要在顶层设计和体制机制建设上规范、引导、鼓励共享经济健康有序发展，进一步释放共享经济助力共同富裕的潜能。② 如同合作经济发展过程中曾遭遇过的"合作经济可能不合作"的历史教训一样，被资本垄断的共享经济平台的确也可能偏离共享发展理念，使得共享经济并不共享，甚至会加剧新的垄断和剥削，因此，发展共享经济，必须坚持共享发展理念。

---

① 陈甬军、余雯雯：《发展共享经济是实现共同富裕的重要路径》，《理论导报》2021年第11期。

② 陈甬军、余雯雯：《发展共享经济是实现共同富裕的重要路径》，《理论导报》2021年第11期。

第二节 共享与合作的关系

　　将共享经济纳入马克思合作思想的理论框架来研究，必须梳理共享与合作的内在联系。数字化和网络化引发了所有权和使用权的分离，一个所有权被多个使用者共同使用，呈现出一种共享的状态。数字化和平台化引发了数据生产资料和物质生产资料的分离，形成了线上资本与线下劳动、共享经济与实体经济的对立，更容易形成共享经济的垄断。这样一种既存在共享又存在对立的生产关系，正是共享经济研究的范畴和侧重点，就如同"合作"一样：从一个人完成一项工作发展到多人分工共同完成这项工作，呈现出一种合作状态；分工引发生产资料与劳动的分离，又引起了资本与劳动的对立，这样一种既存在合作又存在对立的生产关系，正是合作经济研究的范畴和侧重点。共享与合作的这种内在联系促使笔者将共享与合作联系起来，共享经济可以看作在新的生产力驱动下不断演进的一种新的、合作的生产方式。因此，可以借鉴马克思主义经济学合作研究的框架，从生产力与生产关系、共享资源与共享利益来研究共享经济，可以把共享经济看作一种特殊的合作经济来进行研究。

　　合作中必然伴随着共享，共享也必然是一种合作的状态。将共享经济看作一种新的、合作的生产方式，就必须说明"共享"与"合作"这两个概念之间的联系。"共享"既可以分享资源也可以分享成果，既可以分享有形的资源也可以分享无形的资源。"合作"在《现代汉语词典》中的解释是：为了共同目的一起工作或共同完成某项任务。[①] 事实上，不管是"共享"还是"合作"，都要从三个方面去理解：（1）为什么而进行合作与分享；（2）如何"一起工作"，如何共享资源并分工协作；（3）如何分享合作成果，分配与交换是否符合"合作"与"共享"的预期。在生产力发展带动生产关系变动的过程中，如何进行协

---

　　① 中国社会科学院语言研究所词典编辑室：《现代汉语词典》，商务印书馆1983年版，第453页。

作与分工、如何进行分配与交换、如何共享资源与利益并获得和共享更大的合作收益，马克思主义经济学给出了答案，可以借鉴马克思合作思想的分析框架。马克思在《德意志意识形态》第一卷第一章中对合作进行了论述，他指出："社会关系的含义是指许多个人的合作……一定的生产方式或一定的工业阶段始终是与一定的共同活动的方式或一定的社会阶段联系着的，而这种共同活动方式本身就是'生产力'。"[①] 马克思合作思想的核心内涵是从生产力和生产关系两个方面来分析合作，认为是不是合作状态，取决于合作中的生产关系与生产力是否相适应。同样地，共享经济是一种新的、合作的生产方式，应该从生产力和生产关系两个方面来分析，是不是共享状态，取决于共享经济中的生产关系与生产力是否相适应（见图7-1）。

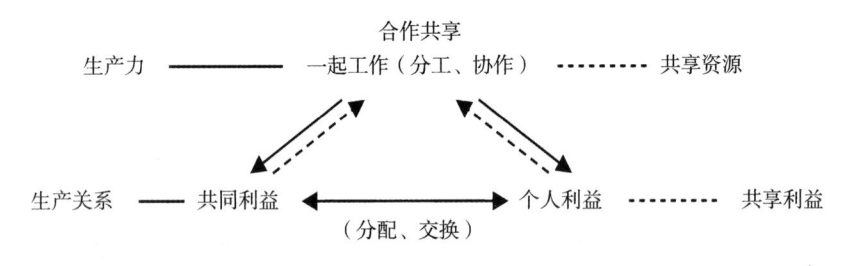

图7-1 生产力、生产关系与合作、共享

一 共享经济是合作经济的特殊形式

在马克思看来，合作制度是通向更高级社会形态的过渡阶段，它既有旧制度的特征，又有新制度的特征。列宁在《论合作制》中指出，"合作企业既是私人企业，又是集体企业"，是"第三种企业"，姜奇平认为共享经济平台企业具有私人企业与公共属性企业之间的第三种企业的性质。[②] 他将共享经济平台与我国农村统分结合、双层经营的合作制相比较，认为在农村统分结合、双层经营的合作制中，集体经济组织的经营是统，家庭分散经营是分。类似地，平台经济生态中也有统分双层

---

① 《马克思恩格斯选集》第1卷，人民出版社1972年版，第34页。
② 姜奇平：《从合作制角度认识平台基本产权制度》，《互联网周刊》2022年第7期。

经营的特点,平台方是统,应用方是分。统的方面,由平台方提供统一的基础业务,例如,提供虚拟店铺支撑服务等,具有计划分配的特征,促进了社会化协作;分的方面,由应用方经营差异化的增值业务,具有市场交换的特征,促进了分工。共享经济平台并不拥有或垄断物质生产资料,在所有权结构上,平台企业与传统的投资者所有企业(简称IOF)不同。共享经济中的劳动者可以是应用方,成为合作的主体之一,而且至少表面上看并非被资本雇佣,在管理方式上,共享经济与传统投资者所有企业不同。平台方与应用方可以三七分成,可以二八分成,等等,应用方可以比平台方获得更高比例的合作剩余,在收益分配上,共享经济也与传统投资者所有企业不同。可见,共享经济既不同于一人一票的合作经济形式,也不同于一股一票的"合作经济的特殊形式",而是处于它们之间的"第三种企业",是协作与分工辩证统一、计划分配与市场交换辩证统一的新合作生产方式。

二 共享经济是资源共享与利益共享的合作方式

合作经济与合作是具体与一般的关系,同样地,共享经济与合作也是具体与一般的关系。在一定的生产力条件下,一起工作需要进行分工、协作,需要共享资源,形成社会生产力;生产力的发展带来生产关系的变革,形成新的分配与交换关系,构成新的利益分享格局。应从共享资源与共享利益两个方面研究共享经济,共享经济是否为共享状态,取决于共享经济中的共享资源与共享利益是否相互匹配。研究共享经济,就要研究共享资源与共享利益相匹配状态不断演进的过程。
(1)共享资源。在信息技术发展背景下,数字化和网络化引发了所有权与使用权的分离,同一个所有权在时空上被依次占有并分割为使用权,一个所有权被多个使用者共同使用,呈现出一种共享状态,就为资源共享提供了一种新的可能。共享经济所引发的这种新的共享资源的可能还体现在线上与线下的协作上。线上的平台企业为了追求长尾效应,愿意免费分享一部分自己的信息和资源以获得更多的链接,实现数据生产资料的不断集中,以期获得网络节点中的枢纽地位,实现资本增值。线上向线下的信息和资源分享,相当于对线下的劳动者赋能,以实现社会化的协作分工，并使劳动者从中受益，线下也愿意向线上分享自己的数据和资源。技术变革所带来共享资源的新的可能，驱动了具有更大规模、更高效率协作分工能力的新的社会生产力的发展，共享经济是一种进步的资源共享，是一种进步的社会化合作的生产方式。(2) 共享利益。共享资源不是共享经济的全部，共享经济对资源的共享并不必然带来利益的共享，甚至可能更容易带来利益的垄断和对立。数字化和互联网引发了以数据集中为特征的共享经济与以物质生产资料和劳动力集中为特征的实体经济的分离。主导分配与交换的力量从集中的物质资料所有权转变成集中的数据生产资料所有权，社会化协作分工的劳动成果本身不是数据创造的，却被数据生产资料所有者占有。线上向线下攫取数据而形成垄断，凭借其垄断地位形成对线下劳动的剥削，造成了实体经济与共享经济发展的失衡。集中的数据生产资料既是共享的基础，又是垄断的源头。共享经济依赖数据集中，却要反对数据垄断，共享经济不仅共享资源，还应共享利益。(3) 共享资源与共享利益的矛盾。共享经济表现出不断共享资源并不断垄断利益的矛盾运动过程。共享经济生产方式的基本矛盾可以表述为：共享资源的线下协作分工的进一步社会化与决定分配交换的线上的数据生产资料私人垄断占有之间的矛盾。共享经济的共享资源与共享利益相匹配的要求，即生产关系与生产力相适应的要求是：共享资源的线下协作分工要与线上数据集中决定的分配交换的利益共享相匹配。驱动更大规模社会化的协作分工需要数据的集中，但如果数据的集中完全被私人资本垄断，任其决定分配交换，必将偏离共享的初衷。当线上的垄断不断发展，反对垄断的力量也将越大。扩大的协作分工规模越大，积累的线上与线下的矛盾就越为激烈，最终反过来将抑制线下的协作分工，甚至达到使之无法持续的地步。研究共享经济就是要化解共享经济生产力与生产关系的矛盾，化解线下协作分工的进一步社会化与线上决定分配交换的数据垄断的私人占有之间的矛盾；化解线下劳动者与线上资本的矛盾；化解线下实体经济与线上共享经济的矛盾。支持数据集中、开放与共享，反对数据垄断，保护共享经济条件下的消费者与劳动者权益，促进实体经济与共享经济协调发展。探索与资源共享相适应的利益共享是共享经济研究的重要组成部分（见图 7-2）。

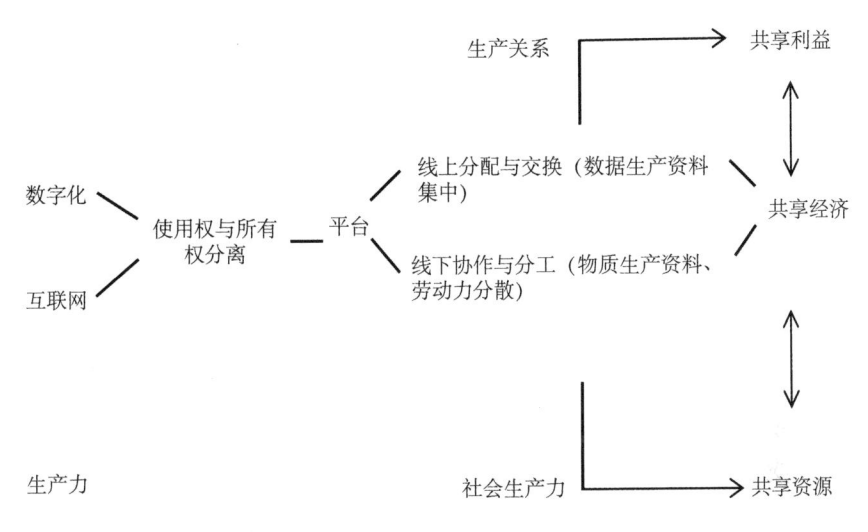

图 7-2　共享资源、共享利益与共享经济

第三节　马克思合作思想视域下的共享经济研究框架

本书上篇回顾了西方经济学中的合作思想、马克思合作思想的传统诠释，并指出它们各自的局限性，在梳理合作理论最新发展的同时，提出了马克思合作思想的新视角，从六个方面拓展了合作的概念：(1) 马克思合作思想的传统诠释仅从生产关系层面来理解合作，笔者认为合作不仅是生产关系，也是生产力。(2) 马克思合作思想的传统诠释中将合作仅限于某一特定的历史阶段，笔者认为合作是与人类历史的发展相伴随的，应从人类历史发展的整个长河中来考察合作。(3) 笔者认为合作是生产力与生产关系辩证发展的结果。生产方式的变化影响着合作的发展，合作水平是与生产方式相联系的，合作也是与人的本质的发展相联系的。从马克思合作思想的新视角看，合作既是生产力又是生产关系，合作是共同活动方式，也是一种生产方式，是生产力和生产关系的辩证统一，合作作为一种生产方式是一个不断演化的历史进程。(4) 笔者认为寻求最优的生产方式实质上就是寻求合作的生产方式。合作的生产方式就是指在人与自然和谐相处、人与人和谐相处、可持续发展的前提下，最大限度地发展生产力。(5) 笔者认为生

产资料的集中程度影响着生产关系与合作。生产资料的集中程度与协作分工相联系,协作分工也影响着生产资料所有制形式和生产资料的集中程度。任何所有制都有其所能承载的生产资料集中的极限,集中程度过高或过低都会影响合作水平。(6)笔者认为生产资料归属的明晰程度也影响着生产关系与合作。生产资料所有制变化的过程中不仅存在着质变,也存在着量变。笔者认为,以生产资料归属的明晰程度可以更好地描述生产资料所有制之间量的差异,描述所有制变化过程中的过渡状态。不仅如此,上篇还回顾了合作经济的发展历程,用历史发展进程中的合作经济具体实践来说明合作的一般规律。

  马克思合作思想具有丰富的理论积淀和实践成果,既是很好的分析工具,又可以提供许多可资比较和借鉴的范本;马克思合作思想是从资本的扬弃开始的,又指向朝着社会主义性质过渡的方向,从马克思合作思想的视域来理解共享经济,既可以吸收共享经济积极的一面,又可以从历史发展的角度对共享经济保持批判精神。共享经济是在信息生产力催生下新的合作的社会生产力,社会生产力新的协作分工引发了生产关系的剧烈变动,剧烈变动中共享与垄断并存,共享经济发展的过程是生产力与生产关系激烈矛盾运动的过程,动态演进的分析框架更适合于共享经济分析,而且,关注合作形成问题和合作配置问题的分析框架才更适合于共享经济分析,马克思合作思想正是这样一个动态演进的分析框架。共享经济的研究不能只考虑局部的个人利益,还要考虑整体的共同利益;不能只考虑共享资源,还要考虑共享利益;不能只考虑个人的合作意愿,还要考虑整个社会的生产力发展水平。因此,不仅要将共享经济看作一种生产力,还要将共享经济看作一种生产关系,更应将共享经济看作生产力与生产关系相互作用的一种生产方式。① 马克思合作思想就是这样一个辩证分析的框架。基于马克思合作思想的共享经济分析,应从以下六个方面入手。

---

① 廖萍萍、李建建:《马克思合作思想视角下的共享经济研究》,《东南学术》2019年第2期。

一 共享经济是一种合作的生产力

运用决定合作动力的马克思生产力理论,分析共享经济社会生产力的发生。合作作为一种生产力,表现为科学技术创新引发生产资料大规模的积聚、协调能力提升、孕育出新的分工和协作形态。共享经济在信息技术这一物质生产力驱动下,产生新的协作与分工的社会生产力。共享经济这一社会生产力呈现出以下新的特征:生产资料基于使用权的积聚,数据生产资料主导下的协作分工,计划协作更加融于市场分工,劳动者更直接地与生产资料使用权相结合,协作分工网络化,协作规模更大分工更细。共享经济是一种合作的生产力。

二 共享经济是一种合作的生产关系

运用决定合作关系的马克思生产关系理论,分析共享经济的分配交换关系。合作作为一种生产关系,表现为在生产力发展驱动下,生产关系(所有制)的变革将产生新的分配和交换方式,使得分配更合理,交换更有效率。共享经济这一协作与分工的社会生产力发展,伴随生产关系的变革,形成了共享经济这一新的生产关系。共享经济这一生产关系呈现出以下新的特征:分配与交换的主导力量从集中的物质生产力转变为集中的数据生产资料,数据成为生产资料,决定着共享经济分配关系,算法和平台左右着共享经济交换关系。共享经济的出现,发展了分配方式,同时也发展了交换方式,不仅如此,它更好地将分配与交换融合在了一起。共享经济这一合作的生产关系中生产资料积聚的极限大大提高了,生产资料与劳动者直接结合,平台较好地量化了劳动者在合作中的实际贡献。共享经济是一种合作的生产关系。

三 共享经济是一种合作的生产方式

运用决定合作演进的马克思交往理论,分析共享经济的线上与线下交往网络,分析共享经济可持续发展的条件。共享经济虽然是一种合作的生产力,也是一种新的合作的生产关系,但是其最终的结果是否处于合作的状态,还取决于其生产关系与生产力是否相适应。共享经济是一种新的、合作的生产方式，是马克思合作思想的一种新的实现形式，是生产力与生产关系矛盾发展的过程，是生产关系与生产力相互作用的过程。共享经济是线下协作分工为主与线上决定分配交换的一种生产力与生产关系互动模式。运用马克思交往理论即生产方式理论来研究线下协作分工的进一步社会化与线上决定分配交换的数据垄断私人占有之间的矛盾运动和相互作用的过程，揭示共享经济发展中的合作之困，揭示共享经济的内在矛盾和可持续发展的条件。

四 数据的集中和垄断与共享经济中的合作

运用决定合作冲突和矛盾的马克思垄断理论，分析共享经济的垄断机制以及反垄断的力量。从马克思合作思想可知，生产资料的集中程度影响着生产关系与合作。生产资料的集中是合作的要求，同样地，生产资料的集中形成垄断，将破坏合作。依据马克思分析垄断的逻辑，可以更深入地研究数据作为一种新的生产资料是如何集中的，是如何扬弃传统资本集中的，是如何发展出一种新的社会化协作分工的。数据是如何转化成为生产资料的，是如何从集中发展到垄断的。数据越集中，越会瓦解传统的私人资本；数据越集中，生产资料集中、形成垄断而破坏合作的一般规律性就越会凸显出来。另外，数据越集中，其社会化程度就越高；数据越集中，越需要寻求数据生产资料新的社会化实现形式。依据马克思分析垄断的逻辑可以很好地寻求两种反垄断力量，一种是资本自我扬弃，另一种则是来自资本垄断的对立面——代表生产社会化的力量。"看不见的手"控制不住共享经济背后的资本恣意地走向垄断，只有"看得见的手"从共同利益出发，监管部门有所作为，反对数据垄断，才能维持共享经济中的合作，才能保障共享经济健康发展。

五 数据生产资料的产权安排与共享经济中的合作

运用决定合作中生产资料安排的马克思产权理论，分析数据这一新的生产资料的归属问题如何影响共享经济中的合作。从马克思合作思想可知，生产资料归属的明晰程度以及产权安排影响着生产关系与合作。合作经济发展实践进程事实上是不同产权安排选择和演进的过程，不同产权安排影响着合作经济的发展。数据这一生产资料的归属问题以及产权安排是影响共享经济中的合作的新课题。从马克思产权理论出发，厘清不同的数据形态与权属，揭示以平台为中心配置数据生产要素所引发的矛盾，笔者提出了数据产权分置的设想。数据产权分置应包括数据资源持有权与数据生产要素所有权分置，数据生产要素分类分级管理，数据生产要素开发利用管理，以及由数据资源持有权、数据加工使用权和数据产品经营权分置所构成的数据产权运行机制。研究数据产权分置，探索共享经济发展背景下生产资料新的社会化实现形式，是对马克思合作思想的继承和发展，也是马克思主义产权理论当代发展的一次创新尝试。

六 人更全面的发展与共享经济的未来

运用决定合作发展目的和方向的马克思人的发展理论，展望共享经济的未来。从马克思合作思想可知，合作是不断发展的历史进程。共享经济的生产关系也是人与人交往关系否定之否定发展的结果，从人与人局部的直接交往，到人通过中间物间接地达至普遍交往，再发展到人与人的全面直接交往。马克思人的发展三个阶段的论述，为共享经济合作指明了方向，同时，也为共享经济的未来发展指明了方向。运用决定合作发展方向的马克思人的发展理论，展望共享经济的发展方向，探索去中心化的共享经济模式，促进人与人更直接的联系，弱化人对物的依赖，促进人更全面的发展，使共享经济成为合作的生产方式，成为历史发展进程中新的过渡点。

本章小结

本章梳理马克思合作思想，将共享经济视为一种合作的生产力，一种合作的生产关系，一种合作的生产方式，提出基于马克思合作思想的共享经济分析框架，由以下几个部分组成（见图7-3）：（1）运用决定合作动力的马克思生产力理论，分析共享经济社会生产力的发生；（2）运用决定合作关系的马克思生产关系理论，分析共享经济的分配交换关系;(3) 运用决定合作演进的马克思交往理论,分析共享经济的线上与线下交往网络,分析共享经济可持续发展的条件;(4) 运用决定合作冲突和矛盾的马克思垄断理论,分析共享经济的垄断机制以及反垄断的力量;(5) 运用决定合作中生产资料安排的马克思产权理论,分析数据这一生产资料的归属问题以及产权安排如何影响共享经济中的合作;(6) 运用决定合作发展目的和方向的马克思人的发展理论,展望共享经济的未来。此后各章将按马克思合作思想视域下的共享经济分析框架进一步展开深入研究。

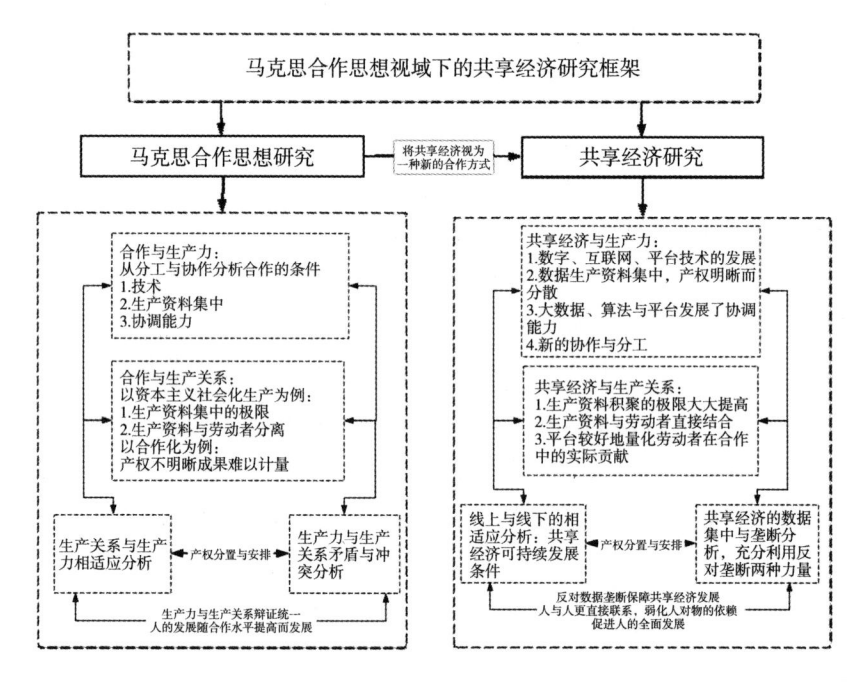

图 7-3 马克思合作思想视域下的共享经济研究框架

第八章　共享经济促进新的生产力发展

本章运用决定合作动力的马克思生产力理论，分析共享经济产生的物质基础和社会生产力的形成。从马克思合作思想的视角看，共享经济是生产力发展的产物，共享经济作为一种合作的社会生产力，又促进新的生产力发展。在马克思看来，生产力包括物质生产力和社会生产力，物质生产力和社会生产力的相互作用共同决定着生产力的发展。同样地，信息技术是推动共享经济发展的物质生产力，由信息技术驱动的新的协作与分工是共享经济的社会生产力，信息技术和新的协作与分工的相互作用共同决定着共享经济这一新的生产力的发展。本章分为以下几个部分：第一部分，共享经济是生产力发展的历史产物。考察物质生产力中最活跃的因素——科学技术的历史变迁，重点关注历史进程中技术变迁与社会生产力的相互作用。第二部分，信息技术是共享经济的物质生产力。作为物质生产力的信息技术虽不是新生事物，但基于其20多年来的高度发展，可以被看成是共享经济这一新的社会生产力的第一驱动力，其本身也构成了共享经济的物质生产力。第三部分，共享经济孕育新的社会生产力。沿着马克思研究社会生产力的思路，关注社会生产力——协作与分工发生发展的两个条件：生产资料的积聚程度和协调能力，并从考察这两个条件入手，分析共享经济，探讨共享经济条件下基于物质生产资料使用权积聚的协作与分工的新特征，分析信息收集、传递、利用能力对提高生产资料协调能力所起的巨大作用，展望共享经济的未来，认为区块链是化解协作与分工信任困境的一种新路径，区块链技术虽然属于生产力范畴，但已深刻触及分配与交换，它将是未来新生产关系的重要基础设施之一。

第一节　共享经济是生产力发展的历史产物

在物质生产力中科学技术是最活跃的变革因素，科学技术是第一生产力，不仅体现在新技术带来的新工具、新产品、新业态和新市场，更重要的是，技术变迁是协作与分工变迁的第一驱动力。科学技术当然包括科学理论范式的革命对经济社会的影响，但这里我们主要关注技术的革新对社会生产力的影响，重点考察运输、能源、信息技术对协作与分工的影响，尤其是信息技术对协作与分工的影响。

一　技术变迁

探讨"哪些技术要素对经济系统的维持和演进是最重要的呢"，可以从热力学第二定律和耗散结构理论中得到启发：不管是物理的、化学的、生物的乃至社会的、经济的系统，要延续与进化都需注入能量与负熵。负熵就是信息。因此，笔者认为信息技术、能源技术、运输技术是为经济社会系统提供能量和负熵的最主要技术动力。"如果没有通信，我们就无法管理经济活动；没有能源，我们就不能生成信息或传输动力；没有物流和运输，我们就不能在整个价值链中进行经济活动。"[①]信息技术、能源技术与运输技术不仅是经济系统抵抗熵增的重要因素，其变革也是经济系统协作与分工不断进化、熵不断减少、分工结构更精细更有序的重要因素。

国内外一些历史学家、社会学家将迄今为止的人类历史划分为四个时代，即渔猎时代、农耕时代、工业时代和数字化信息时代。回顾技术变迁的历史，信息技术可以追溯到语言、文字、纸张和印刷术，能源技术与运输技术可以追溯到原始人力、畜力、水力。当信息技术、能源技术与运输技术处于萌芽状态时，整个社会处于漫长的渔猎和农耕时代。在渔猎时代，第一生产力是原始人力，一般地，男性比女性拥有更强的

[①]　[美]杰里米·里夫金：《零边际成本》，赛迪研究院专家组译，中信出版社2015年版，中文版序。

体力，于是最终形成了父权制社会。在农耕时代，尽管靠时间积累的农业生产经验是第一生产力，但纸张和印刷术并不普及，这些农业生产经验难以被完整地记载并传播，仅少数使用纸张和印刷术等信息技术的人才真正记录与传承这些农耕知识，他们因此拥有很高的权威，形成了少数人掌控社会的集权时代。随着印刷业的发展，商业信用纸质化，人们的读写能力得以普及和提高，公路和水路运力逐步改善，信息技术、能源技术、运输技术的发展对封建等级制度构成了巨大的挑战。在19世纪，随着蒸汽机和电报的发明、印刷术的完善，英国铁路系统实现了联网互通，又依靠其丰富的煤炭储量，在英国产生了第一次工业革命，英国也一跃成为世界霸主。进入20世纪，美国率先逐步建成了第二次工业革命的基础设施，如电话、广播和电视、石油、电力、铁路系统等，奠定了美国的世界领导地位。短短300年间，信息技术、能源技术、运输技术的迅猛变革催生了第一次和第二次工业革命，而信息技术的方兴未艾几乎独立地导致了第三次工业革命，信息技术是共享经济产生的最重要的技术因素。可见，科学技术是第一生产力，信息技术、能源技术与运输技术的变革是经济社会演进的最为重要的驱动力。

二 技术变迁与协作分工

自然条件虽然影响着协作与分工，但技术变迁则是协作与分工最重要的驱动力。马克思在《政治经济学的形而上学》的"分工和机器"一节中，以英国纺织业的分工发展为例，详细阐述了机器的发明对分工的作用。他写道："在英国，机器发明之后分工才有了巨大进步，这一点无须再来提醒。例如，织布，织布工人和纺纱工人过去多半是至今我们还可以在落后国家里看到的那些农民。机器的发明完成了工场劳动同农业劳动的分离。从前结合在一个家庭里的织布工人和纺纱工人被机器分开了。由于有了机器，现在纺纱工人可以住在英国，而织布工人却住在印度。在机器发明以前，一个国家的工业主要是用本地原料来加工。例如：英国加工的是羊毛，德国加工的是麻，法国加工的是丝和麻，东印度和列万特（地中海东岸诸国的旧称）加工的则是棉花等等。由于机器和蒸汽的应用，分工规模已使脱离了本国基地的大工业完全依赖于世界市场、国际分工。总之，机器对分工起着极大的影响，只要一种物品的生产中有可能用机械制造它的某一部分，生产就立即分成两个独立的部门。"①

笔者主要关注信息技术、能源技术与运输技术所导致的协作与分工的演进（见表8-1）。生产资料、劳动力和资本的积聚程度直接与运输及其动力技术相关，协调能力、交易成本直接与信息技术相关。在自给自足的经济时期，信息传播方式主要是口口相传，动力主要靠人力和畜力，物资运输主要依靠马车，生产资料、劳动力和资本的积聚相当困难，协作和分工必然规模小且主要仅出现在分散的家庭、部族、村落内。印刷术的出现与普及促进了契约的形成，在市场经济初期，随着道路网的建成、水力风力技术的应用，生产资料、劳动力和资本开始积聚，"工场手工业阶段，社会内部的分工处于竞争的无政府状态；工场手工业分工处于有计划、有比例的专制状态"②。铁路和蒸汽动力技术代表着的第一次工业革命，大大提高了运输能力，生产资料、劳动力和资本大规模积聚，出现了集权式的大工厂和资本与劳动力的分工，社会化分工大大发展，并开始了所有权与管理权的分离。在第二次工业革命中，如果没有电力，就无法出现流水线式的分工形式。如果没有电报和电话，企业就不能与上游供应商和下游分销商实现通信，就无法出现企业之间分工的发展。如果没有遍及市场的道路、海运和空运系统，企业也不能降低物流成本。信息技术、能源技术和运输技术促成了分散的、跨国的、集中管理的大公司的产生。当公司大到一定程度时，协作成本激增，大公司被拆分，从垂直整合的大公司走向不断细化的产业链分工协作。第三次工业革命，以信息技术为代表，互联网得以普及，大公司的业务开始全球化分工，出现了"地球是平的"社会生产力的新特征。在云计算、大数据、物联网、移动互联网、人工智能等信息技术的进一步驱动下，协调能力提高，交易成本急剧下降，生产资料、劳动力和资本不是单向地积聚或分散，而是能够根据需求灵活地聚散，协作与分

---

① 《马克思恩格斯选集》第1卷，人民出版社1972年版，第132—133页。
② 《马克思恩格斯全集》第23卷，人民出版社1972年版，第394页。

工、计划与市场相互融合，形成了共享经济这一新的社会生产力，出现了共享经济协作与分工的新特征。共享经济是生产力发展的历史产物，是信息技术不断发展到一定历史阶段的产物。

表8-1 信息技术、能源技术与运输技术所导致的协作与分工的演进

发展阶段	信息传播	物质运输	能源与动力	协作	分工
自给经济	口口相传	马车	人力、畜力	家庭、部族、村落内部，规模小	两性、部族、村落之间，规模小
市场经济初期	纸张、印刷术	道路网	水力、风力	工场手工业内部	工场手工业内部与之间
第一次工业革命	印刷术+动力	铁路网	蒸汽、煤	集权式工厂	劳动与资本分工
第二次工业革命	电话	航空网	电力、石油	集散型大公司	管理权与所有权分工
第三次工业革命	计算机、互联网	物流+互联网	能源+互联网、可再生能源	全球化产业链	大规模外包
共享经济	云、大、物、移、人工智能	物流+互联网	能源+互联网、可再生能源	基于数据生产资料集中的协作	基于生产资料使用权的分工

第二节 信息技术是共享经济的物质生产力

从以上回顾的技术变迁可见，生产力不仅体现为产品和服务的产出，也体现为在运输、能源以及信息等技术的变革中。共享经济的物质生产力基础是信息技术，作为重要的物质生产力、作为科学技术发展的一个重要组成部分，信息技术是我们这个时代生产力的重要标志。信息技术是能够扩展人类信息器官功能的一类技术的总称。许多生物物种与人类一样，具有信息感知能力，而人类之所以成为人类，是因为人类扩展了信息处理能力，最开始扩展了的信息处理方式包括语言、文字、纸

张、书写技术、印刷术等，也包括烽火台、驿站、飞鸽传书等。只有到电报、电话、计算机、互联网技术的应用，信息技术才真正发展成为影响力越来越重要的生产力。与以往的生产力不同，信息技术不再是以开发、运输和利用物质资源和能量资源为主，而是以信息的创造、采集、处理与使用为主，这是当代生产力最本质的特点。信息资源进入生产力系统，并成为这一系统中最为重要的因素之一。以 I 代表新的生产要素——信息资源，T 代表传统生产要素，那么简化的信息化生产函数可以表示为：$Q = f(T, I)$，柯布 - 道格拉斯生产函数可以表示为：$Q = A \times T^{\alpha} \times I^{\beta}$。信息技术包括信息收集和生产的能力、信息传播的能力、信息利用的能力以及建立信任与传递价值的能力。信息技术是共享经济的物质生产力，它与共享经济的产生、维持和发展直接相关。

一 信息收集和生产的能力

信息总是开始于记录与存储，进而被加工与再生产。现代信息技术的信息收集和生产的能力以数字化为基础，已不限于文字，它可以是数字化的图片、语音和视频，甚至可以是 VR、AR 方式的记录与呈现。（1）产品信息的收集与生产。信息技术大量应用于记录和展示商家的服务和产品，信息生产不仅限于产品的供给方和传统广告商，消费者也可能既是产品与服务信息的收集者和生产者，又是信息的传播者。收集和生产的信息不仅限于最终产品，也可以是中间产品、设计，甚至思路等，收集和生产的信息不仅限于批量产品，也可能是个性化定制的产品。例如，可以用亚马逊镜子收集客户身材信息并提供绝版的定制等。（2）生产资料信息的收集与生产。信息收集和生产不仅限于消费资料，也延伸到生产资料，例如共享办公室、共享机床、共享工厂和共享农场等，收集和生产信息还扩展到劳动力，包括滴滴代驾，甚至各种复杂技能信息的收集和描述，如人力资源共享服务中心的构建。（3）生产过程信息的收集与生产。随着物联网、GPS 或北斗定位以及移动互联网技术的应用，商品的信息越来越多地被各种传感器详细地记录下来，如位置信息、移动的实时信息，以及可追溯的产地、生产过程和最终产品的质检信息等。（4）消费者信息的收集与生产。信息的收集与生产不仅限于供给侧,消费者的信息也被记录,如消费者的姓名、地址、电话号码、身份信息等,不仅如此,还包括消费记录、点阅记录、成交记录、退货记录以及点评记录等。

信息收集和生产的能力是其他信息能力的基础,使得协作与分工的目标、过程以及成果的记录、描述和传递都提高了效率。"整个市场处理商品复杂性描述的相关费用减少了,因此使市场为基础的经济活动变得适合更大规模的活动。"① 信息收集和生产的能力就是数字产业化,是数据成为生产要素的物质基础。

二 信息传播的能力

信息传播的能力降低了搜寻和获得商品的成本,它直接关系着协调和交易的半径以及生产资料集聚的规模。信息的传播最初是由人行和马跑的距离和速度决定的,后来是由电话、电报、广播、电视所连接的区域决定的,现在是由互联网所及的范围决定的,人类已真正成为地球村的村民。(1)传播方式与协作分工。移动互联网从2G、3G、4G发展到5G,从人与人的信息传递发展到人与物、物与物的万物互联,信息从一点对多点的广播变为多点之间点对点的传播,信息传播方式已经从广播式到按需求点播或搜索,再到根据消费偏好自动地智能推送信息。只有这种信息传播网络结构和传播方式的转变,才会出现不依赖于企业的、个人之间点对点的协作与分工,才能支撑共享经济中人们既是生产者又是消费者的协作与分工网络。(2)传播方式与分配交换。广告商随着报纸的出现而产生,通过传播商品信息获利,之后广告业在广播和电视时代发展到鼎盛时期。过去信息传播者通常是为商家收集消费者的信息,为商家传播商品和服务的信息。随着传播方式的改变,现在信息传播者不仅是信息搜索者、传播者,还是供求信息的匹配者,甚至会以个人助手的方式匹配消费者的需求和商家的产品或服务。共享经济之所以可行,依赖于支付信息的迅速传递,依赖于供求双方信誉的传递。共享经济的平台公司不仅是商品信息的提供者,还是交易的中介者、供求

---

① [印]阿鲁·萨丹拉彻:《分享经济的爆发》,周恂译,文汇出版社2017年版,第99页。

双方信誉的管理者。

信息传播的能力体现在信息传播的速度越来越快，而且越来越精准有效。信息传播的能力扩大了共享经济的协作分工与分配交换的信息分享，"在许多经济活动中降低了资产特异性"[1]，使得闲置资产可用于不同用途或由不同使用者利用的程度大大提高，信息传播的能力深刻改变了协作分工与分配交换，使得经济生活从物理空间延伸到了互联网空间。

三 信息利用的能力

信息利用的能力是透过平台来实现的，获取信息和传播信息的目的归根结底在于利用信息，利用信息能力的提高反过来又进一步促进了人们更多地收集信息、更快地传播信息。利用与挖掘信息之间的相关性是获得知识与规律的钥匙。从某种程度上讲，获得和利用数据的水平反映出一个社会文明的程度。在农耕时期，人们收集天气、土地、农作物生长的数据和信息，以获得农业生产知识。科学思想和方法诞生以后，利用信息的能力得到极大的提升，人们获得数据，分析数据，从中得到初步信息，建立模型，通过实验验证模型，最后用于预测与决策。如今大数据技术帮助人们挖掘大量的信息，利用这些信息，已经开始帮助人们回答经济学中一些最基本的问题：我们生产什么？生产多少？如何更合理地进行生产？一方面，信息利用的能力扩大了指挥协调的范围与规模。在传统企业中，指挥协调的职责通常由管理者完成，协调的规模与复杂性增加，企业的协调成本就增加，因而抑制了协作与分工的规模，生产资料积聚的规模总有极限。随着信息收集、生产、传播能力的扩张，不仅创造了基于物流、现金流上的信息流，还创造了与传统协作分工业务流程相平行的信息空间，企业进入了管理的新时代，信息化、系统化、流程化的管理取代了传统企业中的"人治"系统，而指挥协调成本并没有随着范围和规模的增大而增加，因此，信息利用的能力与协

---

[1] [印] 阿鲁·萨丹拉彻：《分享经济的爆发》，周恂译，文汇出版社2017年版，第100页。

调能力随着网络的扩张而扩张了,生产资料积聚的规模的极限也得以扩张。另一方面,信息利用的能力也极大地提升了指挥协调的时效性和精准度。云计算不仅驱动了数据集中式的计算,大大地提高了协调能力,各种终端及智能感知设备进行分散的边缘计算,根据市场情况及时自动地调节生产计划,调整产品库存与数量,做出了接近市场化方式的自主反应。大数据、云计算的应用提高了人们利用数据和信息的能力,还催生了各种统计和算法基础上的人工智能,这些技术已成为共享经济等新商业模式的支柱。

四 建立信任与传递价值的能力

在协作与分工中,最棘手的问题是信任。一般情况下,个人在协作分工中的贡献是以市场化的工资来确定的,直接确定协作分工中的个人劳动价值并使之得以传递一直是无解的难题。目前的共享经济平台尽管存在不少问题,事实上起到了提供合作信用的作用。信息技术尤其是区块链技术在建立信任、确定与传递价值方面仍进行着更新的探索。(1)信任的构建。过去协作与分工通常在熟人之间或依赖熟人这一中介进行,共享经济中的信息技术促进了陌生人之间直接的、自由的协作与分工,但这些协作与分工仍然是在以平台为中心的中介方式中进行的。区块链技术进一步完善了信任机制。区块链具有不依赖第三方、去中化的特征,代码即法律,区块链仅依靠算法的共识机制构建无人控制的信用体系,降低了协调与交换的成本,降低了道德风险。(2)价值的建立。过去,个人在协作与分工中的贡献难以计量的问题一直困扰着我们,很难真正实现按劳分配,从而抑制了更大规模、更复杂的协作与分工。区块链中工作量证明(Proof of Work,简称POW)的共识机制极具启发性,它是否可能为协作与分工中的个人贡献提供价值证明?如果这样,就可以支持价值在区块链网络中得以传递与交换,激励更进一步的协作与分工,更好地建构起共建、共享的协作与分工生态。这是值得期待的设想。(3)价值的传递。目前共享经济往往是中心化的,信息容易被平台收集、集中与垄断,虽然积聚了更大规模的生产资料,扩展了协作与分工,但个人信息无法得到有效保护,分享的信息也没有得到相应的回报，平台之间形成了"信息孤岛"，难以实现价值的传递。与传统互联网不同，区块链与互联网、物联网的结合是以共识协议和智能合约为基础架构的价值互联网。区块链是在协作与分工的物理空间和信息空间基础上关联出一个平行的万物互联的记账空间，是建构在协作分工业务流和信息流上的价值流。区块链技术不仅能传递信息，而且开始支持传递价值，这是信息技术的另一场革命。信息技术尤其是区块链技术，不仅深刻影响协作分工中生产资料的聚散，还深刻改变着分配与交换的方式，它属于生产力的范畴，它也将是共享经济新生产关系的物质基础。

第三节　共享经济孕育新的社会生产力

在信息技术驱动下，共享经济的协作分工的新特征包括：（1）从基于所有权的分工与协作，发展出基于使用权的协作与分工；（2）从计划协作与市场分工的两难选择，发展出计划融于市场的协作与分工；（3）从局部对立竞争的协作分工，发展出网络化合作的协作与分工；（4）从资本主导的协作分工，发展出在平台基础上的劳动者更加独立的协作与分工；（5）从协作分工规模与多样化的对立，走向协作集聚的规模更大、分工更细、产品与服务更加多样化。这些新的协作与分工构成了共享经济的社会生产力。

一　基于使用权的协作与分工

凯文·凯利预言了未来的十二个趋势，指出分享将成为互联网驱动下的必然，人们将通过获得服务的方式取代"占有"实物，未来资源的使用权将比所有权更重要。（1）基于所有权的协作与分工。在马克思看来，"协作的范围或生产的规模取决于生产资料、劳动力和资本的积聚程度"[①]，一直以来生产资料的积聚主要指的是生产资料所有权的集中，生产资料所有权的集中被看作协作与分工的条件。过去研究协作与分工通常都是基于所有权进行的。协作与分工虽然首先体现为劳动者

[①] 《马克思恩格斯全集》第23卷，人民出版社1972年版，第367页。

与使用权的结合,但由于所有权决定使用权,因此,所有权决定着协作与分工。(2)使用权与所有权的分离。使用权与所有权的分离过去就存在,但往往是局部的、规模较小的。所有权变更的频率较慢,使用权流转的频率更快。更大规模的协作与分工,要求有更大规模、更频繁的使用权交换,所有权的变更速度无法跟上大规模、高频次的协作与分工,所以要求所有权与使用权分离,否则所有权往往最终反过来影响使用权的聚散,从而阻碍进一步的协作与分工。(3)基于使用权的协作与分工。以云计算、大数据、物联网、移动互联网以及人工智能为代表的信息技术在共享经济平台中广泛运用,带来了生产资料的大规模积聚以及积聚方式的深刻变化。与以往不同,现在不是将生产资料所有权积聚,所有权依然分散在各处,而是将使用权集中于"云端",所有权和使用权是分离的,它支持了更大规模的协作与分工,支持了生产资料使用权更大规模的集中与流转,所有权不转移,反而能够增加并确保闲置所有权的收益(见图8-1)。在马克思看来,生产资料的所有权与经营权分离是一次扬弃,那么共享经济将所有权与使用权分离,也应该是一次进步。

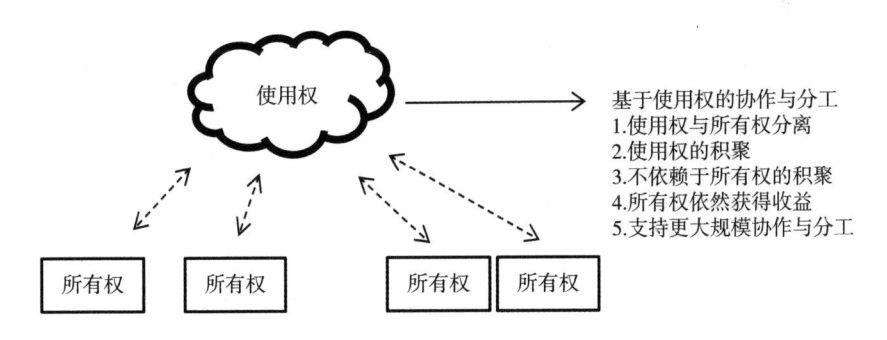

图 8-1 基于使用权的协作与分工

二 计划融于市场的协作与分工

协调能力是协作与分工的另一个条件,在马克思看来,"一切规模较大的直接社会劳动或共同劳动,都或多或少地需要指挥,以协调个人的活动，并执行生产总体的运动。① 协调方式包括计划与市场这两种配置生产资料的方式。技术发展决定着协调方式及其成本变化，是新的协作与分工产生和发展的前提。(1) 计划协作与市场分工的两难选择。在以往的技术水平条件下，组织的规模越大，其计划协调的成本越大，分工越细，市场交易的成本也越高。不管是计划还是市场，其协调能力都随着协作与分工规模的扩大而递减。人们往往根据自身的情况不得不在计划与市场中进行两难的选择。(2) 规模递增的协调能力。以信息技术为基础的计划与市场协调方式，尤其是以互联网为载体的计划与市场协调方式，呈现出规模递增的效应。从成本角度看，信息技术的出现并快速发展会降低企业内部计划协调的成本，比如，电话的出现就使集中管理的半径增加了，而且还因信息的传播和呈现能力更强，降低了信息的不对称性，从而降低了企业之间、生产者与消费者之间的交易成本。不仅如此，自动匹配的云计算还具有远距离、跨区域的协调能力，避免了空间经济的距离成本问题。从收益角度看，依托互联网的协调方式，符合梅特卡夫定律：随着联网的计算机数量增加（N 越大），网上客户获得的价值会加速增长，与 $N\times(N-1)$ 即大约与 N^2 成正比，而呈现出指数增长的规模递增效应。(3) 计划融于市场的协作与分工。从协调方式角度看，互联网等信息技术基础上的计划与市场协调能力呈现出指数增长的规模递增效应，使得人们不用再像以往那样必须在计划与市场中进行两难的选择，另一种可能性产生了，就是将计划融于市场之中。凯文·凯利认为，共享经济是不同于市场和计划的"第三种组织工作的形式"②。共享经济既不是企业内部或计划经济条件下的行政调控，也不再是盲目的市场自由配置。共享经济依然保留着市场配置资源的功能，出现了自动匹配的交换，同时，计划协调出现了无人的调度分配，因此，计划更加融于市场（见图 8-2）。

三 网络化的协作与分工

在技术驱动下，劳动从没有分工的分散劳动发展到局部分工的对立

---

① 《马克思恩格斯全集》第 23 卷，人民出版社 1972 年版，第 367 页。
② [美] 凯文·凯利：《必然》，周峰译，电子工业出版社 2016 年版，第 367 页。

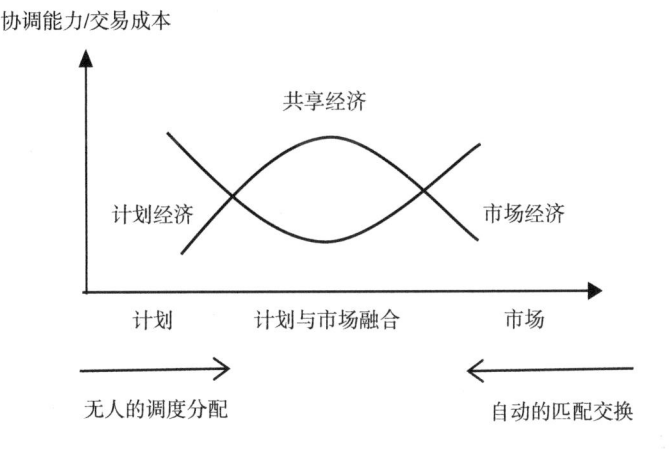

第八章 共享经济促进新的生产力发展

图 8-2 计划与市场相融合

劳动,再发展成网络化的协作与分工(见图 8-3)。(1)协作与分工趋向网络化。尽管从手工劳动工具到机器的革命促进了分工,使生产成为社会化的生产,但分工的各部门之间的利益仍然是对立的,通常协作仅局限在企业内部,在信息技术出现之前,这样的分工是局部分工。信息技术的发展驱动了分工的发展,企业之间加强了协作,协作关系跨越了企业,形成了网络化的协作与分工。网络化分工的协作不仅体现在企业内部,也体现在市场中,这种企业之间既分工又协作的关系是现代经济的重要特征。在共享经济中,劳动者与投资者、生产者与消费者、买者与卖者、信息的发布者与信息的接收者在同一社会网络中被连接在了一起。(2)网络化呈现复杂的竞合关系。分工的网络化使处于同一个社会网络中的人与人之间利益的依存度不断提高,单方面追求自身利益并不能最终实现自身利益最大化,损害他人利益会因为网络中的相互作用而最终损害自身的利益。信息技术的发展、分工的网络化,使得分工不再是对立之源,而成为向更高程度的社会化协作生产发展的基础。在参与共享经济协作与分工的企业生态链中,各个企业在获取客户业务和数据方面精诚合作,在利益分配中依然存在竞争,由此呈现出更加复杂的竞合关系。(3)网络化的协作与分工可能产生规模递增。我们知道,不同自然条件和技术约束而形成的协作与分工网络的拓扑结构可能是不同的。Albert-László Barabási 发现公路网与互联网的网络拓扑性质就非常不同：公路更接近于随机网络。互联网则是具有幂律分布的网络，大多数节点都只有少数几个链接，少数几个节点却拥有大量的链接。① 基于公路网的协作与分工是规模递减的传统经济，而基于互联网的协作与分工具有幂律分布的特点，能够产生规模递增效应。

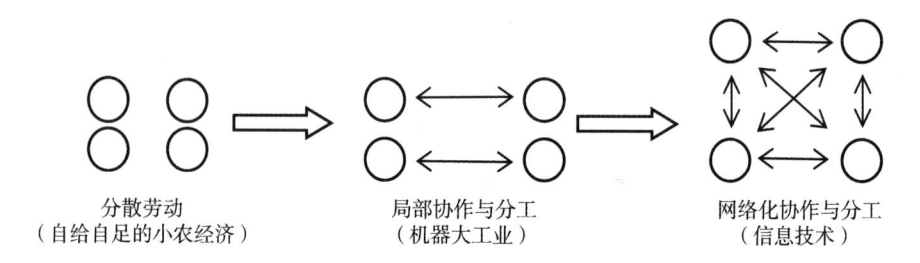

分散劳动　　　　　局部协作与分工　　　　　网络化协作与分工
（自给自足的小农经济）　（机器大工业）　　　　（信息技术）

图 8-3　信息的物质生产力的发展阶段与协作分工

四　劳动者的协作与分工

尽管劳动者是协作与分工的主体，但劳动必须与生产资料相结合。以往劳动者首先面对的是被垄断了的生产资料，劳动只能屈从于资本，只能间接地与生产资料相结合。如果缺少集中起来的生产资料、缺少劳动者之间的"总指挥"，劳动者独立的协作与分工几乎无法形成。在共享经济条件下，劳动者首先面对的、被集中起来的，是生产资料的使用权，尽管其背后的物质生产资料所有权依然会间接地影响劳动者的协作与分工，但这样的物质生产资料所有权是分散的，劳动者的协作与分工的"总指挥"被共享经济的平台所替代，似乎呈现出劳动者更加独立的协作与分工（见图 8-4）。从目前的观察来看，共享经济已产生了以下几种协作与分工的新形态。（1）人人模式。共享经济平台提供的自动匹配的协调能力，导致"劳动者—企业—消费者"的传统商业模式逐渐被"劳动者—共享平台—消费者"的共享模式所取代。② 劳动者不

---

① ［美］艾伯特-拉斯洛·巴拉巴西：《巴拉巴西网络科学》，沈华伟、黄俊铭译，河南科学技术出版社 2020 年版，第 141 页。
② 彭文生、张文朗、孙稳存：《共享经济是新的增长点》，《银行家》2015 年第 10 期。

再依赖于企业提供的生产资料和销售渠道,任何一个普通劳动者都可以创业,以自己的劳动与自己的生产资料或云化的生产资料相结合,直接为消费者提供差异化的创新服务和产品。(2)多雇主模式。"与传统的人力市场完全不同,这个市场更富有'分享经济'的特征:工人们没有固定的雇主,而是按小时计算打零工,可能一天内服务好几家雇主。"①(3)自由职业模式。以滴滴出行为例,司机自愿加入或退出平台,与平台无行政隶属关系,甚至不存在劳动合同,更谈不上雇佣关系,司机以自己的生产资料(私家车)直接参与劳动,他可以自己决定自己的劳动时间和劳动强度,支付必要成本后,获得劳动收益,自己是自己的老板。必须警惕的是:在共享经济中,资本放弃了对传统物质生产资料的垄断,转而寻求对新的数据生产资料的垄断,凭借这一垄断力量形成对劳动的强制控制。目前的共享经济发展现状与马克思关于劳动者自由地联合劳动还相去甚远。

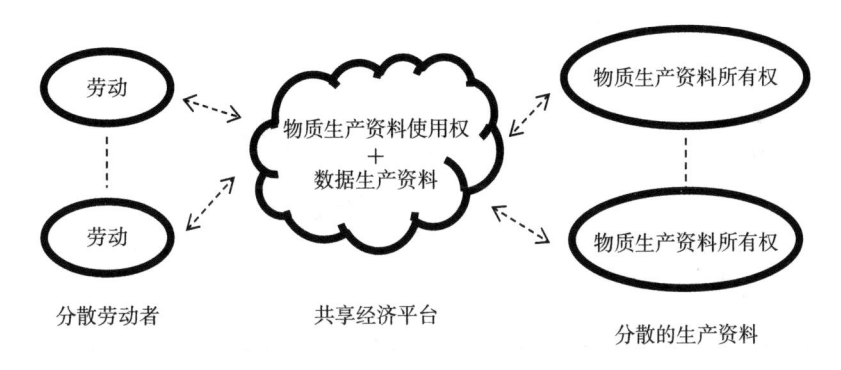

图 8-4 分散劳动者与集中的数据生产资料

五 个性化的协作与分工

从世界制造业范式的演进中看到(见图 8-5),在工业化之前的手工业时期,产品因为信息沟通困难,物流不便,形成了各地不同的

---

① 李克强:《如果沿用老办法管制就可能没有今天的微信》,2017 年 6 月 21 日。http://news.cctv.com/2017/06/21/ARTI9sYcviqXZrh3xu5zWSM5170621.shtml.

特色，种类各异，规模较小，市场局限于本地。随着技术的发展，出现了标准化的流水线生产方式，使得产品多样性被标准化所替代。再随着信息技术的应用，协作能力提高，得以支撑大规模的标准化生产，却牺牲了产品的多样性。在信息化进一步发展的支持下，基于标准化的多样性开始出现。只有到了"互联网+"、"物联网+"以及3D打印等技术相互结合后，新的社区型小规模多样性的甚至私人定制的产品和服务才再次回归，这次回归的市场不再局限在本地，其协作规模可以很大，市场半径可以触及全球，但其分工越来越细，产品与服务也越来越丰富。这一发展趋势产生了一种新的可能：生产资料集中并不一定意味着集中的、计划的协作大规模生产，生产资料分散也并不一定意味着无序的、市场化的交换。这是一种社会化的既分工又协作的模式，劳动者更加独立、自由地协作与分工，更大规模个性化的协作与分工成为可能。

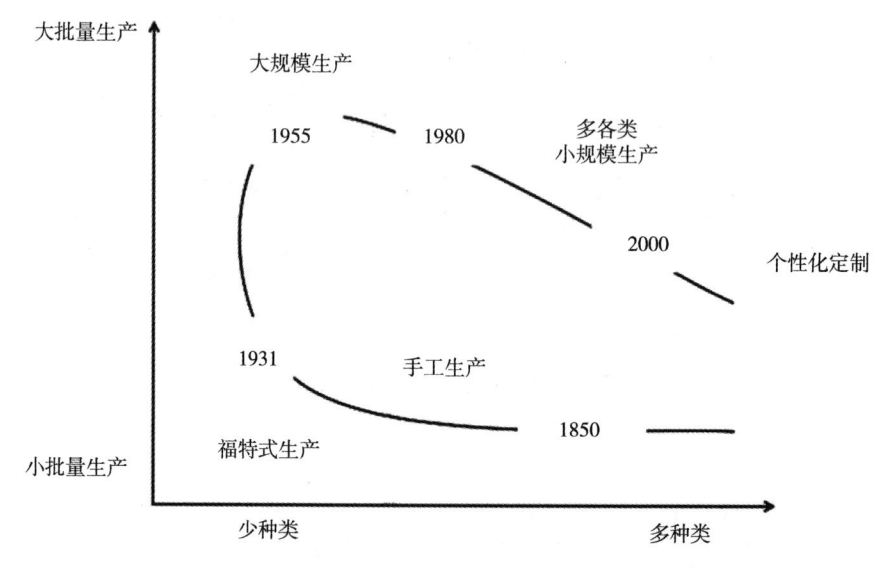

图 8-5 世界制造业的范式演进

本章小结

物质生产力决定着社会生产力——协作与分工的发展。在信息时代，信息收集和生产能力、信息传播能力、信息利用能力以及建立信任与传递价值能力的发展催生了共享经济的协作与分工。信息收集、生产、传播能力的增强，降低了协调成本与交易成本。信息利用能力的增强，提高了协调能力和计划与市场决策的智能化。区块链的出现，为完善协作与分工的信用基础提供了新的可能。因此，共享经济条件下的协作与分工呈现出以下新的特征：生产资料基于使用权的积聚、计划更加融于市场、劳动者更灵活地直接与生产资料使用权相结合、协作与分工网络化、协作规模更大分工更细（见图8-6）。不仅如此，与传统经济不同，基于互联网的共享经济往往呈现出规模递增的效应。

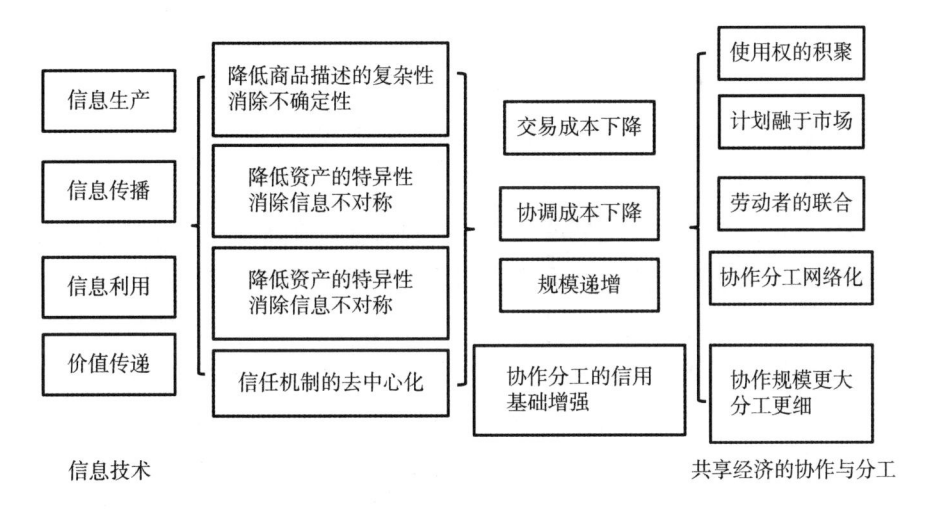

图8-6 信息技术对协作与分工的影响

第九章 共享经济催生新的生产关系

共享经济的产生使得历史上第一次出现了不以传统物质生产资料所有权的集中来推动社会经济发展的协作与分工，而是通过数据这一非物质的、非传统的、全新的生产资料的集中，推动着更大规模的社会化协作与分工。共享经济是一种崭新的社会生产力，必然产生与之相适应的生产关系。那么，在信息技术不断发展的生产条件下，人与人的交往关系会发生怎样的变化？共享经济的协作分工模式下，其生产资料所有制有何特点？劳动与资本之间的分配关系以及生产者与消费者之间的交换关系又有何不同？这些是从生产关系角度考察共享经济时必须回答的问题。本章运用决定合作关系的马克思生产关系理论，分析共享经济分配交换关系。遵循马克思考察生产关系的思路，回顾生产关系的变迁历程，从否定之否定辩证发展的角度，梳理共享经济这一生产关系历史发展的产物。抓住生产资料占有方式对生产关系起决定性作用这一主线，拓展生产资料占有方式的内涵，关注所有权及其一系列权利的分离与重新组合所形成的新的生产资料占有方式，关注这一系列权利新组合形态对分配与交换关系的影响，关注生产资料集中与分散程度以及生产资料归属的明晰程度对生产资料所有制、分配关系、交换关系的影响。从数据、算法和平台三个角度，分析共享经济这一新生事物，认为共享经济是一种新的生产关系，在不断的演进发展中，与历史上其他新的生产关系刚刚出现时一样，身上仍有着传统的、旧的生产关系的烙印。本书既肯定共享经济在促进人的全面发展上的积极意义，也揭示目前的共享经济依然被资本所左右的现实。

第一节 共享经济是生产关系变迁的历史产物

马克思是如何研究生产关系的？（1）生产关系是动态发展的。马克思从历史发展的全过程来考察生产关系，而不是静态地只从某一特定的历史时期来考察生产关系。（2）从生产全过程研究生产关系。马克思从生产的全过程来考察生产关系，即从生产、消费、分配、交换等的全过程来考察生产关系。（3）生产资料所有制是生产关系的核心。马克思将生产资料所有制作为生产关系的核心来考察生产关系。（4）生产关系包含分配关系和交换关系。马克思把分配关系和交换关系作为生产关系来考察，生产资料所有制实质就是生产资料的分配关系，交换关系受这一分配关系支配。在以上马克思考察生产关系四个重要方面的基础上，笔者认为还应关注生产资料集中与分散程度以及生产资料归属的明晰程度对生产资料所有制、分配关系、交换关系的影响。本章重点从所有制、分配和交换的角度来考察共享经济的生产关系。

一 生产资料所有制的历史变迁

从历史发展的全过程来看，生产资料所有制是随着生产力的发展而不断演进的历史产物。在原始社会，生产力水平极其低下，个人没有能力单独同自然做斗争，无论是打猎、从事原始畜牧业或原始农业，都需要人们联合起来，进行集体劳动。生产力的这种状况，决定了人们对生产资料和生产物的共同占有，即原始公有制。到了原始社会末期，由于生产力的发展，个体劳动有了可能，出现了分工和交换，从而在氏族公社内部引发了私有制的产生和贫富两极分化。这种情况达到一定程度，就出现了人剥削人的现象，社会分裂为奴隶主和奴隶两大阶级，原始社会就为奴隶社会所代替。之后，随着生产力的发展，封建私有制代替了奴隶私有制，资本主义私有制又代替了封建私有制。在资本主义社会中，生产力有了空前巨大的发展，生产社会化程度也越来越高，达到了与资本主义外壳不能相容的地步，这就要求用社会主义公有制代替资本主义私有制。生产资料所有制仍然随着生产力的发展在不断地演进。

在生产资料所有制发展的历史演进中,我们观察到以下两种现象:(1)生产资料所有制的演进过程是多种所有制形态共同演进的过程。生产资料所有制演进的过程,并非从一种所有制形态向另一种所有制形态彻底转变,往往是以某一种所有制形态替代另一种所有制形态占主流,其他多种所有制形态共存共生地演化。(2)生产资料所有制的变迁包含所有权与其一系列权利的分离与重新组合。生产资料所有制的变迁并非简单地表现为所有权的变迁,还包括所有权与其一系列权利的分离与重新组合。在原始社会中,受自然条件的制约,物质生产资料所有权、使用权与劳动(包含劳动的所有权和使用权)是相结合的,一直到农业社会甚至商品经济早期,人们都更注重使用权(见图9-1)。随着资本主义的出现,在资本的驱动下,出现了大规模的所有权与使用权分离的形态,例如,大土地所有制最终发展出资本主义经济,物质资料的所有权雇佣劳动,劳动的所有权与使用权分离,物质生产资料的所有权、使用权与资本所支配的劳动的使用权相结合,劳动的所有权游离在生产之外,形成了资本与劳动的对立。劳动的所有权是劳动者人格的体现,劳动的所有权游离在生产之外,形成了劳动者人格的分裂和人的异化(见图9-2)。在社会主义生产资料公有制探索中,虽然解决了私人垄断生产资料所有权与社会化生产之间的矛盾,但生产资料所有权仍然是集中的,并导致生产资料的归属不明晰,出现了"大锅饭"等"搭便车"问题。为了解决这些问题,我国开始尝试新的权利的分离与组合形式,例如,将企业的承包经营权与生产资料所有权分离,土地三权分置改革等。在表9-1中,笔者列举了不同生产资料所有制下所有权与其一系列权利的不同分离和组合形态。所以,适应生产力发展的生产资料占有形态的变迁不仅体现为生产资料公有制和私有制的变迁,也体现为生产资料所有权与其一系列权利分离和组合形态的演进,包括劳动和主要生产资料如土地、资本等的所有权、使用权的分离和重新组合。同时,在生产资料所有制历史变迁的过程中,生产资料所有制所能承受的生产资料集中的规模越来越大,生产资料的归属越来越明晰。

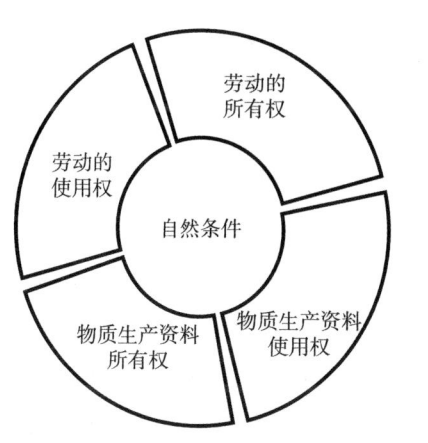

第九章　共享经济催生新的生产关系　259

图9-1　自给自足经济的生产资料权属组合

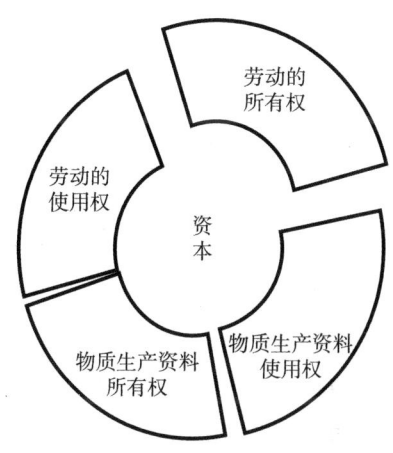

图9-2　资本主义经济的生产资料权属组合

表9-1　不同生产资料所有制下的所有权与其一系列权利的不同分离和组合形态

使用权优先			所有权优先			使用权优先	
农业文明			工业文明			信息文明	
原始公有制	小土地所有制	家庭作坊	大土地所有制	私有制经济	公有制经济	土地三权分置	共享经济
劳动与无主的自然之物相结合。	土地所有权归皇权，土地所有权与使用权分离，土地使用权与劳动相结合。	劳动与生产资料所有权、使用权相结合。	劳动所有权与使用权分离，土地所有权、使用权与土地所有权支配下的劳动使用权相结合。	劳动所有权与使用权分离，物质生产资料所有权、使用权与资本支配下的劳动使用权相结合。	物质生产资料所有权、使用权与劳动相结合。	土地所有权归集体，土地所有权与使用权分离，劳动与土地使用权相结合。	物质生产资料所有权归公或归私，物质生产资料所有权与使用权分离，数据成为生产资料，劳动与物质生产资料使用权相结合。

二 共享经济是所有制变迁的产物

共享经济的所有制形态,与历史上其他所有制形态一样,都是历史发展的产物。在共享经济时代,人与人交往的合作方式真正进入了"小世界"① 普遍交往的时代,不仅如此,这种普遍交往从过去更多地局限于熟人世界,越来越拓展为陌生人之间的交往;这种普遍交往过去通常为经由中间物或人而发生的间接交往,现在发展为网络间人与人的直接交往;这种普遍交往从日常生活的交往拓展为生产与消费全过程之中的交往。信息技术革命带动了人与人在生产过程中的分工协作,产生了信息生产力,从而改变了人与物的关系以及人们占有生产资料的形式,即改变了生产资料所有制。共享经济与土地的三权分置不同,土地三权分置中土地所有权归集体,而在共享经济中,物质生产资料所有权可以是公有的,也可以是私有的,物质生产资料所有权与使用权分离,劳动(所有权与使用权并不分离)与物质生产资料使用权直接结合,缓解了资本与劳动的对立,更加突出了使用权的优先地位(见图9-3)。"在传统自然经济中,使用价值优先于价值;在工业经济中则价值优先于使用价值;共享经济再次让使用价值优先于价值,以租代买。历史在否定之否定中上升到新的高度。农业文明、工业文明和信息文明,分别在价值上打上三重印记,即,使用价值、价值以及更高的使用价值。"② 共享经济所有制的特征在于共享经济不再关注所有权,公有制和私有制都可以集中生产资料,于是共享经济不再纠结于公有和私有的所有制问题。共享经济催生出生产资料占有方式新的组合形态,分离出来并集中到云端的物质生产资料使用权释放了其独立发生作用的空间,即"使用权更为重要"。共享经济不再去追求垄断物质生产资料的所有权,而转向追求垄断数据生产资料的支配权,与传统的合作制不同,共享经济

---

① "小世界":又称小世界效应,也称六度空间理论,它来源于20世纪60年代哈佛大学社会心理学家斯坦利·米尔格兰姆(Stanley Milgram)设计的一个连锁信件实验中。这个实验体现了一个似乎很普遍的规律,即一个人最多通过六个中间人就能够认识其他任何一个陌生人。

② 姜奇平:《分享经济——垄断竞争政治经济学》,清华大学出版社2017年版,第64页。

中所有权合作是间接的，不像实体的合作社，需要将物质生产资料与劳动合并在一起。共享经济中，平台提供的只是生产资料的使用权，并没有改变所有权状态，更没有在应用方与平台方的合作中进行生产资料所有权合并，或劳动的直接购买。平台运用数据快捷地匹配劳动和共享的生产资料使用权，使二者直接结合，既有利于生产资料的集中、分配和交换，又克服了由于生产资料集中带来的劳动与资本的对立，也克服了生产资料集中带来的产权不清晰，提升了社会生产的效率和公平，有利地促进了生产力的发展。

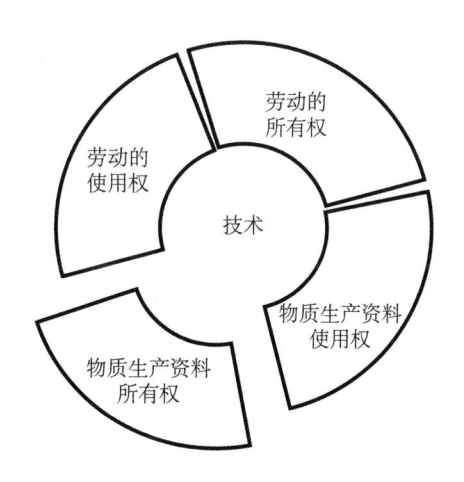

图9-3 共享经济的生产资料权属组合

三 分配与交换关系的历史变迁

考察生产关系的变迁，不仅要研究生产资料所有制的发展轨迹，还要了解与生产资料所有制相应的分配与交换关系的演进规律。在《资本论》第五十一章中，马克思专门就分配关系和生产关系进行了探讨，他说："分配关系本质上和生产关系是同一的，是生产关系的反面，所以二者都具有同样的历史的暂时的性质。"[1] "分配决定产品归个人的比例（分量）；交换决定个人对于分配给自己的一份所要求的产品。"[2] 以

---

[1] 《马克思恩格斯全集》第25卷，人民出版社1974年版，第993页。
[2] 《马克思恩格斯选集》第2卷，人民出版社1972年版，第92页。

下不仅从整个历史发展进程中来考察分配与交换的变迁,还从生产与消费的全过程来考察分配与交换。因此,不仅考察受生产资料所有制影响的生产过程中生产资料的集散状态,还在历史的不同生产条件下考察生产者与消费者的关系。在自给自足经济形态下,生产者与消费者是一体的,生产资料最初是分散的,只存在着家长制分配和零星的交换。随着生产力的发展,市场经济产生了,分工发展起来了,生产者与消费者开始分离,生产资料才有可能集中起来,体现为企业的合并,企业内部通常采用计划的分配方式,但生产资料集中的规模在一定条件下总是有极限的,生产资料可能不得不趋于分散,体现为企业的拆分,企业又不得不选择通过市场与拆分了的企业进行交换,于是企业总是在企业内部计划分配与市场交换的方式中进行选择,于是生产资料也在集散之间交替发展。在社会主义建设的探索中,为了避免生产资料的私人集中垄断而带来资本与劳动的对立,探索生产资料集中归公下的计划分配,又因生产资料的归属不明晰,抑制了交换机制发挥作用,最终抑制了生产力的发展(见表9-2)。共享经济创新了新的分配和交换方式,不再集中物质生产资料所有权,将物质生产资料的所有权与使用权分离,并将其使用权集中起来,实际上扩大了生产资料管理的规模。利用集中起来的数据生产资料,由算法驱动,并通过平台,将物质生产资料的所有权所对应的使用权与应用方(或劳动者个人)进行匹配,一般取得收益中的30%。应用方将平台生产资料使用权与劳动结合起来,提供服务,一般获得收益中的70%。"三七"分成比例本质上是平台方要素管理的所有权与应用方拥有的要素所有权(劳动)基于双方使用权相互交换的结果。从整个历史的进程来看,任何一种生产关系中都存在着一定程度的分配关系,也存在着一定程度的交换关系。选择协作、集中、计划、分配往往产生垄断或产权不清,协调成本增高;选择分工、分散、市场、交换往往产生竞争或信息不对称,交易成本增高。在一定的生产力条件下,社会生产总是在协作与分工、集中与分散、垄断与竞争、计划与市场、分配与交换中进行两难的选择。总体来看,生产力发展与协作和分工的相互作用,推动着协作和分工交替向前发展,协作和分工的交替发展,又推动着分配与交换方式的交替发展,不仅推动着分配方式更趋合理，同时也推动着交换方式更有效率，这是分配与交换关系历史演进的普遍规律（见图9-4）。

表9-2　　　　　　　　分配与交换关系的历史变迁

发展阶段	生产资料集散状况	分配	交换	生产者与消费者的关系
自给自足经济	分散	家长式分配	零星交换	生产者与消费者一体
市场经济初期	小规模向企业主集中	工场手工业内部计划分配	工场手工业内部市场交换	生产者与消费者开始分离
工业革命	大规模向资本家集中	资本私人垄断分配	在资本垄断条件下的不平等交换	资本与劳动对立
社会主义探索	资本向公有集中	公有资本主导分配	因产权不清抑制交换	化解资本与劳动对立的探索
共享经济	信息集中，生产资料云化	数据垄断，影响分配	企业内有市场，市场中有计划	既是生产者也是消费者，网络化分工的协作

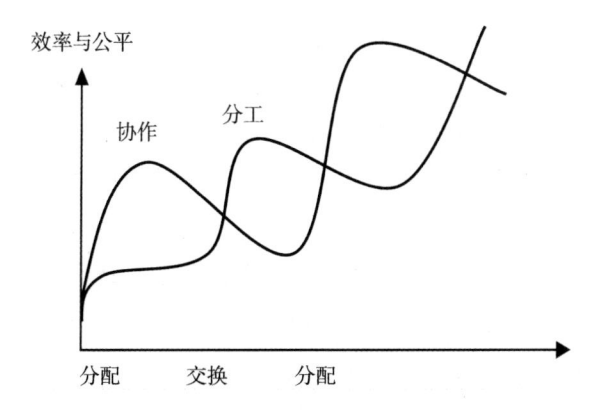

图9-4　分配与交换的交替发展

四 共享经济是分配与交换关系发展的产物

共享经济采用数据生产资料集中、物质生产资料所有权分散的方式，使得计划分配与市场交换的规模不断地同步扩大。从社会分工角度看，社会生产从没有分工的分散劳动发展到局部分工的对立劳动，再发展成共享经济的完全网络化分工的协作。从生产资料占有方式看，生产资料不再是简单地集中或者分散，而是趋于网络化。从生产者与消费者之间的关系角度看，从自给自足经济、市场经济初期、资本主义工业革命、社会主义探索再到共享经济的过程中，生产者与消费者的关系从一体、分离、对立再到融合，否定之否定地发展着。从分配与交换方式角度看，社会生产发展到共享经济，分配关系与交换关系不再是二选一，而是两者同步发展，更加融合，企业中有市场，计划融于市场。共享经济的出现发展了分配方式，同时也发展了交换方式，不仅如此，共享经济最大的特征在于它更好地将分配与交换融合在了一起。在信息技术发展驱动的背景下，虽然生产者会放弃对物质生产资料的垄断，更多地追求垄断信息与数据，以此获得收益的分配权，但由于消费者获取信息的能力较低，信息不对称，抑制了交换，全社会收益会较小；生产者为了自身利益可能放弃部分信息的分配权，更充分地分享信息，提升消费者的信息获取能力，消费者获取信息的能力提升后，降低了交易的不确定性，就有可能扩大交换，全社会收益会较大；消费者信息获取能力进一步提高，这对消费者是有利的，可以促进交换的进一步扩大，但因为信息过于透明，生产者会无利可图，此时全社会收益也会较小。从以上讨论可见，数据的集中和垄断，与物质生产资料的集中和垄断一样，也会垄断分配权并抑制交换，信息的过度分享与物质生产资料分散一样，都会导致全社会收益的下降。但共享经济中，共享经济平台往往独立于生产者与消费者，相较于直接的生产者或兼有平台的生产者，它们更容易平衡信息垄断与分享的关系，从而更好地处理分配与交换相融合的关系，以使平台方、生产者与消费者共赢，全社会获得更大收益（见图9-5）。例如，当当网早期自营的网上书店，由当当网自己进货再卖给消费者时，它与传统书店的不同之处只是售书场所的变化——在网上卖书。现在当当网上售出的书籍中有相当多是由其他商家在当当网上开店销售的。同一本书，既可以由当当网自营提供（企业内的计划调配），也可以由其他商家销售（企业外的市场交换），交由消费者自行选择。所以，目前的当当网上，既有计划分配，也有市场交换，且两者融合于同一平台上。然而，需要指出的是，目前的共享经济仍然是中心化的共享经济，在缺乏监管的条件下，两种模式混业经营时，容易形成既是运动员又是裁判员的情况，也更容易形成对某个行业的垄断。只有数据不被平台垄断，共享经济平台更独立于生产者且不再追求成为中心化的第三方，才能更好地处理分配与交换的融合关系。

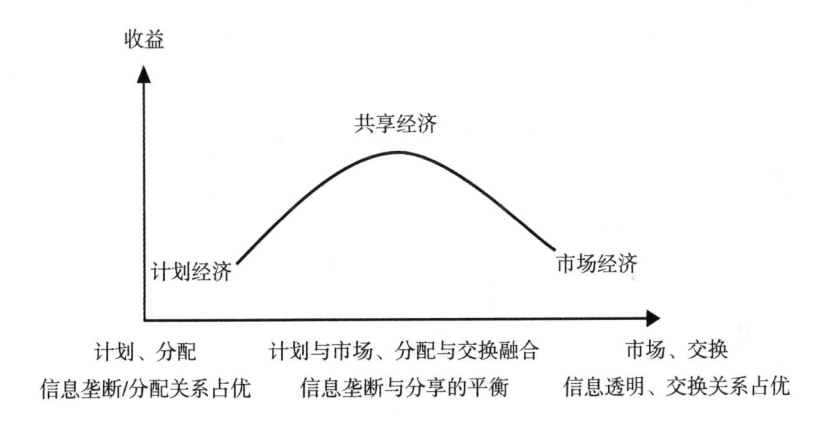

图9-5 分配与交换的辩证关系

第二节 共享经济产生新的生产关系

共享经济是新生产力驱动下产生的一种新的生产关系，数据被平台集中，算法被平台控制，带来了新的分配与交换关系。

一 数据决定新的分配关系

为了大规模地共同劳动，最初以劳动者为目标，直接剥夺劳动者的人身自由；之后，则通过控制最重要的生产资料来间接地将劳动者组织起来，人类社会经历了从垄断土地到控制能源，再到现在开始争夺数据。在共享经济新的生产关系中，虽然不以传统的物质生产资料所有权的集中占有为基础，但数据这一非物质的、非传统的、全新的生产资料的集中，却是共享经济的关键所在。在共享经济中，资本不再追逐物质生产资料的垄断，转而追求对数据这一新的生产资料的垄断。马克思指出："所谓分配，不是通常意义上的消费资料的分配，而是生产要素本身的分配，其中物的因素集中在一方，劳动力则与物的因素相分离，处在另一方。"① 与物质生产资料的垄断一样，数据这一新的生产资料的垄断必然会影响共享经济中的分配关系。

数据这一新的生产资料与劳动者的结合，有其积极意义。一般地，拥有的生产资料的多寡与从业的阶层直接相关。萨缪·鲍尔斯等提出契约与财富关联的模型②（见图 9-6），他将人群分为纯雇佣工人、半独立生产者半雇佣工人、独立生产者、小资本家、纯资本家和纯借贷者。在他的模型中，对于缺乏资产的人，生产经营所需的启动成本可能迫使他将自己作为雇佣工人租出。同时，模型认为，随着财富的增加，人们将从纯雇佣工人一端逐步向纯借贷者一端不断转进。由于共享经济的出现，平台赋能给劳动者，劳动者获得了数据所带来的生产资料 $\Delta K2$，劳动者投入自己的劳动和少量的传统生产资料 $K1$，与 $\Delta K2$ 结合，在物质财富未增加的情况下，我们看到更多的劳动者由纯雇佣工人转向独立生产者。同样地，由于数据这一生产资料 $\Delta K2$ 的加入，进入小资本家、资本家和借贷者所需拥有的传统生产资料的门槛就降低了，这是共享经济平台企业供给的正面的外部性。

然而，在目前的共享经济生产关系中，资本依然左右着数据，因此，数据这一新的生产资料集中也给社会带来了负面的外部性。（1）数据鸿沟。过去，不同阶层之间仅存在物质财富鸿沟，而现在，拥有规模数据的公司可以更轻易地进入新的地域、新的行业、新的业务，并筑起一道道新的数据鸿沟。也许这才是企业从生产产品转向生产数据和提供服务所追逐的真正目标。获得或占有数据这一新的生产资料

---

① 《马克思恩格斯全集》第 24 卷，人民出版社 1972 年版，第 40 页。
② [美] 塞缪尔·鲍尔斯、理查德·爱德华兹、弗兰克·罗斯福：《理解资本主义：竞争、统制与变革》，孟捷、赵准、徐华译，中国人民大学出版社 2009 年版，第 260 页。

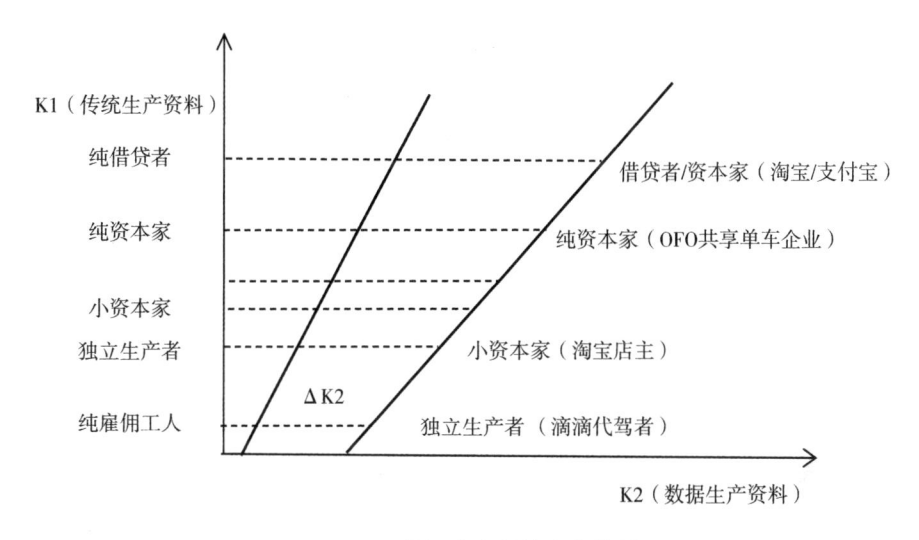

图 9-6 数据成为新的生产资料

越多,财富增长越快,这就带来了社会新的贫富差距的风险。(2) 野蛮生长。规模是共享经济的生命线,边际成本会随着规模越来越递减,并趋于零,所以,平台均以无所不在的规模扩张,力求满足消费者降低搜索成本和交易成本的需求,同时攫取尽可能大的数据。在共享经济中,平台和个人所追求的最优规模往往大于社会实际所需的最优规模,平台之间的竞争和追求垄断地位加剧了这一状况,因此导致社会资源分配浪费,曾经大街小巷过剩的共享单车就是这一例证。共享经济野蛮生长,其目的就是希望垄断数据这一新的生产资料,从而在共享经济的分配关系中取得优势。

二 算法左右新的交换方式

共享经济在信息技术不断发展的支撑下,基于大数据、运用 AI 等自动匹配的算法,必然导致交换方式和交易费用的改变,极大地提高了交换的效率,但共享经济的交换关系却被算法所左右。算法作为一种技术,一旦与数据一样被集中垄断,也将带来新的人的异化。

以消费者为例,在共享经济条件下,自动搜索、匹配算法,可以满足消费者非常个性化的需求,使得交换似乎可以自由地达成。然而正如赫拉利所提醒的那样,"外部算法有能力'比我更了解我自己'"①。呈现在你的页面上的信息,就是最大概率你会下单购买的商品。到底是你自己想买,还是购物网站在让你买,这个界限将会很模糊。因此,我们的交换行为很可能是被大数据与算法引导的交换,"鲁宾逊和星期五"②式的自由意志所决定的自由交换并不存在,共享经济的交换关系依然没有脱离生产资料占有方式决定分配关系的影响,人的自由选择仍然可能被躲在大数据和算法后面的资本所异化。

以劳动者为例,在共享经济中,在算法匹配下,劳动者可以更加自由地进入或退出社会生产,这是马克思所指的"不会使我老是一个猎人、渔夫、牧人或批判者",使劳动者拥有更多的"自由时间"③吗?真能够在一定程度上使共享经济具有了"自由人"的联合④的意味吗?事实上,共享经济劳动力供给的转变,可以理解为劳动力长期合同向短期合同的转变。其中的经济逻辑与在传统经济中长期合同和短期合同的选择逻辑基本一致。长期合同存在的理由⑤是:对于企业来说,长期合同有利于减少偷懒行为;对于雇佣工人来说,长期合同中工资通常随着年龄增加而增加,但劳动生产率却随着年龄的增加而下降(见图9-7),A部分是被企业拿走的,B部分企业以后可以返还给工人的。当$B>A$时,既激励了工人长期留在企业,又满足了企业抑制偷懒行为的诉求。在高技术劳动者工资曲线条件下,$B>A$,长期合同相对稳定,所以,即便在共享经济模式中高技术劳动者依然愿意首选长期合同。低技术劳动者的工资一般随年龄变化不大,被企业拿走的部分A'比A大,企业以后返还给工人的B'比B小,且当$B'<A'$时,低技术工人不愿意留在传统经济的长期合同中,但由于传统经济中不存在稳定的零工市场,即

---

① [以] 尤瓦尔·赫拉利:《未来简史:从智人到神人》,林俊宏译,中信出版社2017年版,第298页。
② 《马克思恩格斯选集》第2卷,人民出版社1972年版,第195页。正如恩格斯在《反杜林论》中批判杜林时所说的那样,杜林"只要使用他那两个男人,就可以把现实经济学的根本性基础建立起来了"这里的"两个男人"是指鲁宾逊和星期五。
③ 《马克思恩格斯全集》第31卷,人民出版社1998年版,第103页。
④ 彭文生、张文朗、孙稳存:《共享经济是新的增长点》,《银行家》2015年第10期。
⑤ 张维迎:《产权、激励与公司治理》,经济科学出版社2005年版,第77页。

便长期合同对他们不利，长期合同仍然会是他们的首选。在共享经济中，由于存在评分和信用机制，就抑制了短期合同的机会主义，在算法支撑下，形成了稳定的短期合同市场，所以，如滴滴司机这样的低技术劳动者更容易转变为短期合同者，即共享经济的劳动力供给模式，这增加了低技术劳动者就业的空间，但并不意味着低技术劳动者可以自由地选择，至少目前的共享经济仍然是资本力量支撑起来的，因此，也并没有改变资本对人的异化的逻辑。原本劳动与资本家（人格化的资本）直接对立，在共享经济条件下转换成了劳动与算法（更隐蔽的资本的意志）的对立。

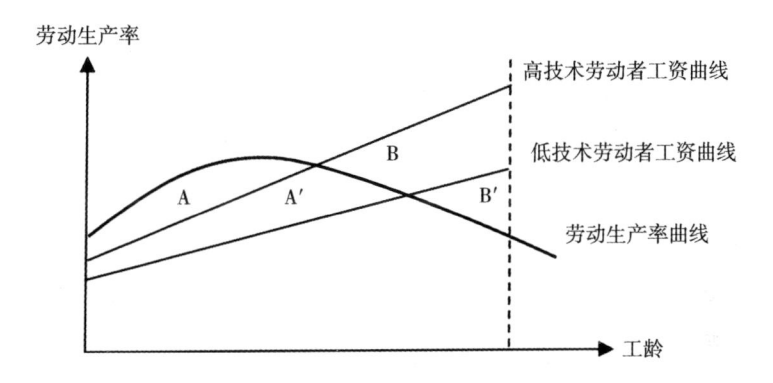

图 9-7　长期劳动合同与短期劳动合同的选择

三　平台支撑新的信用机制

人与人的协作分工离不开信任，信用是支撑生产关系的基础。在人类社会早期自给自足的生产条件下，血缘是信任的纽带，自私的基因[①]起着作用，然而这样的信用难以传递，这种以血缘为纽带的信用只局限于局部并且十分分散，因此人与人之间的协作与分工也只能是局部而分散的。进入市场经济，尤其进入资本主义生产方式阶段，商业信用从交

---

① "自私的基因"：《自私的基因》是英国演化理论学者理查德·道金斯（Richard Dawkins，1941—　）的著作，出版于1976年。道金斯以生物学研究上的进展及自己的理解为基础，认为生命的繁殖和进化都归结于基因的"自私"。基因的"自私"体现在以各种方式不断重复地拷贝自身，争取最大限度的生存和扩张。

易中产生，然后是银行信用，最后发展到国家信用，信用越来越依赖于资本、第三方，并且越来越中心化。目前共享经济的信用基础从集中的物质生产资料转变为集中的数据生产资料，新的信用中介从企业转变为平台。"陌生人交易"的共享经济，更接近于"信用经济"，但这仍然是中心化的信用机制。共享经济参与主体包括供给方、需求方和服务平台，通过中心化平台的网络连接、信息发布、交易评价等机制，供需双方达成交易。经过需求产生、购买支付、获得体验、满足需求、相互评价，完成了交易的一系列活动，形成了典型的共享经济体验的完整过程。需求者基于个人信用、企业信用机制和社会信用环境选择平台和供给者，供给者因为信任而提前提供了产品，并允许交易资金暂时预留在平台账户中。中心化的共享经济平台提供了信用机制，经过大规模的交易和多次博弈加强了中心化的信用机制，维系着人与人之间的强联系。

中心化的共享经济平台促进了信用的迅速发展，降低了信息不对称与经济的不确定性。① 第一，信用解决了信息不对称问题所产生的流通成本，加快了流通速度。第二，信用解决了信任问题所产生的流通成本。人们可以通过信用数据库等方式了解到对方的可信程度，扩大了交易范围。由于现代信息及网络技术和相关法律法规的不断发展，有关部门、相关企业及个人很容易获取到所需的特定信用信息。信用机制的健全为共享经济的顺畅运行提供了技术上的保障，很好地规避了信息不对称、机会主义及道德风险等问题，为规避这部分风险所付出的流通成本降低了。第三，基于信用下的一些监督和惩罚机制、法律法规，为共享产品供给者和消费者的人身及财产安全提供了坚实的保障，违约成本增加，鼓励更多人合法有效地参与到共享经济中。这种以平台为中心、信用为基础的资源整合配置模式是在当前工业社会迈向后工业社会时期中逐渐形成的合作型信任的具体表现，转变了契约型信任下对于陌生人尤其不信任的态度和相处模式。信用在每一次博弈中累加，形成了良性循环，促进了共享经济更好地发展，因此，信用不仅是共享经济中的重要因素，还可以说是共享经济的基础。

---

① 裴长洪、倪江飞、李越：《共享经济的政治经济学分析》，《财贸经济》2018年第9期。

共享经济虽然发展了合作的信用机制，但中心化的信用机制中，只是从集中的物质生产资料转变为集中的数据生产资料，数据生产资料归谁所有依然决定着信用机制的性质，一旦资本垄断了集中的数据生产资料，就无法保证中心化的平台不被资本所左右，不侵害个人信息安全、消费者和劳动者权益等，由此形成了对中心化的信用机制的信任问题。

本章小结

从历史发展的全过程和生产的全过程来梳理共享经济这一生产关系历史发展的产物。抓住生产资料占有方式对生产关系起决定性作用这一主线，拓展了生产资料占有方式的内涵，关注所有权及其一系列权利的分离与重新组合所形成的新的生产资料占有方式，关注这一系列权利新组合形态对分配与交换关系的影响，关注生产资料集中与分散程度以及生产资料归属的明晰程度对生产资料所有制、分配关系和交换关系的影响。共享经济的生产关系是使用权与所有权否定之否定发展的结果，从使用权优先于所有权发展到所有权优先于使用权，再发展到使用权优先于所有权。共享经济生产资料占有形态特征主要体现为所有权与使用权的分离，分散的劳动者与分离出来并集中于"云端"的物质生产资料使用权可以自由地、产权明晰地直接结合，这是共享经济生产关系中积极的特征。共享经济的出现，发展了分配方式，同时也发展了交换方式，不仅如此，它更好地将分配与交换融合在了一起。共享经济作为一种新的生产关系，依然在不断的演进发展中，与历史上其他新的生产关系刚刚出现时一样，共享经济这一新的生产关系身上仍有着传统的、旧的生产关系的烙印。目前，共享经济模式依然无法摆脱被资本所左右的局面，对数据与算法的垄断必然影响共享经济中的分配和交换关系，共享经济虽然发展了平台的信用机制，但中心化的信用机制只是从集中的物质生产资料转变为集中的数据生产资料，数据生产资料归谁所有依然决定着信用机制的性质。

第十章 共享经济的合作之困

在没有监管的条件下,共享经济参与各方可能会在市场作用下自发形成合作,但同时也容易陷入冲突,这就是共享经济的合作之困。本章首先梳理共享经济的各个参与主体,描述各主体之间的竞合结构和特征,具体描述平台主导的买卖双方之间对等的双边市场关系,大小平台之间的不对等关系以及线上平台与线下劳动者、消费者之间的不对等关系等,具体分析线上的大平台与小平台之间的合作与冲突,线上平台与线下消费者、劳动者及传统产业之间的合作与冲突。分析平台企业之间在什么条件下会产生合作或进行算法共谋,在什么条件下又会转而竞争;中心平台起到的是协调作用还是会形成垄断;分析平台在什么条件下会赋能给线下劳动,在什么条件下又会产生对线下劳动的相对剥夺;分析在什么条件下,平台与线下消费者会相互分享信息,在什么条件下平台事实上构成了对线下消费者非雇佣劳动的无偿占有;分析在什么条件下平台驱动了传统线下经济的转型升级,在什么条件下共享经济事实上构成了对线下传统产业和劳动者的挤出效应。本章关注数据转化成生产资料对分配关系的影响、算法对交换关系的影响以及平台在决定这些竞合关系中所起的关键作用。

第一节 共享经济的合作主体和结构

共享经济的合作主体包括平台、买方和卖方,包括线上的平台和线下劳动者与消费者,包括线上的新经济与线下的传统经济,还应包括保证共享经济可持续健康发展的监管方(本章暂不考虑)。共享经济合作结构可以在两组关系中加以描述：(1) 双边市场关系。平台、买方和卖方三者以平台为中心的买卖方之间的双边关系，也被称为双边市场关系。(2) 双层不对等关系。大平台和各种应用形成的小平台之间的双层不对等关系。

一 以平台为中心的双边市场

传统经济表现为生产者与消费者、资本与劳动之间的合作和矛盾，而在共享经济中，拥有了数据资本，和拥有货币资本一样，可以与生产资本相分离，形成独立的一方，即平台。买卖双方原本信息不对称，由于平台的存在，信息变得比较透明了。共享经济合作收益是由平台、买方和卖方共同决定的。共享经济平台接入的商户数量越多、消费者可选择的范围就越大，交易就越容易达成，在平台协调促成下减少摩擦、达成交易的效率也就越高，因此，商户数量增加将提升消费者的收益，消费者数量增加也会提升商户的收益。在共享经济市场中，全社会收益会随着双边用户之间网络外部性的增加而增加，网络外部性越大，平台、买方和卖方三者的合作收益越高（见图10-1）。

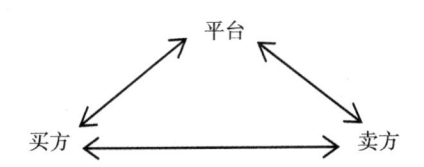

图10-1 平台、买方和卖方构成的双边市场

共享经济的这种市场结构，使得过去经常出现的买方市场或卖方市场不太容易出现了，但过去买卖双方不对等的矛盾却可能转变为买卖双方相对对等而线下与线上不对等的矛盾。吴晓隽和方越[1]、许荻迪[2]等

---

[1] 吴晓隽、方越:《基于双边市场理论的分享经济平台定价策略剖析》,《南京财经大学学报》2017年第5期。
[2] 许荻迪:《共享经济与泛共享经济比较：基于双边市场视角》,《改革》2019年第8期。

都将共享经济这样的市场结构看作双边市场①，并以双边市场理论分析共享经济平台。如果平台采取"二选一"等排他性条款，破坏了平台双边用户（卖家或者买家）均具有的多归属性特征，完全垄断了市场，线下与线上的不对等达到一定程度时，双边市场也会滑向单边市场，滑向徒有其名的共享经济。

二 以大平台为核心的双层不对等关系

共享经济中往往存在一些大平台以及这些大平台主导的小平台，这些大小不等的平台构成了共享经济的生态系统，存在着平台上的自然垄断属性与应用上的完全竞争属性这两重属性，同时又存在着两者互为条件的现象，是一种"新垄断竞争"市场结构②，即大平台与大平台之间、小平台应用与小平台应用之间横向相互竞争以及大平台与小平台应用之间纵向垄断的关系（见图10-2）。姜奇平以双层规划③描述大小平台之间的关系④，双层规划模型的确抓住了共享经济大小平台之间不对等关系中的几个重要特征：（1）层次性。大平台为小平台提供数据基础资源，小平台提供具体应用，采集数据，丰富大平台的数据资源。同层之间以竞争为主，跨层之间具有上下层不对等的合作关系。（2）独

---

① Rochet 和 Tirole 于 2003 年提出"双边市场"，认为：当交易市场中，平台向买方 B 索取的价格为 aB，向卖方 S 索取的价格为 aS，则平台向需求双方索取的价格总水平为 a = aB + aS，此时若平台所实现的交易总量 V 仅仅取决于平台的价格总水平 a，而与双边用户的价格分配无关时，则可把该交易市场看作"单边市场（One-Sided Market）"；而当平台的价格总水平 a 保持不变、平台所实现的交易总量 V 随着 aB 与 aS 的变化而变化时，则可把由平台实现的交易市场称为"双边市场（Two-Sided Market）"。

② 姜奇平：《论互联网领域反垄断的特殊性——从"新垄断竞争"市场结构与二元产权结构看相关市场二重性》，《中国工商管理研究》2013 年第 4 期。

③ "双层规划"是在研究非平衡经济市场竞争时首先提出的，1973 年 Bracken 和 Mcgill 提出双层规划的数学模型，1977 年在 Candler 和 Norton 的科学报告中正式出现"双层规划"和"多层规划"名词。双层规划研究，研究两个各具目标函数的决策者之间按有序的和非合作方式进行相互作用。上层大平台决策者优先做出决策，下层小平台决策者在上层决策信息下按自己的利益做出反应，由于一方的行为影响另一方策略的选择和目标的实现，并且任何一方又不能完全控制另一方的行为选择，因此上层大平台决策者要根据下层小平台的反应做出符合自身利益的最终决策。

④ 姜奇平：《分享经济学——垄断竞争政治经济学》，清华大学出版社 2017 年版，第 307 页。

立性。大平台与小平台各有各的目标,并为此做出自己的决策。(3) 冲突性。大平台与小平台虽然合作,但它们各自的目标往往是相互矛盾的。大平台往往会限制小平台的扩张,小平台天天想着的则是如何成为大平台。(4) 依赖性。大平台与小平台在面对用户时是不可分割的、相互关联的整体。(5) 整体利益最大化。大平台与小平台各自追求自身利益最大化,同时追求大平台与小平台构成的整体生态系统的利益最大化。

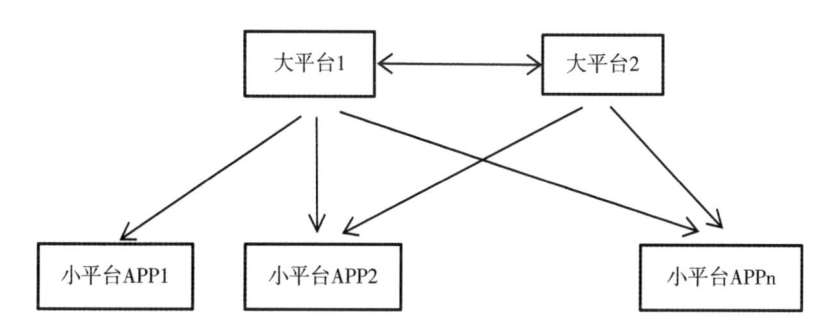

图 10-2 平台间横向竞争与纵向垄断的关系

笔者认为共享经济合作结构归根结底取决于共享经济生产力与生产关系的相互作用,是一种线下以协作分工为主、线上以分配交换为主、线上与线下相互作用所构成的网络结构。虽然是一种合作的生产力,也是一种新的合作的生产关系,但其最终结果是否处于合作状态,还取决于其生产关系与生产力是否相适应,也就是线下协作分工与线上分配交换是否相适应。反过来说,共享经济中的冲突来源于线下协作分工与线上分配交换之间的矛盾。这一部分分析将在下一章中进一步展开。

第二节 线上平台间的合作与竞争

共享经济是由各种各样的平台企业驱动的,与传统企业不同,这些平台企业主要围绕线下的产品、消费者、劳动者……的数据进行合作与竞争,它们并不参与线下的协作与分工。正是这些平台企业之间的合作,共同推动了线下的协作与分工,也正是他们的合谋,形成了线上对线下的垄断。同时，这些平台企业之间也存在着激烈的竞争，以其对数据的垄断程度分化成了大小不等的平台。传统企业之间的竞合是以其相互交换的商品而形成供应链的，共享经济中，数据从物质生产资料中分离出来，由此形成了独立的、围绕数据的供应链的平台生态竞合关系。

一 平台间促进数据交换的合作

在数据采集阶段，超级平台、网站经营者、应用程序开发者会为了收集宝贵的用户数据而展开合作，例如，微信与微信小程序运营者就会为了获取用户位置信息、付款信息等进行合作。平台之间进行合作，数据生产资料趋于集中，各平台可能产生共谋，进而形成垄断，以获得更大收益，此时消费者的收益将被损害；相反，如果平台之间竞争激烈，数据生产资料将趋于分散，必然会损害平台各自的收益，消费者则会相对受益。平台与消费者的收益随着平台之间的竞合关系变化而变化（见图10-3）。因此，围绕数据的完全竞争或者完全合作（共谋），各方总收益的最大值可能落在平台的竞合之间（见图10-4）。

阿里尔·扎拉奇（Ariel Ezrachi）、莫里斯·E. 斯图克（Maurice E. Stucke）认为完全由市场机制调节平台之间的竞合，是无法抵抗平台之间的共谋的。他们认为人们已开始利用数据与算法，这将带来新型共谋，新型共谋可以分成信使场景、中心辐射场景、预测型代理人场景和电子眼场景四种方式。[①] 从信使场景开始，尚需要人类设定共谋计划，企业高管之间敲定共谋协议，之后交给计算机完成并执行。因此，这样的共谋难免留下了人与人之间共谋的痕迹，目前的反垄断只是针对这一类由人直接参与的共谋。在以上四种场景里，算法的决策权逐步升级，并最终代替人类，大小平台企业之间并不需要达成任何协议就可以形成共谋。只要你也用算法定价，就只需以追求利益最大化为目标，开发自己的算法，即便没有任何垄断动机，你也会不可避免地在行为上与其他平台达成共谋。算法是由人设计的，而人具有谋利的冲动，当追求利益

---

① ［英］阿里尔·扎拉奇、［美］莫里斯·E. 斯图克：《算法的陷阱：超级平台、算法垄断与场景欺骗》，余潇译，中信出版社2018年版，第52—53页。

最大化被设定为目标时,算法最初也许和人类一样,将采取竞争策略,打价格战,争取更多的市场份额。但是它们很快就会明白一件事——合作带来的利益要比竞争多。这时,算法就会在多次迭代后选择合作的策略而达成共谋。更可怕的是,这种共谋算法会自我复制,而且算法之间的共谋要比人类之间的共谋更稳定,它们不会相互怀疑、相互背叛,它们只会追求利益。当算法完全支配交换行为时,算法最终将反映资本的意志,操控所有商品的价格,追求其自身利益的最大化。因此,"看不见的手"必将会被算法所左右而走向失灵,另一只"看得见的手"的介入就显得尤为必要。

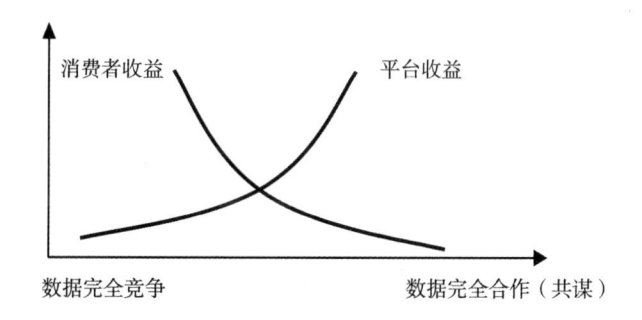

图 10-3 平台与消费者的收益

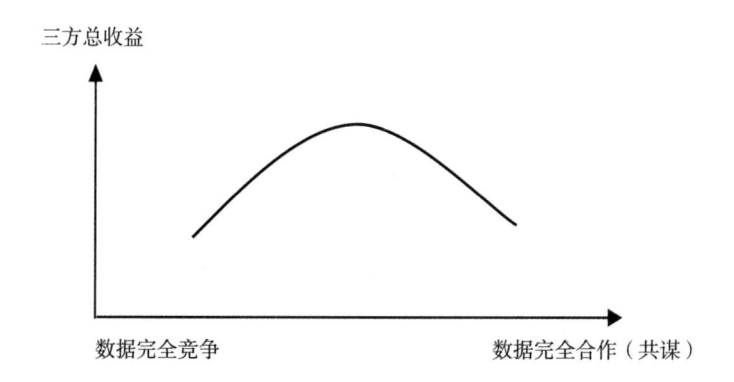

图 10-4 大平台、小平台与消费者的总收益

二 平台间争夺分配权的竞争

笔者认为平台之间最终会因为人工智能算法而导致共谋的结果并非必然出现,只要有人类参与的地方,就会有人为因素影响这一结果。平台间围绕分配权的竞争,使得平台必然会企图人为地干预算法,更何况数据资源分布的改变,必然颠覆分配结构,原来的共谋状态将被打破,而算法将依据新数据资源分布格局所决定的分配格局向新的共谋状态转化,并自动地持续迭代。当然,这里还没有考虑监管对这一状况的影响。

在数据采集阶段,大小平台都是数据的收集入口,但大平台又连接了小平台,它们可以获得小平台的数据,超级平台在自己搭建起来的广阔版图中大肆追踪用户数据,却选择独享这些数据,吝于将之分享给生态系统中的其他合作伙伴。[①] 小平台要获得大平台的数据就必须付出代价,要么必须与之分享数据,要么必须分享小平台为线下提供服务而获得的收益。因此,数据就会越来越向大平台聚拢。一旦大平台获得了数据分配和交换的支配地位,就会如 Ariel Ezrachi 和 Maurice E. Stucke 所说的,"当非洲大草原已经变成了超级平台自家的动物园,羚羊陶醉于超级平台提供的各种应用程序与互联网服务时,俘获猎物之后的分赃过程将越发一家独大。在竞争中败在下风的狮子可以分得的战利品在不断缩水,前景不容乐观。只有那些能够持续带来流量的第三方应用程序才能在超级平台的生态系统中占有一席之地,小心守住自己的生存空间"[②]。

超级大平台为了更好地巩固自己的支配地位,会对小平台分享数据。因为完全垄断数据,将窒息与小平台的合作,就如同一个生态系统没有了多样性,大平台数据增量将会下降。但是,大平台如果大量地对小平台分享数据,可能会将小平台培养成自己的竞争对手,损害其自身利益。大平台争取分配权的逻辑归根结底就是争取数据增量的逻辑:为

---

① [英]阿里尔·扎拉奇、[美]莫里斯·E. 斯图克:《算法的陷阱:超级平台、算法垄断与场景欺骗》,余潇译,中信出版社 2018 年版,第 222 页。
② [英]阿里尔·扎拉奇、[美]莫里斯·E. 斯图克:《算法的陷阱:超级平台、算法垄断与场景欺骗》,余潇译,中信出版社 2018 年版,第 223 页。

了获得数据增量，大平台会分享自己的数据，呈现出共享特征；同样地，当小平台对其形成竞争时，它会随时切断对小平台的数据供给，割裂数据的链接。所以，大平台为了维持数据增量，既不会走向数据的完全分享，也不会走向数据的完全垄断（见图 10-5）。大平台追求的是数据的支配权，小平台则在它的控制下小心行事。从竞争对手到合作伙伴，再由合作伙伴变成竞争对手，这种动态变化的关系深刻地刻画了平台之间围绕数据这一新的生产资料彼此进行竞合的本质。

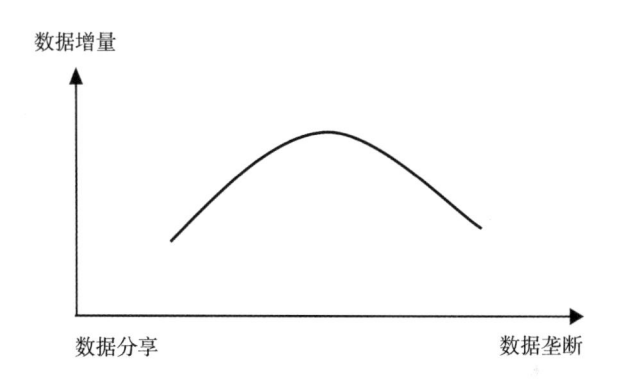

图 10-5　数据增量、数据分享和数据垄断之间的关系

第三节　平台与线下劳动的合作与冲突

线下劳动与平台更是一组不对等的关系，一方是从工厂、工地或企业的集中劳动中脱离出来的分散的劳动者，另一方是资本与数据集中的平台，它们之间的关系，就如淘宝与电商、美团与送餐快递员、滴滴与滴滴司机。共享经济企业与劳动者的关系不是劳动合作关系，也不是平等合作关系。郑广怀团队将线下劳动者形象地比喻为"平台通过下载劳动创造'平台工人'"，他们总结了平台线下的劳动模式呈现强吸引、弱契约、高监管和低反抗的特点。[①]

[①] 郑广怀等：《武汉市快递员外卖员群体调查（下）：平台工人与"下载劳动"》，澎湃新闻，2020 年 3 月 30 日。

一 平台对线下协作的赋能

共享经济劳动模式的特点首先表现为强吸引，体现为平台对线下劳动者及其协作的赋能。平台是数据生产资料的开发者，在共享经济中，平台尽可能地放弃线下的物质生产资料、放弃雇佣劳动，但又要与它们结合，才能产生价值，因此利用数据与算法构建的平台要向线下协作赋能，这种赋能主要体现在以下三个方面：（1）流量赋能。线下的劳动者或商家可以借助共享经济平台实现渠道升级，扩大辐射范围，加大用户反馈，增加店铺、商品以及服务的曝光率，实现线上引流。实体店的用户通过移动支付也会成为店铺和平台的粉丝，通过平台或店铺会员群来实时获取门店的活动信息，实现线上与线下两种门店的联动。（2）数据赋能。平台可以通过大数据分析商家的属性特征、行为习惯和消费数据，进行多维度分析，帮助商家发现潜在客户并了解用户。零售门店在数字化、线上化之后，通过数据分析并了解潜在需求，才能对消费者以及消费者的需求进行分类，有针对性并更精准地加强与消费者互动。（3）运营赋能。共享经济平台往往鼓励传统线下门店上线开网店，甚至个人开直播。入驻的商户或网红可以借助平台的资源，将自己的产品或服务迅速拉近消费者，并更好地进行跨地域互动，不仅如此，业务入驻平台的过程，也是其业务数字化改造的过程，平台带来的供应链、物流、金融服务等像即插即用的插头，支持线下入驻者更轻松地运营，发挥其自身优势。

2020年，国家发展和改革委员会发布《关于支持新业态新模式健康发展激活消费市场带动扩大就业的意见》，提出探索生产资料共享新模式，健全完善"所有权与使用权分离"的生产资料管理新制度，取消各种不合理的限制，畅通共享经济合作机制，就是为了利用共享经济平台对线下实体协作赋能，以新引擎加速线下实体经济活动在新冠疫情之后尽快重启。

二 平台对线下劳动的监督

劳动者从雇佣劳动中解脱出来之后，是进入一个更自主选择的合作状态，还是落入"下载劳动"① 的状态？目前共享经济平台对线下协作赋能的过程就是劳动者下载劳动的过程。"下载劳动"是指平台作为巨大的具备反思能力的有机体，将一套精密且动态调整的劳动控制模式"下载"到工人身上，全面塑造乃至取代工人原有的主体性。例如，外卖或快递骑手们通过下载 APP 进行工作，表面上，这个 APP 只是一个辅佐他们工作的生产工具，但实际上，骑手们下载的是一套精密的劳动控制模式，在这套模式下，"工人原有的主体性被全面塑造乃至取代"，他们看似以更自由的方式工作，但同时却"遭受着更深切的控制"②。在共享经济中，平台对劳动的监督，无须"在同一时间同一空间（或同一劳动场所）为了生产同种商品在同一资本家的指挥下工作"③。资本却能够凭借共享平台实现对劳动者更加隐蔽且无时间间隙的监督，资本对劳动施加的权威和意志并没有因为对经济资源的"共享"而消失。在共享经济条件下，对劳动者的监督出现了新的发展，从过去由雇主直接监督转变为代理人的监督，再转变成"制度管人"式的监督，到了共享经济时期则转变成以数据为基础的监督。消费者也被纳入监督队伍，将监督权交给消费者，资本隐退到平台背后，使得原来的劳资矛盾转变为平台、劳动者和消费者三者的博弈，进一步缓解了劳资的直接矛盾。

三 平台对线下劳动合作收益的占有

平台通过激励机制、评分机制、监督机制等方面的设计，对劳动者的工作过程产生了实质控制，使得劳动者的认可多于不满、合作多于反抗，从而实现了资本的再生产。④ 不管是绝对延长工作时间还是相对延长工作时间，平台总是有收益的，劳动者则未必，即便产生矛盾，也往

---

① 郑广怀等：《武汉市快递员外卖员群体调查（下）：平台工人与"下载劳动"》，澎湃新闻，2020 年 3 月 30 日。
② 郑广怀等：《武汉市快递员外卖员群体调查（下）：平台工人与"下载劳动"》，澎湃新闻，2020 年 3 月 30 日。
③ 马克思：《资本论》第 1 卷，人民出版社 2004 年版，第 374 页。
④ 吴清军、李贞：《分享经济下的劳动控制与工作自主性——关于网约车司机工作的混合研究》，《社会学研究》2018 年第 4 期。

往转移为消费者与劳动者之间的矛盾,平台与线下协作所产生的合作收益往往被平台和消费者占有。仍以零工经济从业人员为例,平台对线下劳动合作收益的占有主要有以下两种途径:(1)延长工作时间。激励机制和评分机制能够刺激零工经济从业人员延长劳动时间,而对平台工作灵活性的认可是刺激他们延长劳动时间的因素。[1] 劳动者工作时间延长可以增加收入,但同时必须付出劳动强度和意外风险增加的代价。在共享经济中,劳动者工作时间看似可以更灵活选择,但灵活就业在"人口过剩"背景下,"竞争加在就业工人身上的增大的压力,又反过来迫使就业工人不得不从事过度的劳动并听从资本的摆布"[2],零工经济从业人员不得不延长劳动时间。(2)缩短送达时间。其实平台追求的并不是工作时间延长,它甚至开启强制模式,要求劳动者停止连续长时间工作。在竞争压力下,为了与依附于平台的其他劳动者为获得订单而展开竞争,骑手不断压缩送餐时长,也就意味着压低送单价格,提升平台满意度和竞争力。因此,算法不断追求骑手越跑越快,而骑手们在超时的惩戒面前也会尽力去满足系统的要求,外卖员的劳动越来越快,变相帮助系统增加了越来越多的"短时长数据",数据是算法的基础,它会去训练算法,当算法发现原来大家都可以越来越快时,它会再次加速,必要劳动时间又被压缩了。

不管是工作时间延长还是送达时间缩短,订单数都会不断增加,此时,平台收益规模递增、劳动者收益规模递减。因此,一方面平台利润和平台竞争力不断提高,另一方面这些提高却是以不断牺牲劳动者的利益为代价换取的(见图10-6)。

第四节　平台对线下消费者的分享与攫取

尽管马克思很早就意识到生产、交换、消费和分配过程的联系,但只有在数据成为生产资料的共享经济背景下,消费者才如此直接地进入

---

[1] 吴清军、李贞:《分享经济下的劳动控制与工作自主性——关于网约车司机工作的混合研究》,《社会学研究》2018年第4期。

[2] 《资本论》第1卷,人民出版社2004年版,第733页。

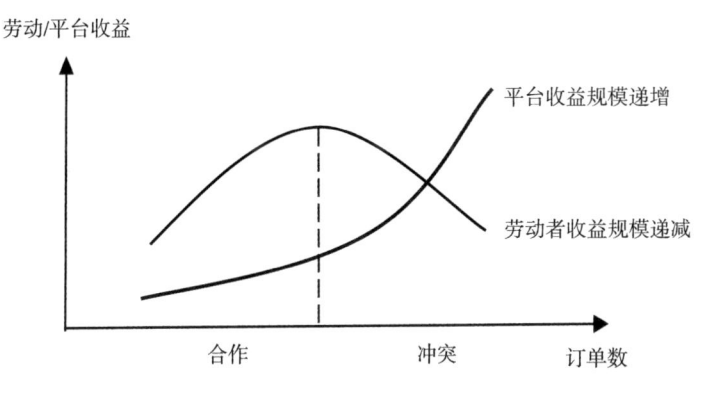

图 10-6 平台与线下劳动者之间的合作与冲突

劳动者的生产过程中来，由数据导致控制权的重新分配，"平台公司退居幕后，看似放弃了对劳动的直接管理，实则淡化了雇主责任，还把劳资冲突转嫁到平台系统与消费者身上"①。消费者不仅为平台贡献了其需求数据，更提供了其偏好数据，并通过点评为平台提供了对服务的监督数据。可以说，平台以数据而生，主要以消费者的数据而生，消费者在分配中的地位得以提升，体现了数据生产资料对分配的影响。即便如此，只有集中起来的数据才真正具有分配主导权。消费者虽然获得信息分享等共享经济中数据带来的红利，但更多消费者的无偿劳动被平台悄悄地占有，同时，消费者往往在个性化定制迷局中掉入平台所设计的价格歧视陷阱中。

一 信息分享与消费者的无偿劳动

共享经济中众多信息得到分享，通过产品和服务的比价，信息更加透明，因此带来消费者剩余②。这是消费者愿意给平台分享自己数据的原因，他们希望通过分享而获得消费者剩余。这是共享经济积极的一方面，但也有另一面，平台收集消费者数据，挖掘消费者意愿，据此不仅

---

① 陈龙：《"数字控制"下的劳动秩序——外卖骑手的劳动控制研究》，《社会学研究》2020 年第 6 期。
② 消费者剩余（consumer surplus）又称为消费者的净收益，是指消费者在购买一定数量的某种商品时愿意支付的最高总价格和实际支付的总价格之间的差额。

可以直接向消费者推送产品和服务,还可以将信息提供给其他平台而获得收益。克里斯蒂安·福克斯分析了消费者为平台付出的无偿劳动时间。他考虑了消费者的无偿劳动时间,称之为非雇佣劳动的无偿劳动时间。平台不仅获得线下劳动的无偿劳动时间,还获得了消费者非雇佣劳动的无偿劳动时间。2015 年,美国人平均每天 4.9 小时用于观看广告、12.4 小时用于使用商业社交媒体。① 可见,所有消费者为平台贡献的流量中相当一部分成为平台非雇佣劳动的无偿劳动时间。脸书和谷歌就是全球最大的广告代理商,它们都从数字劳动和用户信息的大数据商品中获得巨大利益。② 这一部分收益往往被平台占有,而被分散的消费者或非雇佣劳动者所忽视。

二 信息透明与数据杀熟

共享经济中,平台为了吸引更多链接,充分地分享信息,提升了消费者的信息获取能力。消费者获取信息的能力提升后,降低了交易的不确定性,就有可能扩大交换,消费者获得收益。平台因而吸引更多链接,平台与消费者呈现共赢合作的状态。随着消费者信息获取能力的进一步提高,消费者获得更多收益,但因为信息的过于透明,平台将无利可图。平台这时会利用掌握的大量链接数据以大数据杀熟的方式来确保自己的收益。亚马逊是大数据杀熟的"始作俑者"。2000 年,亚马逊针对同一张 DVD 碟片施行了不同的价格政策,新用户看到的价格是 22.74 美元,如果是算法认定有购买意愿的老用户,价格会显示为 26.24 美元。如果删除这样的推送插件,价格马上又回落到 22.74 美元。为了避免消费者识别出这样简单的大数据杀熟,平台又推出了个性化定制功能。无差别的服务已经不能满足消费者的需求,随着数据的挖掘,平台可以按消费者的差异定义不同的产品和服务,显然提升了消费者满意度。通过获取不同客户分组中消费者的偏好、弱点和需求弹性

---

① [英]克里斯蒂安·福克斯:《大数据资本主义时代的马克思》,罗铮译,《国外理论动态》2020 年第 4 期。
② [英]克里斯蒂安·福克斯:《大数据资本主义时代的马克思》,罗铮译,《国外理论动态》2020 年第 4 期。

等，平台形成了个性化定制，根据不同类别的消费者制定不同的价格，这事实上就形成了新的信息不透明。个性化定制通过算法推荐产品和价格，消费者几乎无法区分是个性化定制还是大数据杀熟。平台从开始帮助消费者提高获得信息能力，到通过新的手段制造新的信息不对称，呈现出对线下消费者既分享又攫取的矛盾（见图10-7）。

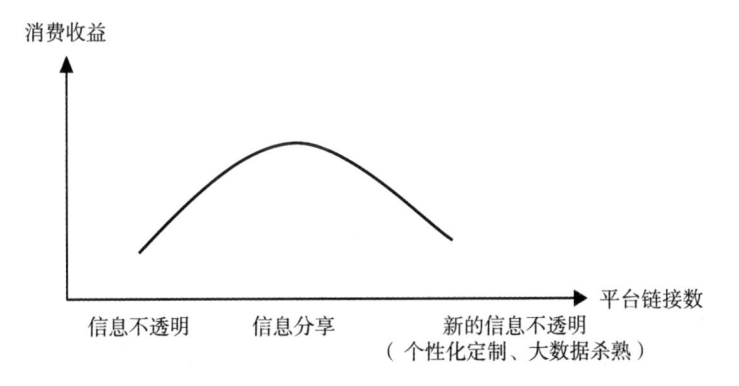

图 10-7 平台与消费者既分享又攫取的矛盾关系

第五节 共享经济与线下实体经济的融合与冲突

由于数据生产资料与物质生产资料分离，使用权与所有权分离，共享经济既独立于线下实体经济，同时又赋予线下实体经济新的发展动能，且共享经济无法离开线下实体经济而独立发展。共享经济与线下实体经济既相互融合又相互冲突。

一 共享经济与线下实体经济的融合

共享经济与线下实体经济的区别在于：线下实体经济只能以集聚的物质生产资料和劳动力来扩大生产；共享经济则不依赖于集聚的物质生产资料和劳动力来扩大规模，而以集中的数据生产资料驱动算法，形成具有整合分散资源能力的平台，原本分散的物质生产资料通过共享经济联系起来，产生新的生产力。共享经济只有在与线下实体经济的成功融合中才能产生并发展,而物质生产资料与数据生产资料的融合与否是共享经济与线下实体经济能否成功融合的关键因素之一(见图10-8)。物质生产资料可以分为轻资产和重资产,数据生产资料可以分为通用的数据和非通用的数据。物质生产资料与数据生产资料的融合有难易之别。轻资产与通用数据相对更易于融合,这正是共享经济率先在服务业发展起来的原因。重工业领域高度依赖集中的物质生产资料,相对较难孕育出共享经济的业态,而在容易标准化的轻工业领域则可能出现共享经济的形态。我国农村多为小规模农业经济,同时存在大量闲置沉没资源,符合轻资产的条件,本应具有大力发展共享经济的潜能,但农业农村数字化程度低,数据通用化标准不足,乡村交通与网络基础设施相对较差,人员素质参差不齐,严重制约了农业农村共享经济的发展。

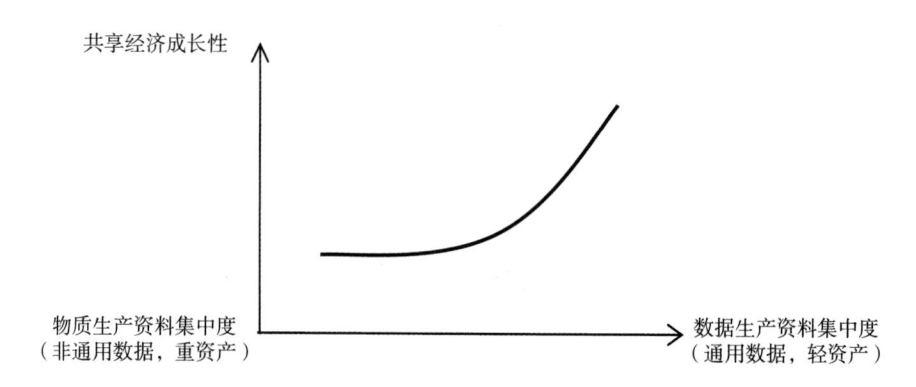

图 10-8　数据、物质生产资料集中度与共享经济成长性

据估算,2020 年中国小规模农户约为 2.2 亿户,2030 年约为 1.7 亿户,到 2050 年仍将有 1 亿户左右。① 家庭承包责任制这种家庭生产组织模式虽然能最大化实现自我激励,但也存在规模效应的短板。② 分散、细碎的家庭生产模式与农业经营规模效率的矛盾日益突出。2018 年中央一号文件《关于实施乡村振兴战略的意见》首次提出"发展乡村共享经济",2019 年发布的《数字农业农村发展规划(2019—2025

---

① 屈冬玉:《以信息化加快推进小农现代化》,《人民日报》2017 年 6 月 5 日。
② 陈纪平:《组织视角的中国农业规模化问题分析》,《中国经济问题》2012 年第 6 期。

年)》进一步强调"创新发展共享农业"。2018年1月上线了农业部网站数据频道并于2020年3月改版升级,为广大公众提供大量权威、及时、可机读、可再加工利用的数据,公众可利用开放的数据开发丰富的数据产品,更加充分挖掘数据的价值。共享农业一般不涉及所有权转移,而只是涉农资源的使用权分享,土地制度三权分置改革以使用权为主的理念与共享经济十分契合,为农业农村发展提供了重要的土地制度供给。促进共享农业发展,应积极生产农业农村标准化数据,突破农业农村数字化程度低的瓶颈,不断完善农业农村基础设施建设,使快递和物流向更广阔的农村地区延伸,随着智能手机、移动支付的不断普及,将城市中已发展成熟的一些共享经济模式向农村和农业渗透,为共享经济与小农传统经济融合提供平台,使得农村电商网店、直播间与一村一品的特色农业资源相结合,以共享经济平台联系起城乡供求双边市场。共享经济与小农传统经济的融合是共享经济发展最具前景的方向之一。

二 共享经济与线下实体经济的冲突

共享经济与线下实体经济的区别还在于:线下实体经济的活动空间受限于物理空间,共享经济活动则发生在不受物理距离限制的网络空间里。在共享经济中,市场各主体越来越依赖平台加以联系,这样的联系渗透到生产、交换以及工作、生活的方方面面。当交往距离小于 D 时,传统经济比共享经济有优势;当交往距离大于 D 时,通过平台进行网络联系的优势就体现出来了,因此,基于物理空间的实体经济的联系会被线上网络虚拟空间经济活动逐步替代,原先实体经济的联系会被打断,就如同工业时代兴起后以村落为基础的小农经济联系被以工厂为基础的人与人的联系所替代一样。随着共享经济的发展,D 向左移动到 D′,人与人之间通过网络交往距离变短(见图 10-9),实体经济的空间将会越来越小。因此,共享经济既能促进人们依托网络空间进行新的经济联系,也有挤压或打断实体物理空间联系的趋势。

姜松、孙玉鑫以实证数据验证了共享经济发展对实体经济的影响效应呈现倒"U"形的特征。跨越临界值之前,共享经济对实体经济的影响表现为促进效应;跨越临界值后,共享经济的影响就表现为挤出效应。① 这一挤出效应也说明了共享经济与线下实体经济存在着冲突。具体体现在：（1）共享经济在某些领域已呈现绝对垄断的地位。由数据垄断产生的不平等已成为一种新现象，导致贫富差距拉大。在共享经济缺乏监督的情况下，容易发生"强者恒强"的数据垄断现象，使得大平台的垄断挤压中小企业的生存空间，尤其挤压实体经济中小企业的生存空间。（2）共享经济在三大产业间呈现不平衡的发展。《中国共享经济发展白皮书（2021年）》显示，在产业数字化发展水平上，第三产业优于第二产业、第二产业优于第一产业。2020年我国服务业、工业与农业共享经济增加值占行业增加值比重分别是40.7%、21.0%和8.9%。越是发展相对滞后的产业，其获得数据红利收益的能力越小，相对地，在共享经济发展中越是表现出挤出效应。（3）共享经济对实体经济的冲击具有差异性。共享经济的冲击对不同实体经济企业或个体的影响是不同的，实体经济企业或个体经济发展水平越低，受到的冲击越大，发展水平越高的企业受到的冲击则相对越小。

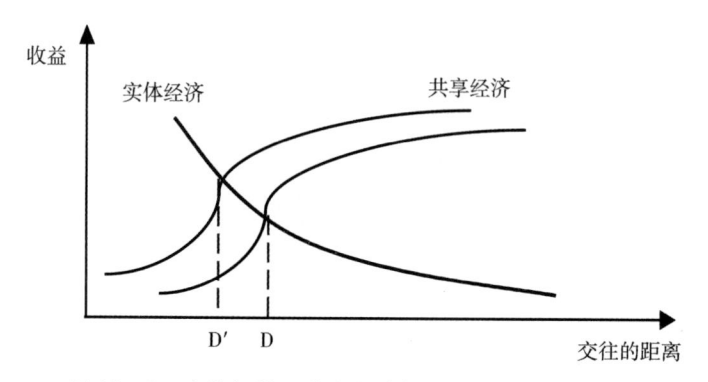

图 10-9　实体经济、共享经济与网络交往距离的关系

本章小结

共享经济各主体之间呈现既合作又冲突的复杂的竞合结构与特征

---

① 姜松、孙玉鑫：《共享经济对实体经济影响效应的实证研究》，《科研管理》2020年第5期。

（见表10-1）。平台企业之间既合作又共谋，中心平台对线下的协作既是协调关系又是垄断关系，线下劳动与平台既有合作又有新的剥削，共享平台既免费分享信息又攫取消费者的无偿劳动，共享平台既提供个性化定制服务又隐藏着价格歧视，共享经济的合作之困最终表现为：共享平台既促进线上与线下相互合作，又使得线上与线下相互分离和对立，共享经济与线下实体经济既融合又冲突。本章分析了共享经济相关各方的利益，展示了共享经济虽然是一种新的社会生产力，也带来了新的生产关系，但并不必然带来合作。本章通过分析大平台与小平台、线上平台与线下劳动、线上平台与线下消费者、线上平台与线下生产者在共享经济中既合作又冲突的复杂关系可见，共享经济并不会因为冠以共享之名，就自动成为一种合作的生产方式，只有在生产关系与生产力相适应的条件下，共享经济才是一种合作的生产方式。

表10-1 共享经济中的合作与冲突

	合作	冲突
大平台与小平台	赋能小平台，双方获得链接	小平台链接增加，大平台与小平台形成竞争，甚至发展成冲突
平台与劳动者	赋能劳动者，双方获得更多订单	订单增加，超出劳动者极限，两者产生利益冲突
平台与消费者	信息不透明，分享信息，双方收益增加	信息过于透明，双方利益冲突，平台将制造新的信息不透明
共享经济与传统经济	跨越临界值之前，共享经济对实体经济的影响表现为促进效应	跨越临界值之后，共享经济对实体经济的影响表现为挤出效应

第十一章　共享经济的可持续发展

从马克思合作思想角度看，共享经济是生产力与生产关系相互作用的生产方式，共享经济如何摆脱发展中的种种困境、走向合作，归根结底要考察生产关系与生产力是否相适应。马克思在考察生产方式之前是从考察人与人的交往形式和交往关系入手的。由于共享经济更明显地体现出人与人交往对生产与合作的影响，本章从马克思交往理论出发，考察共享经济人与人的交往形式、交往关系与交往网络，运用决定合作演进的马克思生产方式理论，结合复杂科学与网络科学的发展，解释共享经济生产力与生产关系矛盾运动的过程，分析生产关系与生产力相适应的要求，得出共享经济要成为一种合作的生产方式所需的条件。本章还从马克思垄断理论出发研究合作中冲突与矛盾的根源，分析数据这一新的生产资料的集中发展到垄断必然会影响共享经济中的分配关系，当线上的垄断越来越严重，将影响线上与线下的交往网络的稳定性，影响共享经济的可持续发展。

第一节　共享经济的交往

共享经济时代，人与人的交往真正进入了"小世界"[①] 的普遍交往，不仅如此，这种普遍交往从过去多局限于熟人世界，越来越拓展为陌生人之间的交往；这种普遍交往过去通常是经由中间物或人而发生的

[①] "小世界"：又称小世界效应，也称六度空间理论，它来源于20世纪60年代哈佛大学社会心理学家斯坦利·米尔格兰姆（Stanley Milgram）设计的一个连锁信件实验。这个实验体现了一个似乎很普遍的规律，即一个人最多通过六个中间人就能够认识其他任何一个陌生人。

间接交往，现在发展为网络间人与人更直接的交往；这种普遍交往从日常生活的交往拓展到生产与消费的全过程。生产力与生产关系发展到共享经济时代，交往形式与交往关系前所未有地同步呈现在交往网络上。共享经济改变了传统的人与人的交往形式和交往关系，因此，有必要从马克思交往理论出发，将共享经济看作一种交往网络来研究共享经济这一新的合作生产方式。工业革命是生产领域的革命，与之不同，共享经济变革最初发生在交往领域，交往成为影响生产的不可忽视的力量，最终会波及生产领域，而生产领域的数字化交往又反过来决定了整个社会的数字化交往。因此，应该回到马克思交往理论的起点来理解数字化交往到数字化生产的脉络，揭示数字化交往与数字化生产之间的辩证关系，从而更好地理解共享经济可持续发展的逻辑。本章将生产方式理论理解为马克思交往理论的发展，从马克思交往理论出发，考察共享经济人与人的交往形式、交往关系与交往网络，揭示数字化交往的特征，将共享经济看作一种以线下协作分工为主与以线上分配交换为主相互作用的交往网络，将生产关系与生产力相适应问题转化成交往网络的稳定性问题来研究，考察共享经济网络稳定性条件及其存在的矛盾，分析共享经济可持续发展的条件，以化解共享经济发展中的困局。

复杂经济学理论也认为经济是一个动态的、主体之间互动的、网络化的、具有涌现现象的、进化的复杂系统。[①] 社会与经济系统尚且可以作为一种多主体相互作用的复杂的网络来加以研究，共享经济更可以看作是交往形式与交往关系相互作用的一种复杂交往网络。

一 共享经济的交往网络——线上线下相互作用的网络

共享经济比以往任何时候都更具体地体现出网络结构的种种特征，其经济交往直接就表现为一种网络真实的连接。例如，外卖骑手的线下劳动、消费者的线下消费越来越被线上的 APP 所绑定，营销变成网红的直播及其在线人数，普通的节点也可以跃升为热门的大 V 或网红，

---

① ［英］埃里克·拜因霍克：《财富的起源》，俸绪娴译，浙江人民出版社 2019 年版，第 116 页。

物联网的普及可能使物质资料也成为一个节点加入到网络里来。公司可以看作是共享经济的平台和流量，其中的合同条款被电子化，制度和组织被流程化，规则变成了算法。我们曾经熟悉的物理世界里看到的经济现象，在网络世界里几乎都可以平行地看到其对应的影子。共享经济通常是从对线下业务进行"互联网+"的转型开始的，但这不是其最终目的。为了避免线下实体经济规模递减效应，线下经济总有转为线上经济的动因，存在线上共享经济与线下实体经济相分离的趋势。线上共享经济摆脱了物质生产资料的束缚，依托数据生产资料，主导分配与交换，驱动线下的协作与分工。而协作分工所对应的分配与交换已更多地转移到网络上了，交往网络的枢纽平台驱动了对线下协作分工的赋能，线下协作分工生成了更多与线上分配交换平台的链接。尽管如此，人的生产和消费最终要在物理空间里实现，共享经济中的"最后一公里"甚至最后几米仍然要落到物理世界中来，线下的协作分工是不可替代的，因此，共享经济必然是一个线上与线下相互作用的网络。任何一个共享经济中的节点，不管它处于线上还是线下，归根结底都要受到线上与线下相互作用网络的影响。

二 共享经济的交往形式——线上驱动线下协作分工的网络

共享经济的交往形式，就是共享经济线上驱动线下协作分工的网络。(1) 共享经济的交往形式从线下转向线上，协作与分工趋向网络化。传统协作与分工网络往往局限在企业内部，很难跨越企业的边界，数字技术的发展驱动了分工的发展，企业之间加强了协作，协作关系跨越了企业，形成了更大规模的社会化协作与分工。(2) 共享经济的交往是更普遍的交往，形成了个性化的协作与分工。只有在共享经济驱动的个性化协作与分工网络里，才能同时支持标准化与多样性，才能同时支持小规模本地化的协作与全球化的分工，才能同时支持越来越大规模的协作与越来越细化的分工。(3) 共享经济使得生产资料使用权与劳动者更直接地结合，形成"人人模式"的交往形式。线下劳动者不再依赖于企业提供的生产资料和销售渠道，线上分配交换平台所提供的自动匹配的协调能力，使得"劳动者—企业—消费者"的传统商业模式逐渐被"劳动者—平台—消费者"的共享模式所取代。① 与马克思所指的"人与人直接交往"不同,这种"人人模式"中人与人的交往只是从依赖于拥有物质生产资料的企业转向了依赖于拥有数据生产资料的平台。

三 共享经济的交往关系——线上主导分配交换的网络

共享经济的交往关系也就是共享经济线上主导分配交换的网络。(1) 人与人连接的集中程度决定交往关系。马克思注意到资产阶级"必须到处落户,到处开发,到处建立联系"②。马克思对人与人连接的分散与集中程度极为关注。他希望把"工人连结起来"③,来对抗垄断集中起来的资本。在共享经济时代,不是谁拥有直接的物质生产资料谁就更有权力,而是谁拥有链接数或流量,谁将更具有话语权,谁将决定交往关系。(2) 垄断的数据生产资料决定分配关系。马克思指出:"所谓分配,不是通常意义上的消费资料的分配,而是生产要素本身的分配,其中物的因素集中在一方,劳动力则与物的因素相分离,处在另一方。"④ 与物质生产资料的垄断一样,数据这一新的生产资料的垄断必然会影响共享经济中的分配关系。共享经济分配关系取决于参与者所能够集聚的数据流量,在共享经济的协作分工中,参与者所获得的合作剩余随着人均集聚的数据流量而指数递增(见图 11-1)。(3) 连接人与人的平台及其背后的算法决定交换关系。正如赫拉利所提醒的那样,"外部算法有能力'比我更了解我自己'"⑤。呈现在你的页面上的信息,就是最大概率你会下单购买的商品。到底是你自己想买,还是购物网站在让你买,这个界限将会很模糊。人的自由选择可能已被躲在大数据和算法背后的资本所异化了。

---

① 彭文生、张文朗、孙稳存:《共享经济是新的增长点》,《银行家》2015 年第 10 期。
② 《马克思恩格斯选集》第 1 卷,人民出版社 2012 年版,第 404 页。
③ 《马克思恩格斯全集》第 30 卷,人民出版社 1995 年版,第 587—590 页。
④ 《马克思恩格斯全集》第 24 卷,人民出版社 1972 年版,第 40 页。
⑤ [以] 尤瓦尔·赫拉利:《未来简史:从智人到神人》,林俊宏译,中信出版社 2017 年版,第 298 页。

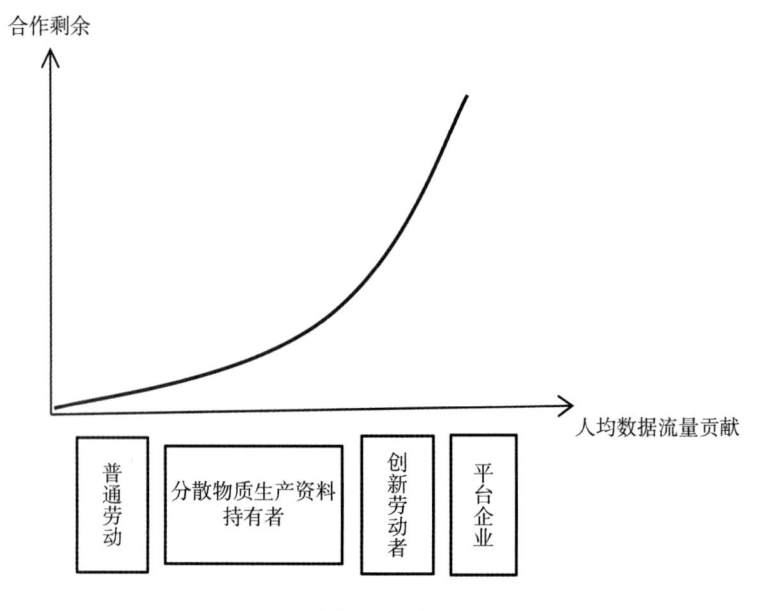

图 11-1　数据流量决定分配关系

第二节　共享经济垄断的形成

运用马克思主义垄断理论研究共享经济垄断，一样可以从资本积聚与集中入手，在生产资料占有方式的变化中分析垄断的发生和发展。依据马克思分析垄断的逻辑，共享经济垄断的发生可以追溯到数据成为生产资料并转化为资本。数据资本集中与传统资本集中有着不同的机理，数据资本集中发展到垄断，不断强化的共享经济垄断是对传统资本集中的一种扬弃，这是生产力与生产关系新陈代谢最新的表现。本章以马克思主义垄断理论分析共享经济垄断，分析生产关系与生产力不相适应、共享经济处于不合作的极端状态。运用马克思主义垄断理论研究共享经济垄断与反垄断问题，比较共享经济与传统经济的异同，研究共享经济垄断发生的机理，为共享经济反垄断研究提供一个新的视角。

一　数据成为生产资料并转化为资本

列宁指出，《资本论》是从"最简单、最普遍、最基本、最常见、最平凡、碰到过亿万次的关系——商品交换"出发分析资本主义垄断发生的机理。共享经济垄断的形成机理也应从分析共享经济中"最简单、最普遍、最基本、最常见、最平凡、碰到过亿万次的关系——数据交换"开始。数据的使用价值在于数据可以描述商品的自然属性；数据的价值化不仅在于数据可以同步反映商品运动的全过程，更在于数据可以驱动商品的运动、促进商品价值生产并在交换中实现价值。数字产业化使得数据生产资料进入商品运动中，而产业数字化则产生更大的社会化协作分工劳动成果，同时，经过平台的匹配使得社会化协作分工的劳动成果更容易实现价值。但社会化协作分工的劳动成果本身不是数据创造出来的，而是因其驱动的更大规模更有效率的社会化协作分工劳动创造的，并被数据生产资料所有者占有，因此，数据就转化成为资本。共享经济是由信息生产力发展产生的新的社会生产力，数据成为生产资料，是生产资料占有方式从追求物质生产资料集中转向追求数据生产资料集中的新的生产关系，数据作为重要的生产要素参与甚至支配着消费、交换、分配、生产全过程，是一种从主要围绕所有权转向主要围绕使用权所展开的新的生产方式。

二 数据生产资料的集中

相较于传统经济，共享经济资本集中的过程表现出不同于以往的特征。例如，物质资本与数字资本分离、所有权与使用权分离、物质生产资料使用权与劳动者直接结合、相关社会资本的集中，等等。这些特征并没有改变资本由集中走向垄断的趋势，相反，这些特征助推了更大规模的垄断和更大规模的社会生产力。

（一）物质资本与数字资本分离

传统资本总是依赖对物质生产资料的集中来实现劳动生产力的集中，产生规模生产，提高协作的"集体力"[①]。但随着物质资本集中，资本有机构成增大，必然导致平均利润率下降。为了突破传统资本集中的限制，共享经济的资本集中放弃了物质生产资料集中，以避免迟早会

[①] 《马克思恩格斯全集》第23卷，人民出版社1972年版，第362页。

到来的规模递减。共享经济将物质资本与数字资本分离,从追求物质生产资料的垄断转而追求数据的垄断,这一资本集中方式的改变并没有改变对协作生产的协调能力的要求,依然满足马克思协作产生的两个条件。与传统资本集中形成社会化协作不同,在共享经济中,物质生产资料、劳动力甚至资本都可以分散,只有数据生产资料是集中的,因此,共享经济的协作分工规模取决于数据生产资料的规模和集中程度,更为重要的是,集中的数据生产资料形成的协调能力比传统资本集中形成的协调能力更为强大,数据生产资料集中在互联网空间中形成规模递增效应,不断加强的正反馈必然最终导致垄断。

(二)所有权与使用权分离

协作与分工首先体现为劳动者与生产资料使用权的结合。由于传统经济中所有权与使用权没有分离,所有权决定使用权,因此,所有权决定着协作与分工、分配与交换。值得注意的是,这里所指的所有权与使用权分离,主要指的是物质生产资料所有权与使用权分离,共享经济中的核心生产资料已从物质生产资料转为数据生产资料,集中的数据生产资料决定着协作与分工、分配与交换。共享经济中的所有权与使用权分离,并没有改变资本对数据生产资料所有权的争夺。因此,"未来资源的使用权将比所有权更重要"只是共享经济的表象,马克思关于所有制决定协作与分工、分配与交换的逻辑并没有改变。

(三)物质生产资料使用权与劳动者直接结合

在共享经济的协作分工中,生产资料使用权与分散的劳动者直接结合,劳动者不再面对集中垄断的物质生产资料所有权(见图11-2)。从劳动者角度来看,在传统经济中,劳动所有权与使用权是分离且分散的,资本(集中了垄断的生产资料所有权)购买了劳动的使用权,支付劳动使用权的租,即工资,劳动的所有权游离在外,劳动者不能与物质生产资料使用权直接结合,只能依附于资本。共享经济中劳动者收回劳动的使用权,在平台的协助下,由自己在市场中寻找机会,与分离出来的物质生产资料使用权直接结合,改变了劳动与资本的关系,劳动的所有权与使用权不但没有分离,反而得以统一。共享经济这一新的生产关系中,劳动者与"云端"的生产资料可以自由地、产权明晰地直接结合,劳动者自己支配劳动的使用权,减少了分配不公平现象,从而缓解了资本与劳动之间的矛盾。因此,共享经济平台所能承载的生产资料集中的极限大大提高了,这是共享经济生产关系变革中最积极的新的变革,但也带来了资本逃避原本应承担劳动社会保障的风险。

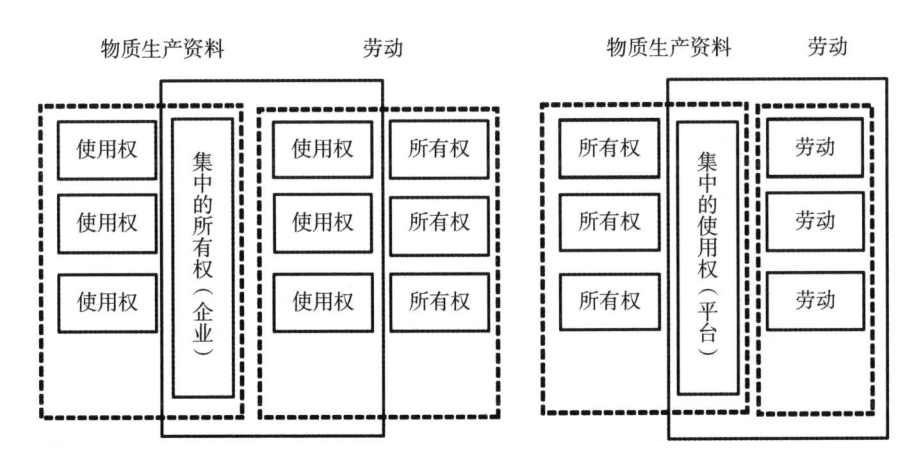

图 11-2 传统经济与共享经济生产关系的比较

（四）相关社会资本的集中

与传统资本集中不同,共享经济的资本集中不只是通过大资本吞并小资本,也不只是以股份制的形式由各个小资本自愿组合成大资本。Uber 是没有出租车和出租车司机的出租车平台企业,Airbnb 是没有酒店的酒店平台公司,共享经济中,集中数据生产资料的平台企业与分散的物质生产资料持有者、劳动者是相互独立的,平台企业与物质生产资料持有者分属两企业,劳动者不是传统意义上的员工,平台企业、物质生产资料持有者和劳动者并不在一个集中的资本边界中。但平台企业无法离开看似独立的物质生产资料持有者和劳动者,同样,独立的物质生产资料持有者和劳动者没有平台的赋能就只能回到传统资本中去。因此,与传统资本不同,共享经济的资本集中不只是私人资本的集中,更是平台企业与无数物质生产资料持有者包括劳动者在内的相关社会资本的集中,这一社会资本虽不属于平台企业,却由平台协调其分工与协作,并主导其分配与交换。从资本集中角度来看,共享经济的资本增长以信息技术为基础,突破了传统经济的"社会财富的绝对增长或积累的绝对界限的限制",主要表现为资本集中而不是资本积聚,也就是说,在云计算、大数据、物联网、移动互联网等信息技术驱动下,不是单个资本不断增大,而是以集中分散的网络结构,由一个大资本协调并集中无数分散的小资本,形成具有共享经济特色的资本集中。在这个过程中,物质生产资料、劳动者和资本不是同步地集中,其中技术核心资本和数据生产资料不断集中,而物质生产资料、劳动者却是分散的,计划分配与市场交换相互融合,形成新的、更大规模社会化的协作分工,因而更具有社会化大生产的特征。

三 共享经济垄断是对传统资本的扬弃

共享经济资本集中发展到了垄断,共享经济垄断是对传统资本的扬弃,具体表现在以下三个方面:(1)扬弃了物理空间中以人为主的协调能力。经济从物理空间延伸到了互联网空间,数字产业化形成了数字收集和生产能力、数字传播能力、数字利用能力以及建立信任与传递价值的能力,这些能力与线下的劳动结合,最终形成了以数据驱动的协调能力。共享经济垄断体现为对数据、算法和算力的垄断。共享经济中,以数据驱动的协调能力扬弃了在物理空间中以人为主的协调能力。(2)扬弃了分散劳动者依附于垄断的物质生产资料所有权的生产方式。从集中劳动转向分散的分工协作劳动,劳动者从出售劳动力使用的支配权转向收回劳动力的使用权,而可以通过平台直接与生产资料使用权结合,扬弃了分散劳动者依附于垄断的物质生产资料所有权的生产方式,缓解了劳动与资本的对立,突破了传统资本集中的限制。(3)扬弃了对私人物质资本的集中。共享经济垄断不再增加对线下私人物质资本的集中,不断集中的是数据生产资料,这些数据生产资料主要是由一个集中的资本边界之外的非雇佣劳动产生的,甚至是非工作时间的消费者产生的,被垄断的平台企业无偿占有,这些数据生产资料在生产过程中不会被转移出去,可以反复使用且不断被复制,共享经济平台企业可以在边际成本接近为零的状态下运行,极大地瓦解了传统的资本集中所支配

第十一章 共享经济的可持续发展　　299

的生产方式（见图 11-3）。①

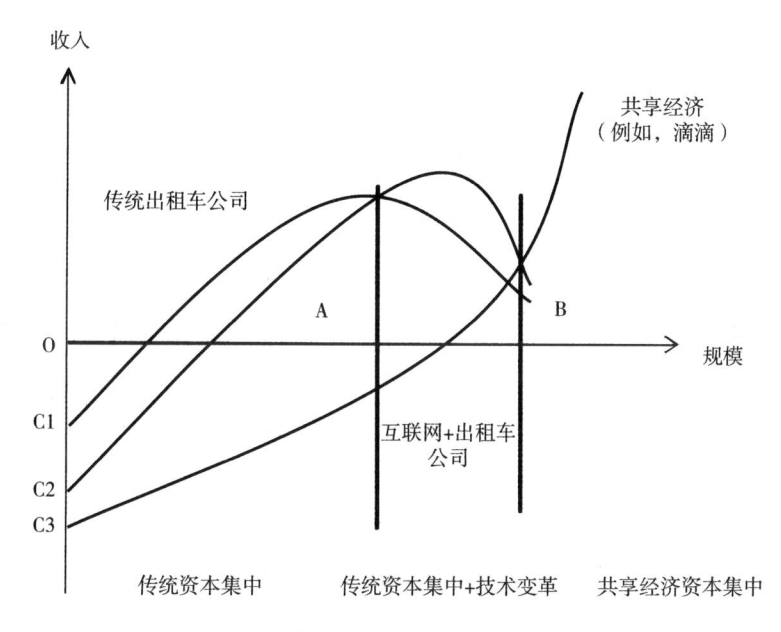

图 11-3　不同资本集中方式的比较

在图 11-3 中，A 是传统出租车公司向"互联网＋出租车公司"模式转变的临界点；B 是"互联网＋出租车公司"模式向共享经济模式转变的临界点；C1 指传统出租车公司的固定投入；C2 指"互联网＋出租车公司"的固定投入；C3 指共享经济平台的固定投入。比较传统资本集中、技术变革下的传统资本集中与共享经济资本集中，传统出租车公司以资本积聚或资本集中的方法增加资本投入（规模在 O-A 区间，传统出租车公司占有优势），都会碰到社会财富的绝对增长或积累的绝对界限，碰到资本有机构成增高、平均利润率下降、资本与劳动对立以及资本与资本之间矛盾的限制，导致资本无法继续增大，并被新的资本集中所替代。传统出租车公司通过互联网技术创新，将线下业务线上化，社会财富的绝对增长或积累的绝对界限被拓展（由于"互联网＋出租车公司"规模扩展到 A-B 区间），可以容纳更大规模的资本集中，但

---

① 林丹、李建建：《数据垄断与反垄断的政治经济学分析》，《福建论坛》2022 年第 9 期。

其资本集中方式并没有改变，因此，依然受传统资本集中规模递减效应的限制。当平台不再持有出租车（不变资本 C），不断增加的滴滴司机（可变资本 V）也不是其员工，平台发展初期一直承受亏损和血本无归的风险，但规模达到一定程度（规模达到 B 时），其所能容纳的可协调的出租车数量似乎是没有限制的。共享经济扬弃了"全部资本溶合为一个单个资本"①的传统资本集中方式，以此突破传统资本集中带来的极限，而带来了更大规模的垄断和更大规模的社会生产力。从传统视角来看，滴滴公司并没有占有出租车，司机也不是其员工，它甚至都不是传统意义上的交通领域的企业，但却以数据垄断形成了对出行市场的优势地位。

四　共享经济垄断的限制

马克思主义垄断理论不仅关注生产资料转化成资本、资本集中的动因、资本集中的机制，还关注资本集中的限制和界限，揭示垄断的二重性。数据作为生产资料已成为事实，其权属界定不明，所有权人缺失。以平台为中心生产数据生产资料，平台虽不是数据生产资料的所有权人，却拥有实际控制权，引发了数据生产资料权属的错配，共享经济垄断实质上是以平台为主体的垄断。资本集中发展到垄断，既发展了社会生产力，也发展了共享经济线上与线下的内在矛盾，构成了其自身发展的限制。正如同马克思对货币出现的分析，货币解决了交换中的困难，却又带来了新的困难，这一困难发展成商品与货币的对立，整个商品世界区分为商品和货币两大阵营。共享经济也一样，它解决了交换中的困难，却又带来了新的困难，这一困难发展成线上与线下的对立，这种对立引发了共享经济可持续发展的限制。

线上资本通常开始是对线下业务进行"互联网＋"的转型，但这不是其最终目的。线上资本与线下资本紧密结合，由于技术进步，虽然会提升规模效应，但受线下资本的拖累，最终还是会产生规模递减效应。线上资本最终的目的是要与线下资本分离，使其既可支配线下资本

---

① 《资本论》第 1 卷，人民出版社 2004 年版，第 723 页。

又可无限扩张。线上资本对于线下资本的强大垄断，既是促进社会化协作分工的动力、主导分配与交换权力的来源，也是线上与线下对立的根源。在数据生产资料生产中，投入资本 G，采集并生产更多数据，平台吸引更多的链接，驱动更大规模的线下协作分工，转化成更多的数据生产资料，左右更大规模的线上分配交换，实现投入资本的增值 G′。在互联网上由不断增值的资本驱动的数据生产资料生产，比起传统的物质生产资料集中，更容易形成垄断。由于数据生产资料与物质生产资料分离，线上共享经济既独立于线下实体经济，又无法离开线下实体经济而独立发展。当数据生产资料的垄断越来越严重，扩大的协作分工规模越大，积累的线上与线下的矛盾就会越激烈，最终反过来将抑制线下的协作分工，甚至达到使之无法持续的地步。

数据生产资料集中发展到垄断，其本身为扬弃私人垄断以及反垄断提供了基础。数据比其他传统生产资料更具有社会的属性，数据只有来自社会并被集中起来才能反映社会。数据越集中，越会瓦解传统的私人资本；数据越集中，其社会化程度越高；数据越集中，越需要寻求数据生产资料新的社会化实现形式。随着垄断的发展，马克思分析了两种反垄断力量，一种是资本自我扬弃，另一种则是来自资本垄断的对立面——代表生产社会化的力量。数据垄断带来共享经济的限制，数据资本自身也存在扬弃垄断的力量，但这种力量是被动的，是通过破坏性的危机来实现的。共享经济中，生产资料归谁所有决定生产资料所有制性质的逻辑并没有改变，私人资本追求个人利益最大化的本性并没有改变，"看不见的手"控制不住共享经济背后的资本肆意地走向垄断，只有"看得见的手"从共同利益出发，监管部门有所作为，才能保障共享经济健康发展。

第三节　共享经济可持续发展的条件

考察共享经济生产力与生产关系相互作用，试图从中发现共享经济生产力与生产关系相互作用并不断发展的逻辑。从以协作分工为主的线下网络与以分配交换为主的线上网络相互作用所构成的交往网络的稳定性入手,得到共享经济生产关系与生产力相适应的条件,得出共享经济成为一种合作的生产方式的条件,即共享经济可持续发展的条件。

一 共享经济增长的逻辑

隐藏在物与物交换中的人与人交往关系体现为一种复杂的交往网络。在共享经济交往网络中,各个主体均可表示为网络中的节点,各个主体之间协作分工与分配交换,可以表达为节点之间的链接,交往的强度可以表现为流量与访问量,主体在网络中的地位可用集聚系数表示,节点集聚系数越高,意味着其吸引的链接数越大,在网络中的地位越高,整个经济特征可以用节点链接数的分布来表达。平台的价值在于流量,网络中任何节点都在争取更多的链接。谁具有高链接数?谁可能成为枢纽的节点?起作用的因素是什么?可以参考艾伯特-拉斯洛·巴拉巴西网络科学研究的成果来回答这些问题。[①] 链接数取决于偏好连接,影响偏好连接的因素包括以下方面:(1)节点已有的链接数;(2)节点的适应度;(3)节点适应度与已有链接数的乘积。也就是说,一个新节点要决定连接哪个节点时,它将对比所有可连接节点的适应度和其已有链接数的乘积。巴拉巴西指出:"适应度是一个难以确定的量,目前还没有工具能够精确地度量单个节点的适应度。"[②] 他意识到吸引新链接的,不仅取决于既有的链接数,还有其他更重要的、影响节点生存与成长的决定因素,他把它称为适应度。笔者认为共享经济网络节点的适应度与信息生产力直接相关,其中包括信息收集和生产能力 P1、信息传播能力 P2、信息利用能力 P3 以及建立信任与传递价值的能力 P4。显然,信息收集和生产能力、信息传播能力、信息利用能力以及建立信任与传递价值的能力越高,其网络节点的适应度越高,吸引链接的能力就越强。因此,线上分配交换平台作为一个节点,它驱动线下协作分工的能力取决于平台既有的链接数和平台的信息生产力。可以用平台既有

---

① [美]艾伯特-拉斯洛·巴拉巴西:《链接:商业、科学与生活的新思维》,沈华伟译,浙江人民出版社2013年版,第136页。
② [美]艾伯特-拉斯洛·巴拉巴西:《链接:商业、科学与生活的新思维》,沈华伟译,浙江人民出版社2013年版,第145页。

的链接数 L 的变化来描述线上分配交换与线下协作分工的相互作用，平台的链接数 L 越大，主导分配交换的能力就越强，驱动线下协作分工的能力也就越强，产生的资本增值也就越大。在共享经济条件下，资本增值的因素取决于 L。参考马克思资本总公式 G—W—G′，可以列出共享经济条件下的资本总公式，即 G—L—D（数据）—L′—G′。线上分配交换与线下协作分工相互作用 L 的动态变化可以表达为：

$$L(t+1) = L(t) \times P(P1、P2、P3、P4)$$

也就是说，下一个时间 t+1，其节点的链接数 L（t+1），取决于任一时间节点的链接数 L（t）与该节点的信息生产力 P（P1、P2、P3、P4）的乘积。因此，共享经济增长的逻辑，也就是平台实现资本增值的逻辑，可以理解为：投入资本 G，提升了线上平台的信息生产力 P，生产更多的数据 D，提升了节点的链接数 L→L′，L 增大，驱动更大规模的线下协作分工，左右更大规模的线上分配交换，实现投入资本的增值 G′。这一过程也是生产力（信息生产力 P）与生产关系（链接数 L）之间相互作用的过程。

二 共享经济要求生产关系与生产力相适应

生产力（信息生产力 P）与生产关系（链接数 L）之间相互作用的过程能否持续，资本投入到节点上最终能否变现和增值，不仅取决于其单个节点的链接数，还取决于整个网络的稳定性。也就是说，只有在线上分配交换与线下协作分工相互作用网络稳定的情况下，平台实现资本增值的逻辑才能持续，共享经济才能可持续发展。

网络中节点的集聚系数，表示一个节点的相邻节点彼此链接的稠密程度；平均集聚系数，则表示整个网络的集聚程度。研究表明：第一，两个或两个以上的网络可以结成一个相互作用的网络，整个网络的稳定性不取决于其中某个或几个网络的稳定性，而是由这些网络共同决定的。第二，若两个网络具有相似的网络特征，其稳定性不会受影响；若两个网络特征越是不同且又相互连接，这两个网络所构成的整个网络将越不稳定。第三，不同的网络特征差异成为描述整个网络稳定性的关键。两个相互作用的网络的平均集聚系数差别越小，它们连接在一起构成的整个网络的稳定性越好。①

将共享经济增长逻辑与网络稳定性条件结合起来，可以得到共享经济生产关系与生产力相适应的条件，也就是共享经济可持续发展的条件：（1）只有链接数不断增加，集聚系数不断增大，平台才能不断实现资本的增值。（2）线上线下相互作用的网络的平均集聚系数差别越小，它们连接在一起所构成的整个网络的稳定性就越强。因此，一方面，平台实现资本增值需要集聚系数具有差异；另一方面，可持续地实现资本增值，网络则必须稳定，又要求集聚系数的差异不能过大。只有在线上分配交换与线下协作分工相互作用网络稳定的情况下，平台实现资本增值的逻辑才能持续。

三 克服共享经济生产方式的基本矛盾

共享经济是共享还是垄断？共享经济是共享与垄断交织、不断矛盾发展的过程。共享经济是一种新的共享资源的方式，集中的数据驱动更大规模社会化的协作分工，是一种进步的社会化合作的生产方式。但共享经济不会因为其有共享之名，就会自动处于各方利益共享的状态。

共享经济交往网络是由线上与线下相互作用的两个相互连接的网络构成的。线上与线下网络特征不同，因此线下与线上相互作用所构成的共享经济交往网络具有不稳定性。共享经济交往网络不稳定程度可以用线上网络与线下网络的平均集聚系数差异来量化地描述。线下网络多是随机网络，其节点的链接数符合泊松分布规律，决定了线下实体经济往往会规模递减，平均集聚系数相对较低；线上网络多是无标度网络②，节点的链接数符合幂律分布规律，决定了线上经济更容易规模递增，更容易形成垄断，平均集聚系数相对较高。因此，线下网络与线上网络的平均集聚系数存在着固有的差异，共享经济由线上与线下构成的整个网络存在着固有的不稳定性。当线上的垄断越来越严重，线上网络与线下网络的平均集聚系数差异就越来越大，扩大的协作分工规模越大，积累

---

① Buldyrev, S. V., Parshani, R., Paul, G., et al., "Catastrophic Cascade of Failures in Interdependent Networks", *Nature*, Vol. 464, No. 7291, April 2010, pp. 1025 – 1028.

② "无标度网络"指网络各节点之间的连接状况（度）具有严重的不均匀分布性。

的线上与线下的矛盾就会越激烈，最终反过来将抑制线下的协作分工，甚至达到使之无法持续的地步。没有链接的集聚、没有数据的集中，就没有平台，也就没有共享经济的增长；而生产关系与生产力相适应又要求这样的链接不能过于集中，过于集中甚至达到垄断，反而会导致协作分工与分配交换网络的不稳定，共享经济就不能健康发展。当共享经济生产关系与生产力不相适应时，线上的大平台与小平台之间的冲突，线上平台与线下消费者、劳动者之间的冲突，共享经济与传统产业之间的冲突，其根本源于共享经济生产方式的基本矛盾。共享经济生产方式的基本矛盾是共享经济生产社会化与数据生产资料私人垄断占有之间的矛盾。因此，要确保共享经济可持续发展，必须克服共享经济生产社会化与数据生产资料私人垄断占有之间的基本矛盾。

本章小结

本章将共享经济交往网络视为由线上与线下相互作用的两个相互连接的网络；将共享经济生产关系与生产力相适应问题转化为交往网络的稳定性问题，揭示共享经济合作关系得以维持的条件。平台实现资本增值需要集聚系数具有差异，而可持续地实现增值，网络则必须稳定，又需要集聚系数的差异不能过大。线上与线下网络特征不同，线下与线上相互作用所构成的共享经济交往网络具有不稳定性。本章将共享经济的生产力与生产关系的矛盾、共享经济的合作之困归因于集聚系数的差异，归因于线下协作分工的进一步社会化与线上决定分配交换的数据垄断的私人占有之间的矛盾。共享经济交往网络中的矛盾、共享经济线上与线下网络相适应性的要求，一直左右着共享经济生产方式的运动。保障共享经济可持续发展，就是要化解共享经济生产力与生产关系的矛盾，化解线下消费者、劳动者与平台的矛盾；化解线下实体经济与线上共享经济的矛盾，缩小线下网络与线上网络的平均集聚系数存在的固有差异。因此，必须反对数据垄断，才能保障共享经济作为一种合作的生产方式可持续地发展下去。数据垄断一方面是对传统资本的扬弃，另一方面社会化的数据被私人垄断占有将对共享经济持续发展产生限制。必须充分发挥两种反垄断力量，共享经济反垄断就是要化解线下协作分工的进一步社会化与线上决定分配交换的数据垄断私人占有之间的矛盾，化解线下劳动者与线上资本的矛盾，化解实体经济与共享经济的矛盾，化解共享经济生产力与生产关系的矛盾。

第十二章　以数据产权分置化解共享经济发展中的矛盾

生产资料是人们从事物质资料生产所必需的一切物质条件，即劳动资料和劳动对象的总和。人们总是借助于生产资料通过自己的劳动生产出劳动产品。劳动不是生产资料。马克思研究劳动与资本关系时，特别强调劳动与生产资料的差别，在收益分配强调按劳分配时，更多使用生产资料这个概念。生产要素指进行物质生产所必需的一切要素及其环境条件。一般而言，生产要素至少包括人的要素、物的要素及其结合因素，劳动者和生产资料始终是生产不可缺少的要素。在收益分配强调按要素分配时，更多使用生产要素这个概念。本书在不同场景使用数据生产资料和数据生产要素，正是考虑到在收益分配中要兼顾按劳分配和按要素分配。

随着共享经济的发展，数据成为关键生产要素已成共识。然而，数据在什么条件下转化为生产要素并成为代表这个时代的重要生产要素？数据有哪些权属？如何确权？如何管理使用？如何流通交易？这一系列问题越来越引起关注。2020年4月，中共中央、国务院颁布《关于构建更加完善的要素市场化配置体制机制的意见》，提出了"研究根据数据性质完善产权性质"的任务。2022年6月，中央全面深化改革委员会第二十六次会议审议通过了《关于构建数据基础制度更好发挥数据要素作用的意见》（以下简称《意见》），提出"建立数据资源持有权、数据加工使用权、数据产品经营权等分置的产权运行机制"，该《意见》未涉及"数据是否具有所有权""数据什么情况下具有所有权""数据资源持有权与数据生产要素所有权有什么不同""数据生产要素所有权归谁所有"等问题，关于数据权属的规则，仍有许多问题值得研究。从马克思合作思想可知，生产资料归属以及产权安排影响着合作的可持续性，数据作为共享经济中核心的生产资料，数据产权制度是共享经济可持续发展的基础性体制机制，构建具有中国特色的数据产权制度是亟待研究的理论和现实课题。本章尝试运用马克思产权理论研究具有中国特色并兼顾国际规则的数据产权制度，重点研究数据产权分置。从各市场主体的分工、贡献等不同维度分析数据权属及其矛盾的形成，以数据产权分置化解矛盾，探索数据生产要素产权社会化的路径，促进共享经济健康可持续发展。

本章分为以下几个部分：（1）介绍数据及其产权的相关研究，包括数据与数据生产要素的区别和联系、数据的产权安排、数据产权安排的绩效等。（2）运用马克思的产权形成原理，厘清不同的数据形态与数据权属，为数据生产要素分类分级管理和数据产权分置提供依据。（3）运用马克思的经济关系决定法权关系原理，揭示数据生产要素配置中的矛盾，诠释纠正数据生产要素产权错配的必要性。（4）运用马克思的产权统一与分离原理，将权属规则与流通规则统一起来，在数据资源持有权与数据生产要素所有权分置基础上，实行数据生产要素分类分级管理，建立数据生产要素开发利用管理制度，落实数据资源持有权、数据加工使用权、数据产品经营权等分置的产权运行机制。

第一节　数据及其产权的研究动态

数据及其产权研究已成为热点，围绕数据及其产权的相关研究包括以下几个方面。

一　数据与数据生产要素

数据具有可复制性、非竞争性（Moody，Walsh）、边际成本接近于零（Lerneretal）、非实体、虚拟性、价值不确定性（Kerber）、网络外部

第十二章　以数据产权分置化解共享经济发展中的矛盾　　309

性（Glazer，Tomak，Keskin）、价值高度情景相关性（Short，Todd）[①]等特点。数据价值的影响因素主要包括数据要素的完整性、准确性、层次性、协调性和异质性等。[②] 传统物质生产要素交易多为所有权的转移，而数据生产要素更多是使用权的交易。Pei 认为，经过加工的数据主要分为数字产品和数据产品两类，如电子书和在线音乐等数字产品，数据集和数据报告等数据产品。其中，数字产品作为最终商品直接用于消费，它不是生产要素。[③] 李海舰、赵丽认为，数据要素形成过程也是数据形态从数据资源—数据资产—数据商品—数据资本的演进过程[④]。张昕蔚、蒋长流指出，数据要素的形成过程涉及政府、企业、个人开发者等多元主体的参与，从数据资源到数据要素的形成是一个复杂的价值增值过程。[⑤] 可见，不少学者已意识到数据存在不同的形态，数据与数据生产要素是不同的。

二　数据的产权安排

"数据是否应该设置所有权？""所有权应赋予谁？"等问题已引起了不少争论。"当前，数据交易在权利内容、权利归属等方面存在着诸多法律制度的空白。"[⑥] 学者们就数据生产要素的产权安排提出了不同构想。万维网创始人 Tim Berners-Lee 发起了 Solid（Social Linked Data，社交关联数据）计划[⑦]，主张赋予个人数据所有者更大的权利，但这样

[①] J. E. Short, S. Todd, "What's Your Data Worth?", *MIT Sloan Management Review*, 2017(3): 17–19.

[②] 欧阳日辉、杜青青:《数据要素定价机制研究进展》,《经济学动态》2022 年第 2 期。

[③] Pei, J., "A Survey on Data Pricing: from Economics to Data Science", *IEEE Transactions on Knowledge & Data Engineering*, arXiv Working Paper, September 2020.

[④] 李海舰、赵丽:《数据成为生产要素：特征、机制与价值形态演进》,《上海经济学研究》2021 年第 8 期。

[⑤] 张昕蔚、蒋长流:《数据的要素化过程及其与传统产业数字化的融合机制研究》,《上海经济研究》2021 年第 3 期。

[⑥] 龙荣远、杨官华:《数权、数权制度与数权法研究》,《科技与法律》2018 年第 5 期。

[⑦] Solid 计划：Tim Berners-Lee 领导其 MIT 团队，正搭建一个名为 "Solid"（Social Linked Data，社交关联数据）的项目，旨在建设一个去中心化的互联网。该项目基于 Linked Data（关联数据）原则，构建去中心化 Web 应用，将用户数据分纳入多个 "容器"，实现用户对数据归属的精确控制，将数据与应用分离，数据存储在 POD（Personal Online Data，个人在线数据）上，应用访问数据需被授权。

的产权安排可能会使得产权碎片化、资源利用不足。Josef Drexl①和 Reto Hilty②认为数据所有权会形成壁垒而阻碍数据的可获得性。Peter K. Yu 建议单独创设一项有限制的数据财产权——数据生产者权。③ 唐要家认为，消费者或企业中的任何一方都不应拥有绝对的排他性数据产权，不管哪一方拥有绝对的排他性数据产权，都不会带来有效的隐私保护和数据要素开发利用，应采取"情景依存的有限产权"④。申卫星根据不同主体对数据形成所做贡献的来源和程度，提出设置数据二元权利结构，即数据原发者拥有数据所有权、数据处理者拥有数据用益权的二元权利结构，以实现数据财产权益分配的均衡。他指出：数据用益权包括控制、开发、许可、转让四项积极权能和相应的消极防御权能，在公平、合理、非歧视原则下行使各项权能，可以平衡数据财产权保护与数据充分利用，推动数据要素市场快速健康发展。⑤ 可见，不少学者已经意识到，数据所有权是有条件、有限制的，不同的应用场景中，数据权属安排应该是不同的，数据的不同权能可能是分置的。

三　数据产权安排的绩效

Jones 和 Tonetti 认为数据产权的不同安排方式会对消费者剩余与总社会福利造成影响。⑥ "数据在不同所有者或控制者之间的流动将引发数据权利的让渡。数据的确权关系到数据市场的发展和数据价值的开发利用问题。"⑦ 没有数据产权制度的支撑，将"导致公地悲剧、数据鸿

---

① Josef Drexl, "Designing Competitive Markets for Industrial Data: between Propertisation and Access", *Information Technology and Electronic Commerce Law*, Vol. 8, No. 4, 2017, pp. 257 - 292.

② Reto Hilty, "Big Data: Ownership and Use in the Digital Age", *Intellectual Property and Digital Trade*, Global Perspectives and Challenges for the Intellectual Property System, Vol. 89, 2018, pp. 85 - 94.

③ Peter K. Yu, "Data Producer's Right and the Protection of Machine-Generated Data", *Tulane Law Review*, April 2019, pp. 859 - 929. https://scholarship.law.tamu.edu/facscholar/1318.

④ 唐要家：《数据产权的经济分析》，《社会科学辑刊》2021 年第 1 期。

⑤ 申卫星：《论数据用益权》，《中国社会科学》2020 年第 11 期。

⑥ C. I. Jones, C. Tonetti, "Nonrivalry and the Economics of Data", *American Economic Review*, Vol. 110, No. 9, 2020, pp. 2819 - 2858.

⑦ 杜振华：《大数据应用中数据确权问题探究》，《移动通信》2015 年第 13 期。

沟、市场垄断和逆向选择等负外部性的出现"①。Frischmann 指出，在资产或产品具有非竞争性时，仅仅将资产的排他性使用赋予价值最大的那个人，并不会带来社会总福利最大化的结果。② 唐要家由此引申认为，赋予数据排他性产权的安排并不能带来社会福利最大化。③

综上所述，现有研究虽已关注数据和作为生产要素的数据的不同，但很少有学者指出两者权属的差异。已有研究虽有对数据所有权一元结构的质疑，提出数据产权分置的方案，但未区分数据的不同形态与权属，未能提出从数据资源到数据生产要素权利束的完整的数据产权分置安排。已有研究注意到由于数据的非竞争性使用特征，适用于具有竞争性和排他性特征的私人物品的科斯产权定理不再充分有效，但目前并没有根据不同场景，给出数据分类分级的有限产权的具体方案。已有研究虽注意到数据生产要素来自不同主体的贡献，但对数据生产要素的社会属性，尤其大数据平台数据生产要素的社会化属性认识不足。基于马克思合作思想研究共享经济，必须研究共享经济中最核心的数据生产资料的归属问题及其产权安排，挖掘马克思产权理论的当代价值，研究数据产权分置，化解共享经济发展中的矛盾，促进共享经济的可持续发展。

第二节　厘清数据的不同权属

运用马克思关于产权形成的原理，分析不同分工条件下的数据形态，厘清不同分工条件下的数据权属。

一　不同的数据形态

奥地利大数据研究者维克托·迈尔-舍恩伯格认为，世界的本质就是数据。在人的认识和实践过程中，数据本体与一切思想、观念、语

---

① 林彬、马恩斯：《大数据确权的法律经济学分析》，《东北师范大学学报》2018 年第 2 期。
② Brret Frischmann, *Infrastructure: The Social Value of Shared Resources*, Oxford: Oxford University Press, 2012, p. 31.
③ 唐要家：《数据产权的经济分析》，《社会科学辑刊》2021 年第 1 期。

言、模型等意识或思维过程的结果发生了复杂多样的联系。数据本体联结着物质世界和精神世界，承载和呈现着人类意识及思维的过程和结果。① 数据因载体或来源不同可以分为个人数据、企业数据、公共数据等。数据根据与生产过程结合的程度可以分为数据资源、被加工使用的数据、数据产品和作为生产要素的数据等不同的形态。数据资源是指未经加工的数据；数据只有经过加工方可使用，当数据符合一定标准可进行交易时则可称之为数据产品。数据资源、被加工使用的数据和数据产品都是数据生产要素的潜在的或中间的形态。

数据与数据生产要素不同，但它们又彼此联系。没有数据就不会有数据生产要素，另外，正因为数据生产要素能够产生价值增值，才驱动了更多的数据资源采集、数据加工和数据产品交易。传统生产也需要数据，传统生产中的生产与数据生产没有分离，数据只有自然属性并具有使用价值，数据处于分散的状态，没有进入规模化的分工协作中，所以很难产生价值增值，此时数据作为生产要素的特征并没有显现出来。网络化、数字化、信息化的快速发展为数据成为生产要素创造了充分和必要条件。② 企业投入资本 G，收集数据资源、加工数据或者直接购买数据产品，投入到生产的协作分工中，优化了各生产要素配置，提高了劳动生产率，促进了分配与交换，实现了资本的增值 G′。只有集中的、不断更新的大数据向价值增值转化，数据才转化成为数据生产要素。数据生产要素虽来源于数据，但又不同于数据，只有当数据进入生产系统并产生价值增值时，数据才转化为数据生产要素。以 I 代表数据生产要素，T 代表传统生产要素，那么简化的生产函数可以表示为：$Q = f(T, I)$，柯布-道格拉斯生产函数可以表示为：$Q = A \times T^{\alpha} \times I^{\beta}$。数据生产要素所产生的生产力不仅与数据收集和生产的能力相关，还与 β 相关，即数据传播的能力、数据利用的能力以及建立信任与传递价值的能力相关。

---

① 倪钢：《数据本体的概念及意义解析》，《岭南学刊》2020 年第 6 期。
② 黄鹏、陈靓：《共享经济全球化下的世界经济运行机制与规则构建：基于要素流动理论的视角》，《世界经济研究》2021 年第 3 期。

二 不同的数据权属

从马克思产权理论的角度看,不同的应用场景有着不同的分工形态,这就决定了不同的产权结构。数据权属主要包括数据资源持有权、数据加工使用权、数据产品经营权和数据生产要素所有权(见图12-1)。以下对个人数据资源、公共数据资源、企业数据资源、企业数据生产要素和平台数据生产要素的数据权属进行分析。

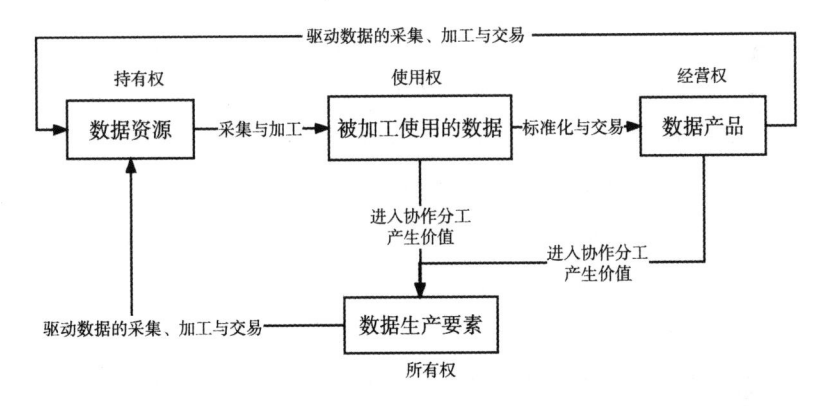

图 12-1 数据的不同形态与权属

(一)个人数据资源的权属

个人数据资源的持有权人并不意味着其拥有数据生产要素所有权。《民法典》第1035条规定:"在对个人信息进行处理时应征得自然人或其监护人同意",表明自然人拥有其个人数据资源的持有权。数据生产要素权属与数据资源权属不同,数据生产要素权属与数据生产要素的生产过程相联系。个人数据资源在未经加工处理、未进入生产之前,只是数据生产要素的潜在形态。随着共享经济的出现,形成了物质生产与数据生产的分工,个人数据资源的持有权人不一定参与到数据生产要素的生产中,因而无法独立完成个人数据资源向数据生产要素的转化,也就不一定拥有或至少无法完整拥有数据生产要素的所有权。

(二)公共数据资源的权属

公共数据资源的持有权人并不意味着其拥有数据生产要素所有权。

公共数据资源是指国家机关、法律法规授权的具有管理公共事务职能的组织以及供水、供电、供气、公共交通等公共服务运营单位，在依法履行职责或者提供公共服务过程中收集、产生的数据。公共数据资源持有权人是采集、使用、管理公共数据的公共管理和服务机构。公共数据资源不能自动进入生产部门，公共数据资源遵循开放共享的原则，经公共数据资源持有权人同意，在保证数据安全的前提下，市场主体可以无偿或有偿地利用公共数据资源。公共数据资源的持有权人不参与数据生产要素的生产，不拥有数据生产要素的所有权。但是，公共数据资源可以与其他数据相结合，进入生产过程并转化成数据生产要素的组成部分。

（三）企业数据资源与企业数据生产要素的权属

企业数据资源的持有权人并不意味着其拥有企业数据生产要素所有权。传统企业中虽有丰富的数据资源，但未驱动企业内部的协作分工，并没有将其转化成为数据生产要素，也就不存在数据生产要素所有权，这时企业只是企业数据资源的持有人。

只有在企业数字化和信息化转型后，企业数据资源转化为生产要素，企业才拥有企业数据生产要素所有权。在企业数字化和信息化过程中，将主要来源于企业内部人员生产和管理活动以及从企业机器设备的传感器中生成的数据或直接购买的数据，与生产和管理结合，数据与其他物质生产资料相结合，参与企业内部的分工协作，提升了企业生产和管理效率，数据才转化成为企业的数据生产要素，所产生的数据价值增值主要发生在企业内部，相应地，企业的数据资源持有权、数据加工使用权、数据产品经营权和数据生产要素所有权都主要局限在企业内部，并在企业的各主体中分配。

（四）平台数据生产要素的权属

平台数据生产要素的权属随着驱动社会分工的规模而改变，平台所驱动的社会化分工规模越大，平台数据生产要素所有权的社会化属性就越突出。在平台化经济中，物质生产与数据生产相分离，数据生产要素成为最核心的生产要素，数据突破了企业的边界。数字产业化使得数据进入商品运动中，同步反映商品运动的全过程，产业数字化则使数据驱动更大的社会分工协作。通常情况下，传统生产要素总是由供给端提供的，而在平台经济中数据生产要素的原始材料则更多地来源于需求端，生成的数据生产要素反映需求端的诉求，驱动了生产与消费更加统一地在一起，经过平台的匹配，促进商品价值生产，并更容易在交换中实现价值。在平台经济中，生产要素占有方式从追求物质资料集中转向追求数据生产要素集中，由平台和算法协调线下的协作与分工，决定资源的分配与交换，数据生产要素倍增的价值不仅来源于生产管理数据的平台，还来源于提供原始数据的消费者和劳动者，也来源于使用数据的平台生态里的各个商家和小平台。数据来源、加工、使用和经营随着分工协作规模越大而越来越复杂，数据资源持有权、数据加工使用权、数据产品经营权和数据生产要素所有权无法简单地局限在一个平台企业中，因而整个社会分工协作的各主体均应参与到数据生产要素增值收益的分配中。数据从自然属性进一步向社会属性转化，并越来越要求数据生产要素所有权安排反映其社会化的属性。

第三节 揭示数据生产要素配置的矛盾

从马思产权理论中关于经济关系先于并决定法权关系的原理来看，目前数据生产要素权属界定不明，平台不是数据生产要素的所有权人，却集使用权、管理经营权和收益权于一身，以平台为中心配置数据生产要素这一现实的经济关系已经决定了平台数据生产要素权属错配的现状。平台对数据生产要素的实际控制权带来更大规模社会化协作分工的同时，也带来了负面的外部性。平台数据生产要素参与分配的机制不合理，数据流通交易规则不清，市场发育困难，平台数据生产要素监管体系不完善，国家数据主权以及个人数据权益保护面临挑战。运用马克思产权理论中关于经济关系先于并决定法权关系的原理，可以更好地理解为什么平台数据生产要素权属安排尚未定型，但在平台经济协作分工形态下的经济关系业已发生作用；可以更好地理解以平台为中心的数据生产要素配置及其矛盾。

一 以平台为中心的数据生产要素配置

以平台为中心配置数据生产要素，就是平台集中数据生产要素来驱动协作分工，并以垄断数据生产要素来主导分配交换，占有社会分工创造出的超额利润。传统经济总是依赖对物质生产资料的集中来实现劳动生产力的集中，进行规模生产，提高协作分工的"集体力"[①]。但随着物质生产资料的集中，资本有机构成增大，必然导致平均利润率下降。由于信息技术的发展，产生了新的生产方式，为了突破传统资本集中的限制，平台企业放弃了物质生产资料的集中，以避免迟早会到来的规模递减。与传统资本集中形成社会化协作不同，在平台经济中，将物质生产资料与数据生产要素分离，物质生产资料、劳动力甚至资本都可以分散，只有数据生产要素是集中的，因此，平台经济的协作分工规模取决于数据生产要素的规模和集中程度，更为重要的是，集中的数据生产要素在算法的加持下形成的协调能力比传统资本集中形成的协调能力更为强大，驱动了更大规模的线下协作分工，左右更大规模的线上分配交换，实现投入资本的更大增值，进而促进平台从追求对物质生产资料的垄断转而追求对数据生产要素的垄断。比起传统经济，运行在互联网上的平台经济更容易形成"富者越富"的垄断局面。正如马克思指出的，"所谓分配，不是通常意义上的消费资料的分配，而是生产要素本身的分配，其中物的因素集中在一方，劳动力则与物的因素相分离，处在另一方"[②]。与物质生产资料的垄断一样，数据这一新的生产要素的垄断，必然使得平台在平台经济的分配关系中占据主导地位，从而攫取更大的超额利润。

二 平台数据生产要素的所有权人缺失

平台企业是平台数据生产要素的主要管理者，也是实际控制人，但平台数据生产要素是由整个社会分工各主体共同参与而生产出来的，平

[①] 《马克思恩格斯全集》第23卷，人民出版社1972年版，第362页。
[②] 《马克思恩格斯全集》第24卷，人民出版社1972年版，第40页。

台企业不是数据生产要素的所有权人。在平台经济中，数据更多地来源于消费者和劳动者，然而分散的数据无法自动进入社会化生产并形成数据生产要素，局部的、分散的数据资源持有权人对数据生产要素形成的贡献难以单独计量，实际上也难以行使其在社会化生产形成的数据生产要素中所应享有的权益，因此导致平台经济中具有社会属性的数据生产要素的所有权人缺失。正如，闫境华、石先梅指出的，"单个私人数据过于微小，索取回报之小、维权成本之大使得私人倾向于放弃数据权利"[1]。因此，张存刚、杨晔认为，由于数据要素确权困难，会出现损害数据要素所有者利益的问题。[2] 虽然分散的权利主体实际的所有权权益往往被忽视，但源源不断地来源于全社会消费者和劳动者的数据却进入到社会的分工协作中，其所形成的数据生产要素、所产生的巨大价值是不能忽视的，平台数据生产要素的所有权人缺失问题不容忽视，必须寻找反映这一分工形态的权属安排，找回平台数据生产要素的所有权人。

三 协作分工进一步社会化与数据生产要素私人垄断之间的矛盾

以平台为中心配置数据生产要素，导致协作分工进一步社会化与数据生产要素私人垄断之间的矛盾。以平台为中心配置数据生产要素，由于数据生产资料与物质生产资料相分离，线上平台经济既独立于线下实体经济，又无法离开线下实体经济而独立发展。当数据生产要素的垄断越来越严重，扩大的协作分工规模越大，积累的线上与线下的矛盾就会越激烈，最终反过来将抑制线下的协作分工，甚至达到使之无法持续的地步。平台经济中数据生产要素比其他传统生产资料更具有社会的属性，数据生产要素只有来自社会并被集中起来才能反映社会。数据越集中，越会瓦解传统的私人资本；数据越集中，其社会化程度越高；数据越集中，越需要寻求数据生产要素新的社会化实现形式。只有化解协作分工进一步社会化与数据生产要素私人垄断之间的矛盾，才能促进平台

---

[1] 闫境华、石先梅：《数据生产要素化与数据确权的政治经济学分析》，《内蒙古社会科学》2021年第9期。

[2] 张存刚、杨晔：《数据要素所有者参与价值收益分配的理论依据》，《兰州财经大学学报》2021年第8期。

经济健康可持续地发展。

第四节 探索数据的产权分置

以平台为中心配置数据生产要素，实际上垄断并支配了数据生产要素的所有权，占有了数据生产要素和劳动者的劳动力相结合所形成的生产力创造出来的相对剩余价值和超额剩余价值，是不合理的，也是不可持续的。必须运用马克思关于产权统一与分离的原理，探索数据生产要素产权分置方案，调整错配的平台数据生产要素权属，破解社会化生产与平台数据生产要素垄断之间的矛盾。一要结合各方主体在数据生产要素形成过程中的作用；二要结合各方主体在数据生产要素使用上的能力。前者强调公平，后者强调效率。[①]

一 数据资源持有权与数据生产要素所有权分置

（一）落实数据资源持有权

笔者主张数据资源持有权归拥有数据载体的所有权人所有，包括个人数据资源、公共数据资源和企业数据资源。任何主体开发使用数据时均需得到数据资源持有权人的同意，才能无偿或有偿获得数据加工使用权。为了落实数据资源持有权，鼓励技术创新，探索保护数据资源持有权的技术方案，数据资源持有权应包含标示权、同意权两个基本权项。标示权即表明权利人身份信息的权利，区块链、电子身份（eID）确权认证等技术为数据确权提供了技术条件，让数据资源持有权回到数据载体的所有权人手中，且必须在数据资源持有权人行使其同意权的前提下才能对数据进行开发利用。

（二）落实数据生产要素所有权

在数据向数据生产要素转化过程中，我们已经知道数据与作为生产要素的数据是不同的，数据资源持有权与数据生产要素所有权也是不同

[①] 闫境华、石先梅：《数据生产要素化与数据确权的政治经济学分析》，《内蒙古社会科学》2021年第9期。

的。将数据资源持有权赋予拥有数据载体的所有权人，并不意味着也应将平台数据生产要素所有权赋予这些拥有数据载体的所有权人。比如消费者或劳动者，他们可能是数据载体的所有权人，是数据资源持有权人，但并不拥有数据生产要素所有权。数据资源持有权从数据载体的所有权人手中转移到平台，平台企业获得了实际的数据资源持有权，这也并不意味着平台企业自然就拥有平台数据生产要素的所有权。越大的平台，其数据生产要素所有权越具有社会属性，必须兼顾平台、线下劳动者和消费者等各市场主体对数据生产要素转化和价值创造的贡献，合理分配数据生产要素增值收益。通过数据生产要素分类分级管理和构建数据生产要素开发利用管理制度，来落实数据生产要素所有权。

二 数据生产要素分类分级管理

不同分工形成了数据生产要素的不同权属，要落实数据资源持有权与数据生产要素所有权分置，就应对数据生产要素进行分类分级管理（见表12-1）。

（一）数据生产要素应分类管理

数据生产要素可以分为企业数据生产要素和平台数据生产要素。参与企业内部分工转化的数据生产要素归企业所有，在企业内部进行分配。平台数据生产要素是由个人数据、企业数据和公共数据转化而来的，来源于社会，参与了整个社会化分工协作，更为重要的是，消费者、劳动者等其他市场主体共同参与了数据生产要素的转化，平台规模越大，其数据生产要素的社会化属性就越明显，所以应分类考虑不同权属规则。

（二）平台数据生产要素应分级管理

平台数据生产要素所有权的社会化属性与其驱动社会化分工的规模相联系。虽然平台企业可以由私人创造，却不一定意味着必须由私人拥有。一旦从公司发展为平台公司，也就开始了从私有公司逐渐向公有公司（Public Company）演化的进程。[①] 平台企业应进行分级管理，可以

---

① 赵燕菁：《平台经济与社会主义：兼论蚂蚁集团事件的本质》，《政治经济学报》2021年第1期。

分为一般公司和超级公司,① 对于一般平台企业所形成的数据生产要素,参照企业数据生产要素进行管理,归企业支配;超级平台公司,相当于欧盟《数字市场法》中的网络守门人的那些平台企业,具有规模大、渗透性强、影响面广的特征,具有公共属性。笔者主张超级平台数据生产要素的所有权归全民所有,国家授权的机构对其数据生产要素具有管理权,这种管理权包括数据生产要素开发备案和管理、数据用途管理和增值收益调节等。超级平台的数据生产要素所有权归全民所有,不但不排斥个人和企业数据资源持有权归拥有数据载体的所有权人所有,还要加强国家数据主权及个人数据权益保护。平台企业应进行分级管理,既要促进平台企业的发展,又可以抑制超级平台对数据生产要素的垄断。

表 12 - 1　　　　　　　　　数据生产要素分类分级

企业	一般平台企业	超级平台企业
驱动企业内部分工的数据	驱动小规模社会分工的数据	驱动大规模社会分工的数据
企业支配数据生产要素所有权	平台企业支配数据生产要素所有权	数据生产要素所有权全民所有

三　数据生产要素开发利用管理制度

对数据生产要素实行分类分级管理,当达到超级平台规模时,纳入数据生产要素开发利用管理体系,建议构建数据生产要素开发利用管理制度,包括以下三个方面:(1)开发备案制度。平台企业向国家授权的机构报备,经数据资源持有权人同意,合规获得数据加工使用权。数据进入社会化分工协作,转化成平台数据生产要素,产生价值增值。应鼓励更多社会力量参与数据生产要素的投资、开发、生产和利用,鼓励并保护平台或数据开发商从数据转化为数据生产要素中获得收益。(2)用途管理制度。在平台数据生产要素开发利用管理制度

---

① 施展:《破茧》,湖南文艺出版社 2021 年版,第 228 页。

中，借鉴欧盟 GDPR[①] 的"数据最小化原则"，规定数据生产要素开发利用的用途、范围、时效等，不得肆意扩大数据生产要素的使用范围。（3）数据生产要素收益调节制度。避免平台以数据生产要素垄断寻求超额的"数据租"，应参考"土地涨价归公"原则，探索通过向垄断平台数据生产要素的超级平台收取数据税或对垄断数据生产要素的超级平台进行混改等方式，体现超级平台的数据生产要素所有权归全民所有的属性。

四 数据资源持有权、数据加工使用权、数据产品经营权分置

数据生产要素的生产起源于某一特定应用场景，最初数据与数据生产要素是难以分离的，平台既是数据资源的采集者，又是数据的加工使用者，也是数据产品的经营者，还是数据生产要素的转化者。另外，为谋求竞争优势，一些平台刻意将数据生产要素的生产与应用场景绑定，将数据资源开发过程与数据生产要素的转化过程集于一身，形成竞争壁垒，更好地垄断数据生产要素产生的增值收益，这一局面不利于数据互联互通，也不利于数据生产要素市场化。为促进数据交换和利用，规范数据流通规则，必须落实数据资源持有权、数据加工使用权、数据产品经营权分置的产权运行机制。

（一）数据资源持有权与数据加工使用权分置

为避免平台集中过多的数据资源而形成垄断，应培育专业的数据托管商，将数据资源的管理从数据的具体加工使用中分离出来。具体应用平台与专业的数据托管商形成的合作关系类似于 TikTok 与甲骨文、苹果与云上贵州的关系，核心的算法技术以及数据生产要素的转化过程仍留在 TikTok、苹果等平台企业里，而将数据资源托管给甲骨文、云上贵州等专业的数据托管商，实现数据持有权与使用权分置，让数据"可用不可见"，实现"数据可控可计量"，鼓励更多市场主体在数据与更多应用场景的结合中获得收益。

---

① GDPR 是《通用数据保护条例》（General Data Protection Regulation）的简称，为欧洲联盟于 2018 年 5 月 25 日出台的条例。其前身是欧盟在 1995 年制定的《计算机数据保护法》。

（二）数据加工使用权与数据产品经营权分置

培育专业的数据交易服务商，将数据经营从具体的数据开发、生产、加工和使用中分离出来，鼓励生产可互联互通的标准化数据产品，对为数据供求双方提供交易服务的企业，授予其数据产品经营权，鼓励数据交易服务商从数据生产要素的流通、交换及更有效利用中获得收益，催生数据生产要素市场，促进数据生产要素价格机制的形成，才能有利于数据在各分工主体中进行有效配置，促进数据更好地转化成数据生产要素，充分挖掘出数据生产要素的价值。

本章小结

平台尤其是超级平台对数据生产要素的垄断已导致数据产权的错配，偏离了共享经济的初衷，必须通过数据产权分置来调整错配的产权关系。数据与数据生产要素既不同又彼此联系，决定了数据权属与数据生产要素的权属既分置又统一的关系。数据产权分置制度应包括：数据资源持有权与数据生产要素所有权分置、数据生产要素分类分级管理制度、数据生产要素开发利用管理制度以及数据资源持有权、数据加工使用权、数据产品经营权分置的产权运行机制。既包括数据产权分置，又包括数据权属规则与流通规则相结合，由此构成数据产权分置制度的有机整体。合理区分数据与作为生产要素的数据，并赋予它们不同的权属，数据持有权与数据生产要素所有权分置，既要保护数据资源持有权人的权益，又要反映超级平台数据生产要素全民所有的属性，构建数据生产要素开发利用管理制度，调节超级平台数据生产要素的垄断性收益，加强国家数据主权及个人数据权益保护。对数据生产要素分类分级管理，既要给予足够的创新空间，鼓励创新，又要建立必要的监管制度，约束肆意增长的平台数据生产要素垄断。落实数据持有权、数据加工使用权、数据经营权分置的数据产权运行机制，既要鼓励数据的流通、交换及更有效利用，又要保护数据加工使用者和数据产品经营者的权益，促进数据生产要素市场机制的形成。

第十三章　共享经济可持续发展的对策建议

本书从马克思合作思想的视角考察共享经济，揭示信息生产力催生的共享经济新的社会生产力和生产关系。共享经济平台既可以驱动消费者、劳动者、传统中小企业之间进行合作，也会产生种种不合作。在市场作用下，共享经济的合作困境归因于线下网络与线上网络的平均集聚系数存在固有差异而带来的交往网络的不稳定，归因于线下协作分工的进一步社会化与线上决定分配交换的数据垄断私人占有之间的矛盾，归因于共享经济生产关系与生产力的不相适应。为促进共享经济可持续发展，从生产力与生产关系两方面入手，充分发挥市场和政府的作用，提出以下对策：持续技术创新，拓展共享经济的发展空间；用好管好数据资源，合理分配共享经济的合作收益；用好管好算法，规范共享经济的交换行为；做大做强共享经济平台，规制平台的垄断行为；化解共享经济线上与线下的矛盾，促进线上与线下经济协同发展。

第一节　持续推进技术创新，拓展共享经济的发展空间

信息技术是共享经济发展的物质生产力，拓展共享经济的发展空间，必须持续突破信息技术中"卡脖子"的关键核心技术，掌握信息技术发展自主权，持续加强信息基础建设。弭平共享经济在三大产业间呈现的不平衡发展，拓展共享经济在工业与农业中的应用。促进新技术发展，驱动生产关系持续变革。

一 加强新型基础设施建设，探索发展工业领域共享经济

工业领域共享经济总体仍处于起步阶段，面临共享意愿不足、发展生态不完善、数字化基础较薄弱等问题。应加强5G、人工智能、工业互联网、物联网等新型基础设施建设，培育发展共享制造平台，依托产业集群发展共享制造，完善共享制造发展生态，夯实共享制造发展的数字化基础。[①] 依托互联网、云计算等技术，盘活闲置资源，健全完善"所有权与使用权分离"的生产资料管理新制度，取消各种不合理的限制，畅通共享经济合作机制，鼓励各类主体生产资料共享，探索发展工业领域共享经济。

二 发展农业农村共享经济，壮大农民合作社

共享经济不涉及所有权转移，与我国农村土地三权分置的理念十分契合。目前我国农村地区的房屋、人力和宅基地等要素的闲置现象比较严重；农民组织化程度低，农业方式仍表现为种地分散和经营细碎。必须充分发挥共享经济聚合分散资源的功能，鼓励发展众筹农业、定制农业等基于互联网的新业态，创新发展共享农业、云农场等网络经营模式。深化电子商务进农村综合示范，实施"互联网＋"农产品出村进城工程，推动人工智能、大数据赋能农村实体店，全面打通农产品线上线下营销通道。利用共享经济激活农业农村，为乡村振兴注入新动能。促进共享经济与农村合作组织融合发展。加大农民合作社示范社信息化建设力度，通过信息化手段规范农民合作社社务、财务、经营管理。建立健全农民合作社动态监测机制，依托专业化数字服务，为农民合作社提供精准化的生产、销售、金融、物流等社会化服务。鼓励各种平台与农民合作社相结合，促进共享经济与农村合作组织融合发展，形成"合作社＋基地＋电商＋相对贫困户"等模式，使得农村闲置的人员、分散的资源能集中到各类共享经济平台上进行交换，这是农村社会化合

[①] 工业和信息化部：《关于加快培育共享制造新模式新业态 促进制造业高质量发展的指导意见》，2019年10月22日。

作的新路径。

三 鼓励技术创新，驱动共享经济生产关系持续变革

技术创新始终是推动生产关系与制度变革的最重要动力。鼓励创新，积极探索区块链技术，努力建构以区块链技术为基础的共享经济，基于区块链的共享经济模式为打破数据生产资料垄断提供了一种可期待的路径。积极推进"互联网+监管"，探索利用大数据和人工智能技术以创新共享经济反垄断监管与执法的手段，创新通过平台监控平台、算法监测算法的技术，赋予执法机关接入平台数据的权力以及平台配合机关执法调查并提供数据接入的义务，推动监管平台与企业平台联通，实现以网管网、线上线下一体化监管。强化反垄断机关对市场垄断风险的实时监控、及时预警和智能识别，实现智能监管。[1]

第二节 用好管好数据资源，合理分配共享经济的合作收益

共享经济中数据成为新的生产资料，生产资料归谁所有直接影响共享经济的分配关系。加强数据开放和共享，驱动各类资源要素和市场主体加速融合，重构组织模式，实现跨界发展，形成真正的共享经济。保护数据原始所有权人和生产者的合理权益，加快构建数据生产要素市场化配置的体制机制，激励共享经济持续发展。

一 加大公共数据开放，促进数据互联互通

畅通政企数据双向流通机制，制定发布政府数据开放清单，规范公共数据的边界，建立公共数据开放范围的动态调整机制，逐步扩大公共数据开放范围，积极引导市场主体通过数据交易平台进行数据交易。通过数据互联互通，防止平台对其下游形成垄断，促进横向竞争，营造公平竞争的良好环境。通过数据互联互通，促使企业把资源投入到提高产

---

[1] 唐要家：《数字平台反垄断的基本导向与体系创新》，《经济学家》2021年第5期。

品和服务质量上，引导良性竞争，提高消费者体验。通过数据互联互通，避免拥有数据资源优势的平台对创新者进行"扼杀式并购"，让创新者在数据生产要素相对丰富且公平的条件更好地发育成长。数据互联互通有利于更多参与者分享共享经济的红利，有利于抑制垄断、规范竞争、激励创新。通过数据互联互通，更好地激发数据这一新的生产要素对经济发展的放大、叠加、倍增作用，拉动更大规模的协作分工，推动数字技术与实体经济深度融合。

二 探索构建体现合作的共享经济分配机制

促进共享经济可持续发展要落实个人数据的原始权益。数据资源类似土地资源。土地资源在没有大规模的投入之前只是一片荒地，开发之后产生增值收益，但土地开发后的增值也不能完全由开发者独享。类似地，数据被集中、开发、利用之所以能产生价值，在于它赋能于每个个体，其被垄断的收益也来源于每个个体的贡献，因此也不能完全由开发者独享。应该参考"土地涨价归公"原则，探索通过向垄断的数据平台收取数据税或对垄断的数据平台进行混改等方式，体现个人数据所有权的共同权益。

促进共享经济可持续发展，"要加快建设市场化数据要素交易机制，形成反映市场供求关系的数据要素价格，完善市场评价数据要素贡献、贡献回报数据要素机制"[①]。数据原始的所有权归分散的个体，没有平台企业的投入，原始的数据一文不值。既要反对平台企业以数据垄断获得超额利润，也不能否定平台企业在挖掘数据价值中的核心作用。平台既是数据的收集者也是使用者，更是数据价值的开发者，是共享经济的关键驱动力，必须以市场化原则体现平台企业的合理价值，构建数据要素交换的激励机制。既要落实个人数据的原始权益，又要尊重大数据开发者的合理权益，规范数据的市场化交换，探索构建数据收益长效分配机制。促进共享经济可持续发展可以参考土地三权分置改革思路，

---

① 戴双兴：《数据要素：主要特征、推动效应及发展路径》，《马克思主义与现实》2020年第6期。

研究数据生产要素的三权分置。

三 探索实现共享经济参与各方利益合理分配的技术路径

鼓励技术创新，探索保护个人数字权益的技术方案，实现"原始数据不出域"，MyData 和 Solid 等新技术探索的核心思想都在于将平台企业与数据处理机构剥离，借助独立的第三方，促进数据开发权与使用权分离，实现"数据可用不可见"[1]，让数据的所有权和控制权回到个人手中，数据使用权可在所有权人允许的条件下进行分享，促进所有权与开发、经营、使用权分离，以抑制生产、开发或应用数据的资本对数据的垄断。探索利用区块链、大数据和人工智能技术处理好利益在共享经济参与各方中的再分配，使得数据权益可追溯，人们的数据权益可以得以确认，实现"数据可控可计量"，并以此为依据分享数据带来的收益，利用区块链去中心化的特征，让数据集中利用而不被平台垄断，探索数据共建共享的体制机制。

第三节 用好管好算法，规范共享经济的交换行为

算法嵌入共享经济中，直接左右着共享经济的交换关系，算法必须公开透明，要避免算法歧视、损害消费者权益、破坏市场竞争秩序。算法应该兼顾共享经济参与各方的利益，而不是只为平台谋求利益最大化。

一 公开算法，促进公平交换，保护消费者权益

算法歧视会对消费者权益造成影响[2]，减少消费者剩余[3]。探索算法透明、算法审查和算法歧视规制的路径，破除算法黑箱，保护个

---

[1] 国务院办公厅：《关于印发要素市场化配置综合改革试点总体方案的通知》，2022 年 1 月 6 日。

[2] Ramsi Woodcock, "Personalized Pricing as Monopolization", *Connecticut Law Review*, Vol. 51, No. 2, 2019, pp. 311–373.

[3] Dirk Bergemann, Benjamin Brooks, Stephen Morris, "The Limits of Price Discrimination", *American Economic Review*, Vol. 105, No. 3, 2015, pp. 921–957.

体消费者权利、维护正常竞争秩序。(1) 保护交换主体的选择权。算法提供给消费者和中小企业交易便利的同时，隐性地剥夺了他们的选择权。《电子商务法》明确规定互联网企业在提供个性化搜索服务时须征询消费者同意，即消费者"选择进入"机制，同时应该赋予消费者选择退出权。(2) 保护交换主体的知情权。由于算法的复杂性、动态性和隐匿性，消费者和中小企业很难确保自己的知情权，倡导由独立的第三方机构或行业协会对算法进行预先审查，预防算法歧视，必要时，应向市场监管局公开算法，并解释算法的意图，严惩算法歧视。

二 加强行业自律，提高交换主体的合作意识

平台是共享经济中交换关系的重要主体，通过算法追求自身最大化利益，剥夺其他参与者的利益，最终将反过来损害自己的长期利益。应激发躲在资本背后的扬弃的力量，力求杜绝"算法歧视""算法合谋""算法霸权""算法黑箱""算法短视"等问题①。秉持技术信任和治理信任同步推进②，一方面，鼓励发展"监督算法运行的算法"③，通过算法自身的创新发展，抑制算法走向合作的反面；另一方面，倡导驱动追求各方合作主体共赢的算法，试行算法备案制度，鼓励平台主动披露自己的算法，自觉承当共建良好合作生态的义务。④

第四节 做大做强共享经济平台，规制平台的垄断行为

平台是共享经济聚合各方协作分工、分配交换的交汇点，平台越大越强，形成社会化合作的规模越大，同时，潜在的垄断风险也越大。因

---

① 张欣：《连接与失控：面对算法社会的来临，如何构建算法信任?》，《法治周末》2019 年 5 月 30 日。
② 张欣：《算法治理的多元方案和本土化路径》，《华东政法大学学报》2019 年第 6 期。
③ Reuben Binns, "Algorithmic Accountability and Public Reason", *Philosophy & Technology*, Vol. 31, No. 1, 2018, pp. 543 – 556.
④ 中国网络社会组织联合会：《互联网信息服务算法应用自律公约》，2021 年 11 月 19 日。

此，促进共享经济可持续发展，一方面要促进发展，另一方面要规范监管，"坚持促进发展和监管规范两手抓、两手都要硬，在发展中规范、在规范中发展"①。

一 鼓励做大做强平台，防止形成垄断

平台作为市场主体，具有一般企业的属性，同时，平台又是共享经济的基础设施，具有公共的属性，更应承担社会责任。（1）坚持包容审慎监管，积极鼓励创新。推出并落实大力支持共享经济发展的相关政策，培育发展共享经济新业态，创造生产要素供给新方式，为企业赋能，激活市场并推动经济发展，不断创新共享经济新模式。（2）鼓励大平台赋能线下劳动者与产业链下游的中小企业。不断优化平台的基础设施服务，通过大平台获得更多的链接，保持用户的多归属性，增加线下用户的链接数，促进线下劳动者或消费者获得更多平台选项，劳动者或消费者可以切换不同平台，避免被"二选一"地绑定在唯一的平台上，促进线下更普遍的联系，拉动更大规模的社会化分工协作。（3）规制平台的利益分配交换机制。避免平台以数据和算法的垄断优势获得垄断收益，平台业务应该和自营业务分开，避免平台与合作的其他主体争利，反垄断的目的不是拆分平台，也不是降低平台的市场占有率，而是以共同富裕的合作初心做大做强平台。（4）探索平台全民共有的路径。平台创造的价值和收益归根结底来源于社会化协作分工的共同劳动，所以也应该通过新的制度设计，包括第三次分配，通过多种渠道返还给公众。"共同富裕"不是平台发展的阻力，而是共享经济的最终要求。

二 把握复杂关系，避免"一刀切式"监管

共享经济之所以被称为"共享经济"，不仅是因为使用权共享替代了所有权交换，更为重要的是，共享经济的各主体的确会在发展初期呈

---

① 《习近平在中共中央政治局第三十四次集体学习时强调 把握数字经济发展趋势和规律 推动我国数字经济健康发展》，新华网，2021年10月18日。

现出自发的合作关系。在共享经济发展初期，平台基于自身发展需要会自动免费分享链接以赋能给小平台，平台会与线下劳动者一起争取更多的订单，平台与消费者会彼此分享信息，共享经济与传统经济可以相互促进、共同发展。但到了一定阶段，小平台链接增加，大平台与小平台将形成竞争关系；随着订单的增加超过劳动者的劳动极限或劳动供给的不断增加，平台与劳动者的利益结构就会从合作走向冲突；随着信息透明度超过一定的临界点，平台就不希望信息进一步透明而影响它的收益，必然会以制造新的信息不对称来阻止这样的发展趋势；同样地，超过一定临界点的共享经济的发展可能会对传统的线下经济产生挤出效应。共享经济在不同领域甚至在平台发展的不同阶段都是不一样的，有的处于合作状态，有的处于竞争状态，有的甚至处于冲突状态。面对共享经济这种复杂的局面，对共享经济的规制也不能简单化。要审慎识别不同领域、不同发展阶段，防止"一刀切"。对于发展初期的平台，要给予先行先试的机会，让市场起决定作用，促进其内生的合作；对于发展中各主体产生冲突时，一时看不准的，可设置一定的观察期，防止一管就死；出现平台垄断时，尤其对潜在风险大、可能造成严重不良后果的，政府监管的手就应积极介入。总之，政府既要呵护共享经济各主体的自发合作，又要积极介入，化解各主体产生的冲突，坚决遏止垄断，促进共享经济的可持续发展。

第五节　化解线上与线下的矛盾，促进线上与线下协同发展

在共享经济发展中，物质生产资料与数据生产资料分离，经济交往网络分为线上网络与线下网络，线上赋能线下协作分工，线上主导分配交换，共享经济是线上网络与线下网络相互作用的结果，两者形成了不可分割的整体。由于线下网络与线上网络固有的拓扑结构差异，导致整个线上网络与线下网络相互作用的不稳定，形成了共享经济线上与线下的矛盾。化解共享经济线上与线下的矛盾必须促进线上与线下技术融合，保护线下劳动者的权益，保障线上与线下协同发展。

一 推进线上与线下技术融合

技术融合是经济融合的基础，因此，化解共享经济线上与线下的矛盾，必须促进线上与线下技术融合。(1) 促进从人与人互联到人与物互联，再到物与物互联。现阶段的共享经济技术更多在于促进人与人互联，应大力发展人与物互联、物与物互联的技术。应拓展5G和工业互联网融合应用的场景，促进线上数据生产要素与线下物质生产要素的融合，赋能线下传统产业转型升级，催生新产业新业态新模式，以线上数字化驱动线下生产方式、生活方式和治理方式变革，构建以实体企业为主体、覆盖全产业链的新兴产业组织平台。(2) 促进从消费领域线上与线下的融合到多领域线上与线下的融合。现阶段，共享经济在服务业中发展迅猛，在工业、农业等其他领域发展相对滞后。应加快在关键核心技术方面的突破，补齐信息技术基础研究领域存在的短板，加快推进"新基建"，为线上经济提供更有力的技术支撑。引导工业企业加快应用新技术，推进数字化、网络化和智能化升级，充分发挥工业互联网对实体经济发展的支撑作用；引导农业龙头企业利用数字技术，加强农产品加工设施装备改造提升，开发农业产业化信息系统，推动数字技术和农业产业深度融合。(3) 从中心化的线上与线下融合，到发展去中心化的线上与线下融合。目前的共享经济多采用中心化的线上与线下融合技术，它驱动了线下协作分工，但同时也容易形成中心化平台的垄断。要探索区块链技术在共享经济中的各种应用，努力构建去中心化的共享经济模式，形成数据所有权分散且数据使用权集中的共享经济模式，抑制现有共享经济中的垄断的冲动，形成真正合作的共享经济。

二 保护线下劳动者权益

数据这一新的生产要素必然会影响共享经济中各参与主体的分配关系。按数据生产要素分配，必然导致谁拥有更多数据资源、谁就获得更多收益，而以劳动参与到共享经济中的权益往往会被忽视。促进共享经济可持续发展，必须特别保护线下劳动者的权益。(1) 探索新就业形态劳动者的社会保障。共享经济的发展吸纳了大量零工经济从业者,只有解决好这些新就业形态劳动者的社会保障问题,才能让共享经济这一模式行稳致远。平台企业拥有新就业形态劳动者的大量数据,是最容易执行新就业形态劳动者社会保障的主体。应鼓励平台企业为新就业形态劳动者提供更好的社会保障,进行技术创新和制度创新。在目前的社保政策条件下,可以加强对新就业形态劳动者交纳社会保障的服务,建议在新就业形态劳动者开立社保户头时给予参保人员一次性的奖励,鼓励共享经济平台提供交纳社保的链接,提醒和方便新就业形态劳动者交纳社保。鼓励平台企业将积分奖励转变为社保交纳金额,提高新就业形态劳动者交纳社保的意愿,使他们养成交纳社保的习惯。探索改革社保政策,针对新就业形态劳动者多处、零时劳动的特征,制定新社保方案,允许新就业形态劳动者的社保由多个共享经济平台代交。(2)维护新就业形态劳动者的劳动保障权益。促进共享经济可持续发展,就必须维护新就业形态劳动者的劳动保障权益。在共享经济条件下,新就业形态劳动者与传统企业中的劳动者不同,容易形成监管的死角,劳动者劳动保障权益更应得到重视,其中包括:保护劳动者的基本权益,比如工资、工时、社保等;保证一定的劳动者的工作自主权;避免算法引起的对劳动权益的侵犯;保证平台用工过程中权利、义务的对等;保护劳动者的集体协商权。应积极落实《关于维护新就业形态劳动者劳动保障权益的指导意见》,进一步规范平台用工关系,维护新就业形态劳动者的劳动报酬、合理休息、社会保险、劳动安全等权益。

三 推动线上与线下协同发展

共享经济的发展在为实体经济赋能的同时,也显示出对实体经济的挤出效应,对实体经济的不同领域带来了不同程度的冲击,要特别关注相对弱势的实体经济企业、相对落后的产业以及深受共享经济冲击的企业与个人。不仅要鼓励数字技术创新与发展,还应关注共享经济和实体经济在发展过程中产生的冲突和矛盾以及两者共同发展中的利益再分配问题,鼓励线上反哺线下实体经济,助力共享经济与实体经济协同发展。引导互联网头部企业投资实体制造业，在做大做强共享经济的同时通过数字化、智能化推动再制造业化，做大做强线下实体经济，促进线上与线下协同发展。既要大力发展区域化、本地化的实体经济，又要鼓励共享经济和实体经济融合发展，走出跨区域、全球化的新模式。

本章小结

促进共享经济可持续发展，必须从生产力与生产关系两方面入手，形成促进社会生产力发展的支持类政策、调节合作利益分配与交换关系的规制类政策以及促进生产关系与生产力相适应的协同类政策（见图13-1）。支持类政策包括：加强新基建，发展工业共享经济；发展农业共享经济，壮大农民合作社；技术创新，驱动共享经济生产关系持续变革；促进数据生产资料互联互通技术发展，鼓励做大做强平台。规制类政策包括：建立健全数据管理制度，规定公共数据开放范围；构建以数据生产资料为基础体现合作的分配关系；公开算法，促进公平交换，保护消费者权益；保护线下劳动者的权益，防止形成垄断。协同类政策包括：探索共享经济参与各方利益合理分配的技术路径，加强行业自律，提高交换主体的合作意识；把握复杂关系，避免"一刀切"监管模式；促进线上线下协同发展。

促进共享经济可持续发展，必须多元协同，持续技术创新，充分发挥市场作用和更好发挥政府作用，多主体共同参与合作治理，维护共享经济的合作生态。

下篇 马克思合作思想与共享经济的发展

```
┌─────────────────────────┬─────────────────────────┐
│        动力机制         │        调节机制         │
└─────────────────────────┴─────────────────────────┘

市场作用
    ┌──────────────────────┐    ┌──────────────────┐
    │信息、互联网、数字技术发展│──▶│  新的社会生产力  │
    └──────────────────────┘    └──────────────────┘
                                        │
                                        ▼
        ┌──────────────────────────────────────────────────┐
        │协作与分工新的特征:劳动者更灵活地直接地与生产资料使用权相结合│
        └──────────────────────────────────────────────────┘
              │                             │
              ▼                             ▼
    ┌──────────────────┐          ┌──────────────────────────┐
    │数据成为新的生产资料│          │生产资料占有形态特征:所有权与使用权分离│
    └──────────────────┘          └──────────────────────────┘
              │                             │
              ▼                             ▼
        ┌──────────┐                 ┌──────────────┐
        │ 算法与平台 │                 │新的分配与交换关系│
        └──────────┘                 └──────────────┘
              │        线下与线上相互作用        │
              ▼        决定合作关系              ▼
        ┌──────────┐                 ┌──────────────┐
        │驱动线下协作分工│◀───────────▶│线上主导分配交换│
        └──────────┘                 └──────────────┘
              │                             │
              ▼                             ▼
    ┌──────────────────────┐      ┌──────────────────────┐
    │数据集中是对传统资本集中的扬弃│─▶│垄断是更大规模社会化合作的限制│
    └──────────────────────┘      └──────────────────────┘

         生产力          ⇅          生产关系

政府作用
    ┌──────────────────────────┐
    │加强新基建,发展工业共享经济│
    └──────────────────────────┘
    ┌──────────────────┐        ┌──────────────┐
    │ 发展农业共享经济  │───────▶│ 壮大农村合作社 │
    └──────────────────┘        └──────────────┘
    ┌──────────┐                ┌──────────────────────┐
    │ 技术创新  │───────────────▶│驱动共享经济生产关系变革│
    └──────────┘                └──────────────────────┘
    ┌──────────────────────┐    ┌────────────────────┐
    │促进数据互联互通技术发展│───▶│建立健全数据管理制度│
    └──────────────────────┘    └────────────────────┘
    ┌──────────────────────────┐ ┌──────────────────────────────┐
    │探索各方参与利益分配的技术路径│▶│构建以数据生产资料为基础的合作分配关系│
    │                          │ │公开算法,促进公平交换        │
    └──────────────────────────┘ └──────────────────────────────┘
                   ┌──────────────────────────┐
                   │做大做强平台,防止形成垄断,│
                   │避免"一刀切"              │
                   └──────────────────────────┘
                                               │保护劳动者权益
    ┌──────┐     ┌──────────────────────┐
    │技术融合│───▶│促进线上与线下协同发展│◀────
    └──────┘     └──────────────────────┘

┌─────────────────────────┬─────────────────────────┐
│      支持类政策         │      规制类政策         │
└─────────────────────────┴─────────────────────────┘
```

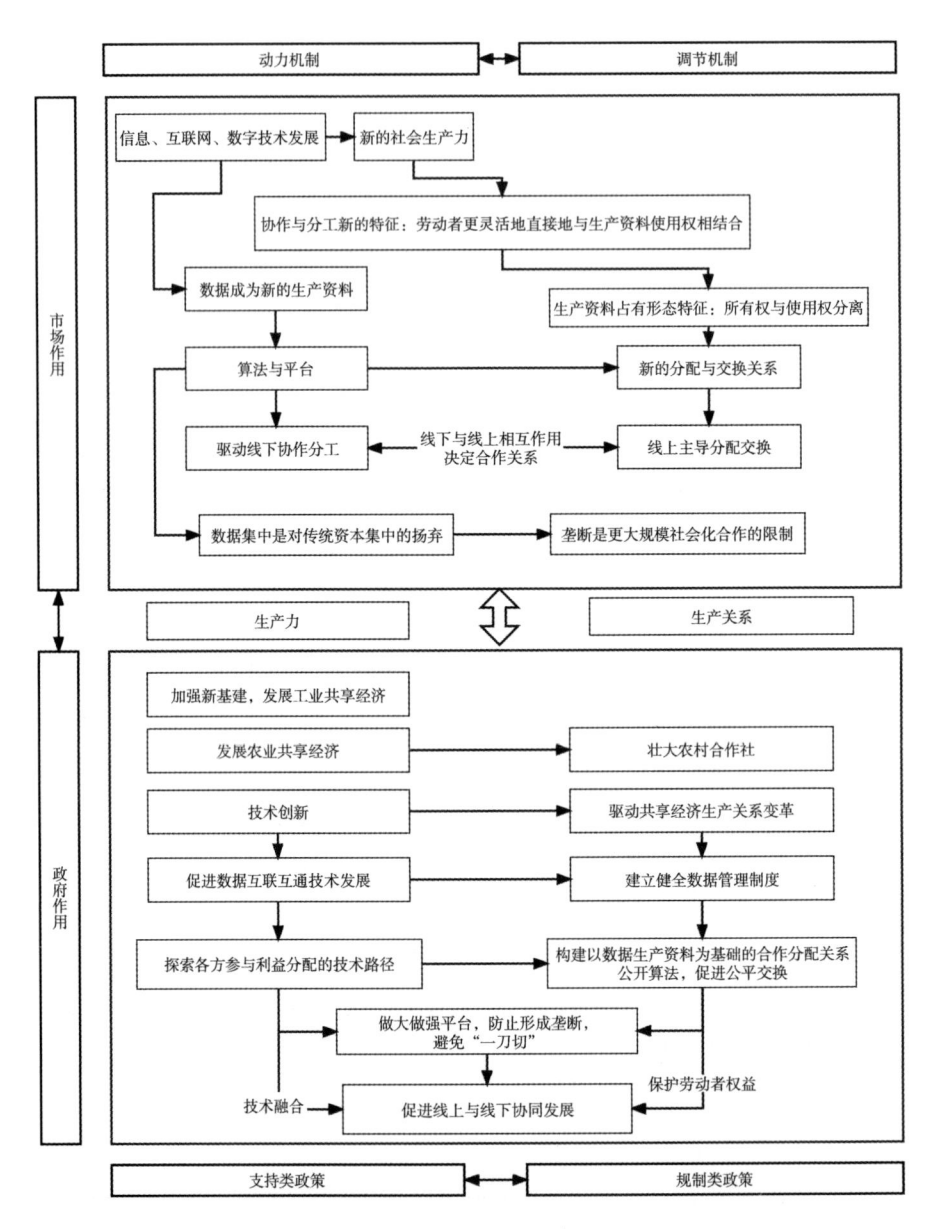

图 13-1 从生产力与生产关系两个方面,发挥市场与政府作用,
促进共享经济可持续发展

结论与展望

从马克思合作思想视角出发研究共享经济，得出以下结论：（1）促进共享经济可持续发展，必须不断鼓励技术创新。共享经济是生产力发展的结果，信息化、互联网、数字化技术发展是共享经济新的社会生产力和社会化协作分工的生成动力。劳动者更灵活地直接与生产资料使用权相结合。新的协作与分工使得所有权与使用权分离，产生新的生产资料占有形态。共享经济进一步发展必须从生产力方面入手，持续技术创新，拓展共享经济发展空间，增强共享经济发展的新动能。（2）促进共享经济可持续发展，必须持续推动共享经济生产关系的变革。数据成为新的生产资料，这在共享经济中起到关键作用，直接影响着共享经济合作中的分配关系；算法左右着共享经济合作中的交换关系。参与各方围绕数据形成分配关系的合作与冲突，平台与消费者围绕数据形成交换关系的合作与冲突。平台既可以驱动消费者、劳动者、小平台与传统中小企业之间的合作，也可以构成对消费者、劳动者、小平台与传统中小企业的相对剥夺。必须探索对数据、算法和平台进行规制的市场化机制、技术化手段和制度性安排。（3）促进共享经济可持续发展，必须推动共享经济与实体经济协同发展。共享经济交往网络是由线上与线下共同构成的。线上主导分配交换，驱动线下协作分工，线下与线上相互作用决定合作关系，不仅要促进线上为主的共享经济与线下为主的实体经济在技术层面的融合，还要探索共享经济与实体经济在利益层面的共享。（4）共享经济需要新的扬弃。共享经济放弃物质生产资料所有权的集中而追求数据生产资料的集中，是对传统资本的扬弃；数据垄断又对更大规模社会化合作形成限制，数据开放共享、互联互通，是对数据资本的再一次扬弃。促进共享经济可持续发展，必须探索数据要素市场化体制机制，规制数据、算法与平台的垄断行为。（5）促进共享经济可持续发展，必须更好地发挥政府作用。任由资本肆意发展，在市场机制作用下，当共享经济发展到数据的私人垄断时，将背离共享经济合作共享的初心而走向其反面。只有政府引导、各合作主体共同起作用，才能扬弃共享经济垄断，走向共享经济新的境界。

目前，数据生产资料中心化的共享经济是以物质生产资料所有权与使用权分离为基础的；虽然共享经济扬弃了物质生产资料垄断，但中心化的平台利用垄断数据生产资料来驱动线下消费与劳动，线下的协作分工贡献了巨大的生产力却获得较少的收益，更多收益被中心化的平台所占有。为了弥合共享经济现存的越来越明显的缺陷，限制平台垄断、监管平台行为、维护消费者权益以及建立新型从业者社会保障制度等方面的法律、法规和政策措施已不断出台。展望未来，共享经济将会朝以下方向发展：

一 基于区块链的共享经济

基于区块链技术的共享经济是技术上的革新，也是生产关系的变革，区块链为共享经济的进一步发展提供了可能的路径。数据和信息公开透明、去中心化、点对点网络、时间戳、不可篡改、共识机制、智能合约等这些区块链技术的特点，与共享经济结合，形成了基于区块链的共享经济。遵循开放、透明的协议，算法与平台不再为私人资本垄断，而成为了公共产品，解决了"伪共享经济"的中心化问题，实现了用户之间的直接对接。基于区块链的共享经济中，不仅物质资料的所有权与使用权分离，数据生产资料所有权与使用权也分离了。基于加密的区块链技术，来源于用户的数据所有权回归用户，数据用户所有权权益得以保护，数据使用权得以集中，并驱动线下的协作分工，线下消费者与劳动者的数据生产劳动不再成为无偿的劳动。基于权益激励的区块链特征，使基于区块链的共享经济能够更好地体现并实现线下劳动者的劳动价值。数据的所有权回归个人支配，使用权可在所有权人允许的条件下进行分享，这样就抑制了资本对数据的随意支配。去中心化的共享经济防止了数据垄断,达成了更加均衡的线上与线下的分配交换关系。基于区块链的共享经济将带来一个更公平的人与人交往网络。

二 去中心化的信用机制

共享经济的生产关系中人与人交往的信用基础是否定之否定发展的结果,最初人与人交往的信用依赖自然的血缘为纽带,之后透过个别人占有的资本作为信用的锚,再回到基于自然的算法,为共享经济的进一步发展构建了基础。区块链的出现,摆脱了依赖资本的、由人组成的机构,信任转变到区块链这一共识机器上,成为共享经济发展的新路径(见图 14-1)。基于区块链的共享经济模式似乎在实践去中心化的理想,将人与人的信任构建在自然算法上。在中心化的第三方信用机制下,参与人数越多越可能出现道德风险,而在去中心化基于区块链的信用下,参与的人越多,信任程度越高。基于区块链的共享经济模式使得哈特的不完备的合同[①]难以进入区块链,它用数字签名来证明身份,用加密算法来确保内容没有被篡改,用智能合约来保证合同自动执行,区块链压缩了不完备的合同的空间,从而压缩了所有权人剩余控制权的空间。基于区块链的共享经济模式降低了交易费用之后,又引入了一种权益证明 Token(通证)[②],即"可流通的加密数字权益凭证",科斯期待的明晰产权也同时得以实现,决定生产关系的生产资料所有制有了更明晰的数字化的表达,使得互联网不仅能够传递交换信息,还可以交换价值。

三 人与人更全面而直接联系的共享经济

共享经济的生产关系也是人与人交往关系否定之否定发展的结果,从人与人局部的直接交往到人通过中间物间接地达至普遍交往,再发展到人与人的全面直接交往。马克思人的发展三个阶段的论述,为共享经

---

① "不完备的合同":奥利弗·哈特(Oliver Hart)认为,合同的不完备将引发所有权人剩余控制权。他因对合同理论和企业理论方面的贡献获得 2016 年诺贝尔经济学奖。

② "通证"是由密码学保护的一份权利。事实上,通证可以代表一切权益证明,从身份证到学历文凭,从货币到票据,从钥匙、门票到积分、卡券,从股票到债券,人类社会全部权益证明都可以用通证来代表。

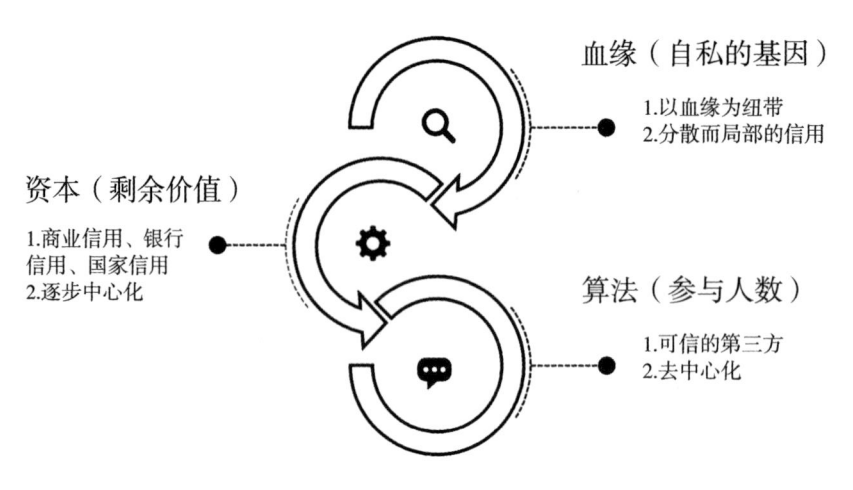

血缘（自私的基因）
1. 以血缘为纽带
2. 分散而局部的信用

资本（剩余价值）
1. 商业信用、银行信用、国家信用
2. 逐步中心化

算法（参与人数）
1. 可信的第三方
2. 去中心化

图 14-1　信用机制的演进

济合作指明了方向，同时，也为共享经济的未来发展指明了方向。马克思人的发展理论，其核心是人的依赖关系，也是人与人合作的基础，最初人与人联系的基础局限在自然亲缘关系里，与他们共同的出生地相联系；接着与最初的生产资料相联系，即以土地来维系人与人之间的联系；当人突破对土地的依赖时，人类就从农业社会进入到工业社会，形成了普遍的社会物质交换，但没有摆脱以物质生产资料集中来集聚人们协作分工的逻辑；只有当信息技术出现之后，人对物的依赖才出现了新的形态，即数据生产资料代替物质生产资料来驱动协作分工与分配交换，但数据生产资料归谁所有决定生产资料所有制的逻辑并没有改变。因此，共享经济可能的发展方向依旧是进一步扬弃人对物的依赖，将数据生产资料所有权与使用权分离，形成数据集中的个人所有制。这一模式的共享经济可能就是去中心化的、基于区块链的共享经济，它可以实现人与人从依赖平台的普遍交往到人与人更直接的普遍交往，在生产资料集中又不被垄断、产权明晰、合同完备的条件下，分工协作与分配交换可能更贴近个人意愿且无交易费用地进行，资源配置达至理想的最优状态，这是否为马克思所说的"全面发展的个人"的理想境界？即"全面发展的个人——他们的社会关系作为他们自己的共同的关系，也服从于他们自己的共同的控制的——不是自然产物，而是历史的产物。要使这个个性成为可能，能力的发展就要达到一定的程度和全面性,这是以建立在交换价值基础上的生产为前提的,这种生产才在产生出个人同自己和同别人的普遍异化的同时,也产生出个人关系和个人能力的普遍性和全面性"①。

目前共享经济是基于 Web 2.0 网络、中心化的平台,尽管不再追求对物质生产资料的垄断,物质生产资料所有权与生产资料所有权分离,但是隐蔽的资本依然左右着大数据与算法,它并没有完全脱离和改变以资本为纽带构建起来的信用机制,协作分工依赖平台展开,消费者与劳动者的利益被占有,线上与线下产生对立,共享经济生产关系中仍有着传统的、旧的生产关系的烙印。显然,目前中心化的共享经济与真正去中心化共享经济的要求还相去甚远,向前发展的道路依然艰辛曲折,但共享经济作为代表新的生产力发展方向的一种新的生产关系,它一经诞生,就不断向前演进。未来的共享经济应该是基于区块链基础的 Web 3.0 网络,是去中心化的平台,数据生产资料所有权与使用权分离,数据集中但不被私人垄断;公开、透明的算法能够以参与各方的最大利益为目标,而不被躲在算法背后的资本所操控;平台规模不断壮大,可以不改变共享经济的合作初心,促进线下更大规模的协作分工,驱动线上更公平合理的分配交换,使共享经济真正成为线上与线下协同发展的、合作的生产方式,实现更直接的人与人的普遍交往,实现人的全面发展(见表 14-1)。

表 14-1　　　　中心化的共享经济与去中心化的共享经济

	中心化的共享经济	去中心化的共享经济
网络	Web 2.0	Web 3.0
数据	物质生产资料 所有权与使用权分离	数据生产资料 所有权与使用权分离
平台	中心化	去中心化
算法	隐蔽	公开、透明
协作分工	依赖平台的普遍交往	更直接的普遍交往
分配交换	消费者与劳动者利益被占有 线上与线下对立	消费者与劳动者利益被体现 线上与线下均衡

---

① 《马克思恩格斯全集》第 46 卷上册,人民出版社 1979 年版,第 108—109 页。

参考文献

中文类

1. 经典文献：

《马克思恩格斯全集》第1卷，人民出版社1972年版。
《马克思恩格斯全集》第4卷，人民出版社1965年版。
《马克思恩格斯全集》第13卷，人民出版社1962年版。
《马克思恩格斯全集》第16卷，人民出版社1964年版。
《马克思恩格斯全集》第19卷，人民出版社1972年版。
《马克思恩格斯全集》第23卷，人民出版社1972年版。
《马克思恩格斯全集》第24卷，人民出版社1972年版。
《马克思恩格斯全集》第25卷，人民出版社1975年版。
《马克思恩格斯全集》第26卷Ⅰ，人民出版社1972年版。
《马克思恩格斯全集》第26卷第三册，人民出版社1974年版。
《马克思恩格斯全集》第30卷，人民出版社1995年版。
《马克思恩格斯全集》第31卷，人民出版社1998年版。
《马克思恩格斯全集》第32卷，人民出版社1998年版。
《马克思恩格斯全集》第36卷，人民出版社1975年版。
《马克思恩格斯全集》第42卷，人民出版社1979年版。
《马克思恩格斯全集》第46卷上册，人民出版社1979年版。
《马克思恩格斯选集》第1卷，人民出版社1972年版。
《马克思恩格斯选集》第1卷，人民出版社2012年版。
《马克思恩格斯选集》第2卷，人民出版社1972年版。
《马克思恩格斯选集》第3卷，人民出版社1972年版。

《马克思恩格斯选集》第 4 卷，人民出版社 1995 年版。
《资本论》第 1 卷，人民出版社 2004 年版。
《资本论》第 3 卷，人民出版社 2004 年版。
《资本论》第 5 卷，人民出版社 1975 年版。
《剩余价值学说史》第三卷，生活·读书·新知三联书店 1957 年版。
《列宁全集》第 4 卷，人民出版社 1984 年版。
《列宁全集》第 27 卷，人民出版社 1990 年版。
《列宁全集》第 43 卷，人民出版社 1972 年版。
《斯大林选集》下卷，人民出版社 1979 年版。
［法］傅立叶：《傅立叶选集》第三卷，汪耀三、庞龙、冀甫译，商务印书馆 1964 年版。
［法］圣西门：《圣西门选集》下卷，何清新译，商务印书馆 1962 年版。
［美］亨利·乔治：《进步与贫困》，吴良健、王翼龙译，商务印书馆 2011 年版。
［英］欧文：《欧文选集》上卷，柯象峰、何光来、秦果显译，商务印书馆 1965 年版。
［英］亚当·斯密：《道德情操论》，蒋自强、钦北愚、朱钟棣、沈凯璋译，商务印书馆 1997 年版。
［英］亚当·斯密：《国民财富的性质和原因的研究》上卷，郭大力、王亚南译，商务印书馆 1972 年版。
［英］亚当·斯密：《国民财富的性质和原因的研究》下卷，郭大力、王亚南译，商务印书馆 1972 年版。

2. 专著：

陈郁：《企业制度与市场组织——交易费用经济学文选》，上海人民出版社 2006 年版。
樊纲、张曙光等：《公有制宏观经济理论大纲》，上海三联书店 1990 年版。
顾海良：《马克思经济思想的当代视界》，经济科学出版社 2005 年版。
姜奇平：《分享经济学——垄断竞争政治经济学》，清华大学出版社

2017年版。

荆文君：《互联网平台企业的垄断现象与福利效应》，中国财政经济出版社2020年版。

蓝江：《一般数据、虚体与数字资本》，江苏人民出版社2022年版。

陆南泉、姜长斌：《苏联剧变深层次原因研究》，中国社会科学出版社1999年版。

罗家德：《信息时代的连接、机会与布局》，中信出版社2017年版。

彭大成：《列宁的社会主义观》，湖南师范大学出版社2002年版。

吴军：《智能时代：大数据与智能革命重新定义未来》，中信出版社2016年版。

吴易风：《当代西方经济学流派与思潮》，首都经济贸易大学出版社2005年版。

谢识予：《经济博弈论》，复旦大学出版社2002年版。

徐晋：《大数据经济学》，上海交通大学出版社2014年版。

张维迎：《产权、激励与公司治理》，经济科学出版社2005年版。

3. 译著：

[奥] 维克托·迈尔-舍恩伯格、[德] 托马斯·拉姆什：《数据资本时代》，李晓霞、周涛译，中信出版集团2018年版。

[美] 艾伯特-拉斯洛·巴拉巴西：《链接：商业、科学与生活的新思维》，沈华伟译，浙江人民出版社2013年版。

[美] 鲍尔斯：《微观经济学：行为，制度和演化》，江艇等译，中国人民大学出版社2006年版。

[美] 布莱恩·阿瑟：《复杂经济学：经济思想的新框架》，贾拥民译，浙江人民出版社2018年版。

[美] 黛安娜·马尔卡希：《零工经济》，陈桂芳、邱墨楠译，中信出版社2017年版。

[美] 杰里米·里夫金：《零边际成本》，赛迪研究院专家组译，中信出版社2015年版。

[美] 凯文·凯利：《必然》，周峰译，电子工业出版社2016年版。

[美] 克莱·舍基：《人人时代：无组织的组织力量》，胡泳、沈满琳

译，浙江人民出版社 2015 年版。

［美］克莱·舍基：《认知盈余：自由时间的力量》，胡泳、哈丽丝译，中国人民大学出版社 2011 年版。

［美］刘易斯·卡布罗：《产业组织导论》，胡汉辉等译，人民邮电出版社 2002 年版。

［美］马丁·诺瓦克、［美］罗杰·海菲尔德：《超级合作者》，龙志勇、魏薇译，浙江人民出版社 2013 年版。

［美］曼瑟尔·奥尔森：《集体行动的逻辑》，陈郁、郭宇峰、李崇新译，上海人民出版社 1995 年版。

［美］塞缪尔·鲍尔斯、理查德·爱德华兹、弗兰克·罗斯福：《理解资本主义：竞争、统制与变革》，孟捷、赵准、徐华译，中国人民大学出版社 2009 年版。

［美］史蒂文·希尔：《经济奇点：共享经济、创造性破坏与未来社会》，苏京春译，中信出版社 2017 年版。

［美］约瑟夫·熊彼特：《经济发展理论》，何畏、易家详、张军扩、胡和立、叶虎译，商务印书馆 1990 年版。

［美］詹姆斯·布坎南：《成本与选择》，刘志铭、李芳译，浙江大学出版社 2009 年版。

［日］藤田昌久、［比］雅克-弗朗科斯：《集聚经济学——城市、产业区位与区域增长》，刘峰、张雁、陈海威译，西南财经大学出版社 2004 年版。

［以］尤瓦尔·赫拉利：《未来简史：从智人到神人》，林俊宏译，中信出版社 2017 年版。

［印］阿鲁·萨丹拉彻：《分享经济的爆发》，周恂译，文汇出版社 2017 年版。

［英］阿里尔·扎拉奇、［美］莫里斯·E. 斯图克：《算法的陷阱：超级平台、算法垄断与场景欺骗》，余潇译，中信出版社 2018 年版。

［英］埃里克·拜因霍克：《财富的起源》，俸绪娴译，浙江人民出版社 2019 年版。

［英］约翰·齐曼：《技术创新进化论》，孙喜杰、曾国屏译，上海科学

教育出版社 2002 年版。

4. 期刊文章：

曹正汉：《寻求对企业性质的完善解释：市场分工的不完备性与企业的功能》，《经济研究》1997 年第 7 期。

陈兵、马贤茹：《数字经济平台企业垄断认定完善理路》，《上海大学学报》2021 年第 5 期。

陈纪平：《组织视角的中国农业规模化问题分析》，《中国经济问题》2012 年第 6 期。

陈龙：《"数字控制"下的劳动秩序——外卖骑手的劳动控制研究》，《社会学研究》2020 年第 6 期。

陈章旺、杨宇萍：《基于社会网络的共享经济研究结构及趋势分析》，《南京航空航天大学学报》2020 年第 1 期。

成燕、梅姝娥、仲伟俊：《用户隐私风险感知对平台社交账号登录方式选择的影响研究》，《中国管理科学》2020 年第 12 期。

戴双兴：《数据要素：主要特征、推动效应及发展路径》，《马克思主义与现实》2020 年第 6 期。

丁晓东：《论算法的法律规制》，《中国社会科学》2020 年第 12 期。

韩晶、裴文：《共享理念、共享经济与经济体制改革创新》，《上海经济研究》2017 年第 8 期。

黄鹏、陈靓：《共享经济全球化下的世界经济运行机制与规则构建：基于要素流动理论的视角》，《世界经济研究》2021 年第 3 期。

黄祖辉：《农民合作：必然性、变革态势与启示》，《中国农村经济》2000 年第 8 期。

江小涓：《高度联通社会中的资源重组与服务业增长》，《经济研究》2017 年第 3 期。

姜奇平：《论互联网领域反垄断的特殊性——从"新垄断竞争"市场结构与二元产权结构看相关市场二重性》，《中国工商管理研究》2013 年第 4 期。

蒋国银、陈玉凤、蔡兴顺、张美娟：《平台经济治理：模式、要素与策略》，《电子科技大学学报》2021 年第 5 期。

李刚、周加来：《共享经济的学缘基础、生成路径与福利效应》，《中山大学学报》（社会科学版）2020年第2期。

李昱姣：《空想的逻辑——欧文、傅立叶合作思想辨析》，《社会主义研究》2009年第3期。

李志刚、李瑞：《共享型互联网平台的治理框架与完善路径——基于协同创新理论视角》，《学习与实践》2021年第4期。

梁巧、黄祖辉：《关于合作社研究的理论和分析框架：一个综述》，《经济学家》2011年第12期。

林彬、马恩斯：《大数据确权的法律经济学分析》，《东北师范大学学报》2018年第2期。

林丹、李建建：《数据垄断与反垄断的政治经济学分析》，《福建论坛》2022年第9期。

林坚、马彦丽：《农业合作社和投资者所有企业的边界——基于交易费用和组织成本角度的分析》，《农业经济问题》2006年第3期。

刘根荣：《共享经济：传统经济模式的颠覆者》，《经济学家》2017年第5期。

刘海英：《"大数据+区块链"共享经济发展研究——基于产业融合理论》，《技术经济与管理研究》2018年第1期。

刘绍宇：《论互联网分享经济的合作规制模式》，《华东政法大学学报》2018年第3期。

刘思帆：《〈德意志意识形态〉中的交往思想及其当代价值》，《哈尔滨工业大学学报》（社会科学版）2021年第6期。

卢现祥：《共享经济：交易成本最小化、制度变革与制度供给》，《社会科学战线》2016年第9期。

吕亚荣、李登旺、王嘉悦：《罗奇代尔公平先锋社的百年发展史：1844—1944》，《华中农业大学学报》（社会科学版）2014年第1期。

米竞：《对共享经济中消费者权益保护之反思》，《电子科技大学学报》2020年第3期。

倪钢：《数据本体的概念及意义解析》，《岭南学刊》2020年第6期。

欧阳日辉、杜青青：《数据要素定价机制研究进展》，《经济学动态》

2022年第2期。

秦愚：《农业合作社的资本问题——基于相关理论与实践的思考》，《农业经济问题》2015年第7期。

任洲鸿、王月霞：《共享经济下劳动关系的政治经济学分析——以滴滴司机与共享平台的劳动关系为例》，《当代经济研究》2019年第3期。

申卫星：《论数据用益权》，《中国社会科学》2020年第11期。

史玉琳、陈富：《服务型企业共享经济商业模式价值创造研究——基于交易成本理论》，《商业经济研究》2019年第6期。

唐要家：《数字平台反垄断的基本导向与体系创新》，《经济学家》2021年第5期。

田林、余航：《共享经济外部影响定量研究综述》，《管理科学学报》2020年第9期。

王丽影、张广玲、宋锋森：《共享经济发展演化与协同治理研究——基于产销者视角》，《技术经济与管理研究》2020年第11期。

吴清军、李贞：《分享经济下的劳动控制与工作自主性——关于网约车司机工作的混合研究》，《社会学研究》2018年第4期。

吴秋凤、危怀安：《马克思主义垄断理论及其评介》，《学术论坛》2005年第5期。

吴晓隽、方越：《基于双边市场理论的分享经济平台定价策略剖析》，《南京财经大学学报》2017年第5期。

吴易风：《产权理论：马克思和科斯的比较》，《中国社会科学》2007年第2期。

许荻迪：《共享经济与泛共享经济比较：基于双边市场视角》，《改革》2019年第8期。

闫境华、石先梅：《数据生产要素化与数据确权的政治经济学分析》，《内蒙古社会科学》2021年第9期。

杨东、臧俊恒：《数字平台的反垄断规制》，《武汉大学学报》2021年第2期。

杨继、刘柯杰：《区块链下互联网经济价值分配优化研究——基于马克思主义政治经济学视角的分析》，《当代经济研究》2020年第7期。

叶航、汪丁丁、罗卫东：《作为内生偏好的利他行为及其经济学意义》，《经济研究》2005 年第 8 期。

余航、田林、蒋国银、陈云：《共享经济：理论建构与研究进展》，《南开管理评论》2018 年第 6 期。

苑鹏：《欧美农业合作社的实践创新及其对我国的启示》，《学习与实践》2015 年第 7 期。

张存刚、杨晔：《数据要素所有者参与价值收益分配的理论依据》，《兰州财经大学学报》2021 年第 8 期。

张红彬、李孟刚、黄海艳：《共享经济视角下社会治理新格局及其创新路径》，《中共中央党校学报》2018 年第 6 期。

张昕蔚、蒋长流：《数据的要素化过程及其与传统产业数字化的融合机制研究》，《上海经济研究》2021 年第 3 期。

［英］克里斯蒂安·福克斯：《大数据资本主义时代的马克思》，罗铮译，《国外理论动态》2020 年第 4 期。

英文类

1. 英文著作：

Albert-László Barabási, *Network Science Albert-László Barabási*, London: Cambridge University Press, 2016.

A. Sundararajan, *The Sharing Economy: the End of Employment and the Rise of Crowd-Based Capitalism*, Boston: Mit Press, 2016.

Brret Frischmann, *Infrastructure: The Social Value of Shared Resources*, London: Oxford University Press, 2012.

Jodi Dean, *The Communist Horizon*, London: Verso, 2012.

R. Botsman, R. Rogers, *What's Mine is Yours: How Collaborative Consumption is Changing the Way We Live*, London: Collins, 2011.

2. 英文期刊文章：

Arman A. Alchian, Harold Demsetz, "Production, Information Cost, and Economic Organization", *The American Economic Review*, Vol. 62, No. 5, December 1972, pp. 777 – 795.

Carlai de Oliveira Netto, Jorge Estuardo Tello-Gamarra, "Sharing Economy: A Bibliometric Analysis, Research Trends and Research Agenda", *Journal of Technology Management & Innovation*, Vol. 15, No. 2, August 2020, pp. 41–55.

Chan Liu, Raymond K. H. Chan, Maofu Wang, Zhe Yang, "Mapping the Sharing Economy in China", *Sustainability*, Vol. 12, Issue 16, 2000, pp. 1–19.

C. I. Jones, C. Tonetti, "Nonrivalry and the Economics of Data", *American Economic Review*, Vol. 110, No. 9, 2020, pp. 2819–2858.

C. J. Martin, "The Sharing Economy: A Pathway to Sustainability or a Nightmarish Form of Neoliberal Capitalism?", *Ecological Economics*, Vol. 121, January 2016, pp. 145–159.

Dirk Bergemann, Benjamin Brooks, Stephen Morris, "The Limits of Price Discrimination", *American Economic Review*, Vol. 105, No. 3, 2015, pp. 921–957.

G. Zervas, D. Proserpio, J. W. Byers, "The Rise of the Sharing Economy: Estimating the Impact of Airbnb on the Hotel Industry", *Journal of Marketing Research*, Vol. 54, No. 5, January 2017, pp. 687–705.

Josef Drexl, "Designing Competitive Markets for Industrial Data: between Propertisation and Access", *Information Technology and Electronic Commerce Law*, Vol. 8, No. 4, 2017, pp. 257–292.

Juliet B. Schor, "Does the Sharing Economy Increase Inequality within the Eighty Percent? Findings from a Qualitative Study of Platform Providers", *Cambridge Journal of Regions, Economy and Society*, Vol. 10, No. 2, 2017, pp. 263–279.

J. E. Short, S. Todd, "What's Your Data Worth?", *MIT Sloan Management Review*, Vol. 58, No. 3, 2017, pp. 17–19.

J. Yi, G. Yuan, C. Yoo, "The Effect of the Perceived Risk on the Adoption of the Sharing Economy in the Tourism Industry: the Case of Airbnb", *Information Processing & Management*, Vol. 57, No. 1, 2020, pp. 102–

108. Lizzie Richardson, "Performing the Sharing Economy", *Geoforum*, Vol. 67, December 2015, pp. 121 – 129.

Marcus Felson, Joe L. Spaeth, "Community Structure and Collaborative Consumption", *American Behavioral Scientist*, Vol. 21, No. 4, March 1978, pp. 614 – 624.

Meisam Ranjbari, Gustavo Morales-Alonso, Ruth Carrasco-Gallego, "Conceptualizing the Sharing Economy through Presenting a Comprehensive Framework", *Sustainability*, Vol. 10, No. 7, 2018, pp. 1 – 24.

M. A. Nowak, R. M. May, "Evolutionary Games and Spatial Chaos", *Nature*, Vol. 359, October 1992, pp. 826 – 829.

M. L. Katz, C. Shapiro, "Network Externalities, Competition, and Compatibility", *The American Economic Review*, Vol. 75, No. 3, 1985, pp. 424 – 440.

Oliver Williamson, "Market and Hierarchies Some Elementary Considerations", *American Economic Review*, Vol. 63, No. 2, May 1973, pp. 316 – 325.

O. Hart, J. Moore, "The Governance of Exchanges: Members Cooperatives versus Outside Ownership", *Oxford Review of Economic Policy*, Vol. 12, No. 4, 1996, pp. 53 – 69.

P. Mikalef, M. Boura, G. Lekakos, et al., "The Role of Information Governance in Big Data Analytics Driven Innovation", *Information & Management*, Vol. 57, No. 7, August 2020, 103361.

Rachel Botsman, Roo Rogers, "Beyond Zipcar: Collaborative Consumption", *Harvard Business Review*, Vol. 88, No. 10, October 2010, p. 30.

Ramsi Woodcock, "Personalized Pricing as Monopolization", *Connecticut Law Review*, Vol. 51, No. 2, 2019, pp. 311 – 373.

Reuben Binns, "Algorithmic Accountability and Public Reason", *Philosophy & Technology*, Vol. 31, No. 1, 2018, pp. 543 – 556.

R. Belk, "Sharing versus Pseudo-Sharing in Web 2.0", *Anthropologist*, Vol. 18, No. 1, 2014, pp. 7 – 23.

S. Benjaafar, G. Kong, X. Li, et al., "Peer-to-peer Product Sharing: Implications for Ownership, Usage and Social Welfare in the Sharing Economy", *Management Science*, Vol. 65, No. 2, 2019.

S. Cannon, L. H. Summers, "How Uber and the Sharing Economy can Win over Regulators", *Harvard Business Review*, Vol. 13, No. 10, October 2014.

S. V. Buldyrev, R. Parshani, G. Paul, et al., "Catastrophic Cascade of Failures in Interdependent Networks", *Nature*, Vol. 464, No. 7291, April 2010.

后　　记

　　从小我就对蚁群的分工协同活动着迷，长大之后逐渐明白人类社会的历史也是一部不断演进的分工、协同和合作的历史，从最初使用暴力积聚劳力，到后来利用资本驱动劳动力，再到现在以平台匹配生产资料与劳动者，既分工又合作，共同创造社会财富。正因为对合作问题持续的兴趣和关注，在博士论文选题时我选择了《马克思合作思想研究》，从此开启了对合作问题长期和系统的研究。马克思指出："社会关系的含义是指许多个人的合作，至于这种合作是在什么条件下，用什么方式和为了什么目的进行的，则是无关紧要的。由此可见，一定的生产方式或一定的工业阶段始终是与一定的共同活动的方式或一定的社会阶段联系着的，而这种共同活动方式本身就是'生产力'。"马克思这一段含义深刻的表述促发了我对合作问题近二十年的思考，并最终完成了这本书。通过研究我领悟到，经济学实质上是研究如何合作的，合作不仅是生产关系，还是生产力，是生产关系不断适应生产力发展的生产方式。不仅如此，我还十分关注西方经济学的演进中对合作问题的研究，尤其是对合作问题研究的最新进展。我将马克思合作思想与西方经济学中的合作思想进行比较，发现其中的对立和联系，包括合作经济实践过程中的竞争和借鉴，使我对马克思的合作思想和现代社会的合作经济实践有了更为深刻的认识。

　　在我的博士论文完成不久，方兴未艾的共享经济扑面而来，并很快就渗透到诸多领域。通过深入的观察和了解，我意识到这是一种不同于以往的、新的合作经济形态。共享经济的实质是什么？它与以往的合作方式有何异同？如何化解共享经济发展中出现的矛盾？如何可持续地发展共享经济？其条件又是什么？一连串的问题触发了我以"马克思合作思想视角下的共享经济研究"为题申请国家社科基金项目的灵感。本书是在博士论文《马克思合作思想研究》与国家社科基金项目"马克思合作思想视角下的共享经济研究"的基础上完成的，虽历时二十年，现在看来是必要的。人们对共享经济的反应从欢呼雀跃、一片掌声，到矛盾丛生、喜忧参半，再到严管与宽容之间的纠结，我比较完整地观察到共享经济发生和发展的过程，越发感觉很有必要从马克思合作思想的视角深入研究共享经济。沿着马克思合作思想的发展轨迹，本书希望呈现给读者这样一条逻辑：任何合作都需要集中资源，共享经济的生产资料占有方式从追求物质资料集中转向追求数据生产资料集中，数据生产资料集中可能形成垄断。化解生产社会化与数据垄断之间的矛盾，必须从生产资料占有方式的变革入手。生产资料归属以及产权安排影响着合作的可持续性，数据作为共享经济中核心的生产资料，不断完善的数据产权制度是共享经济可持续发展的基础性体制机制。

我的博士论文侧重于对合作思想的研究，国家社科基金项目更侧重于共享经济研究。在前期研究的基础上，本书不仅整合以上两项研究成果的精华，而且进一步阐释了合作、合作经济、共享理念与共享经济之间的区别与联系，聚焦在数据这一新的生产资料基础上的合作与共享，更侧重于合作与共享之间关系的研究。将共享经济看作共享理念指导下的合作的新实践，是合作经济的新形态。本书对具体的共享经济技术、业务和流程的研究不足，在我写作本书的过程中，共享经济已经发生、发展起来，而共享经济的具体形态仍然处于发展变化中，本书的末尾虽然展望了其未来的发展趋势，但现实的发展可能是曲折而多样的，因此，对未来的发展形态涉及不多。不过，我坚信，马克思关于人的发展三个阶段的论述，即从人与人局部的直接交往到人通过中间物间接地达至普遍交往，再发展到人与人的全面直接交往，为共享与合作的发展指明了方向。

在本书完成并即将出版之际，我要感谢我的母校——福建师范大学，我的本科和博士两个重要学习时段都是在这里度过的。在攻读博士学位期间，我有幸聆听了德高望重的福建师范大学原校长陈征教授、李建平教授等诸位老师的谆谆教诲，使我受益匪浅。感谢各位老师！

我要感谢我的硕士导师、中国妇女研究会副会长、厦门大学经济学院教授叶文振老师，感谢叶老师把我领入了经济学之门。只言片语完全不足以表达我对叶老师的感激、敬意和钦佩！

我要特别感谢我的博士导师李建建教授，在近二十年的研究过程中，我的每一点进步和提高都离不开他的不断鼓励和悉心指导。在本书完稿之际，今年的国家社科基金项目揭晓，我年初申请的"数字经济与实体经济深度融合与可持续研究"又获得了2023年国家社科理论经济项目立项，开启了我新的研究进程；我于2022年5月完成了2017年国家社科基金项目的研究报告《马克思合作思想视角下的共享经济研究》，项目结项等级为"优秀"，在共享经济研究过程中，我逐渐把研究视角转入数字经济，尤其关注数字经济与实体经济的融合，这些研究都是在李老师的指导下完成的，我深知这其中李老师对我的启发、引导和帮助有多么重要！令我特别感动的是，无论在博士论文撰写、国家社科课题申报及研究报告的完成，还是在本书的撰写中，从选题、提纲到内容，李老师都逐字逐句帮助我推敲、修改，他严谨治学的精神和精益求精的作风让我铭记于心并终身学习。我先生林丹和我同为李老师的博士生，我们的本科专业分别是物理学和英语，跨学科的学习，无论对于我们思想观念的转变还是经济学专业知识的学习，都是不小的挑战。李老师循循善诱，对我们比对其他同学倾注了更多的心血，使我们坚定地在马克思主义政治经济学的研究之路上不断前行。李老师既是我们的良师，又是我们的益友，衷心感谢李老师！

我还要感谢我先生林丹博士。我们琴瑟和鸣，志同道合，在温馨的家庭氛围中探讨学术，只为热爱。他作为"马克思合作思想视角下的共享经济研究"国家社科课题组主要成员，直接参与了研究报告部分内容的写作，对本书的助力亦不小。

我也要感谢福建投资集团的林为群先生，与他的讨论给了我许多有益的启示。我还要感谢所有对我的研究提供帮助的同事和学生们。

本书能顺利出版，我要诚挚感谢中国社会科学出版社刘艳编辑的辛苦付出。

风轻云淡之中仍记录下了这值得铭记的二十年。感谢生活！

于福州屏东城

2023 年 9 月 12 日